この本の特長と使い方

もう１回チャレンジできる!

裏面には，表面と同じ問題を掲載。
解きなおしや復習がしっかりできます。

問題回数ギガ増しドリル!

算数　国語　理科　社会　英語　１年間で学習する内容が，この１冊でたっぷり学べます。

キリトリ式プリント!

１回分を１枚ずつ切りとって使えるので，
学習しやすく，達成感も得られます。

マルつけはスマホでサクッと!

その場でサクッと，赤字解答入り誌面が見られます。

くわしくはp.2へ

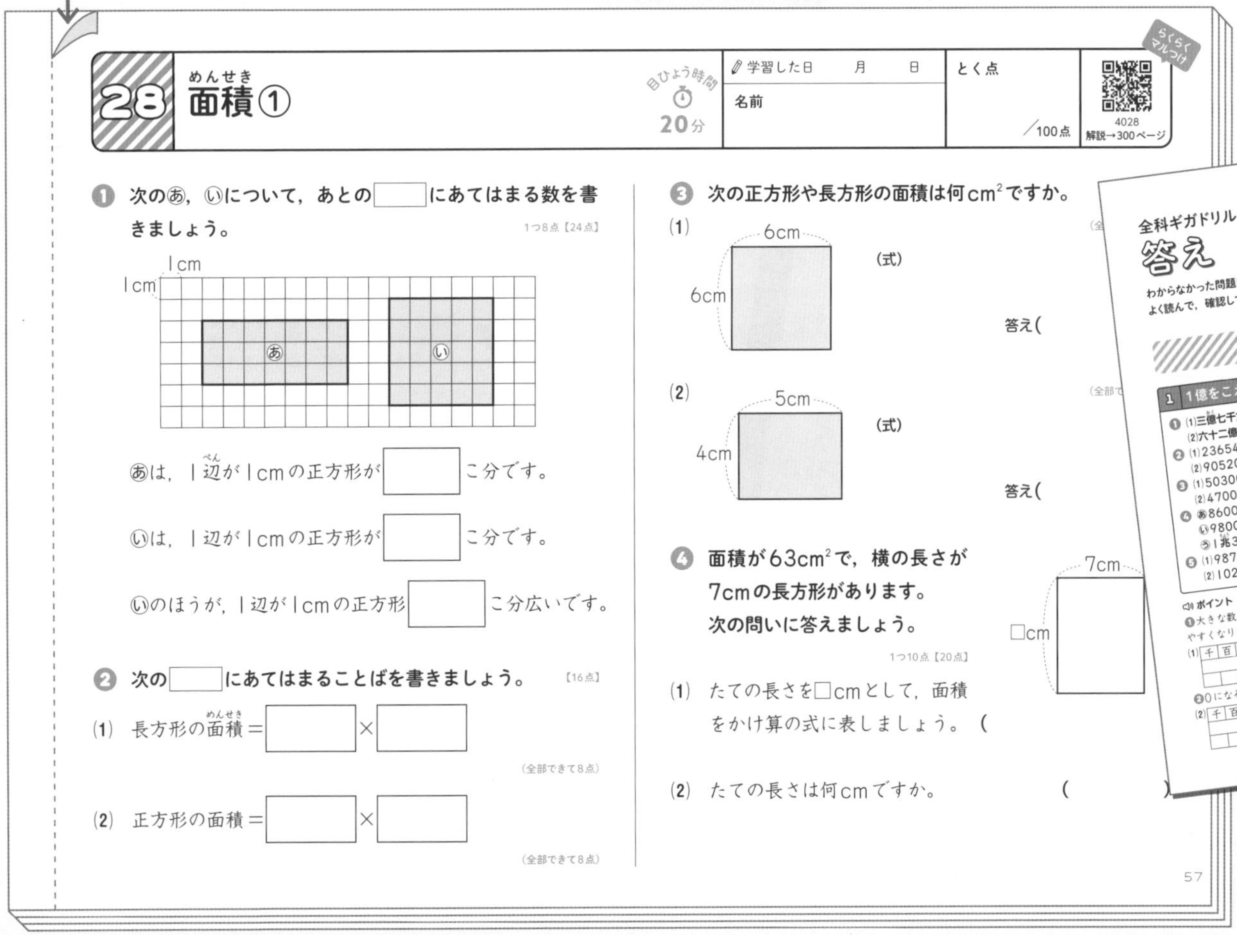

28
面積《めんせき》①
目ひょう時間 20分
学習した日　月　日
名前
とく点
／100点
4028
解説→300ページ
らくらくマルつけ
❶ 次のあ，いについて，あとの□にあてはまる数を書きましょう。
1つ8点【24点】
1cm
1cm
あ
い
あは，１辺《ぺん》が１cmの正方形が□こ分です。
いは，１辺が１cmの正方形が□こ分です。
いのほうが，１辺が１cmの正方形□こ分広いです。
❷ 次の□にあてはまることばを書きましょう。【16点】
(1) 長方形の面積《めんせき》＝□×□
（全部できて8点）
(2) 正方形の面積＝□×□
（全部できて8点）
❸ 次の正方形や長方形の面積は何cm²ですか。
(1) 6cm 6cm （式） 答え(
(2) 5cm 4cm （式） 答え(
❹ 面積が63cm²で，横の長さが7cmの長方形があります。次の問いに答えましょう。
1つ10点【20点】
7cm
□cm
(1) たての長さを□cmとして，面積をかけ算の式に表しましょう。（
(2) たての長さは何cmですか。（　）
57

裏面

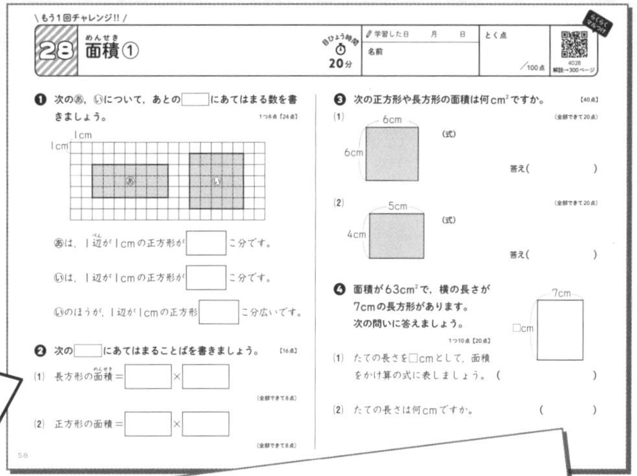

もう１回チャレンジ!!
28 面積①
58

全科ギガドリル　小学４年
答え
わからなかった問題は，ポイントの解説をよく読んで，確認してください。
算数
1 1億をこえる数 3ページ
❶ (1)三億七千九百五十二万四千百三十六 (2)六十二億七千五万
❷ (1)236547829 (2)9052000080
❸ (1)503000000 (2)4700000000000
❹ あ8600億(860000000000) い9800億(980000000000) う1兆300億(1030000000000)
❺ (1)9876543210 (2)1023456789
2 大きな数の計算 5ページ
❶ (1)3億(300000000) (2)7億5000万(750000000)
❷ (1)74億(7400000000) (2)23兆(23000000000000) (3)2160000(216万) (4)1440万(14400000) (5)136億(13600000000) (6)600兆(600000000000000)
❸ (1)34882 (2)229836 (3)78752 (4)119952 (5)511500 (6)728321
3 折れ線グラフ① 7ページ
❶ (1)22度 (2)3月，12月 (3)10月から11月までの間
ある日のプールの水温の変わり方
291

「答え」のページはていねいな解説つき!

解き方がわかるポイントがついています。

スマホでサクッと!
らくらくマルつけシステム

「答え」のページを
見なくても!
その場でスピーディーに!

らくらくマルつけ
3 曜日をたずねよう
目ひょう時間 20分
学習した日 月 日
名前
とく点
/100点
解説→307ページ
❶ 音声を聞いて，読まれた英語《えいご》と合う絵を次からそれぞれ選《えら》び，記号で書きましょう。
1つ6点【12点】
(1) ( ) (2) ( )
英語音声はこちらから！
♪4-03
ア イ ウ エ
❷ 音声を聞いて，読まれた英語を表す曜日になるように，( )に日本語を書きましょう。
1つ8点【24点】
(1) ( ) 曜日
(2) ( ) 曜日
(3) ( ) 曜日
❸ 音声を聞いて，英語をなぞって書きましょう。また，それぞれの英語が表す絵と線で結《むす》びましょう。
(1) It's
(2) It's
土曜日
英語
❹ 音声を聞いて…しょう。

らくらくマルつけ
目ひょう時間 20分
学習した日 月 日
名前
とく点
/100点
4051
解説→307ページ
❸ 音声を聞いて，英語をなぞって書きましょう。また，それぞれの英語が表す絵と線で結《むす》びましょう。
それぞれ全部できて1つ14点【28点】
火曜日
土曜日
(1) It's Saturday.
(2) It's Tuesday.
英語
❹ 音声を聞いて，絵と合う英語を選び，記号を○で囲《かこ》みましょう。
1つ18点【36点】
(1) [ア イ ウ]
(2) [ア イ ウ]
103

- 問題ページ右上のQRコードを，お手持ちのスマートフォンやタブレットで読みとってください。そのページの解答が印字された状態の誌面が画面上に表示されるので，「答え」のページを確認しなくても，その場ですばやくマルつけができます。
- くわしい解説が必要な場合は，「答え」のページの🔈ポイントをご確認ください。

英語音声も
スマホでらくらく!

以下の３通りの方法で，カンタンに再生することができます。

① スマートフォン・タブレットで手軽に再生！

誌面のQRコードをスマートフォンなどで読みとり，表示されるURLにアクセスすると，メニュー画面が表示されます。▶ボタンで再生を開始してください。

② 無料リスニングアプリで便利に再生！

無料アプリ「シグマプレーヤー2」でも聞くことができます。音声を「はやい」「ふつう」「ゆっくり」の３段階の速度にできます。

SigmaPlayer2
リスニングアプリ（音声再生用）
SigmaPlayer2
無料アプリで文英堂の参考書・問題集の音声を聞くことができます。音声の速度を３段階に調整できます。
App Store，Google Playで「シグマプレーヤー」を検索！
●通信料は別途必要です。動作環境は弊社ホームページをご覧ください。●App StoreはApple Inc.のサービスマークです。●Google PlayはGoogle LLCの商標です。

③ パソコンでも再生できる！

文英堂Webサイトから，MP3ファイルを一括ダウンロードすれば，スマートフォンやタブレットがなくても，パソコンで音声を聞くことができます。
文英堂Webサイト　www.bun-eido.co.jp

●音声および「らくらくマルつけシステム」は無料でご利用いただけますが，通信料金はお客様のご負担となります。●すべての機器での動作を保証するものではありません。●やむを得ずサービス内容に予告なく変更が生じる場合があります。●QRコードは㈱デンソーウェーブの登録商標です。

1 1億《おく》をこえる数

目ひょう時間 20分

学習した日　月　日

名前

とく点　／100点

4001
解説→291ページ

1 次の数を，漢字で書きましょう。 1つ10点【20点】

(1) 379524136

(　　　　　　　　　　)

(2) 6270050000

(　　　　　　　　　　)

2 次の数を，数字で書きましょう。 1つ10点【20点】

(1) 二億《おく》三千六百五十四万七千八百二十九

(　　　　　　　　　　)

(2) 九十億五千二百万八十

(　　　　　　　　　　)

3 次の数を，数字で書きましょう。 1つ8点【16点】

(1) 1億を5こ，100万を3こ合わせた数

(　　　　　　　　　　)

(2) 1000億を47こ集めた数

(　　　　　　　　　　)

4 次の数直線で，㋐，㋑，㋒にあてはまる数をそれぞれ書きましょう。 1つ8点【24点】

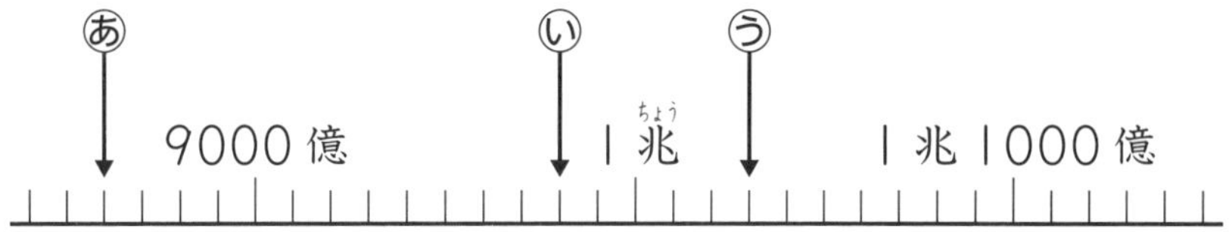

あ (　　　　　　　　　　)

い (　　　　　　　　　　)

う (　　　　　　　　　　)

5 0，1，2，3，4，5，6，7，8，9 の10まいのカードをならべて，10けたの整数をつくります。次の数を，数字で書きましょう。 1つ10点【20点】

(1) いちばん大きい数

(　　　　　　　　　　)

(2) いちばん小さい数

(　　　　　　　　　　)

1　1億《おく》をこえる数

目ひょう時間 20分

学習した日　月　日
名前
とく点　／100点
4001
解説→291ページ
らくらくマルつけ

❶ 次の数を，漢字で書きましょう。 1つ10点【20点】

(1) 379524136
(　　　　　　)

(2) 6270050000
(　　　　　　)

❷ 次の数を，数字で書きましょう。 1つ10点【20点】

(1) 二億《おく》三千六百五十四万七千八百二十九
(　　　　　　)

(2) 九十億五千二百万八十
(　　　　　　)

❸ 次の数を，数字で書きましょう。 1つ8点【16点】

(1) 1億を5こ，100万を3こ合わせた数
(　　　　　　)

(2) 1000億を47こ集めた数
(　　　　　　)

❹ 次の数直線で，ⓐ，ⓘ，ⓤにあてはまる数をそれぞれ書きましょう。 1つ8点【24点】

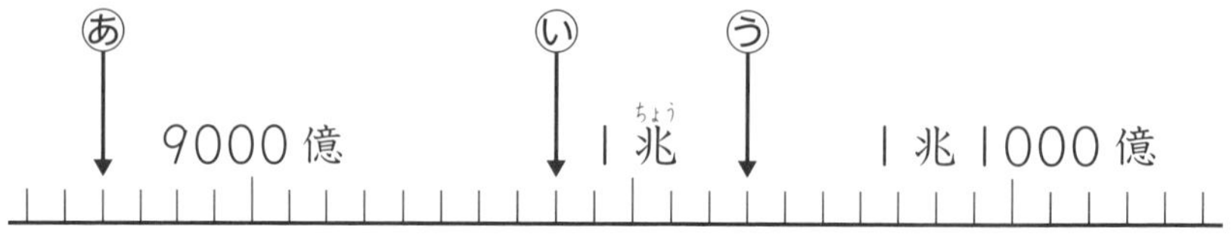

あ (　　　　　　)

い (　　　　　　)

う (　　　　　　)

❺ [0]，[1]，[2]，[3]，[4]，[5]，[6]，[7]，[8]，[9]の10まいのカードをならべて，10けたの整数をつくります。次の数を，数字で書きましょう。 1つ10点【20点】

(1) いちばん大きい数
(　　　　　　)

(2) いちばん小さい数
(　　　　　　)

らくらくマルつけ

2 大きな数の計算

目ひょう時間 20分

学習した日　　月　　日	とく点	4002
名前	／100点	解説→291ページ

❶ 次の数を書きましょう。　1つ5点【10点】

(1) 3000万を10倍した数

(　　　　　　　　)

(2) 75億《おく》を $\frac{1}{10}$ にした数

(　　　　　　　　)

❷ 次の計算をしましょう。　1つ7点【42点】

(1) 45億＋29億＝

(2) 80兆《ちょう》－57兆＝

(3) 2400×900＝

(4) 36万×40＝

(5) 17万×8万＝

(6) 50億×12万＝

❸ 次の筆算をしましょう。　1つ8点【48点】

(1) $\begin{array}{r} 214 \\ \times 163 \\ \hline \end{array}$

(2) $\begin{array}{r} 537 \\ \times 428 \\ \hline \end{array}$

(3) $\begin{array}{r} 92 \\ \times 856 \\ \hline \end{array}$

(4) $\begin{array}{r} 408 \\ \times 294 \\ \hline \end{array}$

(5) $\begin{array}{r} 750 \\ \times 682 \\ \hline \end{array}$

(6) $\begin{array}{r} 803 \\ \times 907 \\ \hline \end{array}$

2 大きな数の計算

目ひょう時間 20分

学習した日　　月　　日	とく点	らくらくマルつけ
名前	／100点	4002

解説→291ページ

❶ 次の数を書きましょう。　1つ5点【10点】

(1) 3000万を10倍した数

(　　　　　　　　)

(2) 75億《おく》を$\frac{1}{10}$にした数

(　　　　　　　　)

❷ 次の計算をしましょう。　1つ7点【42点】

(1) 45億＋29億＝

(2) 80兆《ちょう》－57兆＝

(3) 2400×900＝

(4) 36万×40＝

(5) 17万×8万＝

(6) 50億×12万＝

❸ 次の筆算をしましょう。　1つ8点【48点】

(1)
$$\begin{array}{r} 214 \\ \times\ 163 \\ \hline \end{array}$$

(2)
$$\begin{array}{r} 537 \\ \times\ 428 \\ \hline \end{array}$$

(3)
$$\begin{array}{r} 92 \\ \times\ 856 \\ \hline \end{array}$$

(4)
$$\begin{array}{r} 408 \\ \times\ 294 \\ \hline \end{array}$$

(5)
$$\begin{array}{r} 750 \\ \times\ 682 \\ \hline \end{array}$$

(6)
$$\begin{array}{r} 803 \\ \times\ 907 \\ \hline \end{array}$$

3 折《お》れ線グラフ①

目ひょう時間 20分

✎学習した日　月　日

名前

とく点　／100点

4003
解説→291ページ

❶ 次の折《お》れ線グラフは，ある町の1年間の気温の変《か》わり方を表したものです。次の問いに答えましょう。【50点】

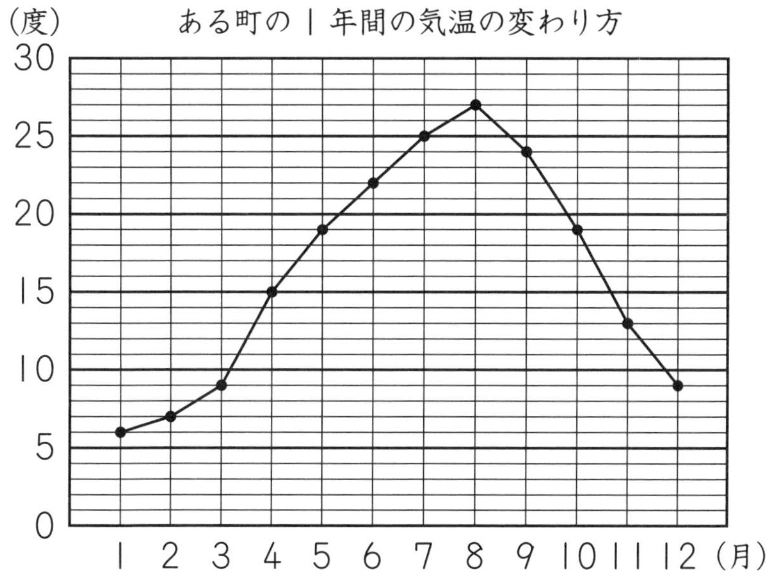

(1) 6月の気温は何度ですか。(15点)

(　　　　)

(2) 気温が9度なのは，何月と何月ですか。(全部できて20点)

(　　　　)と(　　　　)

(3) 気温の下がり方がいちばん大きいのは，何月から何月までの間ですか。(15点)

(　　　　　　　　)

❷ 次の表は，ある日のプールの水温を2時間おきに調べたものです。あとの問いに答えましょう。【50点】

ある日のプールの水温

時こく(時)	午前 6	8	10	午後 0	2	4	6
水温(度)	19	20	23	25	26	24	23

(1) 下の折れ線グラフの目もりの□にあてはまる数を書きましょう。(全部できて15点)

(2) 折れ線グラフの続《つづ》きをかきましょう。(全部できて35点)

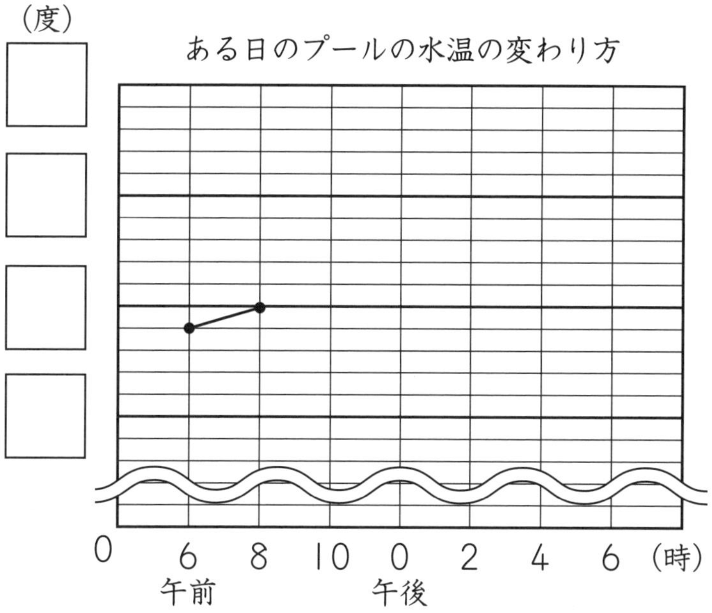

＼もう1回チャレンジ!!／

3 折《お》れ線グラフ①

目ひょう時間 20分

学習した日　　月　　日

名前

とく点　　／100点

4003
解説→291ページ

らくらくマルつけ

❶ 次の折《お》れ線グラフは，ある町の１年間の気温の変《か》わり方を表したものです。次の問いに答えましょう。【50点】

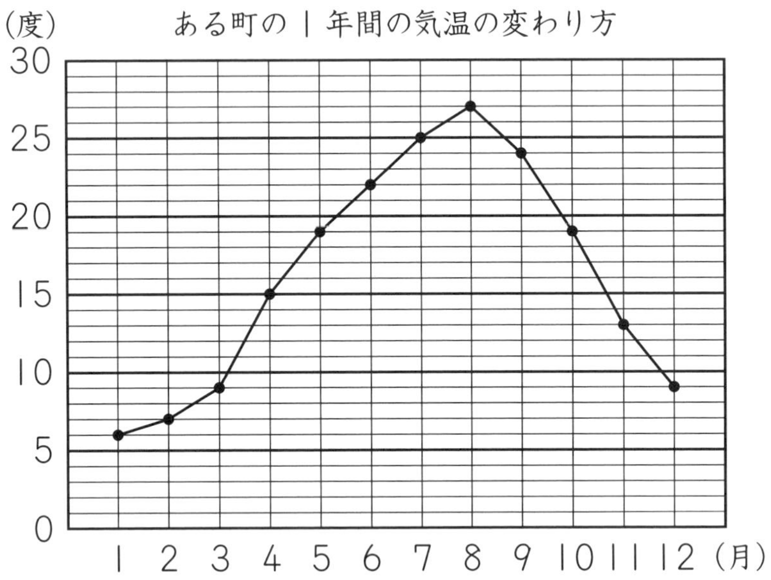

(1) 6月の気温は何度ですか。(15点)

(　　　　　)

(2) 気温が9度なのは，何月と何月ですか。(全部できて20点)

(　　　　　)と(　　　　　)

(3) 気温の下がり方がいちばん大きいのは，何月から何月までの間ですか。(15点)

(　　　　　　　　　　)

❷ 次の表は，ある日のプールの水温を２時間おきに調べたものです。あとの問いに答えましょう。【50点】

ある日のプールの水温

時こく(時)	午前 6	8	10	午後 0	2	4	6
水温(度)	19	20	23	25	26	24	23

(1) 下の折れ線グラフの目もりの□にあてはまる数を書きましょう。(全部できて15点)

(2) 折れ線グラフの続《つづ》きをかきましょう。(全部できて35点)

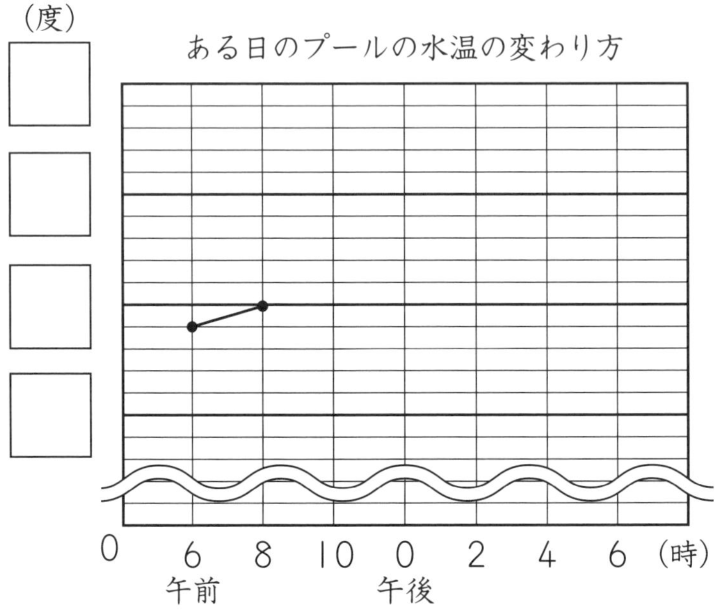

4 折《お》れ線グラフ②

目ひょう時間 20分

学習した日　　月　　日

名前

とく点　　／100点

4004 解説→292ページ

❶ 次の折《お》れ線グラフは，ある店でアイスコーヒーとホットコーヒーが注文された数を，月ごとに表したものです。あとの問いに答えましょう。

1つ25点【50点】

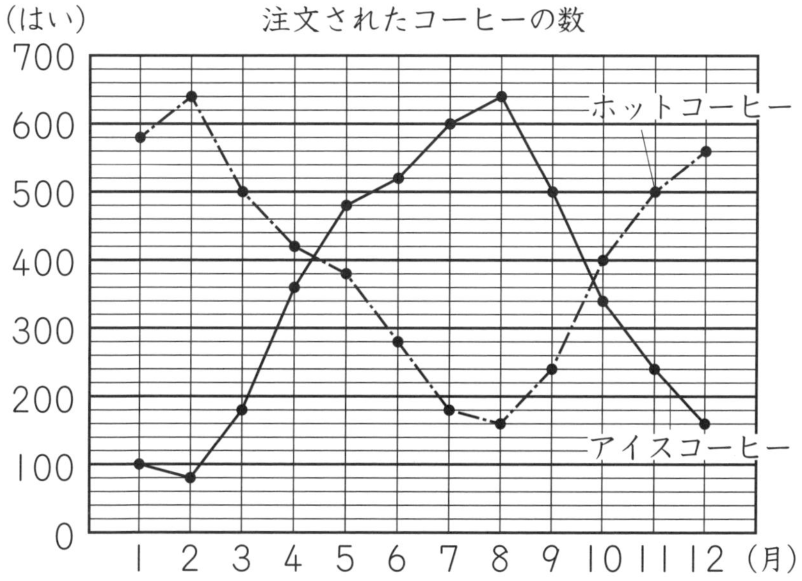

(1) アイスコーヒーがホットコーヒーより多く注文されたのは何月から何月までの間ですか。

(　　　　　　　　　　　　)

(2) 注文された数の差《さ》は，いちばん大きい月で何はいですか。

(　　　　　　)

❷ 次のグラフは，ある都市の月別《つきべつ》の気温とこう水量《すいりょう》を表したものです。折れ線グラフが月別の気温を，ぼうグラフがこう水量を表しています。あとの問いに答えましょう。

1つ25点【50点】

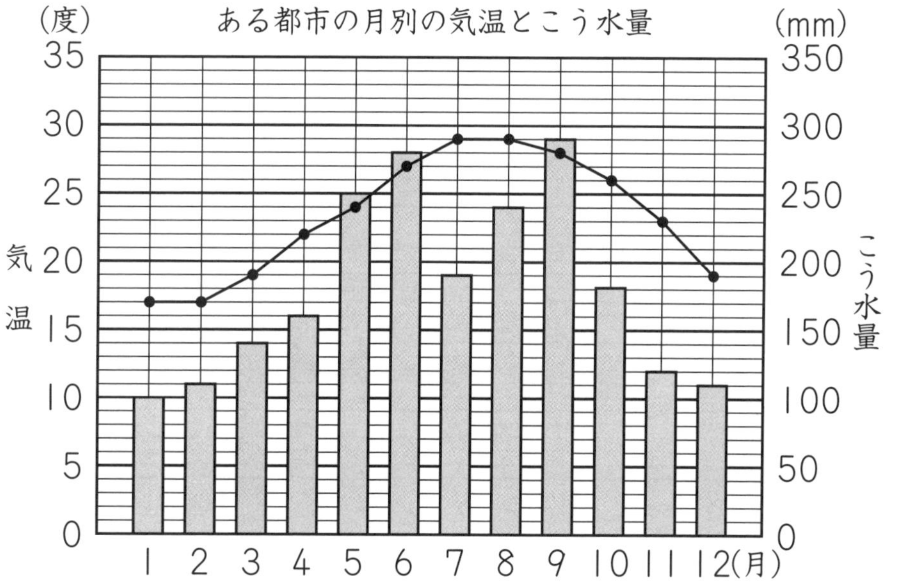

(1) 4月の気温は何度ですか。

(　　　　)

(2) こう水量がいちばん多いのは，何月で何mmですか。

(　　　　　　　　)

4 折《お》れ線グラフ②

目ひょう時間 20分

学習した日　月　日

名前

とく点　／100点

4004
解説→292ページ

らくらくマルつけ

❶ 次の折《お》れ線グラフは，ある店でアイスコーヒーとホットコーヒーが注文された数を，月ごとに表したものです。あとの問いに答えましょう。 1つ25点【50点】

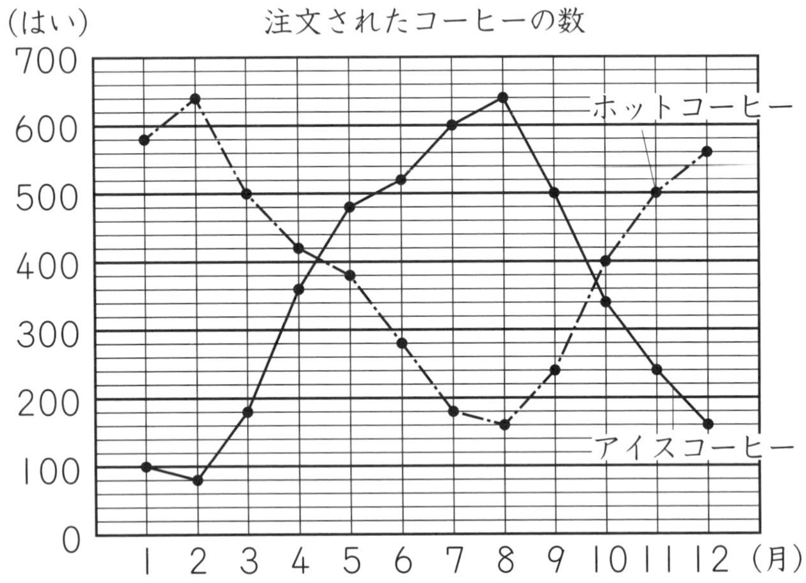

(1) アイスコーヒーがホットコーヒーより多く注文されたのは何月から何月までの間ですか。

(　　　　　　　　)

(2) 注文された数の差《さ》は，いちばん大きい月で何はいですか。

(　　　　　　　　)

❷ 次のグラフは，ある都市の月別《つきべつ》の気温とこう水量《すいりょう》を表したものです。折れ線グラフが月別の気温を，ぼうグラフがこう水量を表しています。あとの問いに答えましょう。 1つ25点【50点】

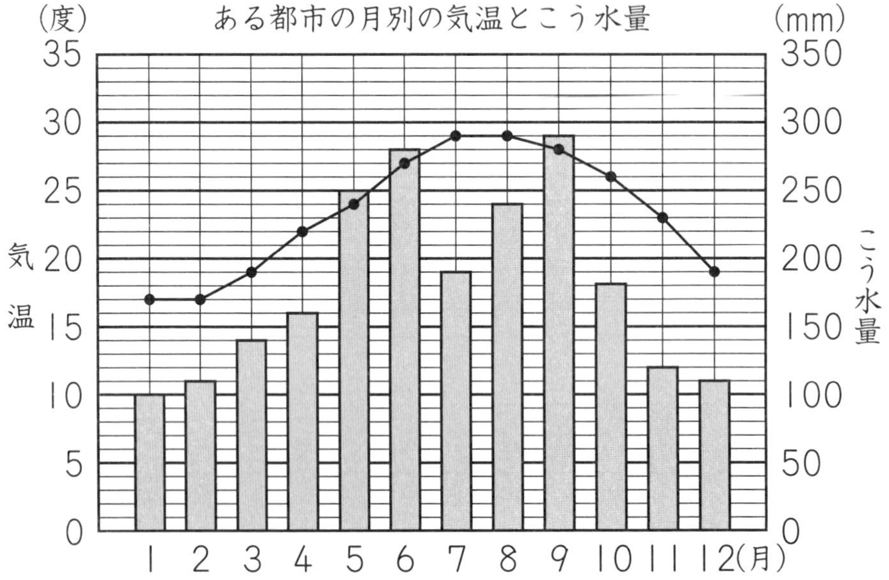

(1) 4月の気温は何度ですか。

(　　　　　　　　)

(2) こう水量がいちばん多いのは，何月で何mmですか。

(　　　　　　　　)

5 1けたの数でわるわり算①

目ひょう時間 20分

学習した日　月　日

名前

とく点　／100点

らくらくマルつけ

4005

解説→292ページ

1 次のわり算をしましょう。　1つ4点【16点】

(1) 80÷4＝

(2) 450÷9＝

(3) 900÷3＝

(4) 1000÷5＝

2 54÷2の計算のしかたを，次のように考えました。
□にあてはまる数を書きましょう。　【全部できて12点】

10のまとまりとばらに分けて考えます。

10のまとまり5つを2人で分けると，

5÷2＝□あまり□

10のまとまりを2つずつ分けることができ，10のまとまりが1つ残《のこ》ります。残った10のまとまり1つとばらの4こを合わせて，14こ。14こを2人で分けると，14÷2＝□

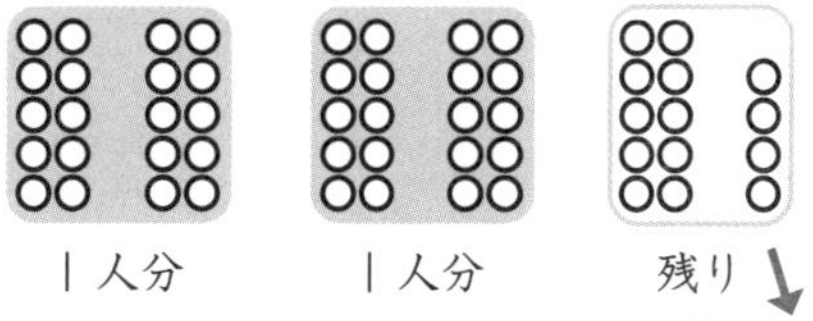

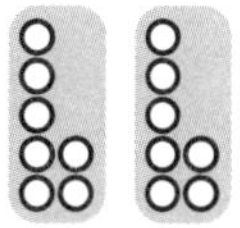

1人分は10のまとまり2つと7こを合わせた数だから，

54÷2＝□

3 次の筆算をしましょう。　1つ8点【72点】

(1) 3)63

(2) 4)72

(3) 3)96

(4) 2)78

(5) 6)84

(6) 7)98

(7) 4)76

(8) 5)75

(9) 5)90

5 １けたの数でわるわり算①

目ひょう時間 20分

学習した日　　月　　日

名前

とく点　　／100点

4005 解説→292ページ

らくらくマルつけ

❶ 次のわり算をしましょう。 1つ4点【16点】

(1) 80÷4＝

(2) 450÷9＝

(3) 900÷3＝

(4) 1000÷5＝

❷ 54÷2の計算のしかたを，次のように考えました。
□にあてはまる数を書きましょう。 【全部できて12点】

10のまとまりとばらに分けて考えます。

10のまとまり５つを２人で分けると，

5÷2＝□あまり□

10のまとまりを２つずつ分けることができ，10のまとまりが１つ残《のこ》ります。残った10のまとまり１つとばらの４こを合わせて，14こ。14こを２人で分けると，14÷2＝□

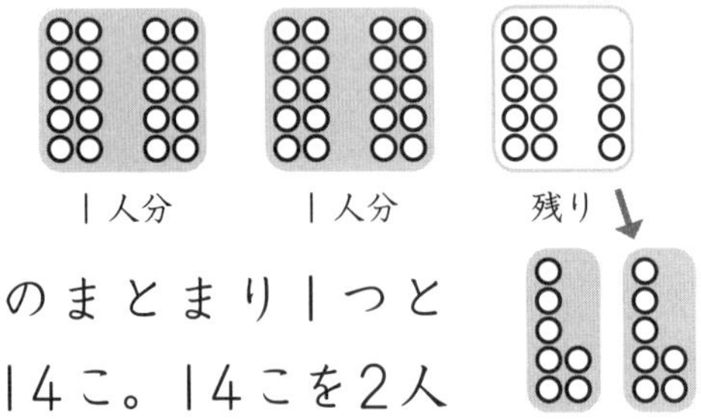

１人分は10のまとまり２つと７こを合わせた数だから，

54÷2＝□

❸ 次の筆算をしましょう。 1つ8点【72点】

(1) $3\overline{)\,63}$

(2) $4\overline{)\,72}$

(3) $3\overline{)\,96}$

(4) $2\overline{)\,78}$

(5) $6\overline{)\,84}$

(6) $7\overline{)\,98}$

(7) $4\overline{)\,76}$

(8) $5\overline{)\,75}$

(9) $5\overline{)\,90}$

6 1けたの数でわるわり算②

目ひょう時間 20分

学習した日　月　日

名前

とく点　／100点

4006
解説→292ページ

らくらくマルつけ

❶ 次の筆算をしましょう。　1つ7点【63点】

(1) 4)57

(2) 2)35

(3) 3)89

(4) 5)77

(5) 8)98

(6) 6)83

(7) 4)90

(8) 7)74

(9) 3)64

❷ 46このあめを，3人で同じ数ずつ分けます。1人何こで，何こあまりますか。　【全部できて14点】

(式)

答え(　　　　　　)

❸ 「68÷5＝13あまり3」の答えのたしかめをします。次の□にあてはまる数を書きましょう。　【全部できて9点】

68÷5＝13あまり3

(たしかめ)

5×□＋□＝□

❹ 次の計算の答えが正しければ○，まちがっていれば正しい答えを書きましょう。　1つ7点【14点】

(1) 79÷3＝26あまり1

(　　　　　　)

(2) 95÷4＝24あまり1

(　　　　　　)

6 1けたの数でわるわり算②

目ひょう時間 20分

学習した日　月　日

名前

とく点　／100点

らくらくマルつけ

4006
解説→292ページ

❶ 次の筆算をしましょう。 1つ7点【63点】

(1) $4\overline{)\,57}$

(2) $2\overline{)\,35}$

(3) $3\overline{)\,89}$

(4) $5\overline{)\,77}$

(5) $8\overline{)\,98}$

(6) $6\overline{)\,83}$

(7) $4\overline{)\,90}$

(8) $7\overline{)\,74}$

(9) $3\overline{)\,64}$

❷ 46このあめを，3人で同じ数ずつ分けます。1人何こで，何こあまりますか。 【全部できて14点】

(式)

答え(　　　　　　　　　　)

❸ 「68÷5＝13あまり3」の答えのたしかめをします。次の□にあてはまる数を書きましょう。 【全部できて9点】

68÷5＝13あまり3

(たしかめ)

5×□＋□＝□

❹ 次の計算の答えが正しければ○，まちがっていれば正しい答えを書きましょう。 1つ7点【14点】

(1) 79÷3＝26あまり1

(　　　　　　　　　　)

(2) 95÷4＝24あまり1

(　　　　　　　　　　)

7 1けたの数でわるわり算③

目ひょう時間 20分

学習した日　　月　　日	とく点	らくらくマルつけ
名前	/100点	4007 解説→293ページ

1 次の筆算をしましょう。 1つ10点【60点】

(1) 2)374

(2) 7)791

(3) 2)836

(4) 8)987

(5) 6)970

(6) 4)878

2 次の筆算をしましょう。 1つ10点【30点】

(1) 3)628

(2) 6)965

(3) 5)548

3 アイスクリームを5こ買ったら，代金は640円でした。アイスクリーム1このねだんはいくらですか。【全部できて10点】

(式)

答え(　　　　　　)

＼もう1回チャレンジ!!／

7 1けたの数でわるわり算③

目ひょう時間 20分

学習した日　　月　　日

名前

とく点　　／100点

4007
解説→293ページ

らくらくマルつけ

❶ 次の筆算をしましょう。 1つ10点【60点】

(1) 2)374

(2) 7)791

(3) 2)836

(4) 8)987

(5) 6)970

(6) 4)878

❷ 次の筆算をしましょう。 1つ10点【30点】

(1) 3)628

(2) 6)965

(3) 5)548

❸ アイスクリームを5こ買ったら，代金は640円でした。アイスクリーム1このねだんはいくらですか。【全部できて10点】

(式)

答え(　　　　　)

8 1けたの数でわるわり算④

目ひょう時間 20分

学習した日　月　日

名前

とく点　／100点

らくらくマルつけ

4008
解説→293ページ

算数

1 次の筆算をしましょう。　1つ8点【48点】

(1) 4)296

(2) 6)408

(3) 9)400

(4) 7)605

(5) 2)161

(6) 3)212

2 次の計算を，暗算でしましょう。　1つ7点【28点】

(1) 96÷3＝

(2) 80÷5＝

(3) 56÷4＝

(4) 72÷3＝

3 108ページの本を，1日に7ページずつ読みます。読み終わるのに何日かかりますか。　【全部できて12点】

(式)

答え(　　　　)

4 356本のえん筆を，6本ずつ箱に入れていきます。6本入りの箱は何箱できて，何本あまりますか。　【全部できて12点】

(式)

答え(　　　　)

＼もう1回チャレンジ!!／

らくらくマルつけ

8 1けたの数でわるわり算④

目ひょう時間 20分

学習した日　　月　　日

名前

とく点　　／100点

4008
解説→293ページ

❶ 次の筆算をしましょう。 1つ8点【48点】

(1) 4)296

(2) 6)408

(3) 9)400

(4) 7)605

(5) 2)161

(6) 3)212

❷ 次の計算を，暗算でしましょう。 1つ7点【28点】

(1) 96÷3＝

(2) 80÷5＝

(3) 56÷4＝

(4) 72÷3＝

❸ 108ページの本を，1日に7ページずつ読みます。読み終わるのに何日かかりますか。 【全部できて12点】

(式)

答え(　　　　)

❹ 356本のえん筆を，6本ずつ箱に入れていきます。6本入りの箱は何箱できて，何本あまりますか。 【全部できて12点】

(式)

答え(　　　　)

9 角とその大きさ①

目ひょう時間 20分

学習した日　　月　　日

名前

とく点

／100点

らくらくマルつけ

4009

解説→293ページ

算数

1 次の角の大きさを，分度器《ぶんどき》を使ってはかりましょう。

1つ13点【26点】

(1)

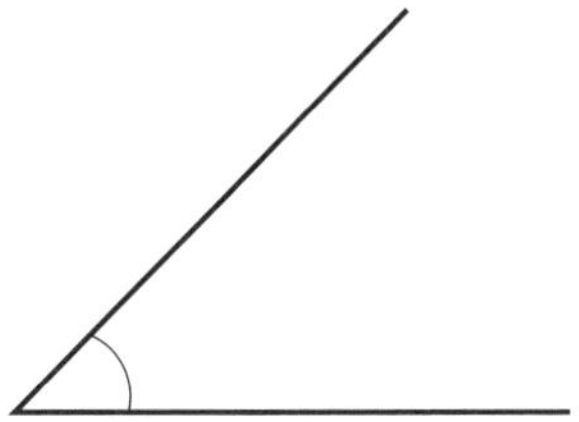

（　　　　）

(2)

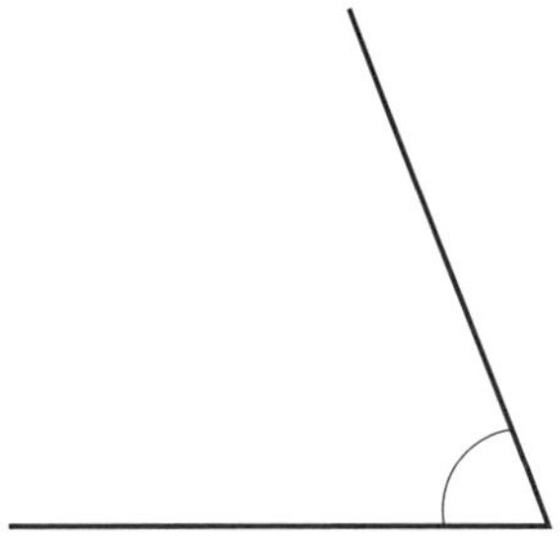

（　　　　）

2 次の角の大きさを，分度器を使ってはかりましょう。

1つ13点【26点】

(1)

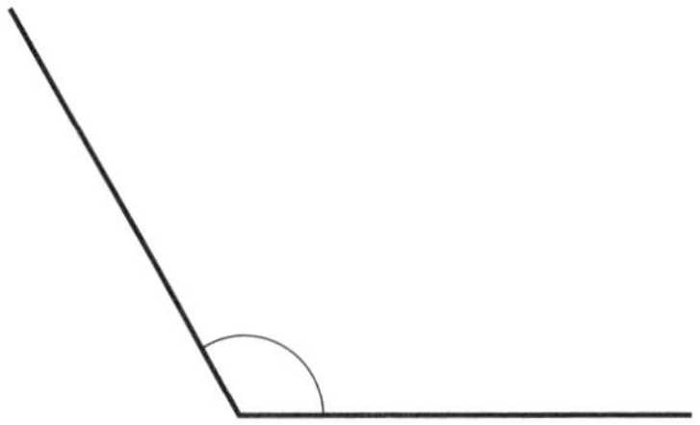

（　　　　）

(2)

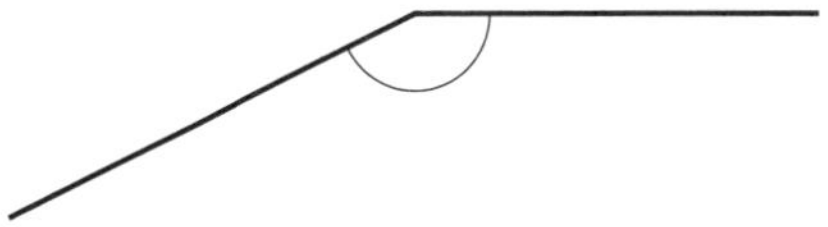

（　　　　）

3 次の角の大きさを，分度器を使ってはかりましょう。

1つ16点【48点】

(1)

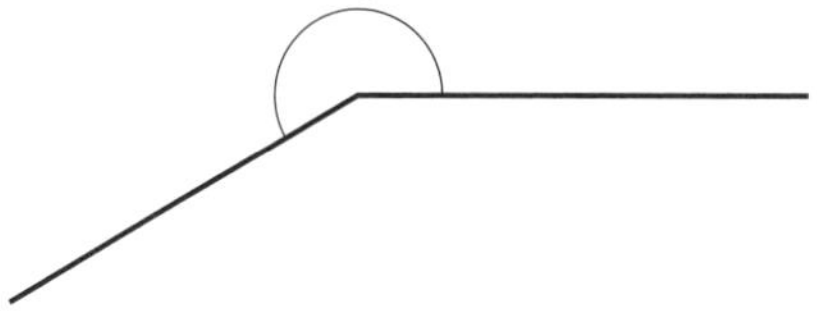

（　　　　）

(2)

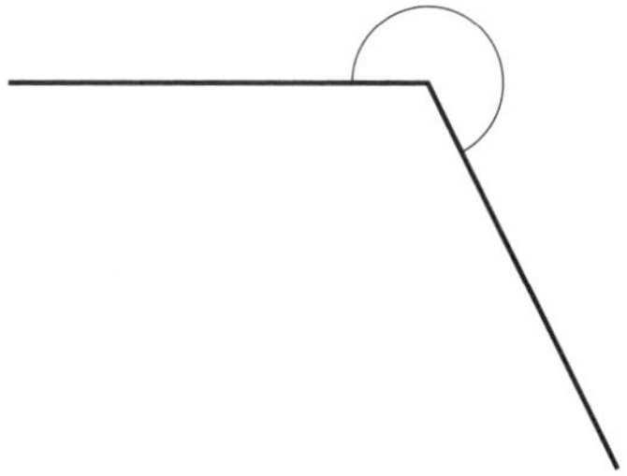

（　　　　）

(3)

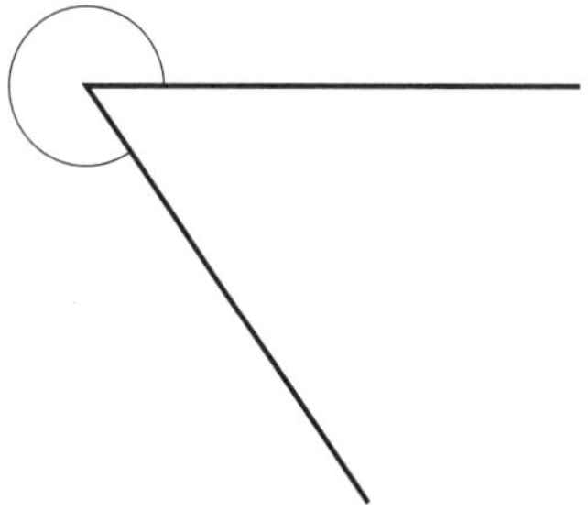

（　　　　）

9 角とその大きさ①

目ひょう時間 20分

学習した日　　月　　日

名前

とく点　　／100点

らくらくマルつけ 4009 解説→293ページ

❶ 次の角の大きさを，分《ぶん》度《ど》器《き》を使ってはかりましょう。

1つ13点【26点】

(1)

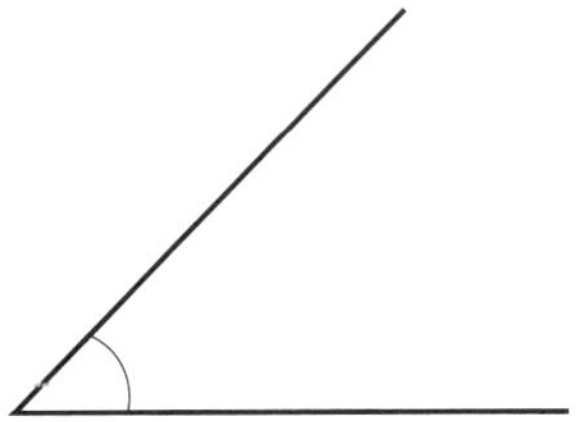

(　　　　)

(2)

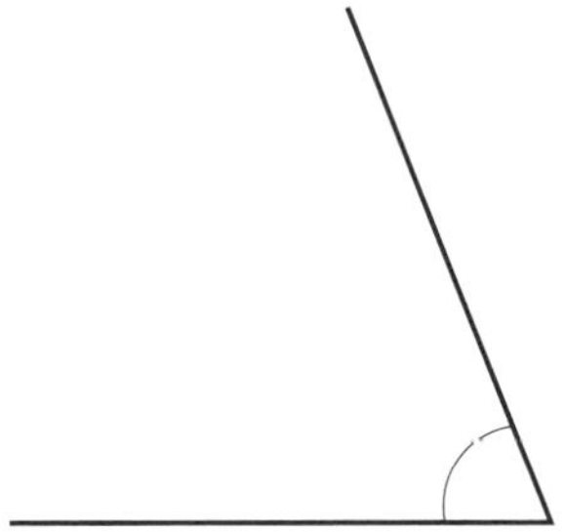

(　　　　)

❷ 次の角の大きさを，分度器を使ってはかりましょう。

1つ13点【26点】

(1)

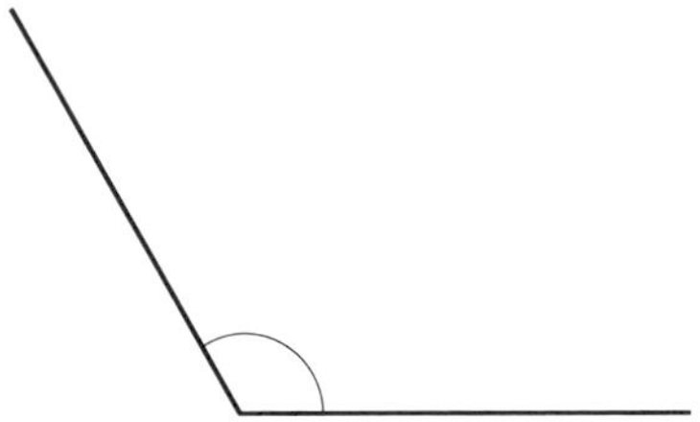

(　　　　)

(2)

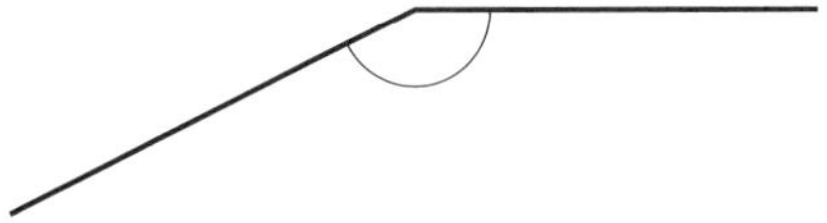

(　　　　)

❸ 次の角の大きさを，分度器を使ってはかりましょう。

1つ16点【48点】

(1)

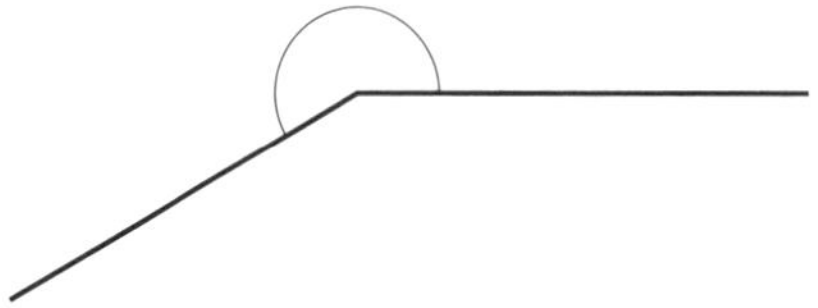

(　　　　)

(2)

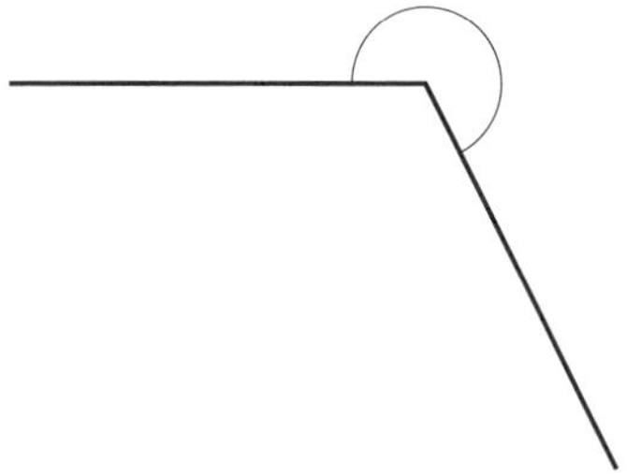

(　　　　)

(3)

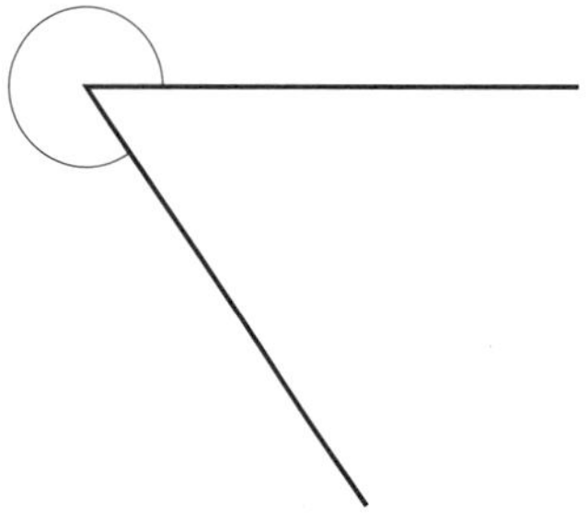

(　　　　)

10 角とその大きさ②

目ひょう時間 20分

学習した日　月　日

名前

とく点　／100点

4010
解説→294ページ

1 三角じょうぎの角の大きさをかきましょう。　1つ8点【48点】

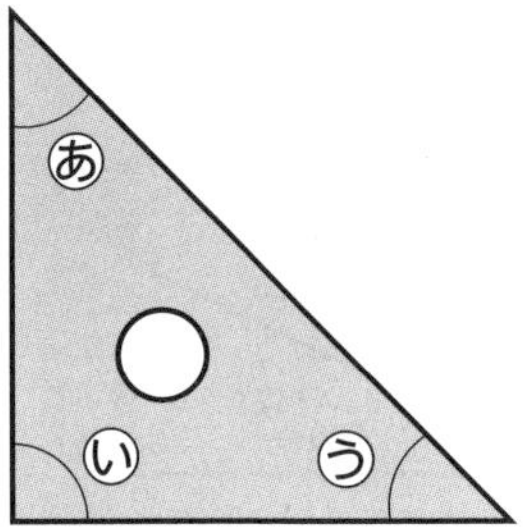

あ(　　　　　)
い(　　　　　)
う(　　　　　)

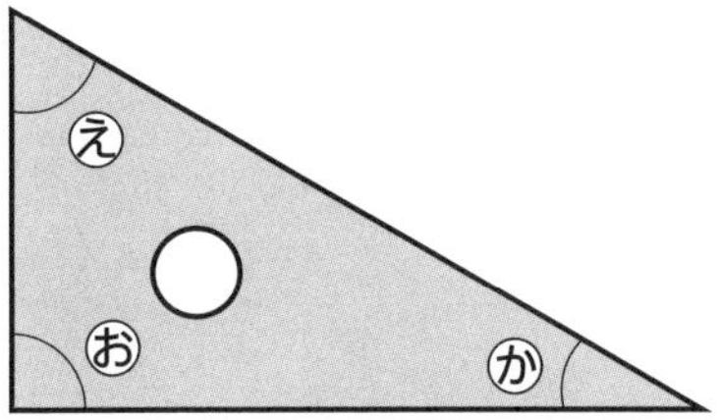

え(　　　　　)
お(　　　　　)
か(　　　　　)

2 次の図は，１組の三角じょうぎを組み合わせたものです。それぞれのあの角の大きさを求《もと》めましょう。　1つ8点【16点】

(1)

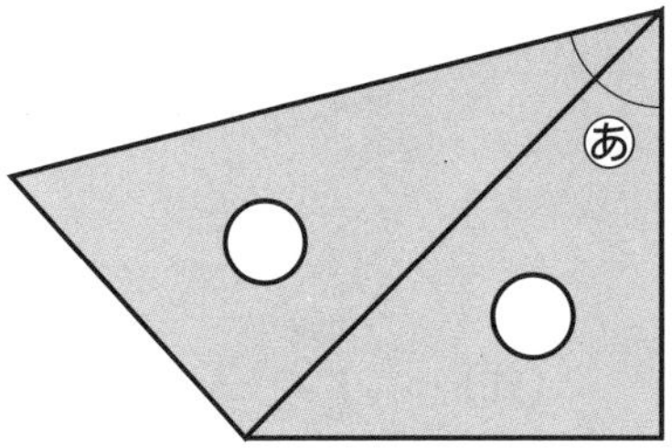

(式)

答え(　　　　　)

(2)

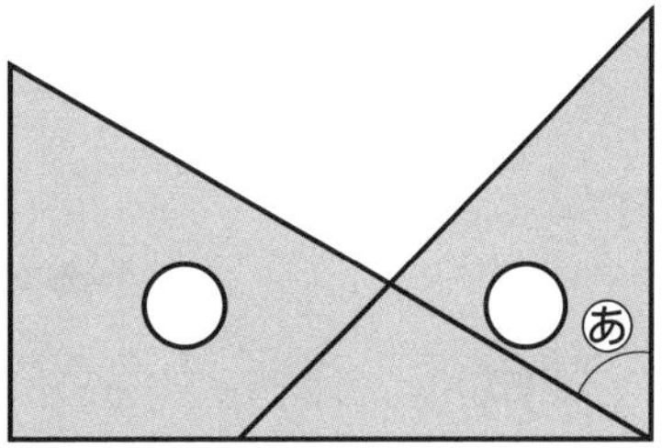

(式)

答え(　　　　　)

3 次のあの角の大きさを，それぞれ求めましょう。　【36点】

(1)

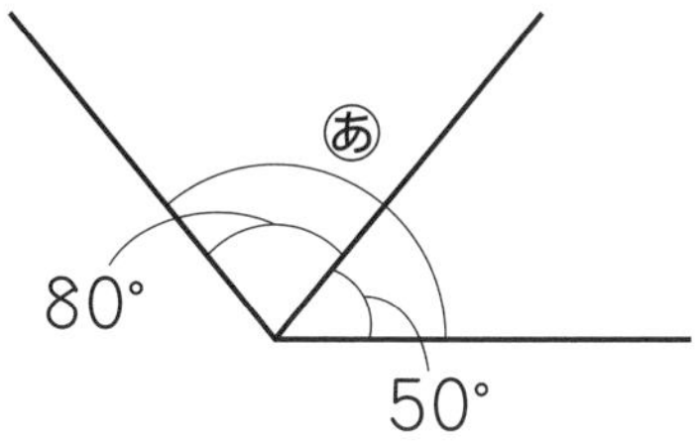

(全部できて9点)

(式)

答え(　　　　　)

(2)

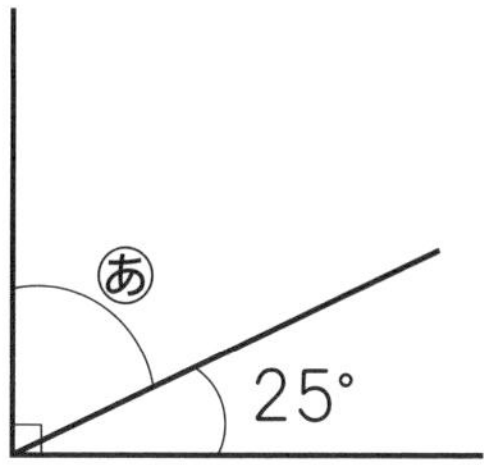

(全部できて9点)

(式)

答え(　　　　　)

(3)

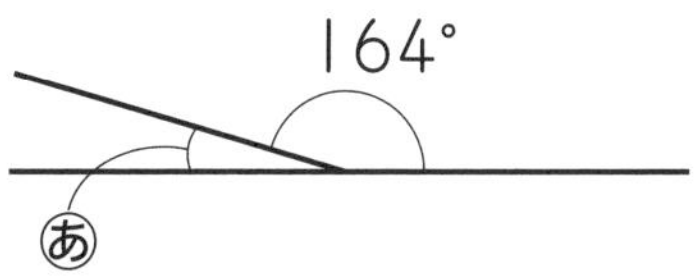

(全部できて9点)

(式)

答え(　　　　　)

(4)

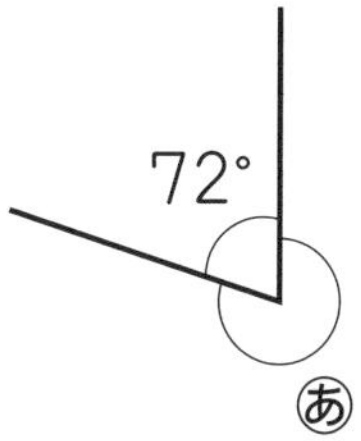

(全部できて9点)

(式)

答え(　　　　　)

10 角とその大きさ②

目ひょう時間 20分

学習した日　　月　　日

名前

とく点　　／100点

4010
解説→294ページ

らくらくマルつけ

❶ 三角じょうぎの角の大きさをかきましょう。 1つ8点【48点】

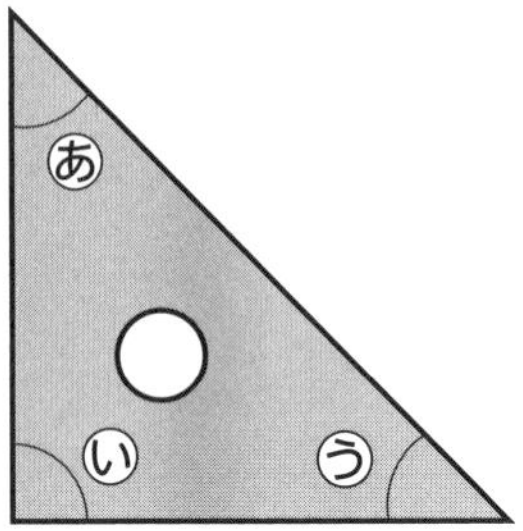

あ(　　　　　)

い(　　　　　)

う(　　　　　)

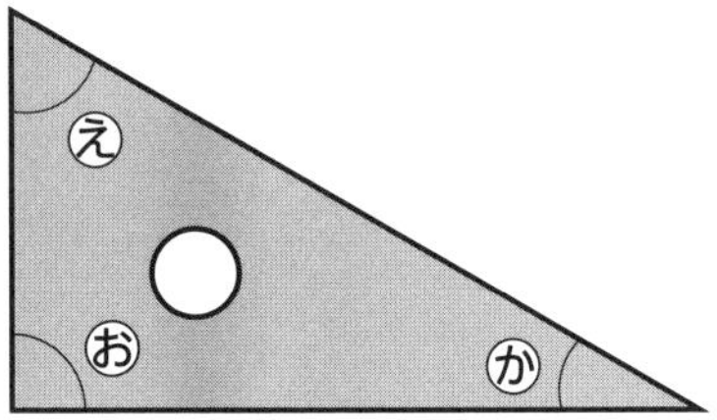

え(　　　　　)

お(　　　　　)

か(　　　　　)

❷ 次の図は，1組の三角じょうぎを組み合わせたものです。それぞれのあの角の大きさを求《もと》めましょう。 1つ8点【16点】

(1)

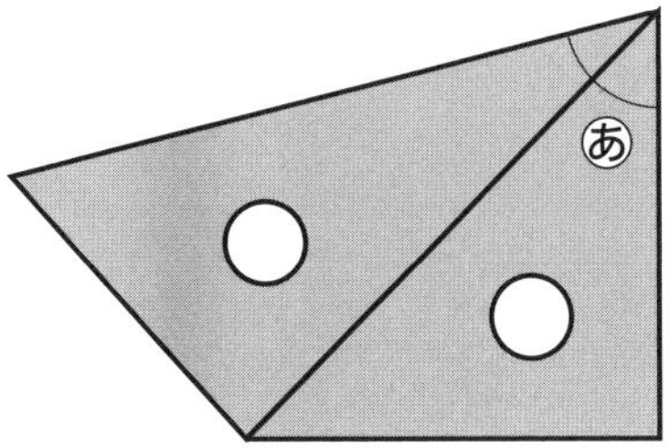

(式)

答え(　　　　　)

(2)

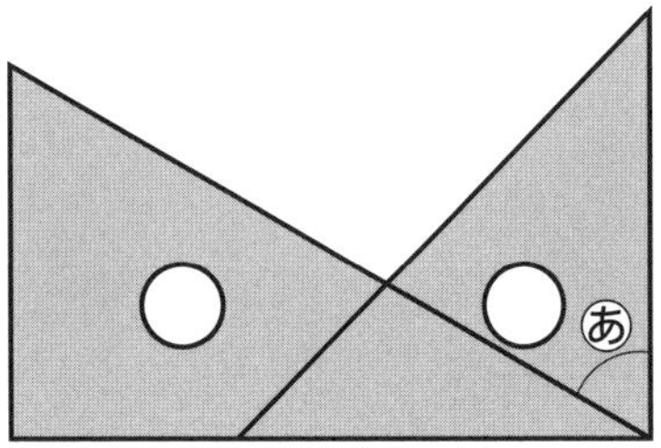

(式)

答え(　　　　　)

❸ 次のあの角の大きさを，それぞれ求めましょう。 【36点】

(1)

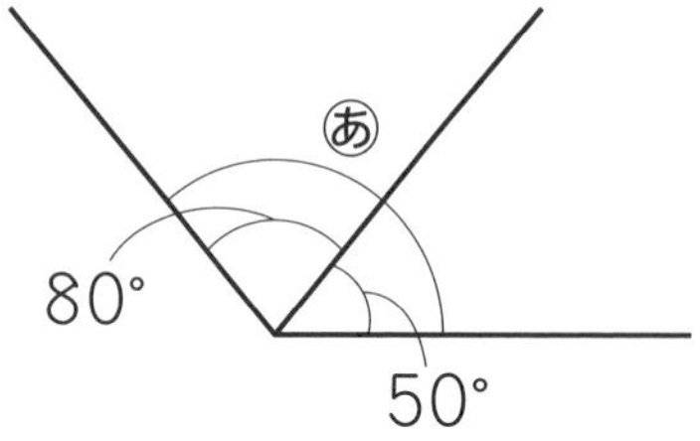

(全部できて9点)

(式)

答え(　　　　　)

(2)

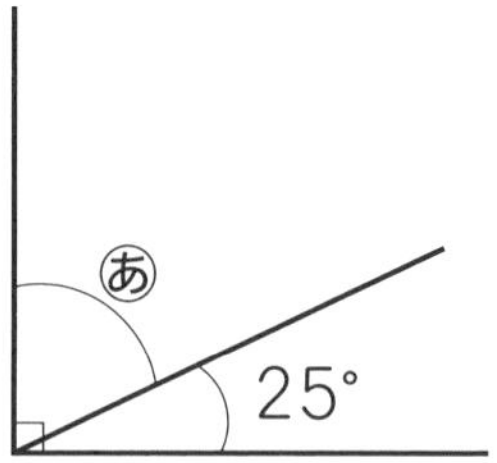

(全部できて9点)

(式)

答え(　　　　　)

(3)

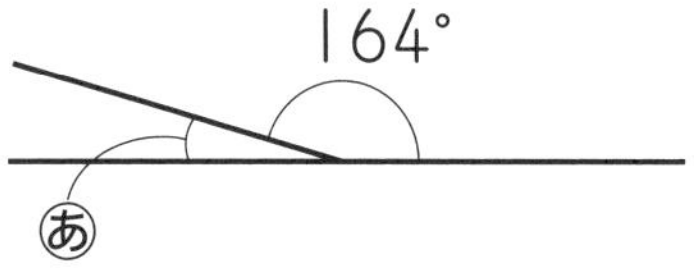

(全部できて9点)

(式)

答え(　　　　　)

(4)

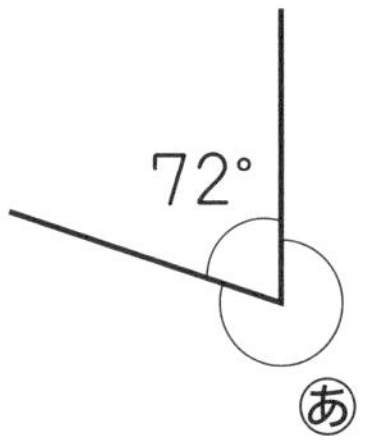

(全部できて9点)

(式)

答え(　　　　　)

11 角とその大きさ③

目ひょう時間 20分

学習した日　月　日

名前

とく点

／100点

らくらくマルつけ

4011
解説→294ページ

1 次の大きさの角を，分《ぶん》度《ど》器《き》を使ってかきましょう。

1つ15点【60点】

(1) 80°

(2) 35°

(3) 150°

(4) 295°

2 右に，左と同じ三角形をかきましょう。

1つ20点【40点】

(1)

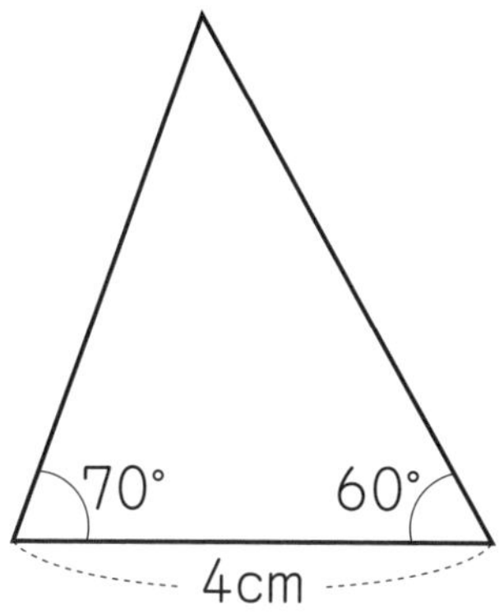

(2)

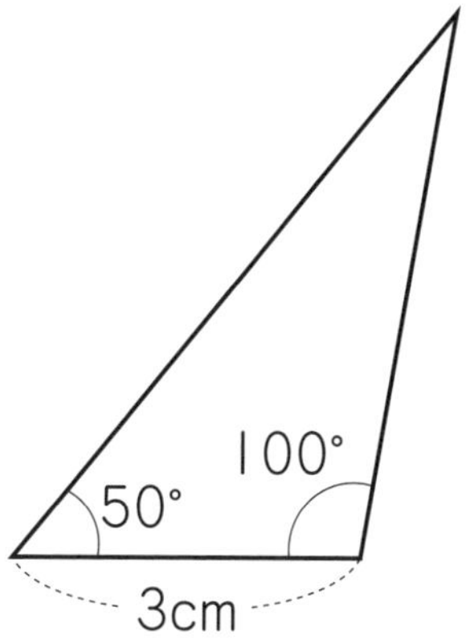

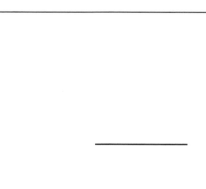

11 角とその大きさ③

目ひょう時間 20分

学習した日　月　日

名前

とく点　／100点

4011
解説→294ページ

らくらくマルつけ

❶ 次の大きさの角を，分度器《ぶんどき》を使ってかきましょう。

1つ15点【60点】

(1) 80°

(2) 35°

(3) 150°

(4) 295°

❷ 右に，左と同じ三角形をかきましょう。

1つ20点【40点】

(1)

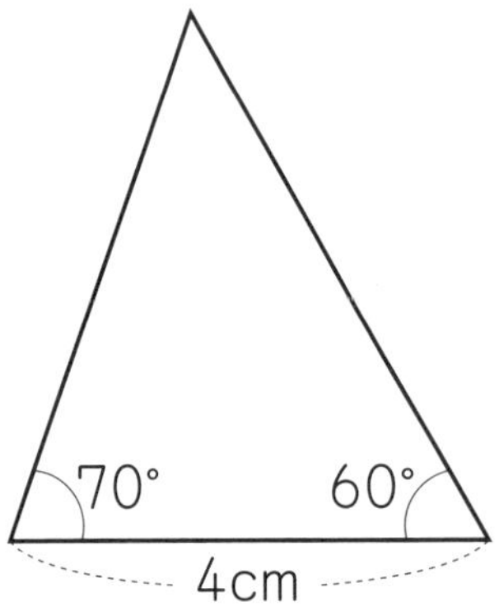

(2)

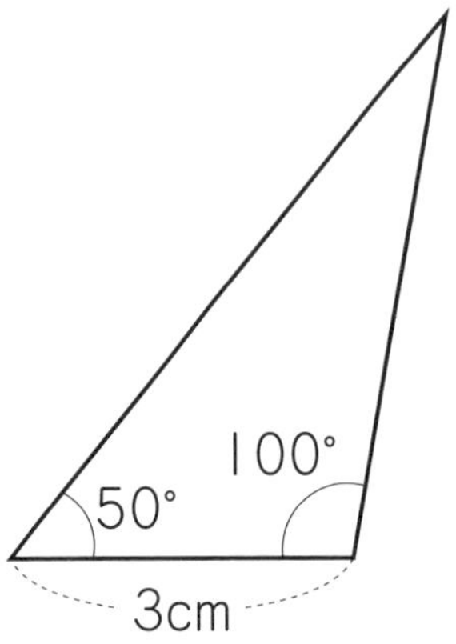

12 垂直《すいちょく》と平行

目ひょう時間 20分

学習した日　　月　　日

名前

とく点

／100点

4012
解説→294ページ

らくらくマルつけ

1 **次の□にあてはまることばを書きましょう。**

1つ10点【20点】

右の図で，直線あと直線いは

□です。

また，直線いと直線うは

□です。

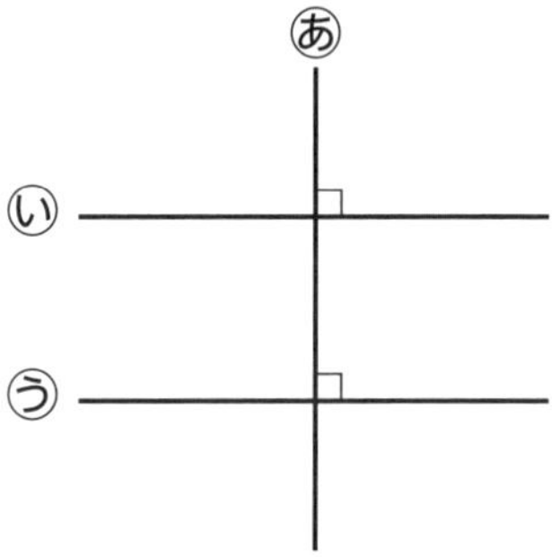

2 **次の図で，あの直線と垂直《すいちょく》な直線をすべて選《えら》び，記号で書きましょう。**

【20点】

(　　　　　　　　　　　　)

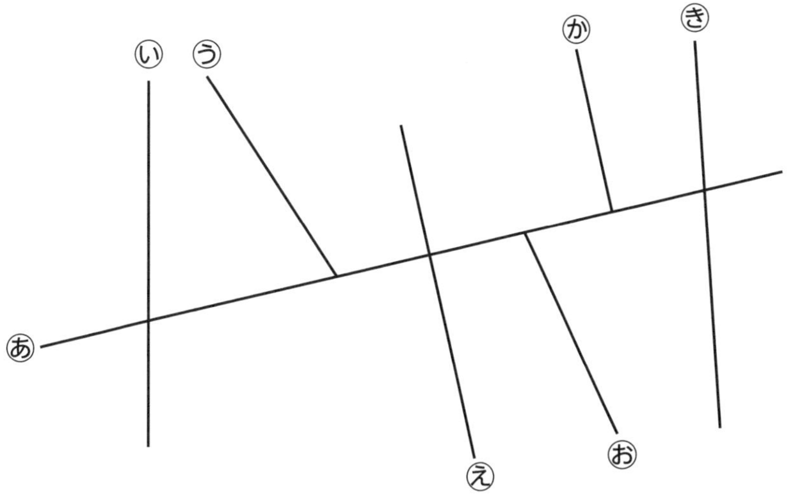

3 **次の図で，点Aを通って，直線あに垂直な直線をかきましょう。また，点Bを通って，直線あに平行な直線をかきましょう。**

【全部できて30点】

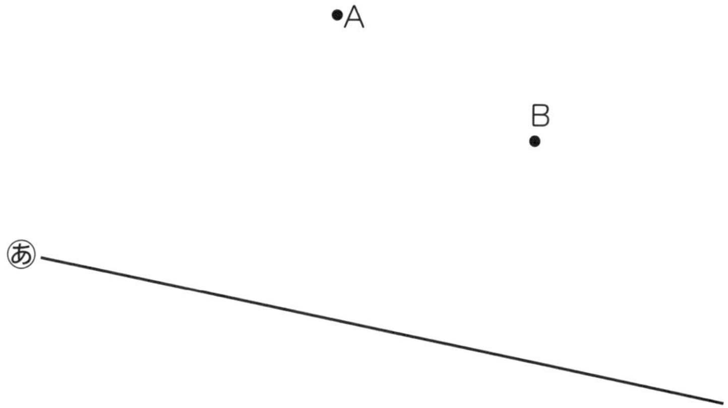

4 **右の図について，次の問いに答えましょう。** 【30点】

(1) えの直線に垂直な直線を選び，記号で書きましょう。 (15点)(　　　)

(2) 平行な直線の組を選び，記号で書きましょう。

(全部できて15点)

(　　　)と(　　　)

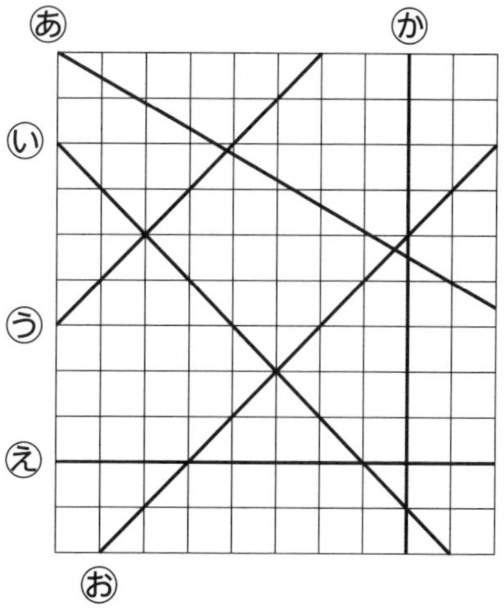

12 垂直《すいちょく》と平行

目ひょう時間 20分

学習した日　　月　　日

名前

とく点　　／100点

4012 解説→294ページ

らくらくマルつけ

❶ 次の□にあてはまることばを書きましょう。

1つ10点【20点】

右の図で，直線㋐と直線㋑は

□です。

また，直線㋑と直線㋒は

□です。

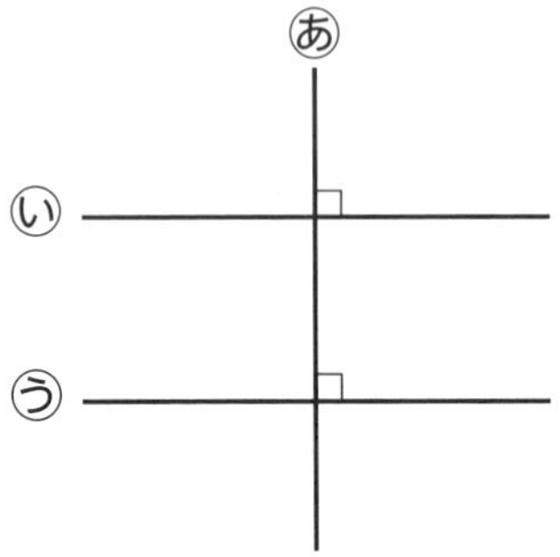

❷ 次の図で，㋐の直線と垂直《すいちょく》な直線をすべて選《えら》び，記号で書きましょう。

【20点】

(　　　　　　　　)

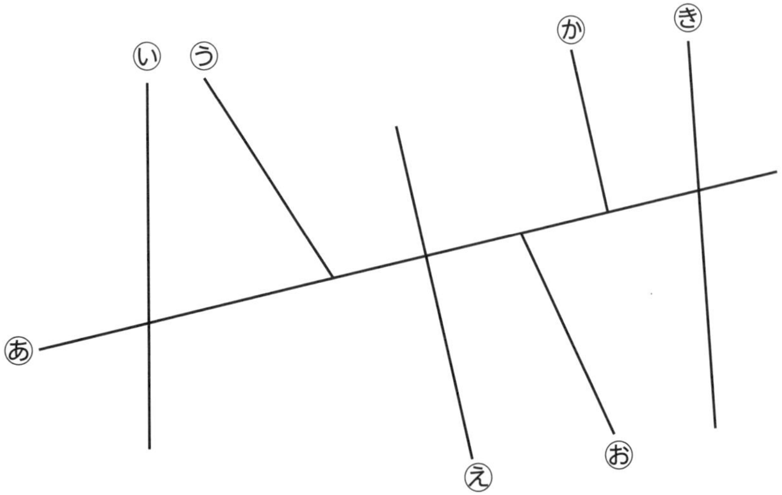

❸ 次の図で，点Aを通って，直線㋐に垂直な直線をかきましょう。また，点Bを通って，直線㋐に平行な直線をかきましょう。

【全部できて30点】

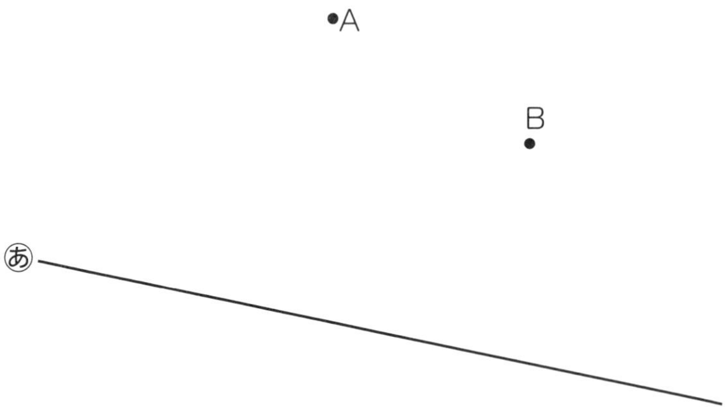

❹ 右の図について，次の問いに答えましょう。【30点】

(1) ㋓の直線に垂直な直線を選び，記号で書きましょう。 (15点)(　　　)

(2) 平行な直線の組を選び，記号で書きましょう。

(全部できて15点)

(　　　)と(　　　)

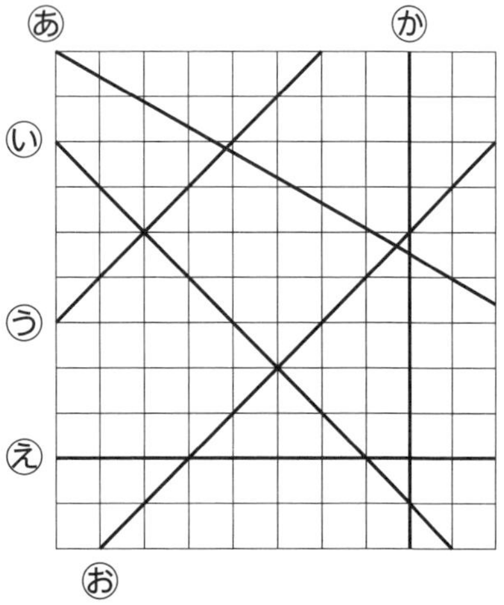

13 四角形①

目ひょう時間 20分

学習した日　月　日

名前

とく点　／100点

らくらくマルつけ

4013
解説→295ページ

算数

❶ 次の四角形の名前を書きましょう。　1つ10点【20点】

(1) 向かい合う１組の辺《へん》が平行な四角形

(　　　　　　)

(2) 向かい合う２組の辺が平行な四角形

(　　　　　　)

❷ 次の図で，あてはまるものをすべて選《えら》び，記号で書きましょう。　1つ20点【40点】

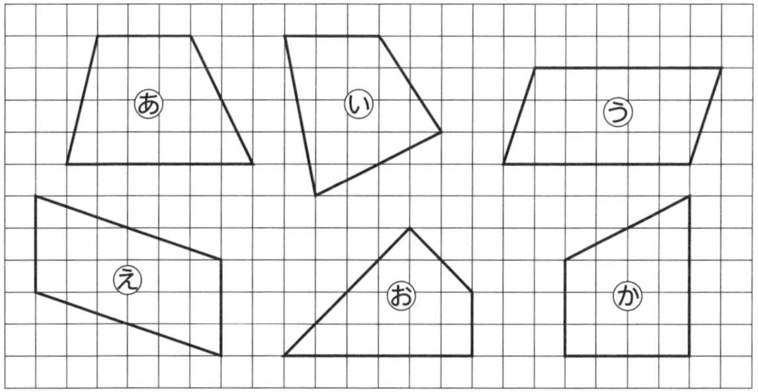

(1) 台形

(　　　　　　)

(2) 平行四辺形《へいこうしへんけい》

(　　　　　　)

❸ 右の平行四辺形について，答えましょう。　1つ10点【20点】

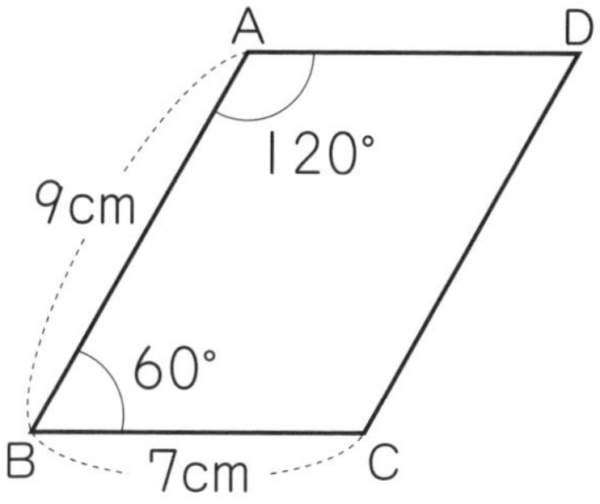

(1) 辺CDの長さは何cmですか。

(　　　　)

(2) 角Cの大きさは何度ですか。

(　　　　)

❹ 右に，左と同じ平行四辺形をかきましょう。　【20点】

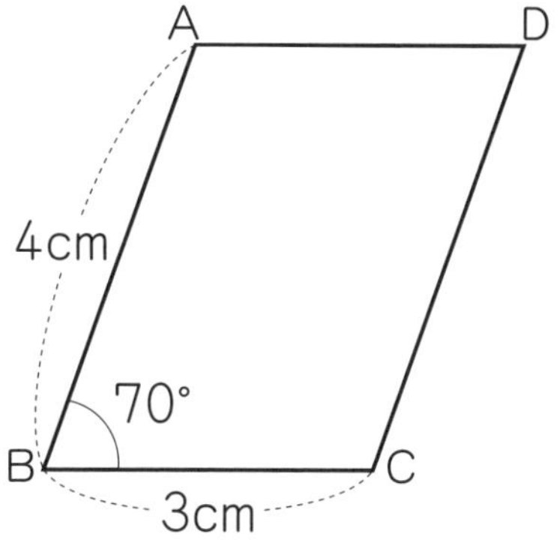

＼もう1回チャレンジ!!／

13 四角形①

目ひょう時間 20分

学習した日　　月　　日

名前

とく点　　／100点

らくらくマルつけ

4013
解説→295ページ

❶ 次の四角形の名前を書きましょう。 1つ10点【20点】

(1) 向かい合う1組の辺《へん》が平行な四角形

（　　　　　　　）

(2) 向かい合う2組の辺が平行な四角形

（　　　　　　　）

❷ 次の図で，あてはまるものをすべて選《えら》び，記号で書きましょう。 1つ20点【40点】

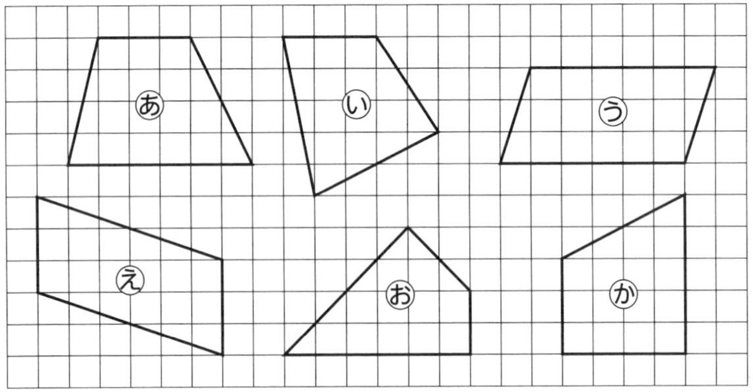

(1) 台形

（　　　　　　　）

(2) 平行《へいこう》四《し》辺形《へんけい》

（　　　　　　　）

❸ 右の平行四辺形について，答えましょう。 1つ10点【20点】

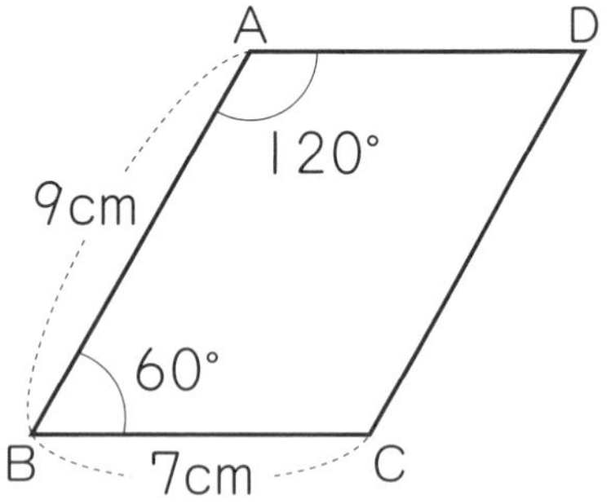

(1) 辺CDの長さは何cmですか。

（　　　　　）

(2) 角Cの大きさは何度ですか。

（　　　　　）

❹ 右に，左と同じ平行四辺形をかきましょう。 【20点】

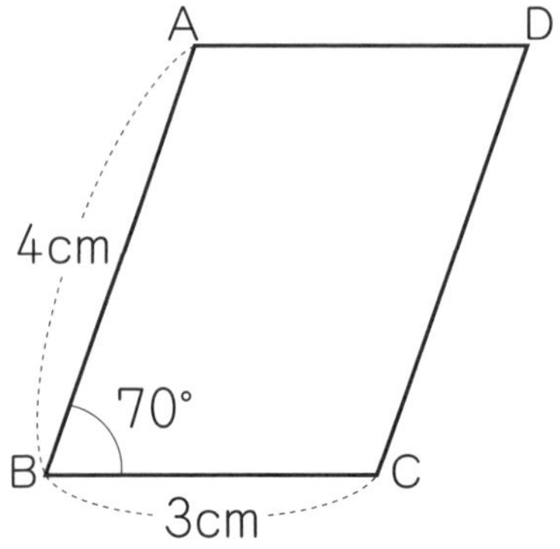

四角形②

目ひょう時間 20分

学習した日　　月　　日

名前

とく点　　／100点

4014
解説→295ページ

らくらくマルつけ

❶ 次の□にあてはまることばを書きましょう。　【10点】

□がすべて等しい四角形をひし形といいます。

❷ 右のひし形について，答えましょう。　1つ5点【10点】

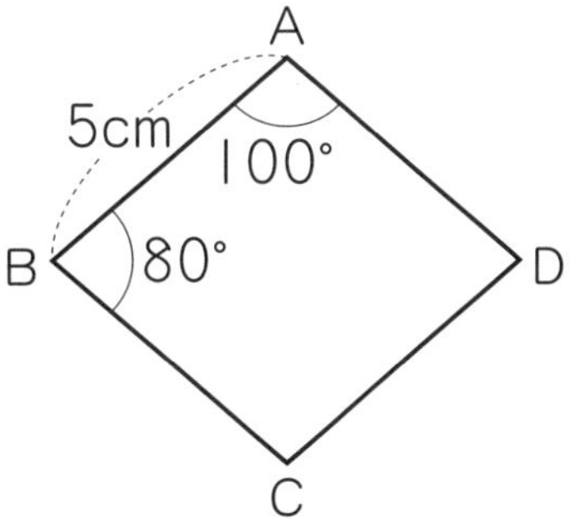

(1) 辺《へん》BCの長さは何cmですか。

(　　　)

(2) 角Dの大きさは何度ですか。

(　　　)

❸ 対角線が次のように交わる四角形の名前を書きましょう。　1つ10点【20点】

(1)

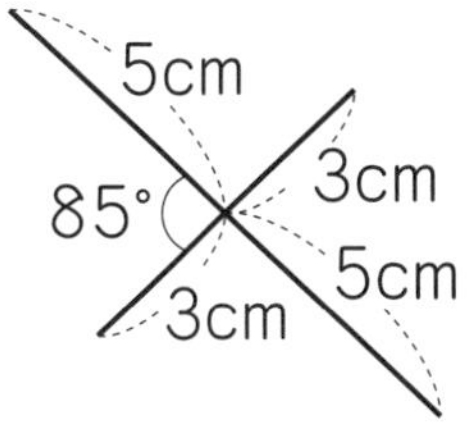

(　　　)

(2)

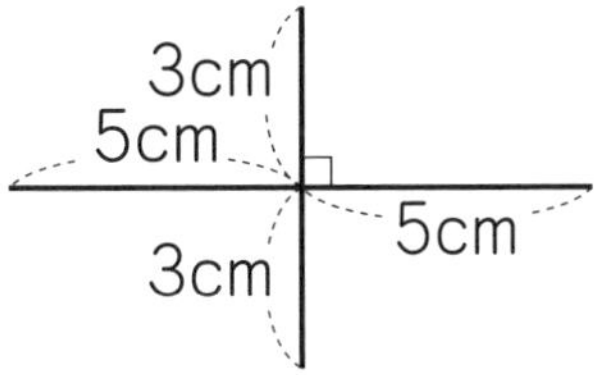

(　　　)

❹ 次の特《とく》ちょうがいつでもあてはまる四角形を，あとからすべて選《えら》び，記号で書きましょう。　1つ15点【45点】

(1) 2本の対角線の長さが等しい。

(　　　)

(2) 2本の対角線がそれぞれのまん中の点で交わる。

(　　　)

(3) 2本の対角線が垂直《すいちょく》に交わる。

(　　　)

ア　台形　　イ　平行四辺形　　ウ　ひし形
エ　長方形　　オ　正方形

❺ 長方形を2本の対角線で切ってできる三角形の名前を書きましょう。　【15点】

(　　　)

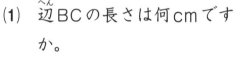

14 四角形②

目ひょう時間 20分

学習した日　月　日

名前

とく点　／100点

4014 解説→295ページ

らくらくマルつけ

❶ 次の□にあてはまることばを書きましょう。【10点】

□がすべて等しい四角形をひし形といいます。

❷ 右のひし形について，答えましょう。 1つ5点【10点】

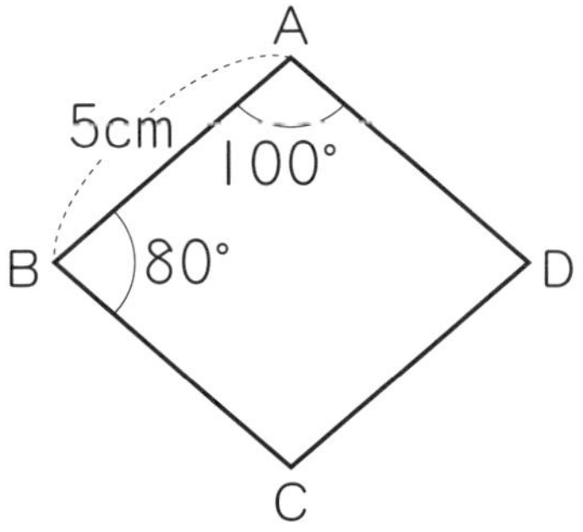

(1) 辺《へん》BCの長さは何cmですか。

（　　　）

(2) 角Dの大きさは何度ですか。

（　　　）

❸ 対角線が次のように交わる四角形の名前を書きましょう。 1つ10点【20点】

(1)

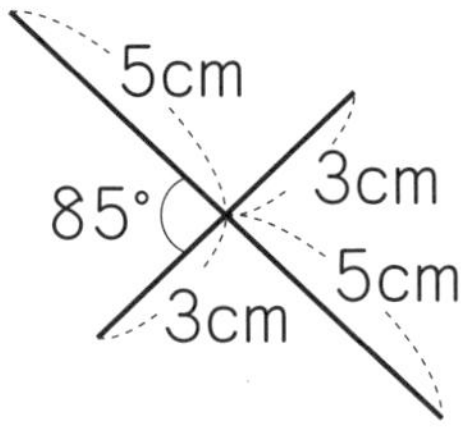

（　　　）

(2)

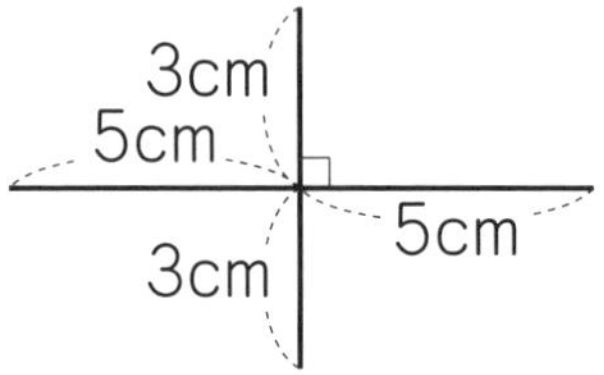

（　　　）

❹ 次の特《とく》ちょうがいつでもあてはまる四角形を，あとからすべて選《えら》び，記号で書きましょう。 1つ15点【45点】

(1) 2本の対角線の長さが等しい。

（　　　）

(2) 2本の対角線がそれぞれのまん中の点で交わる。

（　　　）

(3) 2本の対角線が垂直《すいちょく》に交わる。

（　　　）

ア　台形　　イ　平行四辺形　　ウ　ひし形

エ　長方形　　オ　正方形

❺ 長方形を2本の対角線で切ってできる三角形の名前を書きましょう。【15点】

（　　　）

15 小数

目ひょう時間 20分

学習した日　　月　　日

名前

とく点　　／100点

4015
解説→295ページ

1 次のかさは何Lですか。　1つ8点【16点】

(1)　　　　　　　(2)

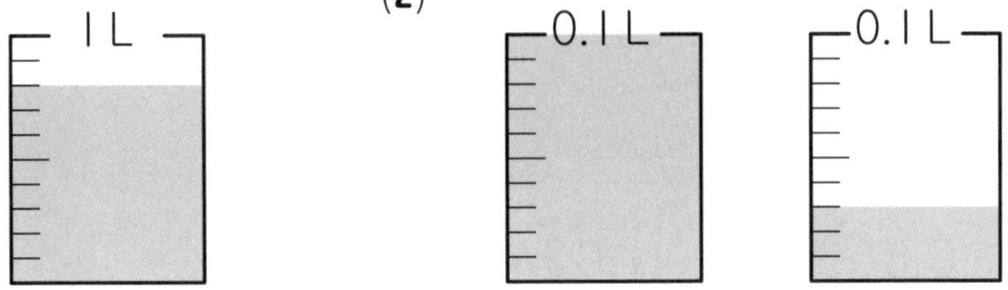

(　　　　)　　　　(　　　　)

2 次の□にあてはまる数を書きましょう。　1つ8点【32点】

(1) 1を1こ，0.1を3こ，0.01を7こ合わせた数は，

□です。

(2) 2.594は，0.001を□こ集めた数です。

(3) 0.073を100倍した数は□です。

(4) 5.12を$\frac{1}{10}$にした数は□です。

3 次の□にあてはまる不《ふ》等号《とうごう》を書きましょう。　1つ8点【24点】

(1) 9.07 □ 9.7　　(2) 3.2 □ 3.195

(3) 0.863 □ 1.024

4 次の数直線で，あ～えの目もりが表す数を，それぞれ書きましょう。　1つ7点【28点】

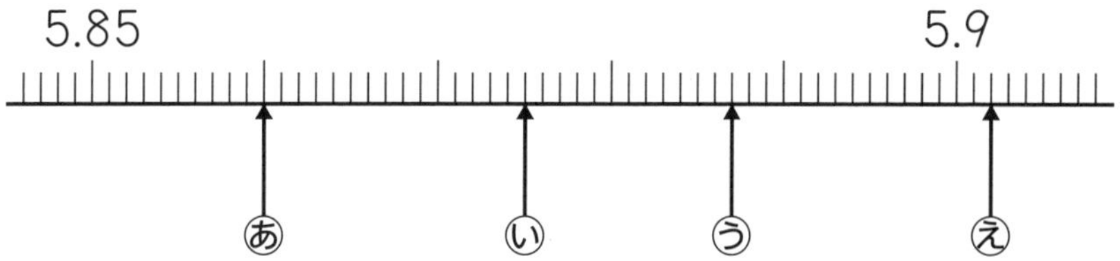

あ(　　　　)　い(　　　　)

う(　　　　)　え(　　　　)

15 小数

目ひょう時間 20分

学習した日　月　日

名前

とく点　／100点

らくらくマルつけ

4015
解説→295ページ

❶ 次のかさは何Lですか。　1つ8点【16点】

(1)

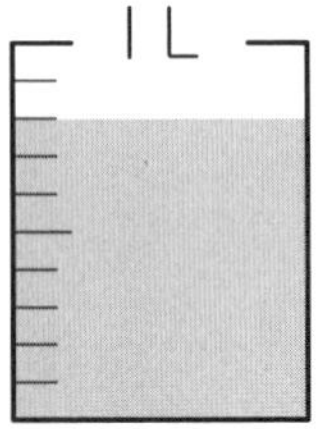

(　　　　)

(2)

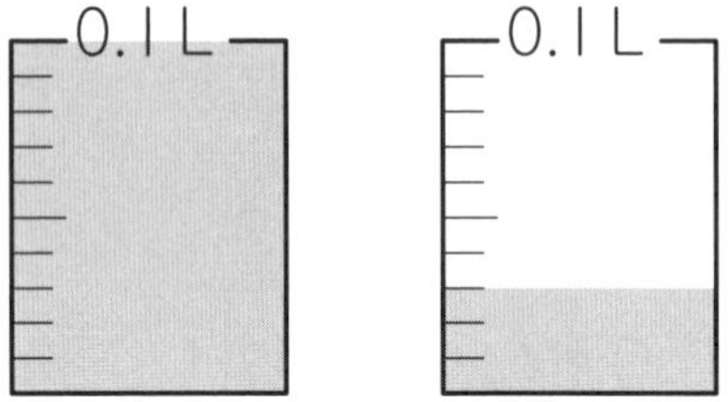

(　　　　)

❷ 次の□にあてはまる数を書きましょう。　1つ8点【32点】

(1) 1を1こ，0.1を3こ，0.01を7こ合わせた数は，

□です。

(2) 2.594は，0.001を□こ集めた数です。

(3) 0.073を100倍した数は□です。

(4) 5.12を$\frac{1}{10}$にした数は□です。

❸ 次の□にあてはまる不等号《ふとうごう》を書きましょう。　1つ8点【24点】

(1) 9.07 □ 9.7

(2) 3.2 □ 3.195

(3) 0.863 □ 1.024

❹ 次の数直線で，あ～えの目もりが表す数を，それぞれ書きましょう。　1つ7点【28点】

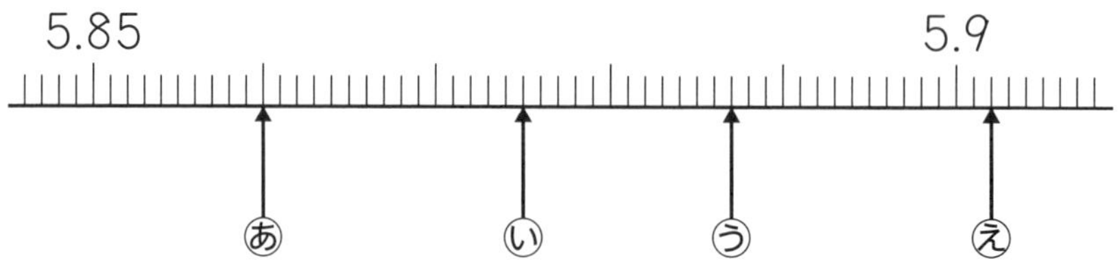

あ(　　　　)　い(　　　　)

う(　　　　)　え(　　　　)

16 小数のたし算

目ひょう時間 20分

学習した日　月　日
名前
とく点　／100点

らくらくマルつけ
4016
解説→296ページ

1 次の筆算をしましょう。　1つ5点【30点】

(1) $\begin{array}{r} 3.51 \\ +\ 2.47 \\ \hline \end{array}$　(2) $\begin{array}{r} 4.06 \\ +\ 5.08 \\ \hline \end{array}$　(3) $\begin{array}{r} 6.83 \\ +\ 1.79 \\ \hline \end{array}$

(4) $\begin{array}{r} 7.25 \\ +\ 2.75 \\ \hline \end{array}$　(5) $\begin{array}{r} 0.67 \\ +\ 0.84 \\ \hline \end{array}$　(6) $\begin{array}{r} 5.94 \\ +\ 0.26 \\ \hline \end{array}$

2 次の筆算をしましょう。　1つ5点【30点】

(1) $\begin{array}{rl} 4 & \\ +\ 3 & .26 \\ \hline \end{array}$　(2) $\begin{array}{rl} 1 & .73 \\ +\ 6 & .2 \\ \hline \end{array}$　(3) $\begin{array}{rl} 2 & .8 \\ +\ 5 & .41 \\ \hline \end{array}$

(4) $\begin{array}{rl} 9 & .38 \\ +\ 0 & .7 \\ \hline \end{array}$　(5) $\begin{array}{rl} 5 & .61 \\ +\ 0 & .927 \\ \hline \end{array}$　(6) $\begin{array}{rl} 12 & .43 \\ +\ 5 & .6 \\ \hline \end{array}$

3 お茶がペットボトルに1.65L，水とうに0.97L入っています。お茶は合わせて何Lありますか。　【全部できて12点】

(式)

答え(　　　　　　)

4 1本のリボンを2本に切り分けたら，長さは3.97mと6.4mになりました。もとのリボンの長さは何mでしたか。　【全部できて14点】

(式)

答え(　　　　　　)

5 西駅から南駅までは2.28km，南駅から東駅までは2.73kmです。西駅から南駅を通って東駅まで行く道のりは何kmですか。　【全部できて14点】

(式)

答え(　　　　　　)

＼もう１回チャレンジ!!／

16 小数のたし算

目ひょう時間 20分

学習した日　月　日

名前

とく点　／100点

4016
解説→296ページ

らくらくマルつけ

❶ 次の筆算をしましょう。　1つ5点【30点】

(1)
```
  3.5 1
+ 2.4 7
```
(2)
```
  4.0 6
+ 5.0 8
```
(3)
```
  6.8 3
+ 1.7 9
```
(4)
```
  7.2 5
+ 2.7 5
```
(5)
```
  0.6 7
+ 0.8 4
```
(6)
```
  5.9 4
+ 0.2 6
```

❷ 次の筆算をしましょう。　1つ5点【30点】

(1)
```
  4
+ 3.2 6
```
(2)
```
  1.7 3
+ 6.2
```
(3)
```
  2.8
+ 5.4 1
```
(4)
```
  9.3 8
+ 0.7
```
(5)
```
  5.6 1
+ 0.9 2 7
```
(6)
```
  1 2.4 3
+   5.6
```

❸ お茶がペットボトルに1.65L，水とうに0.97L入っています。お茶は合わせて何Lありますか。　【全部できて12点】

(式)

答え(　　　　　)

❹ 1本のリボンを2本に切り分けたら，長さは3.97mと6.4mになりました。もとのリボンの長さは何mでしたか。　【全部できて14点】

(式)

答え(　　　　　)

❺ 西駅から南駅までは2.28km，南駅から東駅までは2.73kmです。西駅から南駅を通って東駅まで行く道のりは何kmですか。　【全部できて14点】

(式)

答え(　　　　　)

17 小数のひき算

目ひょう時間 20分

学習した日　　月　　日

名前

とく点　　／100点

らくらくマルつけ

4017
解説→296ページ

算数

1 次の筆算をしましょう。　1つ5点【30点】

(1) $\begin{array}{r} 5.79 \\ -\ 3.51 \\ \hline \end{array}$　(2) $\begin{array}{r} 7.46 \\ -\ 2.83 \\ \hline \end{array}$　(3) $\begin{array}{r} 6.15 \\ -\ 4.25 \\ \hline \end{array}$

(4) $\begin{array}{r} 8.02 \\ -\ 1.64 \\ \hline \end{array}$　(5) $\begin{array}{r} 9.53 \\ -\ 0.78 \\ \hline \end{array}$　(6) $\begin{array}{r} 4.21 \\ -\ 3.59 \\ \hline \end{array}$

2 次の筆算をしましょう。　1つ5点【30点】

(1) $\begin{array}{r} 3.9 \\ -\ 1.42 \\ \hline \end{array}$　(2) $\begin{array}{r} 8.27 \\ -\ 0.6 \\ \hline \end{array}$　(3) $\begin{array}{r} 6.1 \\ -\ 5.78 \\ \hline \end{array}$

(4) $\begin{array}{r} 9 \\ -\ 4.13 \\ \hline \end{array}$　(5) $\begin{array}{r} 5.384 \\ -\ 2.77 \\ \hline \end{array}$　(6) $\begin{array}{r} 7 \\ -\ 0.851 \\ \hline \end{array}$

3 5.94mの赤いテープと，7.83mの青いテープがあります。青いテープは赤いテープより何m長いですか。

【全部できて12点】

(式)

答え(　　　　　　　)

4 リュックサックに，3.6kgの荷物を入れたら，全体の重さは4.32kgになりました。リュックサックの重さは何kgですか。

【全部できて14点】

(式)

答え(　　　　　　　)

5 ペンキが5Lあります。1.45L使うと，残《のこ》りは何Lになりますか。

【全部できて14点】

(式)

答え(　　　　　　　)

17 小数のひき算

目ひょう時間 20分

学習した日　　月　　日

名前

とく点　　／100点

4017 解説→296ページ

❶ 次の筆算をしましょう。 1つ5点【30点】

(1)
　5.79
−3.51

(2)
　7.46
−2.83

(3)
　6.15
−4.25

(4)
　8.02
−1.64

(5)
　9.53
−0.78

(6)
　4.21
−3.59

❷ 次の筆算をしましょう。 1つ5点【30点】

(1)
　3.9
−1.42

(2)
　8.27
−0.6

(3)
　6.1
−5.78

(4)
　9
−4.13

(5)
　5.384
−2.77

(6)
　7
−0.851

❸ 5.94mの赤いテープと，7.83mの青いテープがあります。青いテープは赤いテープより何m長いですか。 【全部できて12点】

(式)

答え(　　　　　　)

❹ リュックサックに，3.6kgの荷物を入れたら，全体の重さは4.32kgになりました。リュックサックの重さは何kgですか。 【全部できて14点】

(式)

答え(　　　　　　)

❺ ペンキが5Lあります。1.45L使うと，残《のこ》りは何Lになりますか。 【全部できて14点】

(式)

答え(　　　　　　)

18 2けたの数でわるわり算①

目ひょう時間 20分

学習した日　　月　　日	とく点
名前	／100点

らくらくマルつけ

4018
解説→296ページ

1 次のわり算をしましょう。　1つ5点【30点】

(1) 80÷40＝

(2) 90÷30＝

(3) 120÷60＝

(4) 350÷50＝

(5) 400÷80＝

(6) 720÷80＝

2 次のわり算をしましょう。　1つ5点【25点】

(1) 70÷20＝

(2) 140÷60＝

(3) 350÷80＝

(4) 290÷40＝

(5) 800÷90＝

3 次の筆算をしましょう。　1つ5点【45点】

(1) $21\overline{)63}$

(2) $43\overline{)86}$

(3) $13\overline{)26}$

(4) $31\overline{)93}$

(5) $22\overline{)88}$

(6) $26\overline{)78}$

(7) $45\overline{)90}$

(8) $24\overline{)96}$

(9) $37\overline{)74}$

＼もう1回チャレンジ!!／

18 2けたの数でわるわり算①

目ひょう時間 20分

学習した日　　月　　日

名前

とく点　　／100点

4018
解説→296ページ

らくらくマルつけ

❶ 次のわり算をしましょう。　1つ5点【30点】

(1) 80÷40＝　　(2) 90÷30＝

(3) 120÷60＝　　(4) 350÷50＝

(5) 400÷80＝　　(6) 720÷80＝

❷ 次のわり算をしましょう。　1つ5点【25点】

(1) 70÷20＝

(2) 140÷60＝

(3) 350÷80＝

(4) 290÷40＝

(5) 800÷90＝

❸ 次の筆算をしましょう。　1つ5点【45点】

(1) 21)63　　(2) 43)86　　(3) 13)26

(4) 31)93　　(5) 22)88　　(6) 26)78

(7) 45)90　　(8) 24)96　　(9) 37)74

19 2けたの数でわるわり算②

目ひょう時間 20分

学習した日　　月　　日

名前

とく点

／100点

らくらくマルつけ

4019

解説→297ページ

1 次の筆算をしましょう。　1つ4点【12点】

(1) 23)76

(2) 15)80

(3) 39)90

2 次の筆算をしましょう。　1つ8点【40点】

(1) 84)168

(2) 35)280

(3) 27)189

(4) 63)297

(5) 57)364

3 次の筆算をしましょう。　1つ8点【48点】

(1) 21)672

(2) 16)208

(3) 34)884

(4) 15)570

(5) 58)928

(6) 47)940

19 2けたの数でわるわり算②

目ひょう時間 20分

学習した日　　月　　日

名前

とく点　　／100点

4019
解説→297ページ

らくらくマルつけ

❶ 次の筆算をしましょう。　1つ4点【12点】

(1) 23)76

(2) 15)80

(3) 39)90

❷ 次の筆算をしましょう。　1つ8点【40点】

(1) 84)168

(2) 35)280

(3) 27)189

(4) 63)297

(5) 57)364

❸ 次の筆算をしましょう。　1つ8点【48点】

(1) 21)672

(2) 16)208

(3) 34)884

(4) 15)570

(5) 58)928

(6) 47)940

20 2けたの数でわるわり算③

目ひょう時間 20分

学習した日　　月　　日

名前

とく点　　／100点

らくらくマルつけ

4020
解説→297ページ

算数

1 次の筆算をしましょう。　1つ7点【42点】

(1) 23)315

(2) 16)742

(3) 45)896

(4) 19)637

(5) 38)900

(6) 52)954

2 次の筆算をしましょう。　1つ7点【42点】

(1) 32)643

(2) 17)865

(3) 29)582

(4) 41)856

(5) 15)910

(6) 24)983

3 かいとさんは，500円玉を1まい持って買いものに行きました。1こ36円のチョコレートは何こ買えて，何円ありますか。　【全部できて16点】

(式)

答え(　　　　　　　　　　　　　　)

＼もう1回チャレンジ!!／

20 2けたの数でわるわり算③

目ひょう時間 20分

学習した日　月　日

名前

とく点　／100点

4020
解説→297ページ

らくらくマルつけ

❶ 次の筆算をしましょう。

1つ7点【42点】

(1) 23)315

(2) 16)742

(3) 45)896

(4) 19)637

(5) 38)900

(6) 52)954

❷ 次の筆算をしましょう。

1つ7点【42点】

(1) 32)643

(2) 17)865

(3) 29)582

(4) 41)856

(5) 15)910

(6) 24)983

❸ かいとさんは，500円玉を1まい持って買いものに行きました。1こ36円のチョコレートは何こ買えて，何円あまりますか。

【全部できて16点】

(式)

答え(　　　　　　　　　　)

21 3けたの数でわるわり算

目ひょう時間 20分

学習した日　月　日

名前

とく点　／100点

4021 解説→297ページ

らくらくマルつけ

算数

❶ 次の筆算をしましょう。 1つ10点【60点】

(1) 128)512

(2) 273)863

(3) 194)980

(4) 167)2338

(5) 132)3564

(6) 237)7577

❷ わり算のせいしつについて，次の□にあてはまる数を書きましょう。 【20点】

(1) （全部できて10点）

4200 ÷ 600 ＝ 7

↓÷100　　↓÷□

42 ÷ □ ＝ 7

(2) （全部できて10点）

3000 ÷ 250 ＝ 12

↓÷□　　↓÷10

300 ÷ 25 ＝ 12

↓×□　　↓×4

□ ÷ 100 ＝ 12

❸ 次の筆算をしましょう。 1つ10点【20点】

(1) 800)36000

(2) 300)5000

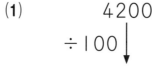

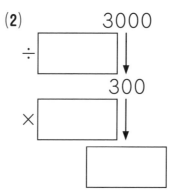

＼もう1回チャレンジ!!／

21 3けたの数でわるわり算

目ひょう時間 20分

学習した日　月　日

名前

とく点

／100点

4021

解説→297ページ

らくらくマルつけ

❶ 次の筆算をしましょう。　1つ10点【60点】

(1) 128)512

(2) 273)863

(3) 194)980

(4) 167)2338

(5) 132)3564

(6) 237)7577

❷ わり算のせいしつについて，次の□にあてはまる数を書きましょう。　【20点】

(1)（全部できて10点）

4200 ÷ 600 = 7

↓÷100　↓÷□

42 ÷ □ = 7

(2)（全部できて10点）

3000 ÷ 250 = 12

↓÷□　↓÷10

300 ÷ 25 = 12

↓×□　↓×4

□ ÷ 100 = 12

❸ 次の筆算をしましょう。　1つ10点【20点】

(1) 800)36000

(2) 300)5000

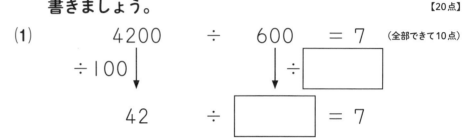

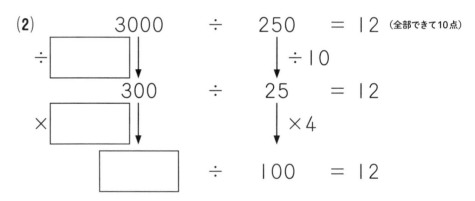

22 割合《わりあい》①

目ひょう時間 20分

学習した日　月　日	とく点	4022
名前	／100点	解説→298ページ

❶ カードを，兄は12まい，弟は4まい持っています。兄のカードのまい数は，弟のカードのまい数の何倍ですか。

【全部できて20点】

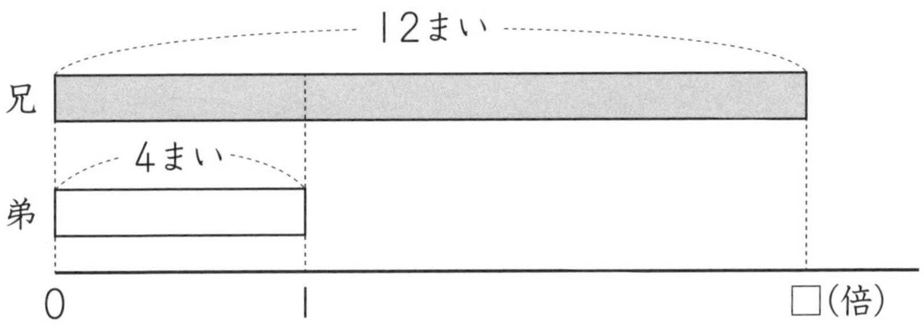

(式)

答え(　　　　　)

❷ 子どものライオンの体重は20kg，親のライオンの体重は160kgです。親のライオンの体重は子どものライオンの体重の何倍ですか。

【全部できて30点】

(式)

答え(　　　　　)

❸ りんごが6こあります。みかんのこ数は，りんごのこ数の4倍です。みかんは何こありますか。

【全部できて20点】

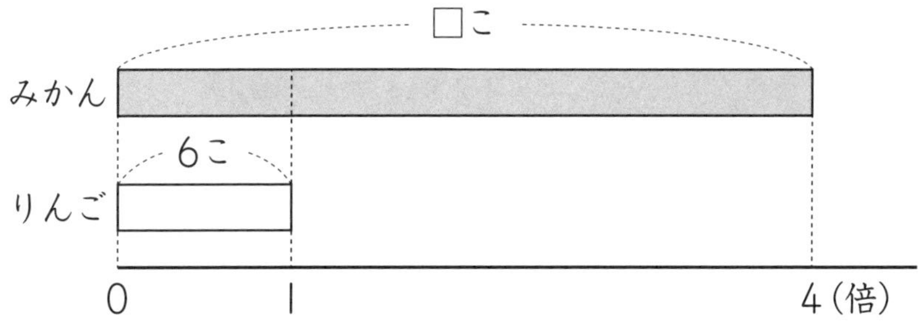

(式)

答え(　　　　　)

❹ 消しゴムのねだんは46円で，ノートのねだんは，消しゴムのねだんの2倍です。ノートのねだんはいくらですか。

【全部できて30点】

(式)

答え(　　　　　)

22 割合《わりあい》①

目ひょう時間 20分

学習した日　月　日

名前

とく点 ／100点

4022
解説→298ページ

らくらくマルつけ

❶ カードを，兄は12まい，弟は4まい持っています。兄のカードのまい数は，弟のカードのまい数の何倍ですか。

【全部できて20点】

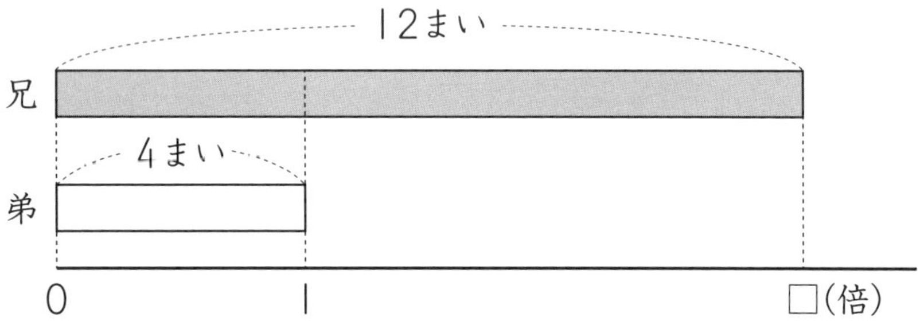

(式)

答え(　　　　　)

❷ 子どものライオンの体重は20kg，親のライオンの体重は160kgです。親のライオンの体重は子どものライオンの体重の何倍ですか。

【全部できて30点】

(式)

答え(　　　　　)

❸ りんごが6こあります。みかんのこ数は，りんごのこ数の4倍です。みかんは何こありますか。

【全部できて20点】

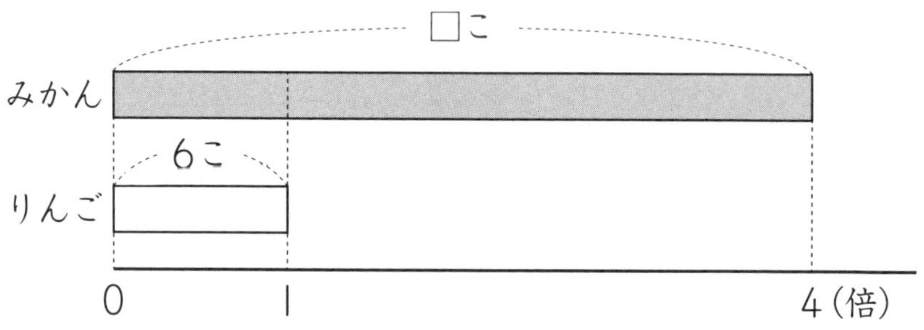

(式)

答え(　　　　　)

❹ 消しゴムのねだんは46円で，ノートのねだんは，消しゴムのねだんの2倍です。ノートのねだんはいくらですか。

【全部できて30点】

(式)

答え(　　　　　)

割合《わりあい》②

目ひょう時間 20分

学習した日　　月　　日

名前

とく点　　／100点

らくらくマルつけ
4023
解説→298ページ

1 **赤い金魚の数は35ひきで，黒い金魚の数の7倍です。次の問いに答えましょう。** 1つ10点【20点】

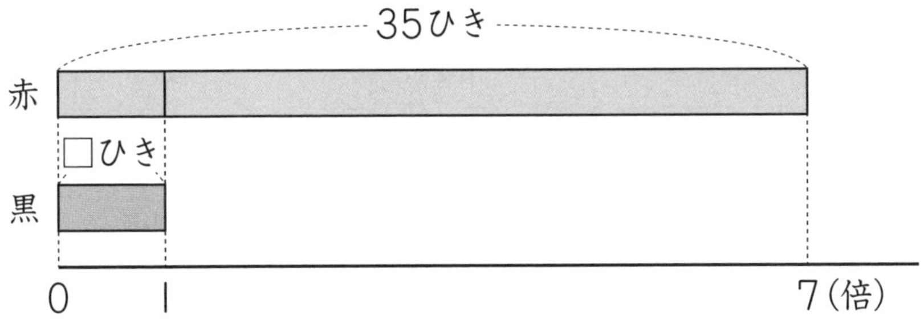

(1) 黒い金魚の数を□ひきとして，かけ算の式で表しましょう。

(　　　　　　　　)

(2) 黒い金魚の数は何びきですか。

(　　　　　)

2 **お茶の量《りょう》はジュースの量の3倍で，960mLです。次の問いに答えましょう。** 1つ15点【30点】

(1) ジュースの量を□mLとして，かけ算の式で表しましょう。

(　　　　　　　　)

(2) ジュースは何mLありますか。

(　　　　　)

3 **ばねAとばねBに同じ重さのおもりをつるしたところ，おもりをつるす前とあとの長さは次の表のようになりました。あとの問いに答えましょう。** 【30点】

	ばねA	ばねB
つるす前	15cm	10cm
つるしたあと	45cm	40cm

(1) ばねAとばねBの長さは，それぞれ，おもりをつるすとつるす前の何倍になりましたか。 1つ10点(20点)

ばねA(　　　)倍　ばねB(　　　)倍

(2) 割合《わりあい》でくらべると，ばねAとばねBでは，どちらがよくのびるといえますか。 (10点)

(　　　　　)

4 **ビルの高さは48mで，学校の校しゃの高さの3倍です。校しゃの高さは，なおさんの家の高さの2倍です。なおさんの家の高さは何mですか。** 【全部できて20点】

(式)

答え(　　　　　)

23 割合《わりあい》②

目ひょう時間 20分

学習した日　　月　　日

名前

とく点　　／100点

らくらくマルつけ

4023

解説→298ページ

❶ 赤い金魚の数は35ひきで，黒い金魚の数の7倍です。次の問いに答えましょう。 1つ10点【20点】

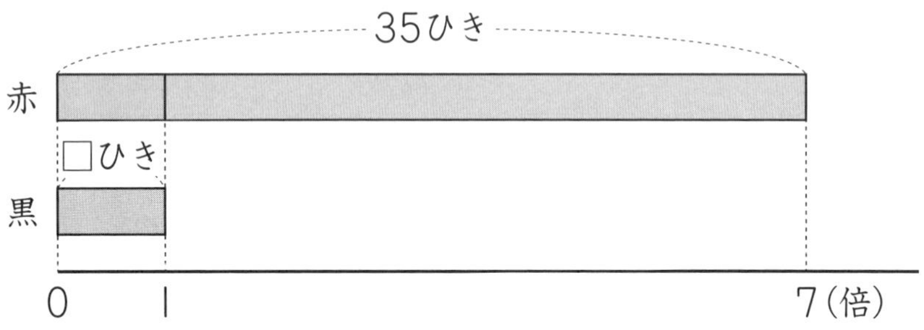

(1) 黒い金魚の数を□ひきとして，かけ算の式で表しましょう。

(　　　　　　　　　　)

(2) 黒い金魚の数は何びきですか。

(　　　　　　)

❷ お茶の量《りょう》はジュースの量の3倍で，960mLです。次の問いに答えましょう。 1つ15点【30点】

(1) ジュースの量を□mLとして，かけ算の式で表しましょう。

(　　　　　　　　　　)

(2) ジュースは何mLありますか。

(　　　　　　)

❸ ばねAとばねBに同じ重さのおもりをつるしたところ，おもりをつるす前とあとの長さは次の表のようになりました。あとの問いに答えましょう。 【30点】

	ばねA	ばねB
つるす前	15cm	10cm
つるしたあと	45cm	40cm

(1) ばねAとばねBの長さは，それぞれ，おもりをつるすとつるす前の何倍になりましたか。 1つ10点(20点)

ばねA(　　　)倍　ばねB(　　　)倍

(2) 割合《わりあい》でくらべると，ばねAとばねBでは，どちらがよくのびるといえますか。 (10点)

(　　　　　　)

❹ ビルの高さは48mで，学校の校しゃの高さの3倍です。校しゃの高さは，なおさんの家の高さの2倍です。なおさんの家の高さは何mですか。 【全部できて20点】

(式)

答え(　　　　　)

24 がい数の表し方

目ひょう時間 20分

学習した日　　月　　日

名前

とく点　　／100点

4024
解説→298ページ

1 次の数を四《し》捨《しゃ》五《ご》入《にゅう》して，百の位《くらい》までのがい数で表しましょう。 1つ7点【28点】

(1) 1842　　(　　　　)

(2) 5063　　(　　　　)

(3) 93780　　(　　　　)

(4) 89536　　(　　　　)

2 次の数を四捨五入して，千の位までのがい数で表しましょう。 1つ7点【28点】

(1) 2531　　(　　　　)

(2) 76498　　(　　　　)

(3) 485307　　(　　　　)

(4) 619720　　(　　　　)

3 次の数を四捨五入して，上から2けたのがい数で表しましょう。 1つ7点【28点】

(1) 3159　　(　　　　)

(2) 82504　　(　　　　)

(3) 154670　　(　　　　)

(4) 795412　　(　　　　)

4 次の問いに答えましょう。 1つ8点【16点】

(1) 十の位で四捨五入して，500になる整数のはんいは，いくつ以上《いじょう》いくつ未満《みまん》ですか。

(　　　　以上　　　　未満)

(2) 四捨五入して，百の位までのがい数にしたとき，3200になる整数のうち，いちばん大きい数を書きましょう。

(　　　　)

\ もう1回チャレンジ!! /

24 がい数の表し方

目ひょう時間 20分

学習した日　　月　　日

名前

とく点　　／100点

4024
解説→298ページ

らくらくマルつけ

❶ 次の数を四《し》捨《しゃ》五《ご》入《にゅう》して，百の位《くらい》までのがい数で表しましょう。　1つ7点【28点】

(1) 1842　　(　　　　)

(2) 5063　　(　　　　)

(3) 93780　　(　　　　)

(4) 89536　　(　　　　)

❷ 次の数を四捨五入して，千の位までのがい数で表しましょう。　1つ7点【28点】

(1) 2531　　(　　　　)

(2) 76498　　(　　　　)

(3) 485307　　(　　　　)

(4) 619720　　(　　　　)

❸ 次の数を四捨五入して，上から2けたのがい数で表しましょう。　1つ7点【28点】

(1) 3159　　(　　　　)

(2) 82504　　(　　　　)

(3) 154670　　(　　　　)

(4) 795412　　(　　　　)

❹ 次の問いに答えましょう。　1つ8点【16点】

(1) 十の位で四捨五入して，500になる整数のはんいは，いくつ以上《いじょう》いくつ未満《みまん》ですか。

(　　　　以上　　　　未満)

(2) 四捨五入して，百の位までのがい数にしたとき，3200になる整数のうち，いちばん大きい数を書きましょう。

(　　　　)

25 がい数の計算

目ひょう時間 20分

学習した日　月　日

名前

とく点　／100点

1 12980円の電子レンジと，86180円の冷《れい》ぞう庫《こ》を買います。次の問いに答えましょう。【40点】

(1) 代金は約《やく》何万何千円ですか。それぞれのねだんを千の位《くらい》までのがい数にして，計算しましょう。（全部できて20点）

(式)

答え(　　　　　　)

(2) ねだんのちがいは約何万何千円ですか。それぞれのねだんを千の位までのがい数にして，計算しましょう。（全部できて20点）

(式)

答え(　　　　　　)

2 次の計算の答えを，式の数をそれぞれ一万の位までのがい数にしてから求《もと》めましょう。1つ10点【20点】

(1) 572934＋318672

(　　　　　　)

(2) 946351－485209

(　　　　　　)

3 ある店で，1日に，385円のケーキが62こ売れました。売り上げは約何円ですか。ケーキのねだんと売れたこ数を，それぞれ上から1けたのがい数にして，計算しましょう。【全部できて20点】

(式)

答え(　　　　　　)

4 4年生87人で遠足に行きます。バス2台を借《か》りると，71960円かかります。1人分のバス代は約何円になりますか。バス代の合計金がくを上から2けた，人数を上から1けたのがい数にして，計算しましょう。【全部できて20点】

(式)

答え(　　　　　　)

25 がい数の計算

目ひょう時間 20分

学習した日　　月　　日

名前

とく点　　／100点

らくらくマルつけ

4025

解説→299ページ

❶ 12980円の電子レンジと，86180円の冷《れい》ぞう庫《こ》を買います。次の問いに答えましょう。【40点】

(1) 代金は約《やく》何万何千円ですか。それぞれのねだんを千の位《くらい》までのがい数にして，計算しましょう。（全部できて20点）

(式)

答え(　　　　　　)

(2) ねだんのちがいは約何万何千円ですか。それぞれのねだんを千の位までのがい数にして，計算しましょう。

（全部できて20点）

(式)

答え(　　　　　　)

❷ 次の計算の答えを，式の数をそれぞれ一万の位までのがい数にしてから求《もと》めましょう。1つ10点【20点】

(1) 572934+318672

(　　　　　　)

(2) 946351−485209

(　　　　　　)

❸ ある店で，1日に，385円のケーキが62こ売れました。売り上げは約何円ですか。ケーキのねだんと売れたこ数を，それぞれ上から1けたのがい数にして，計算しましょう。【全部できて20点】

(式)

答え(　　　　　　)

❹ 4年生87人で遠足に行きます。バス2台を借《か》りると，71960円かかります。1人分のバス代は約何円になりますか。バス代の合計金がくを上から2けた，人数を上から1けたのがい数にして，計算しましょう。【全部できて20点】

(式)

答え(　　　　　　)

26 計算のきまり①

目ひょう時間 20分

学習した日　　月　　日

名前

とく点　　／100点

4026
解説→299ページ

らくらくマルつけ

1 140円のお茶と120円のおにぎりを買って，1000円出したときのおつりを求《もと》めます。次の□にあてはまる数を書きましょう。【20点】

(1) お茶とおにぎりの代金を表す式は，

□＋□　（全部できて10点）

(2) おつりを求める式は，（全部できて10点）

□－(□＋□)＝□

2 60円のえん筆と，1まい24円の画用紙を3まい買ったときの代金を求めます。次の□にあてはまる数を書きましょう。【20点】

(1) 1まい24円の画用紙3まいの代金を表す式は，

□×□　（全部できて10点）

(2) 全部の代金を求める式は，（全部できて10点）

□＋□×□＝□

3 90cmのリボンから，20cmのリボンを3本切り取ると，残《のこ》りのリボンの長さは何cmになりますか。1つの式に表して，答えを求めましょう。【全部できて20点】

(式)

答え(　　　　　)

4 310円のコンパスと，1ダースあたり460円のえん筆を半ダース買ったときの代金はいくらですか。1つの式に表して，答えを求めましょう。【全部できて20点】

(式)

答え(　　　　　)

5 63円の切手と84円の切手を1まいずつ買って，500円出したときのおつりはいくらですか。1つの式に表して，答えを求めましょう。【全部できて20点】

(式)

答え(　　　　　)

＼ もう1回チャレンジ!! ／

26 計算のきまり①

目ひょう時間 20分

学習した日　　月　　日

名前

とく点　　／100点

4026
解説→299ページ

らくらくマルつけ

1 140円のお茶と120円のおにぎりを買って，1000円出したときのおつりを求《もと》めます。次の□にあてはまる数を書きましょう。【20点】

(1) お茶とおにぎりの代金を表す式は，

□＋□　（全部できて10点）

(2) おつりを求める式は，（全部できて10点）

□－(□＋□)＝□

2 60円のえん筆と，1まい24円の画用紙を3まい買ったときの代金を求めます。次の□にあてはまる数を書きましょう。【20点】

(1) 1まい24円の画用紙3まいの代金を表す式は，

□×□　（全部できて10点）

(2) 全部の代金を求める式は，（全部できて10点）

□＋□×□＝□

3 90cmのリボンから，20cmのリボンを3本切り取ると，残《のこ》りのリボンの長さは何cmになりますか。1つの式に表して，答えを求めましょう。【全部できて20点】

(式)

答え(　　　　)

4 310円のコンパスと，1ダースあたり460円のえん筆を半ダース買ったときの代金はいくらですか。1つの式に表して，答えを求めましょう。【全部できて20点】

(式)

答え(　　　　)

5 63円の切手と84円の切手を1まいずつ買って，500円出したときのおつりはいくらですか。1つの式に表して，答えを求めましょう。【全部できて20点】

(式)

答え(　　　　)

27 計算のきまり②

目ひょう時間 20分

学習した日　　月　　日

名前

とく点　　／100点

らくらくマルつけ
4027
解説→299ページ

1 **次の□にあてはまる数を書きましょう。**　【30点】

(1) 102×35＝(100＋□)×35

＝100×35＋□×35

＝□　（全部できて15点）

(2) 99×8＝(100－□)×8

＝100×8－□×8

＝□　（全部できて15点）

2 **次の□にあてはまる数を書きましょう。**　【30点】

(1) 86＋97＋3＝86＋(97＋3)

＝86＋□

＝□　（全部できて15点）

(2) 25×49×4＝(25×4)×49

＝□×49

＝□　（全部できて15点）

3 **あやさんは１まい30円のシールを５まい，ゆいさんは１まい40円のシールを５まい買いました。あやさんとゆいさんの買ったシールの代金のちがいを求《もと》めます。次の□にあてはまる数を書きましょう。**　【40点】

(1) それぞれの代金を先に計算する式は，

□×□－□×□　（全部できて15点）

(2) シール１まいのねだんのちがいを先に計算する式は，

(□－□)×□　（全部できて15点）

(3) あやさんとゆいさんの買ったシールの代金のちがいは

□円です。　（10点）

27 計算のきまり②

目ひょう時間 20分

学習した日　　月　　日

名前

とく点　　／100点

らくらくマルつけ

4027
解説→299ページ

❶ 次の□にあてはまる数を書きましょう。 【30点】

(1) 102×35＝(100＋□)×35

＝100×35＋□×35

＝□ （全部できて15点）

(2) 99×8＝(100−□)×8

＝100×8−□×8

＝□ （全部できて15点）

❷ 次の□にあてはまる数を書きましょう。 【30点】

(1) 86＋97＋3＝86＋(97＋3)

＝86＋□

＝□ （全部できて15点）

(2) 25×49×4＝(25×4)×49

＝□×49

＝□ （全部できて15点）

❸ あやさんは1まい30円のシールを5まい，ゆいさんは1まい40円のシールを5まい買いました。あやさんとゆいさんの買ったシールの代金のちがいを求《もと》めます。次の□にあてはまる数を書きましょう。 【40点】

(1) それぞれの代金を先に計算する式は，

□×□−□×□ （全部できて15点）

(2) シール1まいのねだんのちがいを先に計算する式は，

(□−□)×□ （全部できて15点）

(3) あやさんとゆいさんの買ったシールの代金のちがいは

□円です。 （10点）

28 面積《めんせき》①

目ひょう時間 20分

学習した日　　月　　日

名前

とく点　　／100点

らくらくマルつけ

4028
解説→300ページ

1 次の㋐，㋑について，あとの□にあてはまる数を書きましょう。 1つ8点【24点】

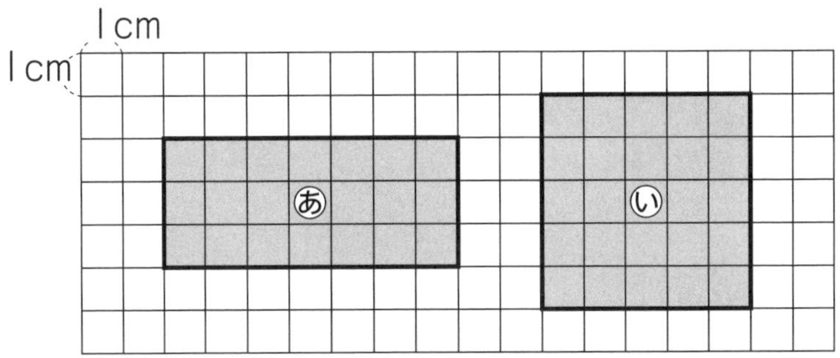

㋐は，1辺《ぺん》が1cmの正方形が□こ分です。

㋑は，1辺が1cmの正方形が□こ分です。

㋑のほうが，1辺が1cmの正方形□こ分広いです。

2 次の□にあてはまることばを書きましょう。 【16点】

(1) 長方形の面積《めんせき》＝□×□

(全部できて8点)

(2) 正方形の面積＝□×□

(全部できて8点)

3 次の正方形や長方形の面積は何cm^2ですか。 【40点】

(1) (全部できて20点)

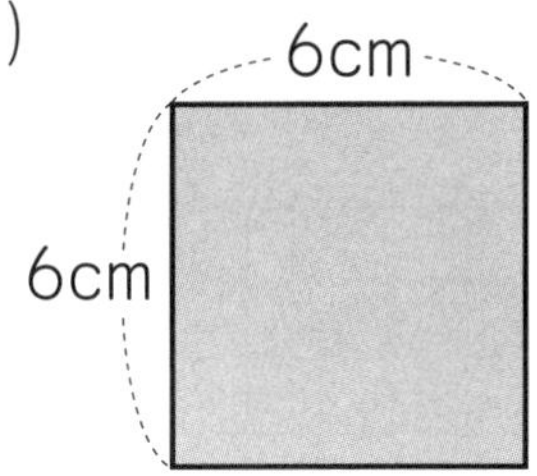

(式)

答え(　　　　)

(2) (全部できて20点)

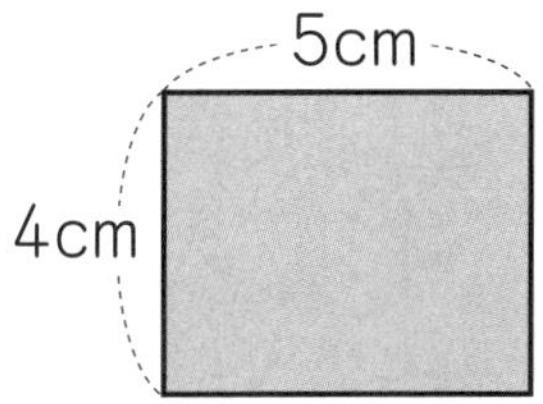

(式)

答え(　　　　)

4 面積が$63cm^2$で，横の長さが7cmの長方形があります。次の問いに答えましょう。 1つ10点【20点】

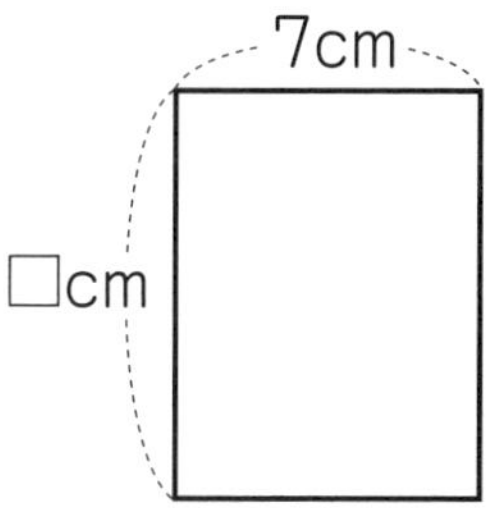

(1) たての長さを□cmとして，面積をかけ算の式に表しましょう。 (　　　　)

(2) たての長さは何cmですか。 (　　　　)

28 面積《めんせき》①

目ひょう時間 20分

学習した日　月　日

名前

とく点　／100点

4028 解説→300ページ

らくらくマルつけ

1 次のあ，いについて，あとの□にあてはまる数を書きましょう。　1つ8点【24点】

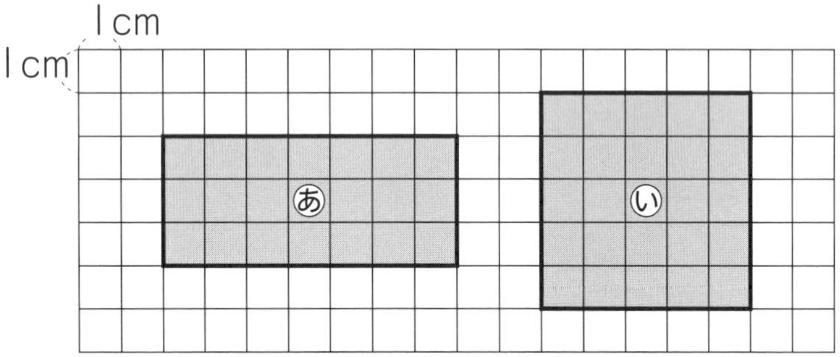

あは，1辺《ぺん》が1cmの正方形が□こ分です。

いは，1辺が1cmの正方形が□こ分です。

いのほうが，1辺が1cmの正方形□こ分広いです。

2 次の□にあてはまることばを書きましょう。　【16点】

(1) 長方形の面積《めんせき》＝□×□

(全部できて8点)

(2) 正方形の面積＝□×□

(全部できて8点)

3 次の正方形や長方形の面積は何 cm^2 ですか。　【40点】

(1)　(全部できて20点)

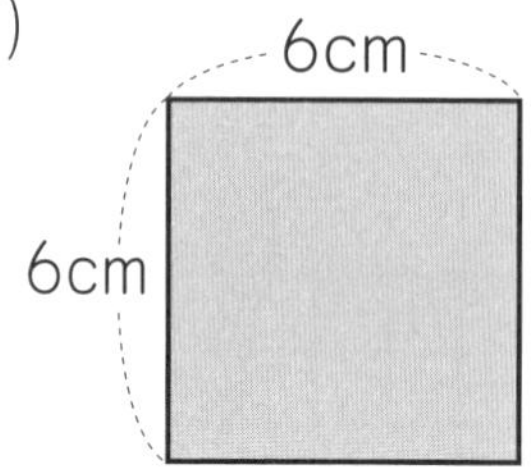

(式)

答え(　　　)

(2)　(全部できて20点)

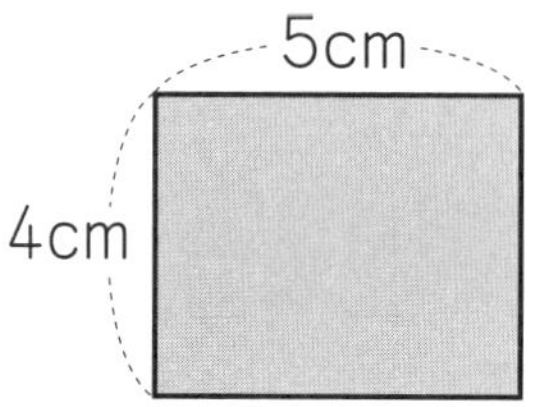

(式)

答え(　　　)

4 面積が $63cm^2$ で，横の長さが7cmの長方形があります。次の問いに答えましょう。　1つ10点【20点】

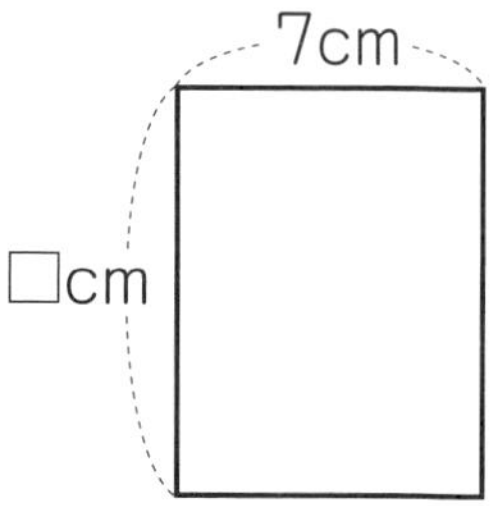

(1) たての長さを□cmとして，面積をかけ算の式に表しましょう。(　　　)

(2) たての長さは何cmですか。(　　　)

29 面積《めんせき》②

目ひょう時間 20分

学習した日　　月　　日

名前

とく点　　／100点

4029 解説→300ページ

❶ 右の図形の面積《めんせき》を求《もと》めます。次の□にあてはまる数を書きましょう。 【40点】

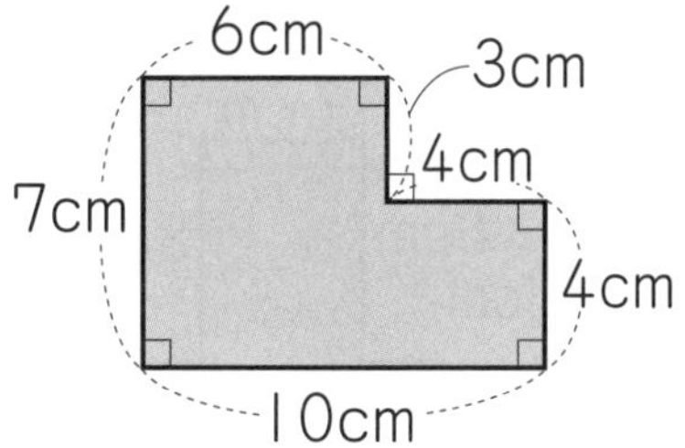

(1) 右の図で，あの面積といの面積をたして求めます。 (全部できて20点)

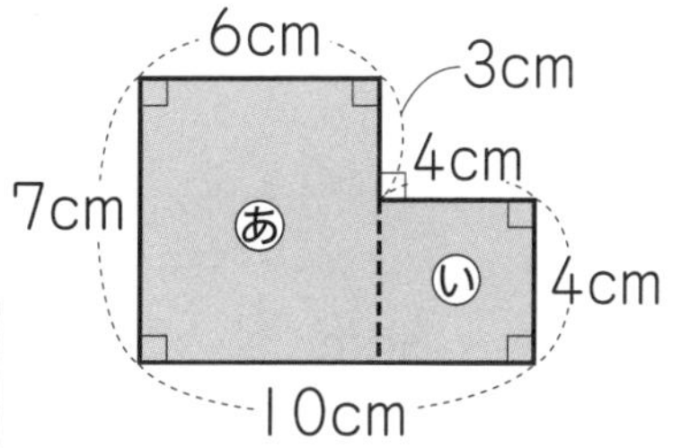

7×□＋□×□

＝□

答え □ cm^2

(2) 右の図で，大きい長方形の面積から，うの面積をひいて求めます。 (全部できて20点)

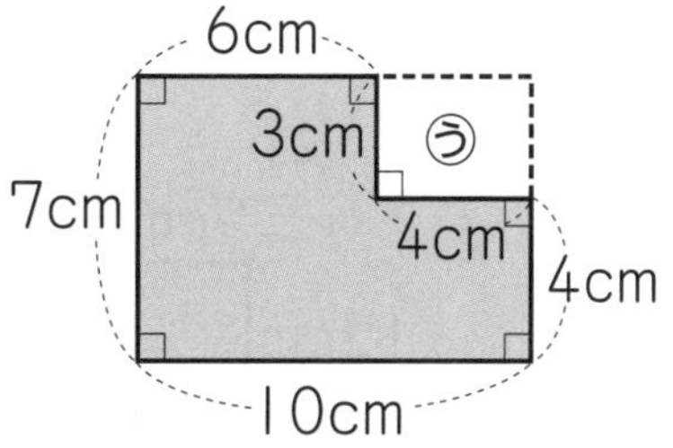

7×□−□×4

＝□

答え □ cm^2

❷ 次の図形の面積は何 cm^2 ですか。 【60点】

(1) (全部できて20点)

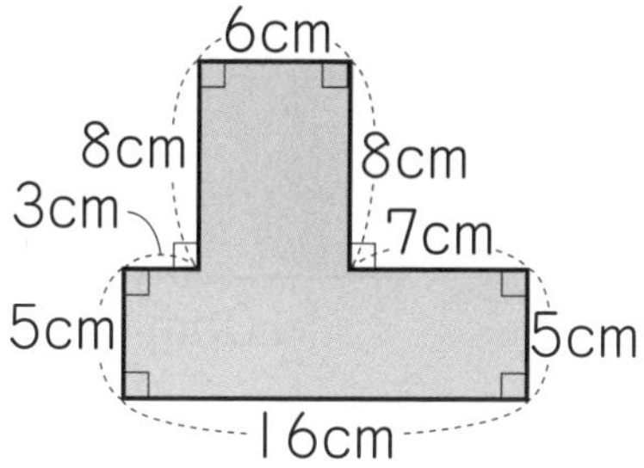

(式)

答え(　　　　　　)

(2) (全部できて20点)

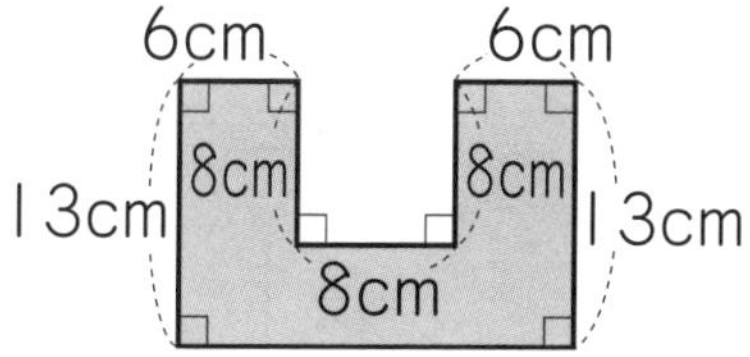

(式)

答え(　　　　　　)

(3) (全部できて20点)

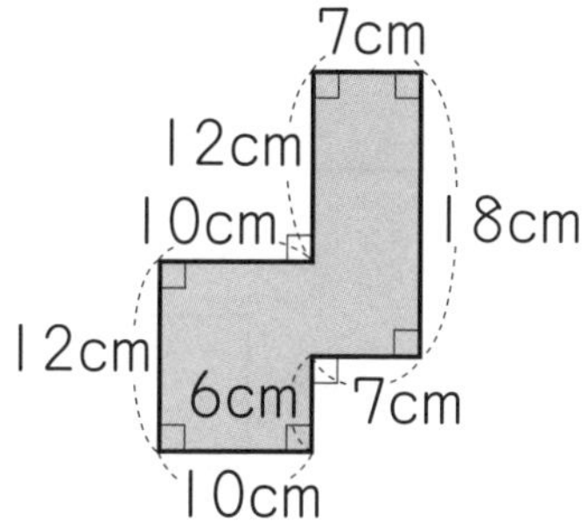

(式)

答え(　　　　　　)

29 面積《めんせき》②

目ひょう時間 20分

学習した日　　月　　日

名前

とく点　　／100点

4029
解説→300ページ

らくらくマルつけ

❶ 右の図形の面積《めんせき》を求《もと》めます。次の□にあてはまる数を書きましょう。 【40点】

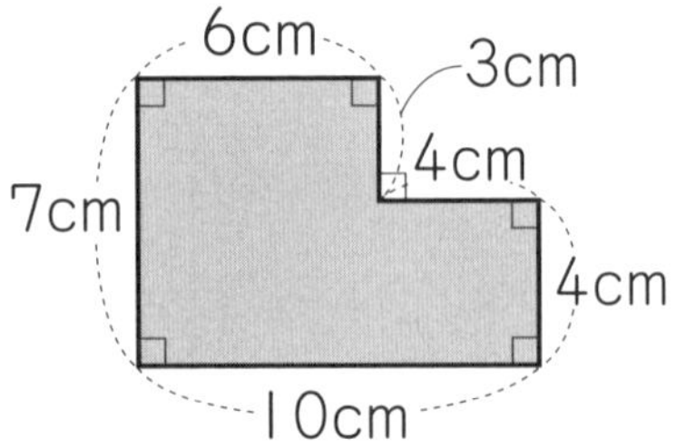

(1) 右の図で，ⓐの面積とⓘの面積をたして求めます。

（全部できて20点）

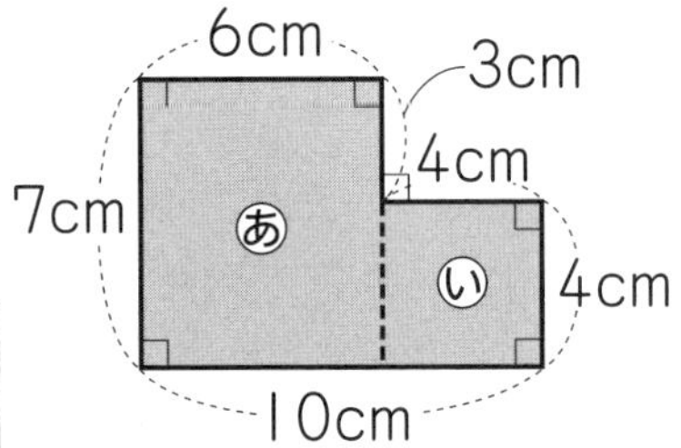

7×□＋□×□

＝□

答え □cm²

(2) 右の図で，大きい長方形の面積から，ⓤの面積をひいて求めます。　（全部できて20点）

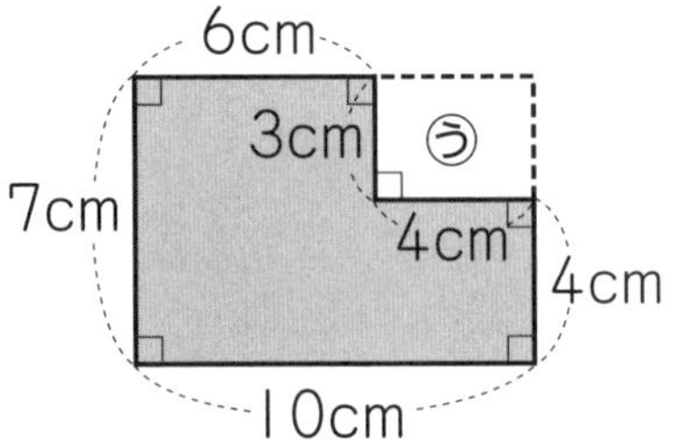

7×□－□×4

＝□

答え □cm²

❷ 次の図形の面積は何 cm^2 ですか。 【60点】

(1) （全部できて20点）

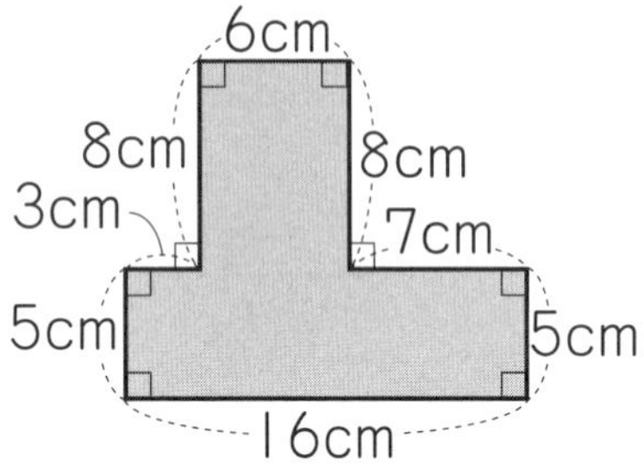

(式)

答え(　　　　　　)

(2) （全部できて20点）

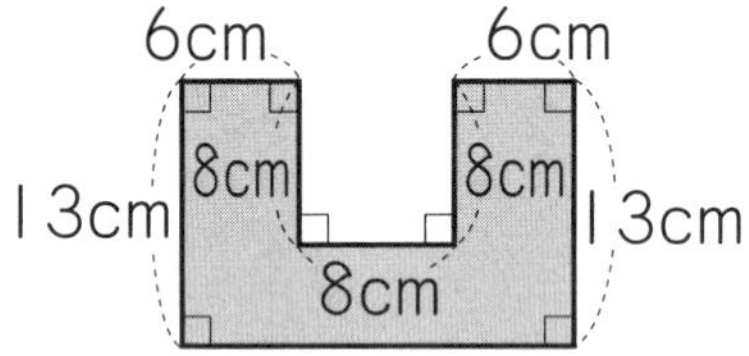

(式)

答え(　　　　　　)

(3) （全部できて20点）

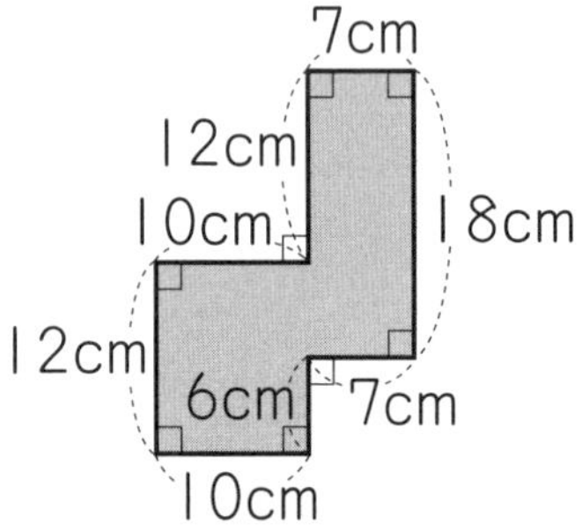

(式)

答え(　　　　　　)

30 面積《めんせき》③

目ひょう時間 20分

学習した日　月　日

名前

とく点　／100点

4030
解説→300ページ

らくらくマルつけ

1 **右の図のような長方形の形をした花だんがあります。次の問いに答えましょう。** 【18点】

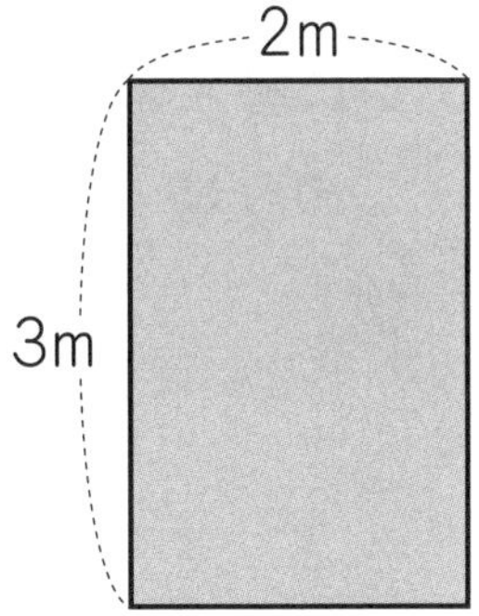

(1) 花だんの面積《めんせき》は何m^2ですか。

(式)　（全部できて9点）

答え(　　　　　)

(2) 花だんの面積は何cm^2ですか。　（9点）

(　　　　　)

2 **次の□にあてはまる数を書きましょう。** 1つ8点【32点】

(1) 1ha＝□m^2

(2) 9km^2＝□m^2

(3) 20000m^2＝□a

(4) 7000a＝□ha

3 **1辺《へん》400mの正方形の形をした牧場《ぼくじょう》があります。次の問いに答えましょう。** 【30点】

(1) この牧場の面積は何m^2ですか。　（全部できて10点）

(式)

答え(　　　　　)

(2) この牧場の面積は何aですか。　（10点）

(　　　　　)

(3) この牧場の面積は何haですか。　（10点）

(　　　　　)

4 **たて5km，横8kmの長方形の形をした土地があります。次の問いに答えましょう。** 【20点】

(1) この土地の面積は何km^2ですか。　（全部できて10点）

(式)

答え(　　　　　)

(2) この土地の面積は何m^2ですか。　（10点）

(　　　　　)

＼もう1回チャレンジ!!／

30 面積《めんせき》③

目ひょう時間 20分

学習した日　　月　　日

名前

とく点　　／100点

4030
解説→300ページ

らくらくマルつけ

❶ 右の図のような長方形の形をした花だんがあります。次の問いに答えましょう。 【18点】

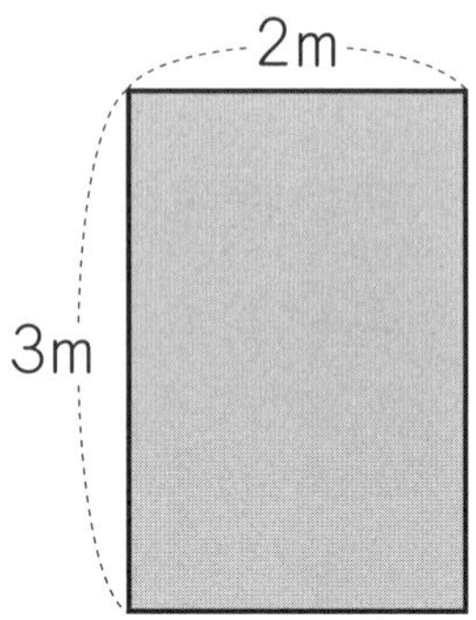

(1) 花だんの面積《めんせき》は何m^{2}ですか。

(式)　　(全部できて9点)

答え(　　　　　)

(2) 花だんの面積は何cm^{2}ですか。　　(9点)

(　　　　　)

❷ 次の□にあてはまる数を書きましょう。 1つ8点【32点】

(1) 1ha＝□m^2

(2) 9km^2＝□m^2

(3) 20000m^2＝□a

(4) 7000a＝□ha

❸ 1辺《へん》400mの正方形の形をした牧場《ぼくじょう》があります。次の問いに答えましょう。 【30点】

(1) この牧場の面積は何m^{2}ですか。　　(全部できて10点)

(式)

答え(　　　　　)

(2) この牧場の面積は何aですか。　　(10点)

(　　　　　)

(3) この牧場の面積は何haですか。　　(10点)

(　　　　　)

❹ たて5km，横8kmの長方形の形をした土地があります。次の問いに答えましょう。 【20点】

(1) この土地の面積は何km^{2}ですか。　　(全部できて10点)

(式)

答え(　　　　　)

(2) この土地の面積は何m^{2}ですか。　　(10点)

(　　　　　)

31 小数のかけ算

目ひょう時間 20分

学習した日　月　日	とく点
名前	／100点

4031
解説→301ページ

❶ 次の計算をしましょう。

1つ2点【16点】

(1) $0.3\times4=$　　(2) $0.7\times8=$

(3) $0.4\times5=$　　(4) $0.9\times10=$

(5) $0.02\times7=$　　(6) $0.04\times9=$

(7) $0.05\times8=$　　(8) $0.03\times10=$

❷ 次の筆算をしましょう。

1つ5点【30点】

(1) $\begin{array}{r} 4.2 \\ \times\ \ 3 \\ \hline \end{array}$　　(2) $\begin{array}{r} 7.6 \\ \times\ \ 9 \\ \hline \end{array}$　　(3) $\begin{array}{r} 0.15 \\ \times\ \ 3 \\ \hline \end{array}$

(4) $\begin{array}{r} 1.34 \\ \times\ \ 6 \\ \hline \end{array}$　　(5) $\begin{array}{r} 20.8 \\ \times\ \ 7 \\ \hline \end{array}$　　(6) $\begin{array}{r} 79.6 \\ \times\ \ 5 \\ \hline \end{array}$

❸ 次の筆算をしましょう。

1つ6点【54点】

(1) $\begin{array}{r} 2.6 \\ \times\ 18 \\ \hline \end{array}$　　(2) $\begin{array}{r} 5.4 \\ \times\ 93 \\ \hline \end{array}$　　(3) $\begin{array}{r} 3.8 \\ \times\ 60 \\ \hline \end{array}$

(4) $\begin{array}{r} 7.5 \\ \times\ 34 \\ \hline \end{array}$　　(5) $\begin{array}{r} 0.49 \\ \times\ \ 82 \\ \hline \end{array}$　　(6) $\begin{array}{r} 15.3 \\ \times\ \ 97 \\ \hline \end{array}$

(7) $\begin{array}{r} 9.37 \\ \times\ \ 50 \\ \hline \end{array}$　　(8) $\begin{array}{r} 8.02 \\ \times\ \ 71 \\ \hline \end{array}$　　(9) $\begin{array}{r} 36.9 \\ \times\ \ 84 \\ \hline \end{array}$

＼もう1回チャレンジ!!／

31 小数のかけ算

目ひょう時間 20分

学習した日　月　日

名前

とく点　／100点

らくらくマルつけ

4031

解説→301ページ

❶ 次の計算をしましょう。 1つ2点【16点】

(1) 0.3×4＝

(2) 0.7×8＝

(3) 0.4×5＝

(4) 0.9×10＝

(5) 0.02×7＝

(6) 0.04×9＝

(7) 0.05×8＝

(8) 0.03×10＝

❷ 次の筆算をしましょう。 1つ5点【30点】

(1) 4.2 × 3

(2) 7.6 × 9

(3) 0.15 × 3

(4) 1.34 × 6

(5) 20.8 × 7

(6) 79.6 × 5

❸ 次の筆算をしましょう。 1つ6点【54点】

(1) 2.6 × 18

(2) 5.4 × 93

(3) 3.8 × 60

(4) 7.5 × 34

(5) 0.49 × 82

(6) 15.3 × 97

(7) 9.37 × 50

(8) 8.02 × 71

(9) 36.9 × 84

32 小数のわり算①

目ひょう時間 20分

学習した日　月　日

名前

とく点　／100点

らくらくマルつけ

4032

解説→301ページ

1 次の計算をしましょう。　1つ4点【16点】

(1) 1.2÷3＝

(2) 4.2÷7＝

(3) 0.15÷5＝

(4) 0.72÷9＝

2 次の筆算をしましょう。　1つ5点【30点】

(1) 4)5.6

(2) 7)9.1

(3) 3)8.4

(4) 2)19.2

(5) 9)5.13

(6) 5)0.95

3 次の筆算をしましょう。　1つ6点【54点】

(1) 16)49.6

(2) 32)86.4

(3) 57)34.2

(4) 25)7.25

(5) 19)8.55

(6) 78)93.6

(7) 53)9.01

(8) 14)0.84

(9) 86)2.58

＼もう1回チャレンジ!! ／

32 小数のわり算①

目ひょう時間 20分

学習した日　月　日

名前

とく点　／100点

4032
解説→301ページ

らくらくマルつけ

❶ 次の計算をしましょう。 1つ4点【16点】

(1) 1.2÷3＝

(2) 4.2÷7＝

(3) 0.15÷5＝

(4) 0.72÷9＝

❷ 次の筆算をしましょう。 1つ5点【30点】

(1) 4)5.6

(2) 7)9.1

(3) 3)8.4

(4) 2)19.2

(5) 9)5.13

(6) 5)0.95

❸ 次の筆算をしましょう。 1つ6点【54点】

(1) 16)49.6

(2) 32)86.4

(3) 57)34.2

(4) 25)7.25

(5) 19)8.55

(6) 78)93.6

(7) 53)9.01

(8) 14)0.84

(9) 86)2.58

33 小数のわり算②

目ひょう時間 20分

学習した日　　月　　日	とく点	4033
名前	／100点	解説→301ページ

らくらくマルつけ

1 次の筆算をしましょう。商《しょう》は一の位《くらい》まで求《もと》め，あまりも出しましょう。　1つ6点【54点】

(1) 6)53.7

(2) 5)25.9

(3) 8)38.9

(4) 3)79.6

(5) 7)90.5

(6) 2)47.3

(7) 24)81.2

(8) 39)92.8

(9) 15)64.5

2 57.1÷4の筆算をして，商を一の位まで求め，あまりも出しましょう。また，答えのたしかめをしましょう。　【全部できて14点】

4)57.1

答えのたしかめ
(　　　　　　　　　　)

3 26.5mのリボンがあります。このリボンから，3mのリボンは何本とれて，何mあまりますか。　【全部できて16点】

(式)

答え(　　　　　　　　　　)

4 83.4dLの牛にゅうがあります。1人に18dLずつ分けると，何人に分けられて，何dLあまりますか。　【全部できて16点】

(式)

答え(　　　　　　　　　　)

＼もう1回チャレンジ!!／

33 小数のわり算②

目ひょう時間 20分

学習した日　　月　　日

名前

とく点　　／100点

らくらくマルつけ

4033

解説→301ページ

❶ 次の筆算をしましょう。商《しょう》は一の位《くらい》まで求《もと》め，あまりも出しましょう。 1つ6点【54点】

(1) 6)53.7

(2) 5)25.9

(3) 8)38.9

(4) 3)79.6

(5) 7)90.5

(6) 2)47.3

(7) 24)81.2

(8) 39)92.8

(9) 15)64.5

❷ 57.1÷4の筆算をして，商を一の位まで求め，あまりも出しましょう。また，答えのたしかめをしましょう。 【全部できて14点】

4)57.1

答えのたしかめ

(　　　　　　　　　　)

❸ 26.5mのリボンがあります。このリボンから，3mのリボンは何本とれて，何mあまりますか。 【全部できて16点】

(式)

答え(　　　　　　　　　　)

❹ 83.4dLの牛にゅうがあります。1人に18dLずつ分けると，何人に分けられて，何dLあまりますか。

【全部できて16点】

(式)

答え(　　　　　　　　　　)

34 小数のわり算③

目ひょう時間 20分

学習した日　　月　　日

名前

とく点

／100点

らくらくマルつけ

4034

解説→302ページ

1 次の筆算を，わり切れるまでしましょう。　1つ8点【40点】

(1) 6)27

(2) 25)16

(3) 8)5

(4) 2)3.5

(5) 24)0.6

2 次の商《しょう》を，四捨五入《ししゃごにゅう》して，上から2けたのがい数で求《もと》めましょう。　1つ10点【20点】

(1) 5.1÷9　　(　　　)

(2) 84÷17　　(　　　)

3 1.3Lのお茶を5人で同じ量《りょう》ずつ分けます。1人分は何Lですか。　【全部できて20点】

(式)

答え(　　　)

4 265gのねん土を3人で同じ重さずつ分けます。1人分は約《やく》何gですか。四捨五入して，$\frac{1}{10}$の位《くらい》までのがい数で答えましょう。　【全部できて20点】

(式)

答え(　　　)

34 小数のわり算③

目ひょう時間 20分

学習した日　　月　　日

名前

とく点

／100点

らくらくマルつけ

4034
解説→302ページ

❶ 次の筆算を，わり切れるまでしましょう。 1つ8点【40点】

(1) $6\overline{)\,27}$

(2) $25\overline{)\,16}$

(3) $8\overline{)\,5}$

(4) $2\overline{)\,3.5}$

(5) $24\overline{)\,0.6}$

❷ 次の商《しょう》を，四捨五入《ししゃごにゅう》して，上から２けたのがい数で求《もと》めましょう。 1つ10点【20点】

(1) 5.1÷9

(　　　　　)

(2) 84÷17

(　　　　　)

❸ 1.3Ｌのお茶を５人で同じ量《りょう》ずつ分けます。１人分は何Ｌですか。 【全部できて20点】

(式)

答え(　　　　　)

❹ 265gのねん土を３人で同じ重さずつ分けます。１人分は約《やく》何gですか。四捨五入して，$\frac{1}{10}$の位《くらい》までのがい数で答えましょう。 【全部できて20点】

(式)

答え(　　　　　)

35 小数のわり算④

目ひょう時間 20分

学習した日　月　日

名前

とく点　／100点

4035
解説→302ページ

❶ 赤い折《お》り紙が50まい，青い折り紙が40まいあります。次の問いに答えましょう。 【40点】

(1) 赤い折り紙のまい数は，青い折り紙のまい数の何倍ですか。 (全部できて20点)

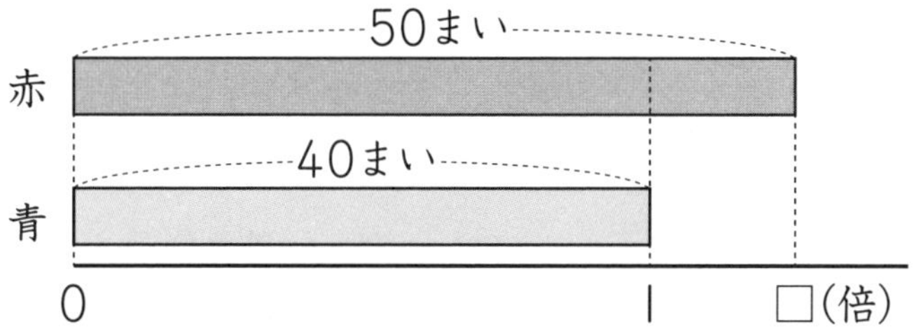

(式)

答え(　　　　　　)

(2) 青い折り紙のまい数は，赤い折り紙のまい数の何倍ですか。 (全部できて20点)

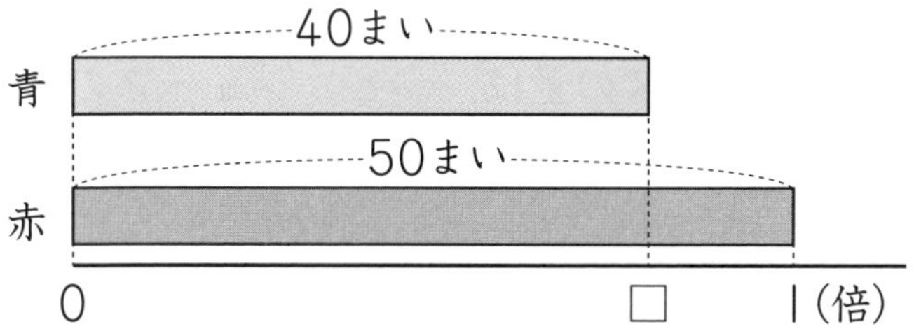

(式)

答え(　　　　　　)

❷ 3種類《しゅるい》のジュースがあります。オレンジジュースは9L，りんごジュースは12L，ぶどうジュースは18Lです。次の問いに答えましょう。 【60点】

(1) ぶどうジュースの量《りょう》は，りんごジュースの量の何倍ですか。 (全部できて20点)

(式)

答え(　　　　　　)

(2) オレンジジュースの量は，りんごジュースの量の何倍ですか。 (全部できて20点)

(式)

答え(　　　　　　)

(3) オレンジジュースの量は，ぶどうジュースの量の何倍ですか。 (全部できて20点)

(式)

答え(　　　　　　)

35 小数のわり算④

目ひょう時間 20分

学習した日　　月　　日	とく点	らくらくマルつけ
名前	／100点	4035

解説→302ページ

❶ 赤い折《お》り紙が50まい，青い折り紙が40まいあります。次の問いに答えましょう。【40点】

(1) 赤い折り紙のまい数は，青い折り紙のまい数の何倍ですか。（全部できて20点）

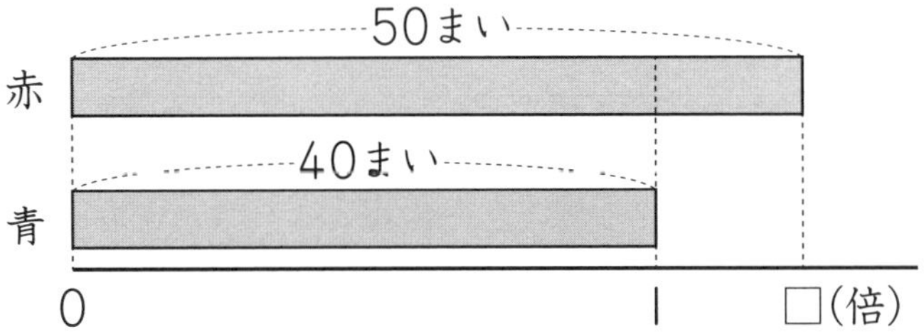

(式)

答え(　　　　　　　)

(2) 青い折り紙のまい数は，赤い折り紙のまい数の何倍ですか。（全部できて20点）

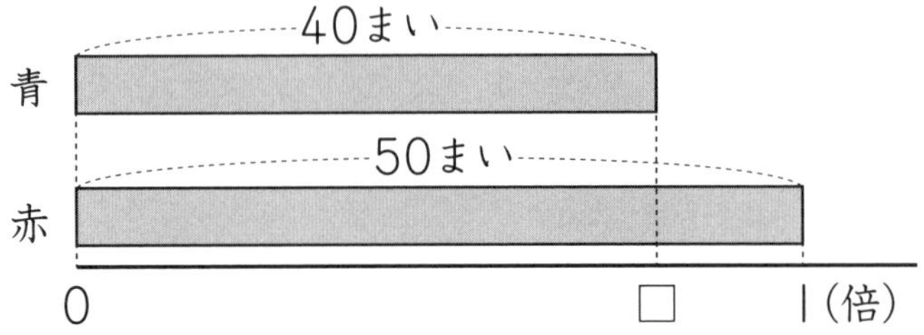

(式)

答え(　　　　　　　)

❷ 3種類《しゅるい》のジュースがあります。オレンジジュースは9L，りんごジュースは12L，ぶどうジュースは18Lです。次の問いに答えましょう。【60点】

(1) ぶどうジュースの量《りょう》は，りんごジュースの量の何倍ですか。（全部できて20点）

(式)

答え(　　　　　　　)

(2) オレンジジュースの量は，りんごジュースの量の何倍ですか。（全部できて20点）

(式)

答え(　　　　　　　)

(3) オレンジジュースの量は，ぶどうジュースの量の何倍ですか。（全部できて20点）

(式)

答え(　　　　　　　)

分数①

目ひょう時間 20分

学習した日　月　日

名前

とく点　／100点

4036 解説→302ページ

らくらくマルつけ

1 次から，真分数《しんぶんすう》をすべて選《えら》び，記号を書きましょう。

【全部できて10点】

（　　　　　　　）

ア $\frac{4}{5}$　イ $\frac{7}{3}$　ウ $\frac{1}{2}$　エ $\frac{6}{6}$　オ $\frac{11}{4}$

2 次の仮分数《かぶんすう》を，整数か帯分数《たいぶんすう》になおしましょう。

1つ7点【21点】

(1) $\frac{4}{3}$　(2) $\frac{18}{3}$　(3) $\frac{40}{7}$

（　　　）（　　　）（　　　）

3 次の帯分数を，仮分数になおしましょう。 1つ7点【21点】

(1) $1\frac{3}{5}$　(2) $2\frac{2}{9}$　(3) $4\frac{5}{8}$

（　　　）（　　　）（　　　）

4 次の□にあてはまる等号，不等号《ふとうごう》を書きましょう。

1つ8点【32点】

(1) $\frac{17}{6}$ □ $3\frac{1}{6}$　(2) 6 □ $\frac{50}{9}$

(3) $2\frac{3}{10}$ □ $\frac{23}{10}$　(4) $8\frac{3}{4}$ □ $\frac{37}{4}$

5 次の数直線を見て，あとの□にあてはまる等号，不等号を書きましょう。 1つ8点【16点】

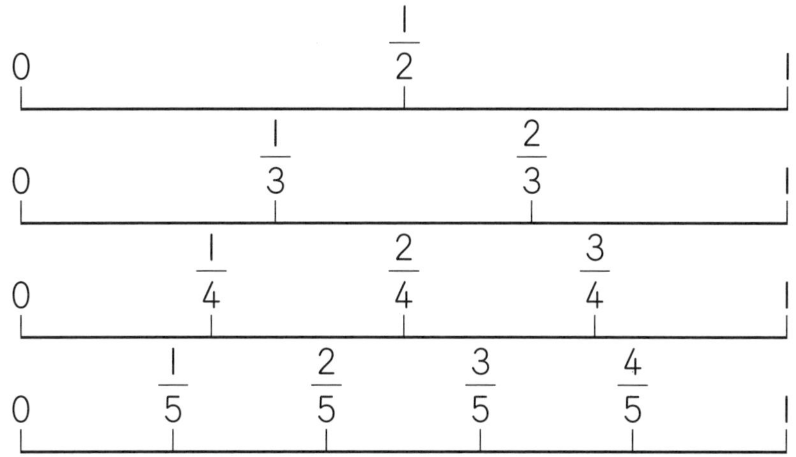

(1) $\frac{1}{2}$ □ $\frac{2}{4}$　(2) $\frac{1}{4}$ □ $\frac{1}{5}$

36 分数①

目ひょう時間 20分

学習した日　　月　　日

名前

とく点　　/100点

4036
解説→302ページ

らくらくマルつけ

1 次から，真分数《しんぶんすう》をすべて選《えら》び，記号を書きましょう。

【全部できて10点】

(　　　　　　　　　　)

ア $\frac{4}{5}$　イ $\frac{7}{3}$　ウ $\frac{1}{2}$　エ $\frac{6}{6}$　オ $\frac{11}{4}$

2 次の仮分数《かぶんすう》を，整数か帯分数《たいぶんすう》になおしましょう。

1つ7点【21点】

(1) $\frac{4}{3}$　(2) $\frac{18}{3}$　(3) $\frac{40}{7}$

(　　　)　(　　　)　(　　　)

3 次の帯分数を，仮分数になおしましょう。　1つ7点【21点】

(1) $1\frac{3}{5}$　(2) $2\frac{2}{9}$　(3) $4\frac{5}{8}$

(　　　)　(　　　)　(　　　)

4 次の□にあてはまる等号，不等号《ふとうごう》を書きましょう。

1つ8点【32点】

(1) $\frac{17}{6}$ □ $3\frac{1}{6}$　(2) 6 □ $\frac{50}{9}$

(3) $2\frac{3}{10}$ □ $\frac{23}{10}$　(4) $8\frac{3}{4}$ □ $\frac{37}{4}$

5 次の数直線を見て，あとの□にあてはまる等号，不等号を書きましょう。　1つ8点【16点】

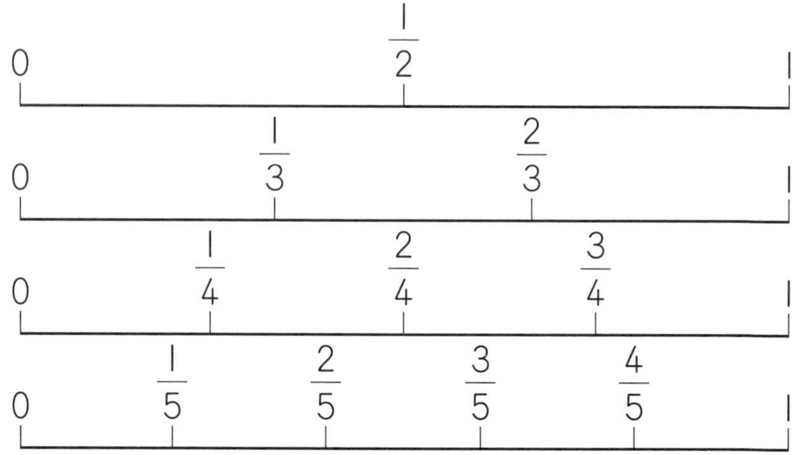

(1) $\frac{1}{2}$ □ $\frac{2}{4}$　(2) $\frac{1}{4}$ □ $\frac{1}{5}$

37 分数②

目ひょう時間 20分

学習した日　月　日

名前

とく点　／100点

らくらくマルつけ

4037
解説→303ページ

算数

1 次の計算をしましょう。

1つ4点【20点】

(1) $\frac{2}{5}+\frac{4}{5}=$

(2) $\frac{1}{3}+\frac{7}{3}=$

(3) $\frac{9}{7}+\frac{6}{7}=$

(4) $\frac{6}{4}+\frac{5}{4}=$

(5) $\frac{5}{6}+\frac{7}{6}=$

2 次の計算をしましょう。

1つ5点【30点】

(1) $1\frac{3}{8}+\frac{2}{8}=$

(2) $\frac{3}{5}+2\frac{1}{5}=$

(3) $1\frac{2}{6}+2\frac{3}{6}=$

(4) $3\frac{1}{9}+2\frac{1}{9}=$

(5) $1\frac{3}{4}+2=$

(6) $2\frac{1}{3}+2\frac{1}{3}=$

3 次の計算をしましょう。

1つ4点【20点】

(1) $\frac{7}{4}-\frac{2}{4}=$

(2) $\frac{9}{6}-\frac{8}{6}=$

(3) $\frac{10}{3}-\frac{5}{3}=$

(4) $\frac{12}{7}-\frac{9}{7}=$

(5) $\frac{16}{5}-\frac{11}{5}=$

4 次の計算をしましょう。

1つ5点【30点】

(1) $1\frac{8}{9}-\frac{3}{9}=$

(2) $2\frac{5}{6}-1\frac{4}{6}=$

(3) $4\frac{3}{5}-1\frac{1}{5}=$

(4) $3\frac{6}{7}-\frac{2}{7}=$

(5) $3\frac{2}{3}-2\frac{2}{3}=$

(6) $1\frac{4}{8}-1\frac{1}{8}=$

＼もう1回チャレンジ!! ／

37 分数②

目ひょう時間 20分

学習した日　　月　　日

名前

とく点　　／100点

らくらくマルつけ

4037
解説→303ページ

❶ 次の計算をしましょう。　1つ4点【20点】

(1) $\frac{2}{5}+\frac{4}{5}=$

(2) $\frac{1}{3}+\frac{7}{3}=$

(3) $\frac{9}{7}+\frac{6}{7}=$

(4) $\frac{6}{4}+\frac{5}{4}=$

(5) $\frac{5}{6}+\frac{7}{6}=$

❷ 次の計算をしましょう。　1つ5点【30点】

(1) $1\frac{3}{8}+\frac{2}{8}=$

(2) $\frac{3}{5}+2\frac{1}{5}=$

(3) $1\frac{2}{6}+2\frac{3}{6}=$

(4) $3\frac{1}{9}+2\frac{1}{9}=$

(5) $1\frac{3}{4}+2=$

(6) $2\frac{1}{3}+2\frac{1}{3}=$

❸ 次の計算をしましょう。　1つ4点【20点】

(1) $\frac{7}{4}-\frac{2}{4}=$

(2) $\frac{9}{6}-\frac{8}{6}=$

(3) $\frac{10}{3}-\frac{5}{3}=$

(4) $\frac{12}{7}-\frac{9}{7}=$

(5) $\frac{16}{5}-\frac{11}{5}=$

❹ 次の計算をしましょう。　1つ5点【30点】

(1) $1\frac{8}{9}-\frac{3}{9}=$

(2) $2\frac{5}{6}-1\frac{4}{6}=$

(3) $4\frac{3}{5}-1\frac{1}{5}=$

(4) $3\frac{6}{7}-\frac{2}{7}=$

(5) $3\frac{2}{3}-2\frac{2}{3}=$

(6) $1\frac{4}{8}-1\frac{1}{8}=$

38 分数③

目ひょう時間 20分

学習した日　月　日

名前

とく点　／100点

4038
解説→303ページ

らくらくマルつけ

1 次の計算をしましょう。　1つ5点【40点】

(1) $1\frac{3}{4}+\frac{2}{4}=$　　(2) $1\frac{5}{6}+1\frac{2}{6}=$

(3) $\frac{4}{5}+2\frac{3}{5}=$　　(4) $2\frac{2}{3}+1\frac{1}{3}=$

(5) $1\frac{5}{8}+\frac{6}{8}=$　　(6) $\frac{4}{7}+3\frac{5}{7}=$

(7) $3\frac{1}{2}+2\frac{1}{2}=$　　(8) $2\frac{7}{9}+2\frac{7}{9}=$

2 お湯が，ポットに $1\frac{6}{7}$ L，やかんに $3\frac{2}{7}$ L 入っています。お湯は全部で何 L ありますか。　【全部できて10点】

(式)

答え(　　　　　　)

3 次の計算をしましょう。　1つ5点【40点】

(1) $1\frac{1}{3}-\frac{2}{3}=$　　(2) $2\frac{2}{5}-\frac{4}{5}=$

(3) $2\frac{3}{7}-1\frac{6}{7}=$　　(4) $3\frac{1}{9}-\frac{5}{9}=$

(5) $3\frac{1}{4}-1\frac{2}{4}=$　　(6) $2\frac{2}{8}-1\frac{7}{8}=$

(7) $4\frac{1}{6}-2\frac{2}{6}=$　　(8) $3-\frac{1}{2}=$

4 $2m^2$ の花だんのうち，$1\frac{7}{9}m^2$ に花を植えました。残《のこ》りの花だんの面積《めんせき》は何 m^2 ですか。　【全部できて10点】

(式)

答え(　　　　　　)

38 分数③

目ひょう時間 20分

学習した日　　月　　日

名前

とく点　　／100点

4038
解説→303ページ

らくらくマルつけ

❶ 次の計算をしましょう。　1つ5点【40点】

(1) $1\frac{3}{4}+\frac{2}{4}=$　　(2) $1\frac{5}{6}+1\frac{2}{6}=$

(3) $\frac{4}{5}+2\frac{3}{5}=$　　(4) $2\frac{2}{3}+1\frac{1}{3}=$

(5) $1\frac{5}{8}+\frac{6}{8}=$　　(6) $\frac{4}{7}+3\frac{5}{7}=$

(7) $3\frac{1}{2}+2\frac{1}{2}=$　　(8) $2\frac{7}{9}+2\frac{7}{9}=$

❷ お湯が，ポットに$1\frac{6}{7}$L，やかんに$3\frac{2}{7}$L入っています。お湯は全部で何Lありますか。　【全部できて10点】

(式)

答え(　　　　　　)

❸ 次の計算をしましょう。　1つ5点【40点】

(1) $1\frac{1}{3}-\frac{2}{3}=$　　(2) $2\frac{2}{5}-\frac{4}{5}=$

(3) $2\frac{3}{7}-1\frac{6}{7}=$　　(4) $3\frac{1}{9}-\frac{5}{9}=$

(5) $3\frac{1}{4}-1\frac{2}{4}=$　　(6) $2\frac{2}{8}-1\frac{7}{8}=$

(7) $4\frac{1}{6}-2\frac{2}{6}=$　　(8) $3-\frac{1}{2}=$

❹ $2m^2$の花だんのうち，$1\frac{7}{9}m^2$に花を植えました。残《のこ》りの花だんの面積《めんせき》は何m^2ですか。　【全部できて10点】

(式)

答え(　　　　　　)

変《か》わり方①

目ひょう時間 20分

学習した日　月　日

名前

とく点　／100点

4039
解説→303ページ

らくらくマルつけ

1 **まわりの長さが16cmの長方形をつくります。次の問いに答えましょう。** 【50点】

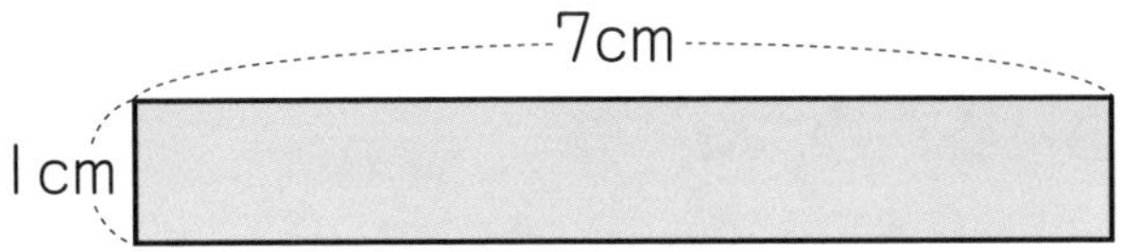

(1) 長方形のたての長さと横の長さを，次の表にまとめましょう。 1つ5点(25点)

たての長さ(cm)	1	2	3	4	5	6	7
横の長さ(cm)	7						1

(2) たての長さを□cm，横の長さを○cmとして，□と○の関係《かんけい》を式に表しましょう。 (15点)

(　　　　　　　　　)

(3) たての長さが5.5cmのとき，横の長さは何cmですか。 (10点)

(　　　　　)

2 **◎と☆を，次のように1つずつ順番《じゅんばん》にならべます。あとの問いに答えましょう。** 【50点】

1番目　◎ ☆ ◎

2番目　◎ ☆ ◎ ☆ ◎

3番目　◎ ☆ ◎ ☆ ◎ ☆ ◎

⋮　　　　⋮

(1) ◎の数と☆の数を，次の表にまとめましょう。 1つ5点(25点)

	1番目	2番目	3番目	4番目	5番目	6番目	
☆の数(こ)	1	2	3	4	5	6	…
◎の数(こ)	2						…

(2) ☆の数を□こ，◎の数を○ことして，□と○の関係を式に表しましょう。 (15点)

(　　　　　　　　　)

(3) ☆の数が15このとき，◎の数は何こですか。 (10点)

(　　　　　)

39 変《か》わり方①

目ひょう時間 20分

学習した日　　月　　日

名前

とく点　　／100点

4039
解説→303ページ

らくらくマルつけ

❶ まわりの長さが16cmの長方形をつくります。次の問いに答えましょう。 【50点】

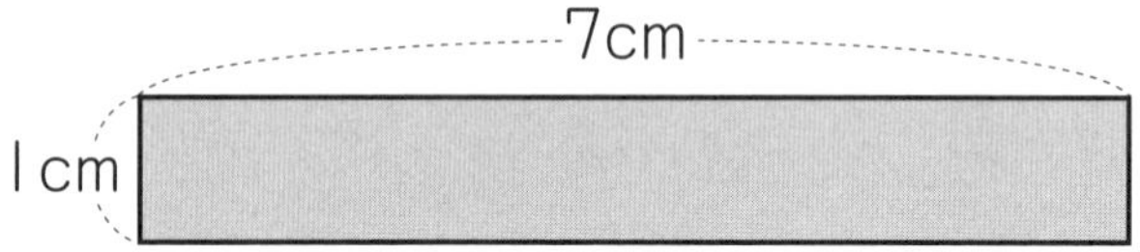

(1) 長方形のたての長さと横の長さを，次の表にまとめましょう。 1つ5点(25点)

たての長さ(cm)	1	2	3	4	5	6	7
横の長さ(cm)	7						1

(2) たての長さを□cm，横の長さを○cmとして，□と○の関係《かんけい》を式に表しましょう。 (15点)

(　　　　　　　　　)

(3) たての長さが5.5cmのとき，横の長さは何cmですか。 (10点)

(　　　　　)

❷ ◎と☆を，次のように1つずつ順番《じゅんばん》にならべます。あとの問いに答えましょう。 【50点】

1番目　◎ ☆ ◎

2番目　◎ ☆ ◎ ☆ ◎

3番目　◎ ☆ ◎ ☆ ◎ ☆ ◎

⋮　　　⋮

(1) ◎の数と☆の数を，次の表にまとめましょう。 1つ5点(25点)

	1番目	2番目	3番目	4番目	5番目	6番目	
☆の数(こ)	1	2	3	4	5	6	…
◎の数(こ)	2						…

(2) ☆の数を□こ，◎の数を○こととして，□と○の関係を式に表しましょう。 (15点)

(　　　　　　　　　)

(3) ☆の数が15このとき，◎の数は何こですか。 (10点)

(　　　　　)

変《か》わり方②

目ひょう時間 20分

学習した日　　月　　日

名前

とく点　　／100点

4040
解説→304ページ

らくらくマルつけ

1 1辺《へん》が1cmの正三角形をならべて，次のような形をつくっていきます。あとの問いに答えましょう。【50点】

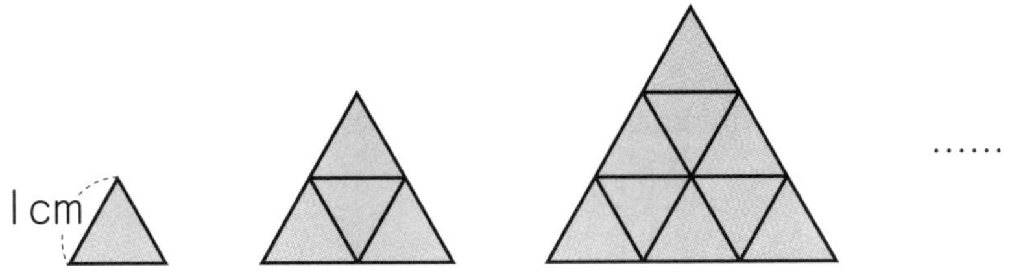

(1) ならべ方とまわりの長さを，次の表にまとめましょう。

1つ4点(20点)

ならべ方（番目）	1	2	3	4	5	…
まわりの長さ（cm）						…

(2) ならべ方を□番目，まわりの長さを○cmとして，□と○の関係《かんけい》を式に表しましょう。(15点)

(　　　　　　　　)

(3) ならべ方が9番目のとき，まわりの長さは何cmですか。

(15点) (　　　　　　)

2 同じ長さのぼうを使って，正方形を横にならべた形をつくっていきます。あとの問いに答えましょう。【50点】

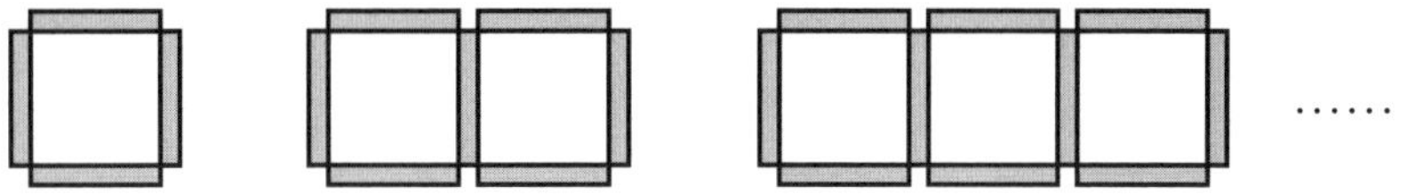

(1) 正方形の数とぼうの数を，次の表にまとめましょう。

1つ4点(20点)

正方形の数（こ）	1	2	3	4	5	…
ぼうの数（本）						…

(2) 正方形の数が1こずつふえると，ぼうの数はどのように変《か》わりますか。(15点)

(　　　　　　　　)

(3) 正方形の数が9このとき，ぼうを何本使いますか。(15点)

(　　　　　)

40 変《か》わり方②

目ひょう時間 20分

学習した日　月　日

名前

とく点

／100点

4040
解説→304ページ

らくらくマルつけ

❶ Ⅰ辺《べん》がⅠcmの正三角形をならべて，次のような形をつくっていきます。あとの問いに答えましょう。【50点】

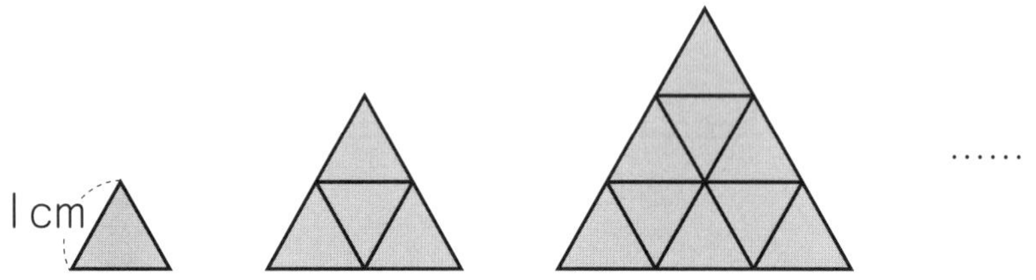

Ⅰ番目　2番目　3番目　……

(1) ならべ方とまわりの長さを，次の表にまとめましょう。 1つ4点(20点)

ならべ方（番目）	Ⅰ	2	3	4	5	…
まわりの長さ（cm）						…

(2) ならべ方を□番目，まわりの長さを○cmとして，□と○の関係《かんけい》を式に表しましょう。 (15点)

(　　　　　　　)

(3) ならべ方が9番目のとき，まわりの長さは何cmですか。

(15点) (　　　　　)

❷ 同じ長さのぼうを使って，正方形を横にならべた形をつくっていきます。あとの問いに答えましょう。【50点】

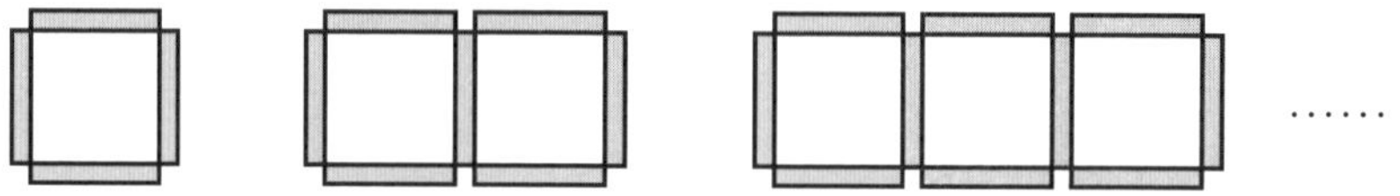

Ⅰこ　2こ　3こ　……

(1) 正方形の数とぼうの数を，次の表にまとめましょう。 1つ4点(20点)

正方形の数（こ）	Ⅰ	2	3	4	5	…
ぼうの数（本）						…

(2) 正方形の数がⅠこずつふえると，ぼうの数はどのように変《か》わりますか。 (15点)

(　　　　　　　)

(3) 正方形の数が9このとき，ぼうを何本使いますか。 (15点)

(　　　　　)

調べ方と整理のしかた

目ひょう時間 20分

学習した日　月　日

名前

とく点　／100点

4041 解説→304ページ

らくらくマルつけ

❶ 右の表は，4年1組の生徒が先週と今週に電車に乗ったかどうかを調べてまとめたものです。 【52点】

(1) 次の表に，人数を書きましょう。 1つ4点(16点)

○…乗った　×…乗らない

電車に乗った週と人数(人)

先週	今週	人数
○	○	
○	×	
×	○	
×	×	

電車に乗った週

出席《しゅっせき》番号	先週	今週
1	○	×
2	○	○
3	×	○
4	○	×
5	×	×
6	×	○
7	×	×
8	○	×
9	×	○
10	×	×
11	○	○
12	×	×
13	×	×
14	○	○
15	×	×
16	×	×
17	×	○
18	○	×
19	×	×
20	○	×

(2) 次の表に，人数を書きましょう。 1つ4点(36点)

電車に乗った週と人数(人)

		今週		合計
		○	×	
先週	○			
	×			
合計				

❷ 次の表は，中学1年生が住んでいる町を調べてまとめたものです。空いているところに数を書き，表を完成《かんせい》させましょう。 1つ4点【32点】

町と組別《くみべつ》の住んでいる町調べ(人)

町＼組	1組	2組	3組	合計
東町	12		10	31
西町	7	10	8	
南町		8	7	21
北町	10			26
合計		34		

❸ 次の表は，小学生28人に野球とサッカーが好《す》きかどうかを答えてもらい，まとめたものです。空いているところに数を書き，表を完成させましょう。また，野球もサッカーも好きな人の数を求《もと》めましょう。 【全部できて16点】

野球とサッカーの好ききらい調べ(人)

		サッカー		合計
		好き	きらい	
野球	好き			
	きらい		3	9
合計			7	

(　　　　)

41 調べ方と整理のしかた

目ひょう時間 20分

学習した日　　月　　日

名前

とく点　　　／100点

4041 解説→304ページ

らくらくマルつけ

1 右の表は，4年1組の生徒が先週と今週に電車に乗ったかどうかを調べてまとめたものです。【52点】

(1) 次の表に，人数を書きましょう。 1つ4点(16点)

○…乗った　×…乗らない

電車に乗った週と人数(人)

先週	今週	人数
○	○	
○	×	
×	○	
×	×	

(2) 次の表に，人数を書きましょう。 1つ4点(36点)

電車に乗った週と人数(人)

		今週		合計
		○	×	
先週	○			
	×			
合計				

電車に乗った週

出席《しゅっせき》番号	先週	今週
1	○	×
2	○	○
3	×	○
4	○	×
5	×	×
6	×	○
7	×	×
8	○	×
9	×	○
10	×	×
11	○	○
12	×	×
13	×	×
14	○	○
15	×	×
16	×	×
17	×	○
18	○	×
19	×	×
20	○	×

2 次の表は，中学1年生が住んでいる町を調べてまとめたものです。空いているところに数を書き，表を完成《かんせい》させましょう。 1つ4点【32点】

町と組別《くみべつ》の住んでいる町調べ(人)

町＼組	1組	2組	3組	合計
東町	12		10	31
西町	7	10	8	
南町		8	7	21
北町	10			26
合計		34		

3 次の表は，小学生28人に野球とサッカーが好《す》きかどうかを答えてもらい，まとめたものです。空いているところに数を書き，表を完成させましょう。また，野球もサッカーも好きな人の数を求《もと》めましょう。 【全部できて16点】

野球とサッカーの好ききらい調べ(人)

		サッカー		合計
		好き	きらい	
野球	好き			
	きらい		3	9
合計			7	

(　　　　)

42 直方体と立方体①

目ひょう時間 20分

学習した日　　月　　日

名前

とく点　　／100点

4042
解説→304ページ

1 次の問いに答えましょう。【50点】

(1) 次の□にあてはまることばを書きましょう。

1つ7点(14点)

・長方形だけでかこまれた形や，長方形と正方形でかこまれた形を□といいます。

・□だけでかこまれた形を立方体といいます。

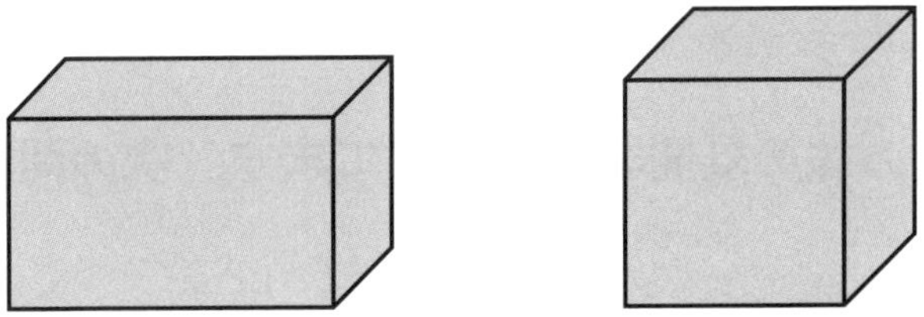

(2) 直方体，立方体の，面の数，辺《へん》の数，頂点《ちょうてん》の数を書きましょう。

1つ6点(36点)

	面の数	辺の数	頂点の数
直方体			
立方体			

2 次から，立方体の正しい展開《てんかい》図《ず》を１つ選《えら》び，記号で書きましょう。

【20点】

(　　　)

ア

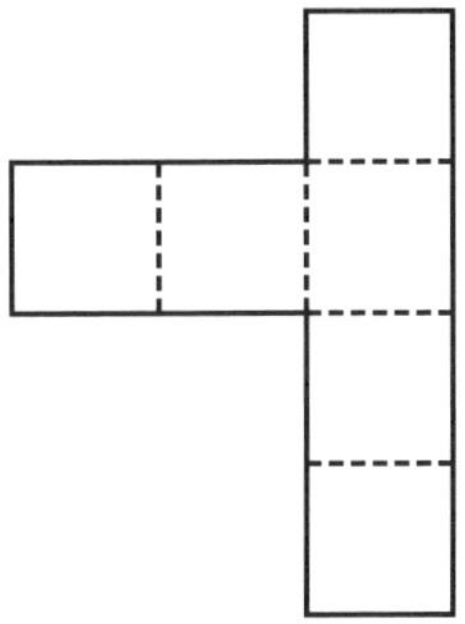

イ

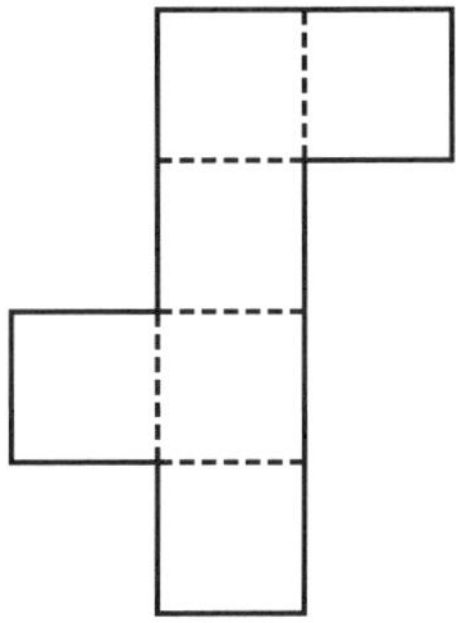

ウ

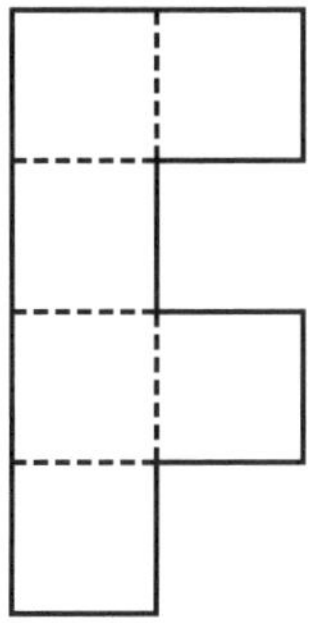

3 右の直方体の展開図を組み立てます。次の問いに答えましょう。

1つ10点【30点】

(1) 点Aと重なる点はどれとどれですか。

(　　　)

(　　　)

(2) 辺DEと重なる辺はどれですか。

(　　　)

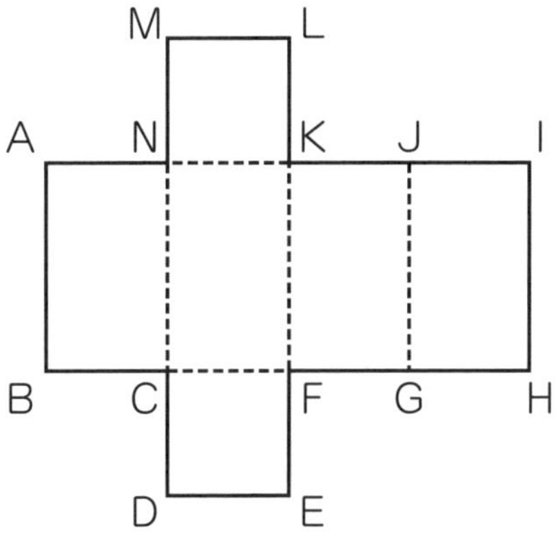

42 直方体と立方体①

目ひょう時間 20分

学習した日　　月　　日

名前

とく点　　／100点

4042
解説→304ページ

らくらくマルつけ

❶ 次の問いに答えましょう。 【50点】

(1) 次の□にあてはまることばを書きましょう。

1つ7点(14点)

・ 長方形だけでかこまれた形や，長方形と正方形でかこまれた形を□といいます。

・ □だけでかこまれた形を立方体といいます。

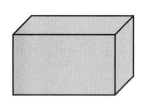

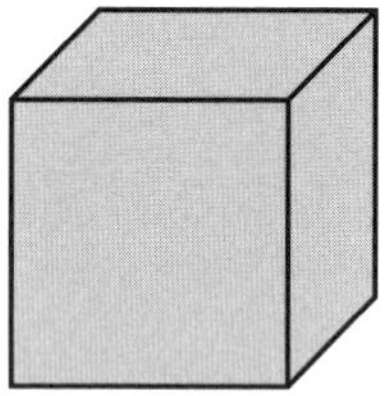

(2) 直方体，立方体の，面の数，辺《へん》の数，頂点《ちょうてん》の数を書きましょう。

1つ6点(36点)

	面の数	辺の数	頂点の数
直方体			
立方体			

❷ 次から，立方体の正しい展開《てんかい》図《ず》を１つ選《えら》び，記号で書きましょう。 【20点】

(　　　)

ア

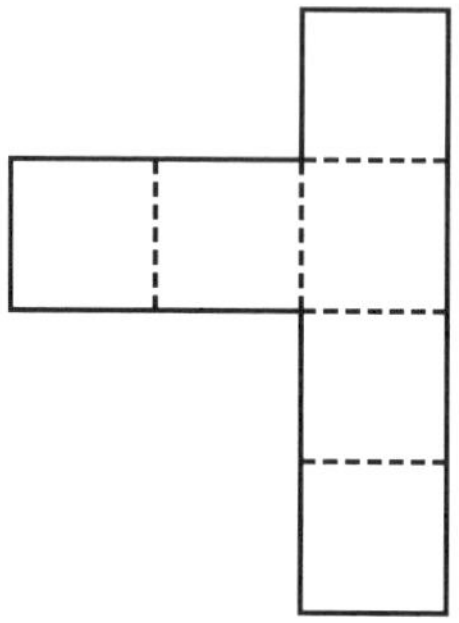

イ

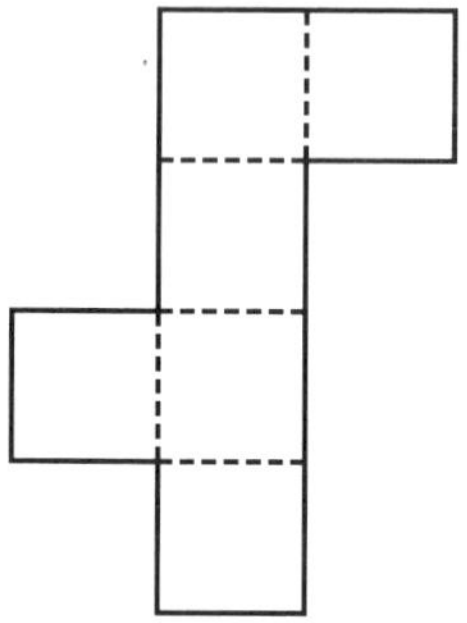

ウ

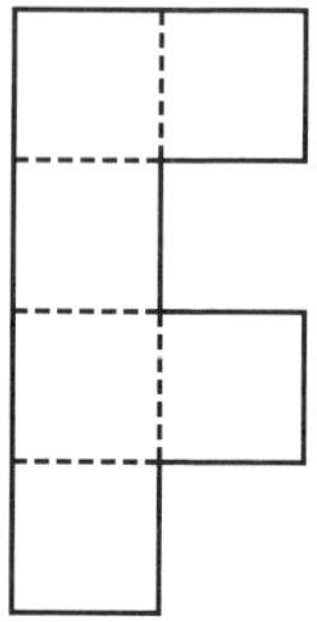

❸ 右の直方体の展開図を組み立てます。次の問いに答えましょう。 1つ10点【30点】

(1) 点Aと重なる点はどれとどれですか。

(　　　　)

(　　　　)

(2) 辺DEと重なる辺はどれですか。

(　　　　)

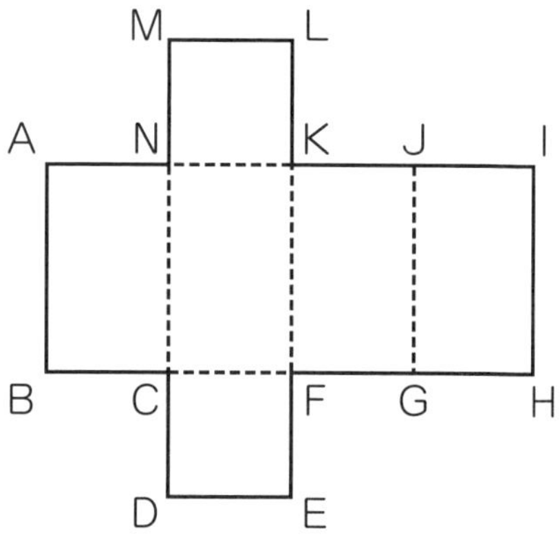

らくらくマルつけ

43 直方体と立方体②

目ひょう時間 20分

学習した日　月　日

名前

とく点　／100点

4043
解説→305ページ

算数

1 右の直方体について，次の問いに答えましょう。

1つ12点【24点】

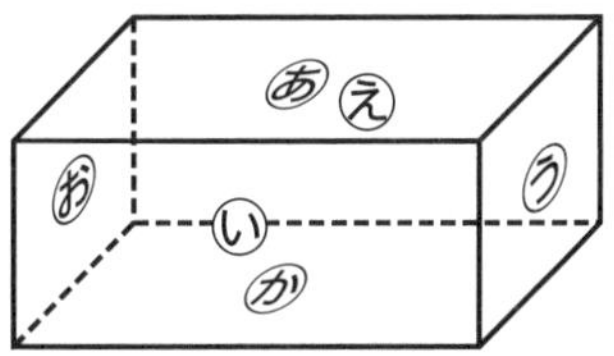

(1) (あ)の面と平行な面を選《えら》び，記号で書きましょう。

（　　　）

(2) (あ)の面と垂直《すいちょく》な面を選び，記号ですべて書きましょう。

（　　　　　　　　　）

2 右の直方体について，次の問いに答えましょう。

1つ12点【24点】

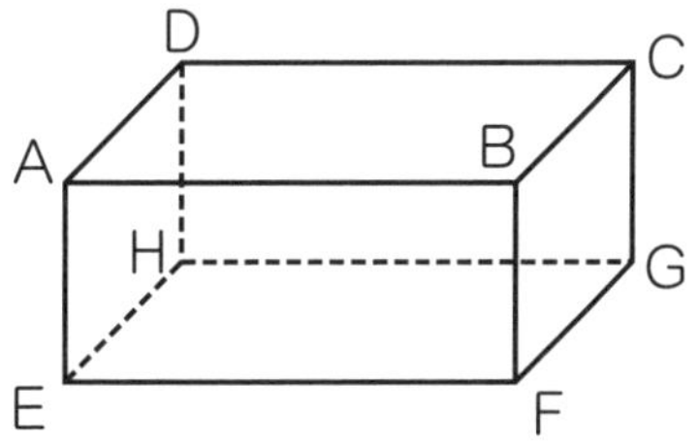

(1) 辺《へん》ADと平行な辺を選び，記号ですべて書きましょう。

（　　　　　　　　　）

(2) 辺ADと垂直な辺を選び，記号ですべて書きましょう。

（　　　　　　　　　）

3 右の直方体について，次の問いに答えましょう。

1つ12点【24点】

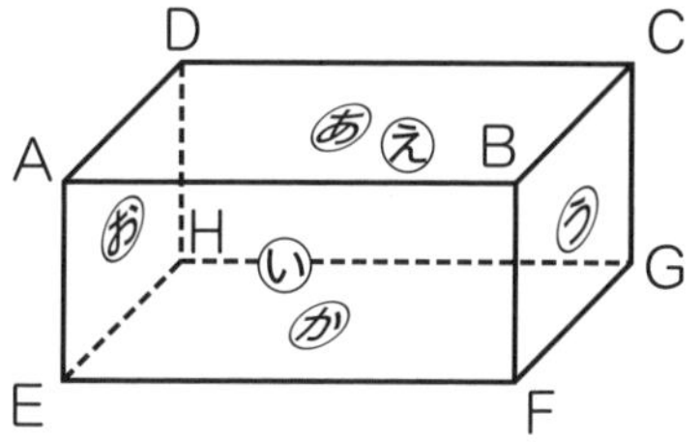

(1) (あ)の面と平行な辺を選び，記号ですべて書きましょう。

（　　　　　　　　　）

(2) 辺ABに垂直な面を選び，記号ですべて書きましょう。

（　　　　　　　　　）

4 右の図の展開図《てんかいず》を組み立ててできる立方体について，次の問いに答えましょう。

1つ14点【28点】

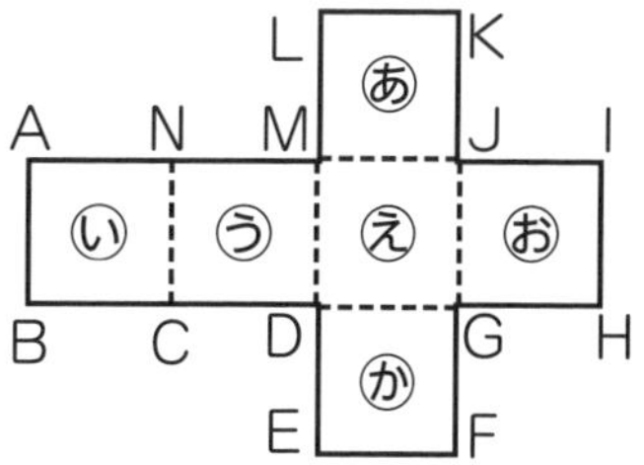

(1) (い)の面と平行な面を選び，記号で書きましょう。

（　　　）

(2) 辺MJに平行な面を選び，記号ですべて書きましょう。

（　　　　　　　　　）

43 直方体と立方体②

目ひょう時間 20分

学習した日　　月　　日

名前

とく点　　／100点

らくらくマルつけ

4043
解説→305ページ

❶ 右の直方体について，次の問いに答えましょう。

1つ12点【24点】

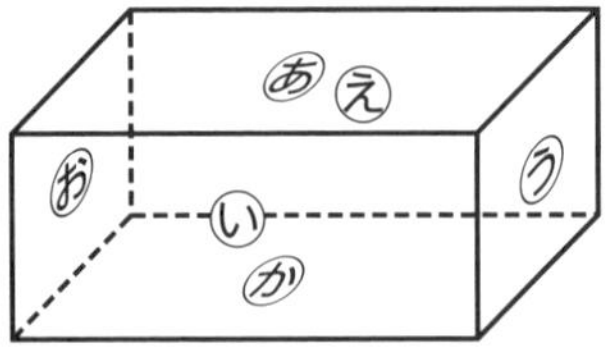

(1) あの面と平行な面を選《えら》び，記号で書きましょう。

(　　　)

(2) あの面と垂直《すいちょく》な面を選び，記号ですべて書きましょう。

(　　　　　　　　)

❷ 右の直方体について，次の問いに答えましょう。

1つ12点【24点】

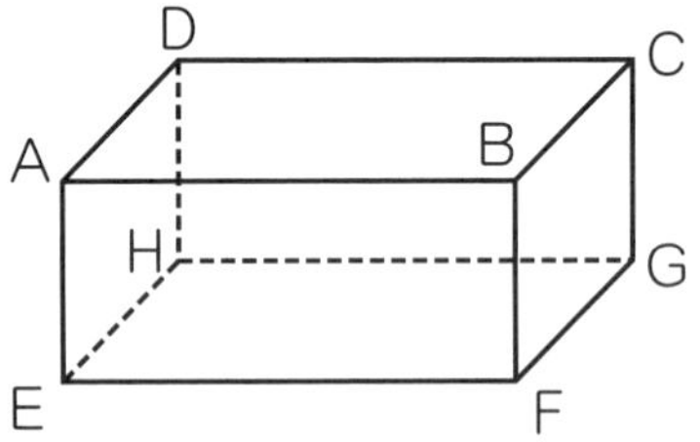

(1) 辺《へん》ADと平行な辺を選び，記号ですべて書きましょう。

(　　　　　　　　)

(2) 辺ADと垂直な辺を選び，記号ですべて書きましょう。

(　　　　　　　　)

❸ 右の直方体について，次の問いに答えましょう。

1つ12点【24点】

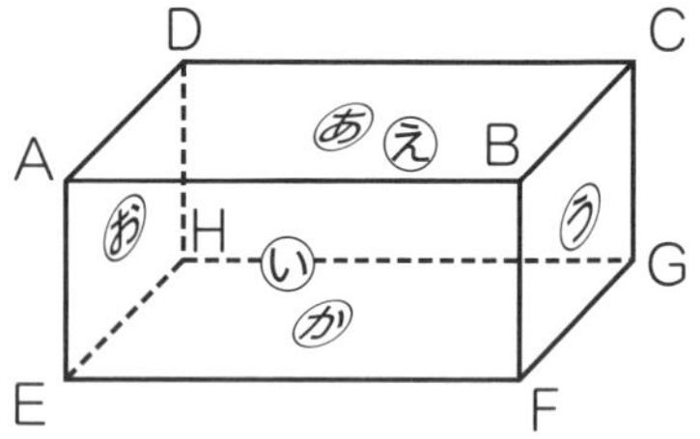

(1) あの面と平行な辺を選び，記号ですべて書きましょう。

(　　　　　　　　)

(2) 辺ABに垂直な面を選び，記号ですべて書きましょう。

(　　　　　　　　)

❹ 右の図の展開《てんかい》図《ず》を組み立ててできる立方体について，次の問いに答えましょう。

1つ14点【28点】

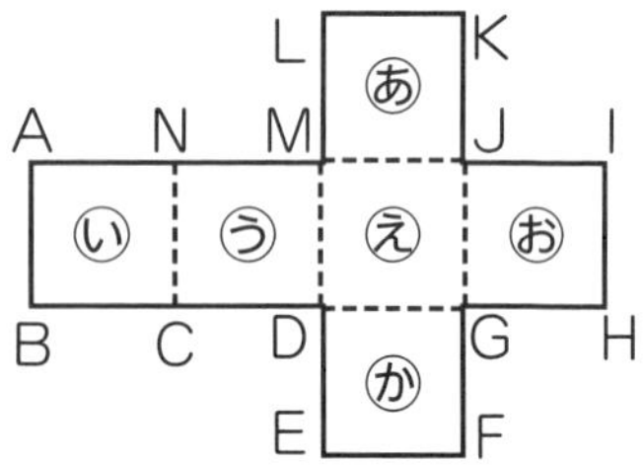

(1) いの面と平行な面を選び，記号で書きましょう。

(　　　)

(2) 辺MJに平行な面を選び，記号ですべて書きましょう。

(　　　　　　　　)

直方体と立方体③

目ひょう時間 20分

学習した日　月　日

名前

とく点　／100点

4044 解説→305ページ

らくらくマルつけ

1 次の図の続《つづ》きをかいて，直方体の見《み》取《とり》図《ず》を完成《かんせい》させましょう。【25点】

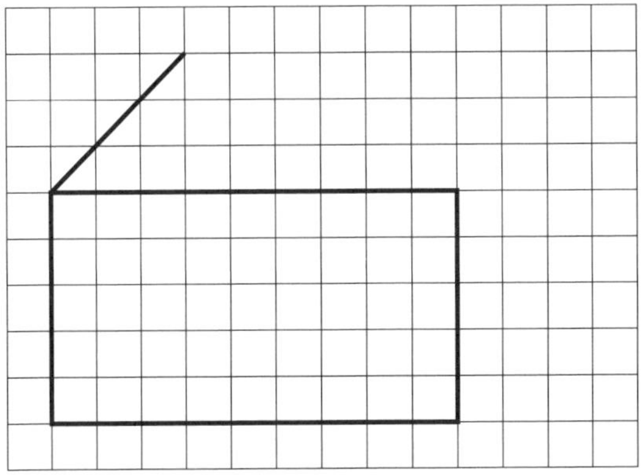

2 右の図で，点Aをもとにすると，点Bの位《い》置《ち》は，(横1m，たて3m)と表すことができます。同じように，点Aをもとにして，点Cの位置を表しましょう。【25点】

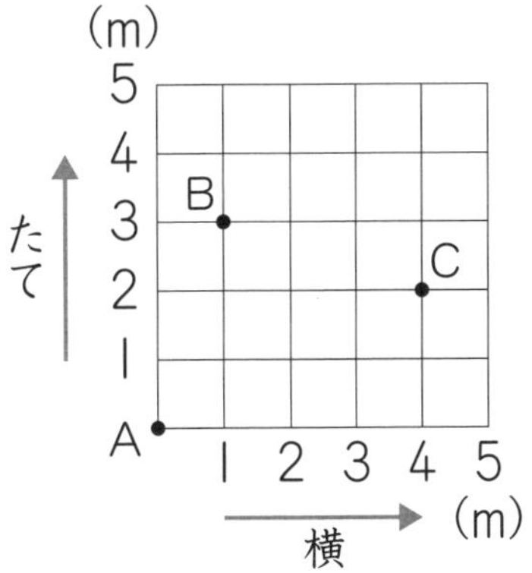

(　　　　　　　　　　)

3 次の直方体で，頂点《ちょうてん》Eをもとにすると，頂点Bの位置は，(横7cm，たて0cm，高さ4cm)と表すことができます。同じように，頂点Eをもとにして，頂点C，頂点Hの位置を表しましょう。1つ25点【50点】

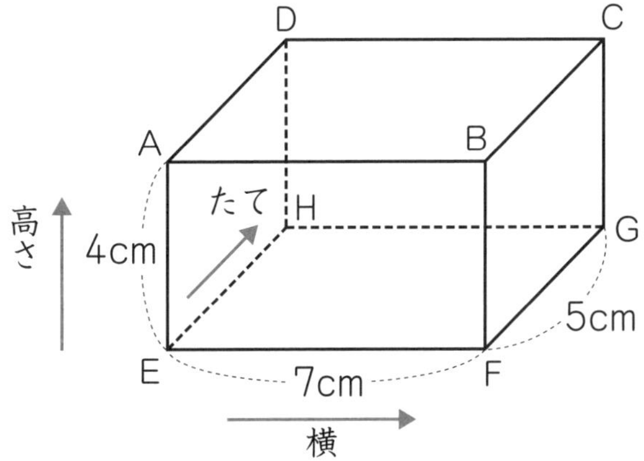

頂点C

(　　　　　　　　　　)

頂点H

(　　　　　　　　　　)

44 直方体と立方体③

目ひょう時間 20分

学習した日　月　日

名前

とく点　／100点

4044 解説→305ページ

らくらくマルつけ

❶ 次の図の続《つづ》きをかいて，直方体の見取図《みとりず》を完成《かんせい》させましょう。【25点】

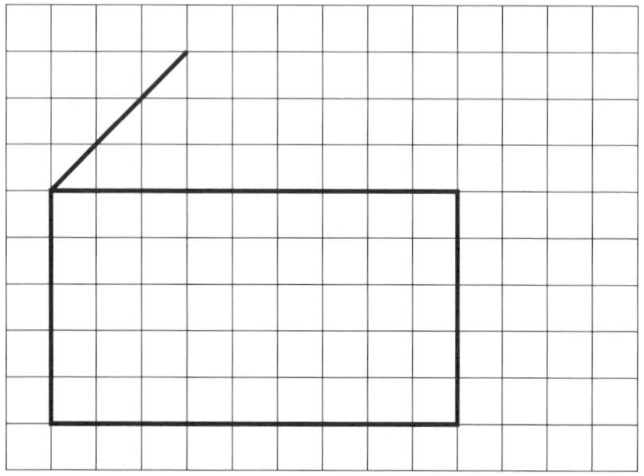

❷ 右の図で，点Aをもとにすると，点Bの位《い》置《ち》は，(横1m，たて3m)と表すことができます。同じように，点Aをもとにして，点Cの位置を表しましょう。【25点】

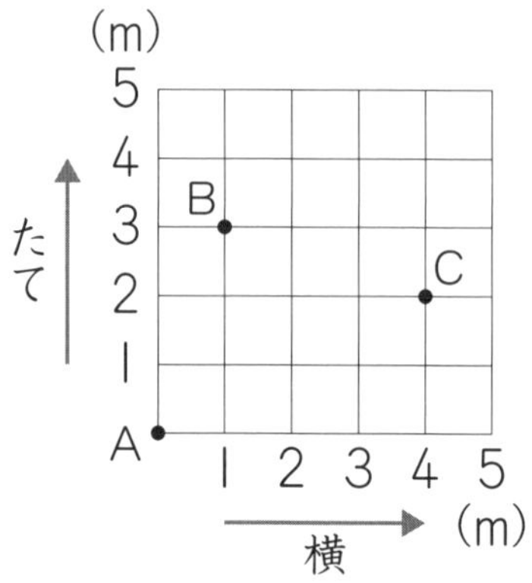

(　　　　　　　　)

❸ 次の直方体で，頂点《ちょうてん》Eをもとにすると，頂点Bの位置は，(横7cm，たて0cm，高さ4cm)と表すことができます。同じように，頂点Eをもとにして，頂点C，頂点Hの位置を表しましょう。1つ25点【50点】

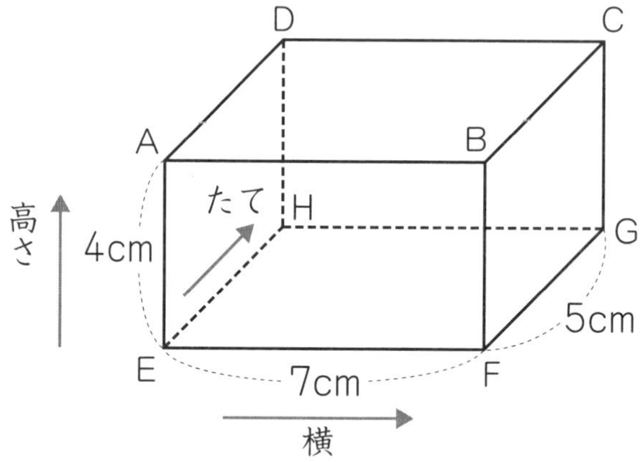

頂点C

(　　　　　　　　)

頂点H

(　　　　　　　　)

45 まとめのテスト❶

目ひょう時間 20分

学習した日　　月　　日	とく点	4045
名前	／100点	解説→305ページ

らくらくマルつけ

❶ 次の数を数字で書きましょう。 1つ12点【24点】

(1) 1億《おく》を3こ，100万を7こ，10万を2こ合わせた数

（　　　　　　　　　　）

(2) 9兆《ちょう》を100でわった数

（　　　　　　　　　　）

❷ 次の折《お》れ線グラフは，8月1日から10日までの図書館の利《り》用者数《ようしゃすう》を表したものです。利用者数がいちばん多い日の利用者数は何人ですか。 【16点】

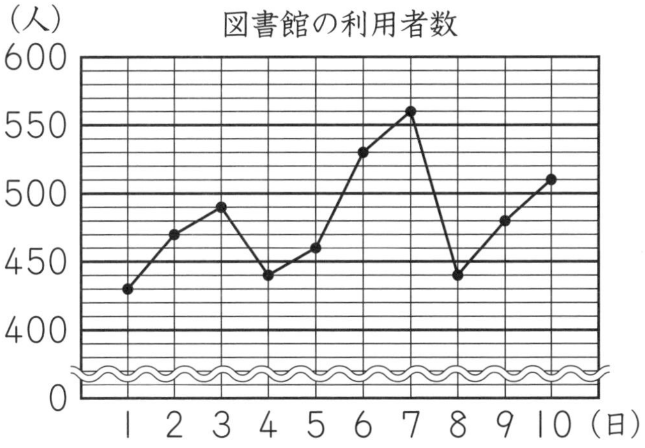

（　　　　　）

❸ 次の計算を，筆算でしましょう。 1つ12点【36点】

(1) 76÷4　(2) 854÷3　(3) 603÷9

❹ 次のあ，いの角の大きさを求《もと》めましょう。 1つ12点【24点】

(1)

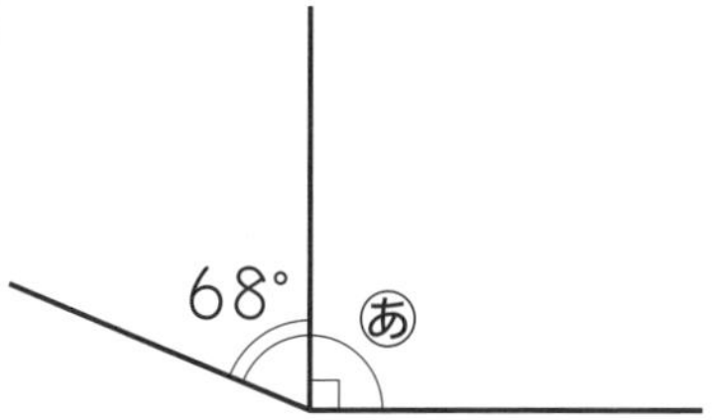

(2)

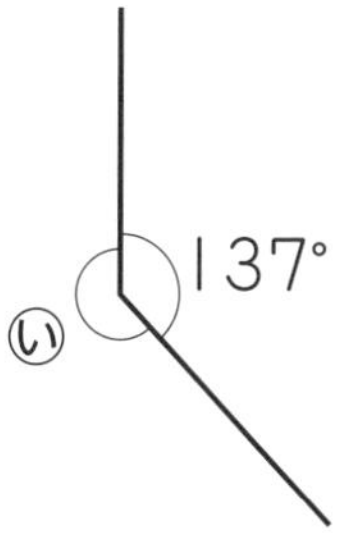

（　　　　）　（　　　　）

45 まとめのテスト❶

目ひょう時間 20分

学習した日　　月　　日

名前

とく点　　／100点

4045 解説→305ページ

らくらくマルつけ

❶ **次の数を数字で書きましょう。** 1つ12点【24点】

(1) 1億《おく》を3こ，100万を7こ，10万を2こ合わせた数

（　　　　　　　　）

(2) 9兆《ちょう》を100でわった数

（　　　　　　　　）

❷ **次の折《お》れ線グラフは，8月1日から10日までの図書館の利用者数《りようしゃすう》を表したものです。利用者数がいちばん多い日の利用者数は何人ですか。** 【16点】

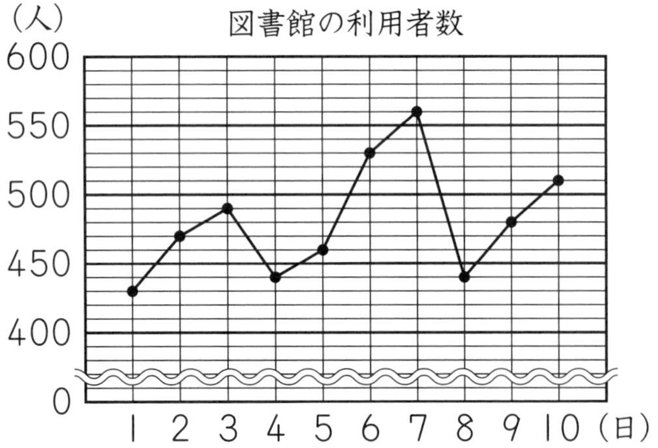

（　　　　　　）

❸ **次の計算を，筆算でしましょう。** 1つ12点【36点】

(1) 76÷4　　(2) 854÷3　　(3) 603÷9

❹ **次のあ，いの角の大きさを求《もと》めましょう。** 1つ12点【24点】

(1)

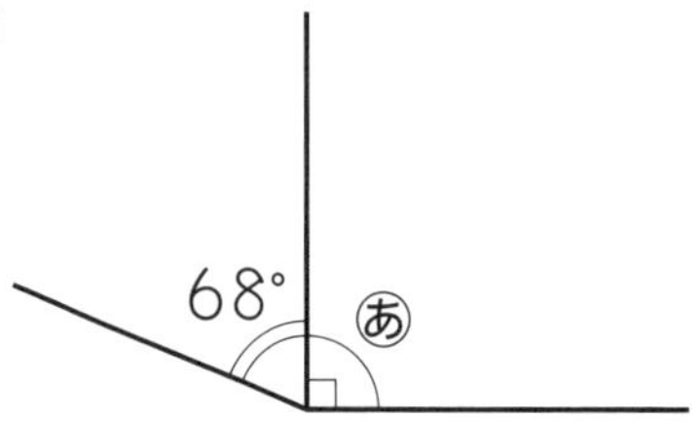

(2)

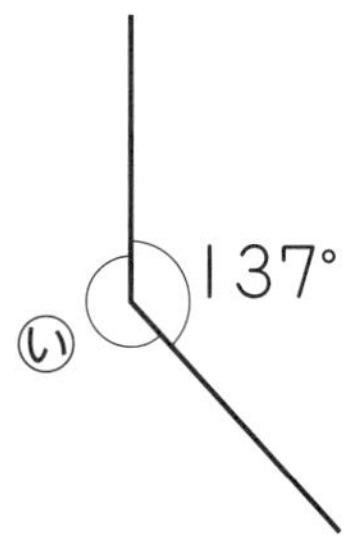

（　　　　　）　（　　　　　）

46 まとめのテスト❷

目ひょう時間 20分

学習した日　　月　　日

名前

とく点　　／100点

らくらくマルつけ

4046
解説→306ページ

❶ 右の図で，㋐の直線と㋑の直線は平行です。㋐，㋑の角の大きさは，それぞれ何度ですか。

1つ5点【10点】

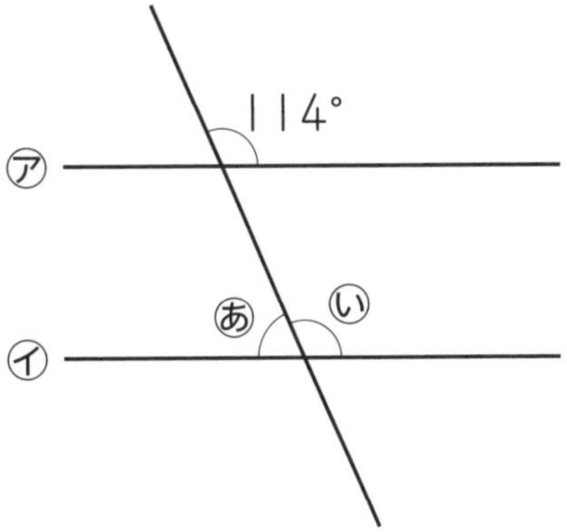

あ(　　　　　)

い(　　　　　)

❷ 次の計算を，筆算でしましょう。　1つ10点【40点】

(1) 6.27＋1.85

(2) 5.9＋4.36

(3) 9.64－2.73

(4) 4.5－0.68

❸ 次の計算を，筆算でしましょう。商《しょう》は整数で求《もと》め，わり切れないときは，あまりも出しましょう。　1つ10点【30点】

(1) 81÷27

(2) 406÷93

(3) 930÷15

❹ 白のペンキが60dL，緑のペンキが15dLあります。次の問いに答えましょう。　1つ10点【20点】

(1) 白のペンキの量《りょう》は，緑のペンキの量の何倍ですか。

(　　　　　)

(2) 白のペンキの量は，青のペンキの量の5倍です。青のペンキは何dLありますか。

(　　　　　)

46 まとめのテスト❷

目ひょう時間 20分

学習した日　月　日

名前

とく点　／100点

らくらくマルつけ

4046

解説→306ページ

❶ 右の図で，㋐の直線と㋑の直線は平行です。㋐，㋑の角の大きさは，それぞれ何度ですか。

1つ5点【10点】

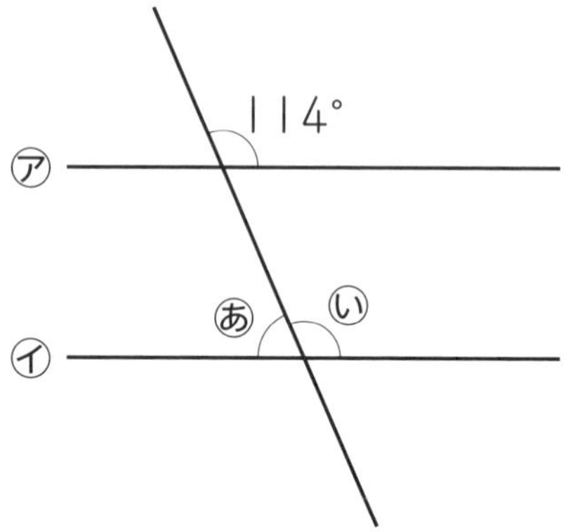

あ(　　　　　)

い(　　　　　)

❷ 次の計算を，筆算でしましょう。　1つ10点【40点】

(1) 6.27＋1.85　(2) 5.9＋4.36

(3) 9.64−2.73　(4) 4.5−0.68

❸ 次の計算を，筆算でしましょう。商《しょう》は整数で求《もと》め，わり切れないときは，あまりも出しましょう。　1つ10点【30点】

(1) 81÷27　(2) 406÷93　(3) 930÷15

❹ 白のペンキが60dL，緑のペンキが15dLあります。次の問いに答えましょう。　1つ10点【20点】

(1) 白のペンキの量《りょう》は，緑のペンキの量の何倍ですか。

(　　　　　)

(2) 白のペンキの量は，青のペンキの量の5倍です。青のペンキは何dLありますか。

(　　　　　)

47 まとめのテスト③

目ひょう時間 20分

学習した日　月　日

名前

とく点　／100点

らくらくマルつけ

4047

解説→306ページ

❶ 四捨五入《ししゃごにゅう》して，千の位《くらい》までのがい数にすると，7000になる整数のはんいは，いくつ以上《いじょう》いくつ未満《みまん》ですか。

【10点】

（　　　　　　　　　　）

❷ 次の問いに答えましょう。　【40点】

(1) 150gの箱に，60gのチョコレートを3こ入れました。全体の重さは何gですか。1つの式に表して，答えを求《もと》めましょう。　（全部できて20点）

（式）

答え（　　　　　　）

(2) 248ページある本を，昨日《きのう》35ページ，今日17ページ読みました。残《のこ》りは何ページですか。1つの式に表して，答えを求めましょう。　（全部できて20点）

（式）

答え（　　　　　　）

❸ 右の図形の面積《めんせき》は何cm^2ですか。

【全部できて20点】

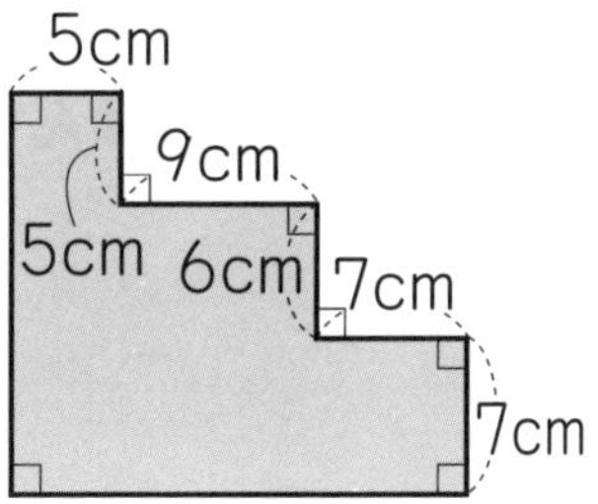

（式）

答え（　　　　　　）

❹ 次の筆算を，わり切れるまでしましょう。　1つ10点【30点】

(1) 8)3

(2) 25)40.5

(3) 32)91.2

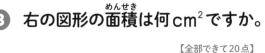

47 まとめのテスト❸

目ひょう時間 20分

学習した日　月　日

名前

とく点　／100点

4047
解説→306ページ

らくらくマルつけ

❶ 四捨五入《ししゃごにゅう》して，千の位《くらい》までのがい数にすると，7000になる整数のはんいは，いくつ以上《いじょう》いくつ未満《みまん》ですか。

【10点】

(　　　　　　　　　　)

❷ 次の問いに答えましょう。　【40点】

(1) 150gの箱に，60gのチョコレートを3こ入れました。全体の重さは何gですか。1つの式に表して，答えを求《もと》めましょう。　(全部できて20点)

(式)

答え(　　　　　　)

(2) 248ページある本を，昨日《きのう》35ページ，今日17ページ読みました。残《のこ》りは何ページですか。1つの式に表して，答えを求めましょう。　(全部できて20点)

(式)

答え(　　　　　　)

❸ 右の図形の面積《めんせき》は何cm^2ですか。

【全部できて20点】

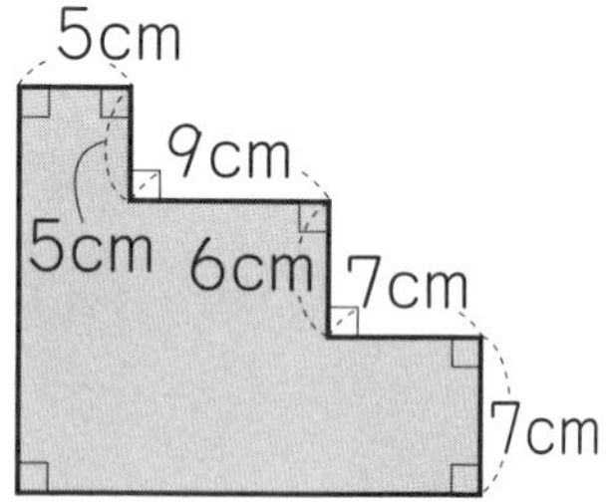

(式)

答え(　　　　　　)

❹ 次の筆算を，わり切れるまでしましょう。　1つ10点【30点】

(1) 8)3

(2) 25)40.5

(3) 32)91.2

まとめのテスト④

目ひょう時間 20分

学習した日　　月　　日

名前

とく点　　／100点

4048 解説→306ページ

らくらくマルつけ

❶ 次の計算をしましょう。 1つ5点【30点】

(1) $\frac{4}{9}+\frac{7}{9}=$

(2) $1\frac{2}{7}+\frac{3}{7}=$

(3) $2\frac{3}{5}+1\frac{4}{5}=$

(4) $\frac{1}{6}+3\frac{5}{6}=$

(5) $1\frac{7}{8}+1\frac{2}{8}=$

(6) $2\frac{3}{4}+3\frac{1}{4}=$

❷ 次の計算をしましょう。 1つ5点【30点】

(1) $\frac{12}{6}-\frac{5}{6}=$

(2) $4\frac{6}{8}-2\frac{3}{8}=$

(3) $3\frac{2}{5}-2\frac{4}{5}=$

(4) $1\frac{5}{9}-\frac{7}{9}=$

(5) $3-1\frac{3}{4}=$

(6) $4\frac{1}{7}-\frac{2}{7}=$

❸ 同じ長さのぼうを使って，正三角形を横にならべた形をつくっていきます。次の問いに答えましょう。 【25点】

(1) 正三角形の数とぼうの数を，次の表にまとめましょう。

1つ3点(15点)

正三角形の数（こ）	1	2	3	4	5	…
ぼうの数（本）						…

(2) 正三角形の数が1こずつふえると，ぼうの数はどのように変《か》わりますか。 (10点)

(　　　　　　　　　　)

❹ 右の直方体で，辺《へん》ADと平行な面をすべて選《えら》び，記号で書きましょう。 【15点】

(　　　　　　　　　　)

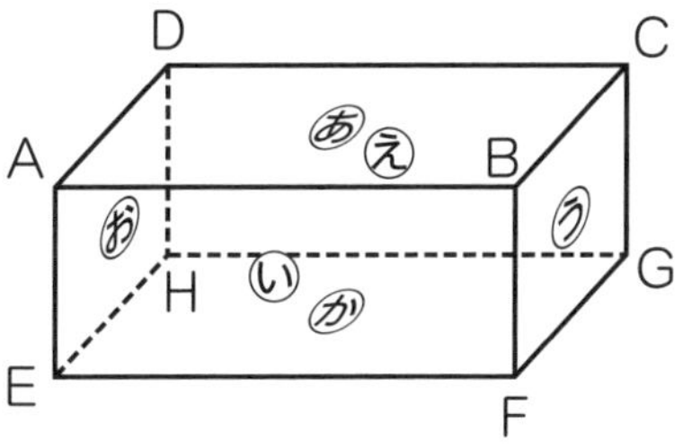

48 まとめのテスト④

目ひょう時間 20分

学習した日　　月　　日	とく点
名前	/100点

らくらくマルつけ

4048
解説→306ページ

❶ 次の計算をしましょう。 1つ5点【30点】

(1) $\frac{4}{9}+\frac{7}{9}=$

(2) $1\frac{2}{7}+\frac{3}{7}=$

(3) $2\frac{3}{5}+1\frac{4}{5}=$

(4) $\frac{1}{6}+3\frac{5}{6}=$

(5) $1\frac{7}{8}+1\frac{2}{8}=$

(6) $2\frac{3}{4}+3\frac{1}{4}=$

❷ 次の計算をしましょう。 1つ5点【30点】

(1) $\frac{12}{6}-\frac{5}{6}=$

(2) $4\frac{6}{8}-2\frac{3}{8}=$

(3) $3\frac{2}{5}-2\frac{4}{5}=$

(4) $1\frac{5}{9}-\frac{7}{9}=$

(5) $3-1\frac{3}{4}=$

(6) $4\frac{1}{7}-\frac{2}{7}=$

❸ 同じ長さのぼうを使って，正三角形を横にならべた形をつくっていきます。次の問いに答えましょう。 【25点】

(1) 正三角形の数とぼうの数を，次の表にまとめましょう。

1つ3点(15点)

正三角形の数（こ）	1	2	3	4	5	…
ぼうの数（本）						…

(2) 正三角形の数が1こずつふえると，ぼうの数はどのように変《か》わりますか。 (10点)

(　　　　　　　　　　)

❹ 右の直方体で，辺《へん》ADと平行な面をすべて選《えら》び，記号で書きましょう。 【15点】

(　　　　　　　　　　)

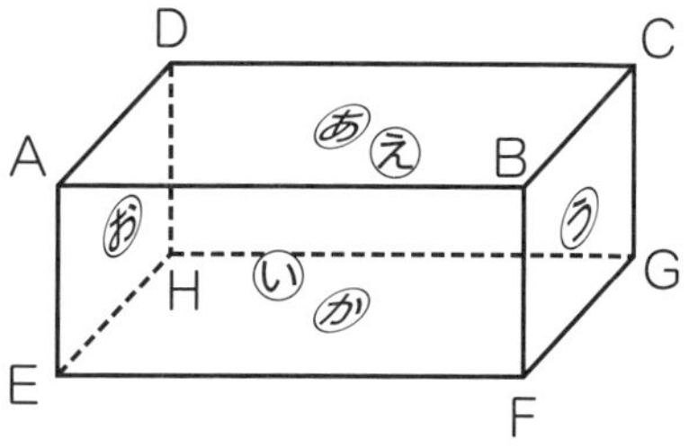

1 アルファベット

目ひょう時間 20分

学習した日　月　日	とく点	らくらくマルつけ
名前	／100点	4049

解説→307ページ

❶ 音声を聞いて，読まれたアルファベットと合っていれば○，ちがっていれば×を書きましょう。　1つ5点【20点】

英語音声はこちらから！ ♪4-01

(1) G　(　　)　(2) Y　(　　)

(3) h　(　　)　(4) z　(　　)

❷ 音声を聞いて，読まれたアルファベットの順《じゅん》に，記号で書きましょう。　それぞれ全部できて1つ6点【24点】

(1) ア C　イ T　ウ S
(　→　→　)

(2) ア A　イ X　ウ W
(　→　→　)

(3) ア i　イ f　ウ k
(　→　→　)

(4) ア b　イ d　ウ v
(　→　→　)

❸ 音声を聞いて，読まれたアルファベットを○で囲《かこ》みましょう。　1つ8点【32点】

(1) F　E　(2) M　N

(3) g　j　(4) p　q

❹ 音声を聞いて，読まれたアルファベットの大文字と小文字を線で結《むす》びましょう。　1つ8点【24点】

(1) R ・　・ e

(2) E ・　・ l

(3) L ・　・ r

＼もう1回チャレンジ!!／

1 アルファベット

目ひょう時間 20分

学習した日　　月　　日

名前

とく点　　／100点

4049
解説→307ページ

らくらくマルつけ

❶ 音声を聞いて，読まれたアルファベットと合っていれば○，ちがっていれば×を書きましょう。　1つ5点【20点】

英語音声はこちらから！
♪4-01

(1) G　(　　)　(2) Y　(　　)

(3) h　(　　)　(4) z　(　　)

❷ 音声を聞いて，読まれたアルファベットの順《じゅん》に，記号で書きましょう。　それぞれ全部できて1つ6点【24点】

(1) ア C　イ T　ウ S
(　　→　　→　　)

(2) ア A　イ X　ウ W
(　　→　　→　　)

(3) ア i　イ f　ウ k
(　　→　　→　　)

(4) ア b　イ d　ウ v
(　　→　　→　　)

❸ 音声を聞いて，読まれたアルファベットを○で囲《かこ》みましょう。　1つ8点【32点】

(1) F　E
(2) M　N
(3) g　j
(4) p　q

❹ 音声を聞いて，読まれたアルファベットの大文字と小文字を線で結《むす》びましょう。　1つ8点【24点】

(1) R ・　・ e
(2) E ・　・ l
(3) L ・　・ r

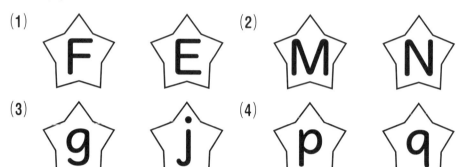

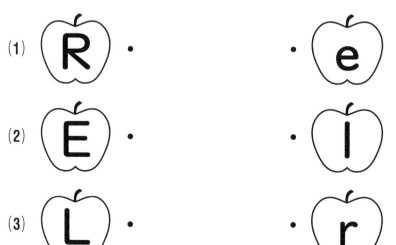

らくらくマルつけ

2 天気をたずねよう

目ひょう時間 20分

学習した日　　月　　日

名前

とく点　　／100点

4050
解説→307ページ

英語

1 音声を聞いて，読まれた英語《えいご》が絵と合っていれば○，ちがっていれば×を書きましょう。　1つ10点【20点】

英語音声はこちらから！
♪4-02

(1)

（　　　）

(2)

（　　　）

2 音声を聞いて，読まれた英語と合う絵を次から選《えら》び，記号で書きましょう。　1つ10点【20点】

(1)（　　　）

ア

イ

ウ

(2)（　　　）

ア

イ

ウ

3 音声を聞いて，絵と合う英語を選び，記号を○で囲《かこ》みましょう。　1つ15点【30点】

(1)

【　ア　イ　ウ　】

(2)

【　ア　イ　ウ　】

4 音声を聞いて，英語をなぞって書きましょう。　1つ15点【30点】

How is the weather?（天気はどうですか）

It's sunny .（晴れです）

Let's play baseball.

（野球をしましょう）

2 天気をたずねよう

目ひょう時間 20分

学習した日　月　日

名前

とく点　／100点

らくらくマルつけ

4050
解説→307ページ

1 音声を聞いて，読まれた英語《えいご》が絵と合っていれば○，ちがっていれば×を書きましょう。　1つ10点【20点】

英語音声はこちらから！
♪4-02

(1)

(　　　)

(2)

(　　　)

2 音声を聞いて，読まれた英語と合う絵を次から選《えら》び，記号で書きましょう。　1つ10点【20点】

(1)　(　　　)

ア

イ

ウ

(2)　(　　　)

ア

イ

ウ

3 音声を聞いて，絵と合う英語を選び，記号を○で囲《かこ》みましょう。　1つ15点【30点】

(1)

【　ア　イ　ウ　】

(2)

【　ア　イ　ウ　】

4 音声を聞いて，英語をなぞって書きましょう。　1つ15点【30点】

How is the weather?（天気はどうですか）

It’s sunny .（晴れです）

Let’s play baseball.

（野球をしましょう）

3 曜日をたずねよう

目ひょう時間 20分

学習した日　月　日	とく点
名前	／100点

らくらくマルつけ
4051
解説→307ページ

1 音声を聞いて，読まれた英語《えいご》と合う絵を次からそれぞれ選《えら》び，記号で書きましょう。　1つ6点【12点】

英語音声はこちらから！
♪4-03

(1)（　　　）(2)（　　　）

ア
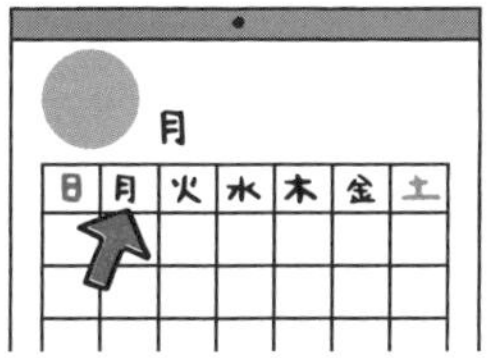

イ
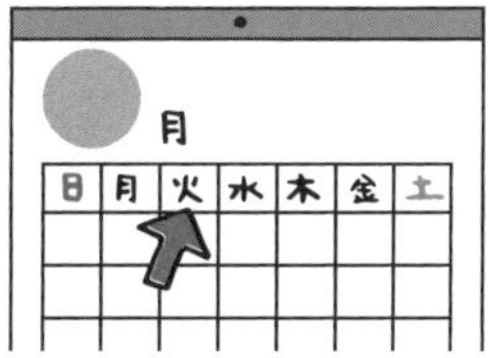

ウ
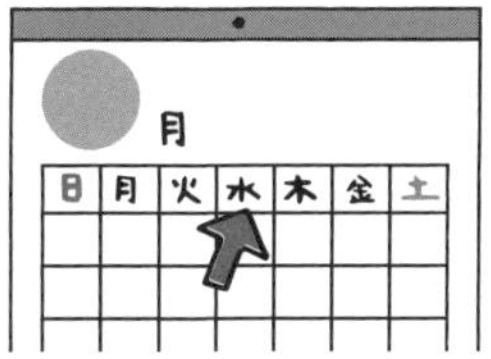

エ
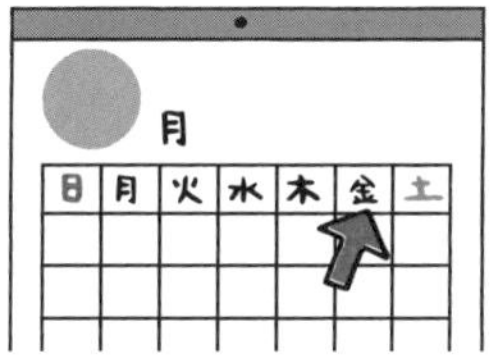

2 音声を聞いて，読まれた英語を表す曜日になるように，（　）に日本語を書きましょう。　1つ8点【24点】

(1)（　　　）曜日

(2)（　　　）曜日

(3)（　　　）曜日

3 音声を聞いて，英語をなぞって書きましょう。また，それぞれの英語が表す絵と線で結《むす》びましょう。　それぞれ全部できて1つ14点【28点】

(1) It's Saturday.・　・

(2) It's Tuesday.・　・

4 音声を聞いて，絵と合う英語を選び，記号を○で囲《かこ》みましょう。　1つ18点【36点】

(1)

【 ア　イ　ウ 】

(2)

【 ア　イ　ウ 】

3 曜日をたずねよう

目ひょう時間 20分

学習した日　月　日

名前

とく点　／100点

らくらくマルつけ

4051
解説→307ページ

1 音声を聞いて，読まれた英語《えいご》と合う絵を次からそれぞれ選《えら》び，記号で書きましょう。　1つ6点【12点】

英語音声はこちらから！
♪4-03

(1)（　　　）(2)（　　　）

ア
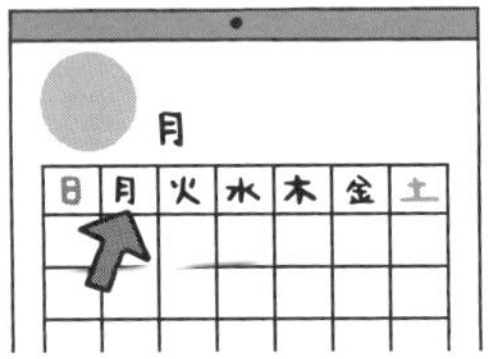

イ
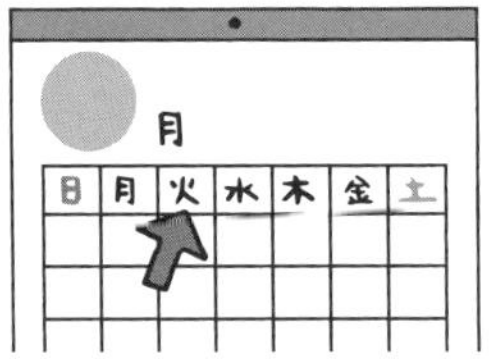

ウ
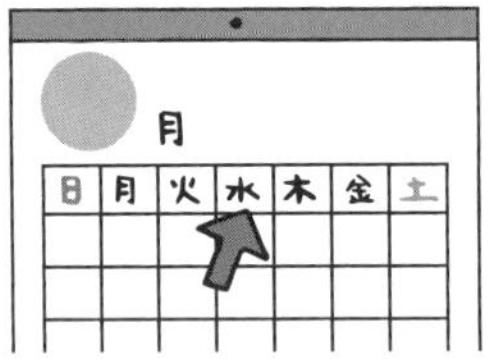

エ
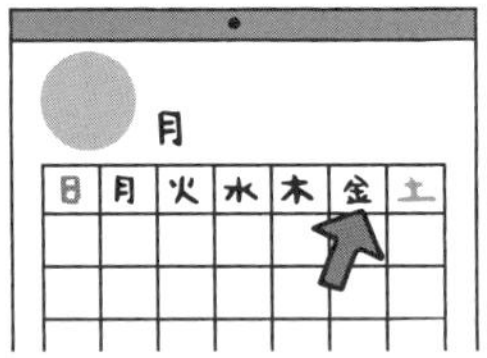

2 音声を聞いて，読まれた英語を表す曜日になるように，（　）に日本語を書きましょう。　1つ8点【24点】

(1)（　　　）曜日

(2)（　　　）曜日

(3)（　　　）曜日

3 音声を聞いて，英語をなぞって書きましょう。また，それぞれの英語が表す絵と線で結《むす》びましょう。

それぞれ全部できて1つ14点【28点】

(1) It's Saturday .・　・

(2) It's Tuesday .・　・

4 音声を聞いて，絵と合う英語を選び，記号を○で囲《かこ》みましょう。　1つ18点【36点】

(1)

【 ア　イ　ウ 】

(2)

【 ア　イ　ウ 】

らくらくマルつけ

4 時こくをたずねよう

目ひょう時間 20分

学習した日　　月　　日

名前

とく点　　／100点

4052
解説→308ページ

英語

1 音声を聞いて，読まれた英語《えいご》が絵と合っていれば○，ちがっていれば×を書きましょう。　1つ10点【20点】

英語音声はこちらから！
♪4-04

(1)

(　　　)

(2)

(　　　)

2 音声を聞いて，読まれた英語と合う絵を選《えら》び，記号で書きましょう。　1つ15点【30点】

(1) (　　　)

ア

イ

ウ

(2) (　　　)

ア

イ

ウ

3 音声を聞いて，次の日本語と合う英語を選び，記号を○で囲《かこ》みましょう。　1つ16点【32点】

(1) 何時ですか。　【 ア　イ　ウ 】

(2) 5 時 20 分です。　【 ア　イ　ウ 】

4 音声を聞いて，読まれた英語と合う時こくとして正しいものをあとから選び，記号で書きましょう。　【18点】

(　　　)

ア

イ

ウ

＼もう1回チャレンジ!!／

4 時こくをたずねよう

目ひょう時間 20分

学習した日　　月　　日

名前

とく点

／100点

らくらくマルつけ

4052

解説→308ページ

1 音声を聞いて，読まれた英語《えいご》が絵と合っていれば○，ちがっていれば×を書きましょう。　1つ10点【20点】

英語音声はこちらから！
♪4-04

(1)

(　　　)

(2)

(　　　)

2 音声を聞いて，読まれた英語と合う絵を選《えら》び，記号で書きましょう。　1つ15点【30点】

(1) (　　　)

ア

イ

ウ

(2) (　　　)

ア

イ

ウ

3 音声を聞いて，次の日本語と合う英語を選び，記号を○で囲《かこ》みましょう。　1つ16点【32点】

(1) 何時ですか。　【 ア　イ　ウ 】

(2) 5時20分です。　【 ア　イ　ウ 】

4 音声を聞いて，読まれた英語と合う時こくとして正しいものをあとから選び，記号で書きましょう。　【18点】

(　　　)

ア

イ

ウ

5 持っているものをたずねよう

目ひょう時間 20分

学習した日　月　日

名前

とく点　／100点

らくらくマルつけ

4053

解説→308ページ

1 音声を聞いて，絵と合う英語《えいご》を選《えら》び，記号を○で囲《かこ》みましょう。　1つ5点【10点】

英語音声はこちらから！

♪4-05

(1)

【 ア　イ　ウ 】

(2)

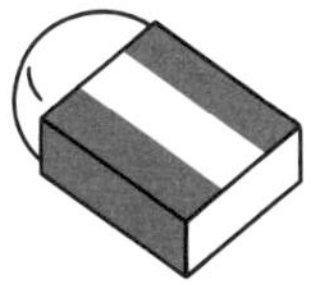

【 ア　イ　ウ 】

2 音声を聞いて，読まれた英語と合う絵をあとからそれぞれ選び，記号で書きましょう。また，その英語をなぞって書きましょう。　それぞれ全部できて1つ10点【20点】

(1) (　　　)　marker

(2) (　　　)　scissors

ア

イ

ウ

3 音声を聞いて，内ようと合うものを（　　）内の日本語から選び，○で囲みましょう。　1つ10点【30点】

(1) トムは（　マーカー　　ホチキス　）をほしがっている。

(2) メイは（　のり　　ノート　）を持っていない。

(3) トムは（　ペン　　マーカー　）を持っている。

4 音声を聞いて，メグとリクが持っているものと持っていないものをあとからそれぞれ選び，記号で書きましょう。　1つ10点【40点】

(1) メグ

① 持っているもの　(　　　)

② 持っていないもの　(　　　)

(2) リク

① 持っているもの　(　　　)

② 持っていないもの　(　　　)

ア　はさみ　　イ　えんぴつ　　ウ　のり　　エ　筆箱

5 持っているものをたずねよう

目ひょう時間 20分

学習した日　　月　　日

名前

とく点　　／100点

4053
解説→308ページ

らくらくマルつけ

❶ 音声を聞いて，絵と合う英語《えいご》を選《えら》び，記号を○で囲《かこ》みましょう。 1つ5点【10点】

英語音声はこちらから！
♪4-05

(1)

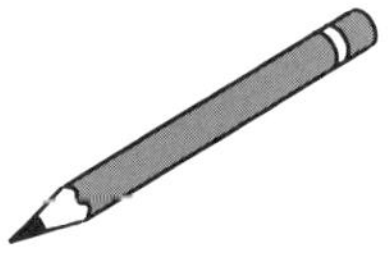

【 ア　イ　ウ 】

(2)

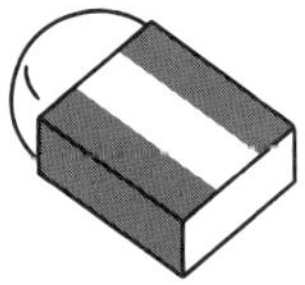

【 ア　イ　ウ 】

❷ 音声を聞いて，読まれた英語と合う絵をあとからそれぞれ選び，記号で書きましょう。また，その英語をなぞって書きましょう。 それぞれ全部できて1つ10点【20点】

(1) (　　　)　marker

(2) (　　　)　scissors

ア

イ

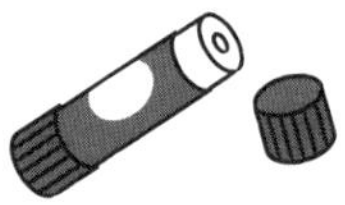

ウ

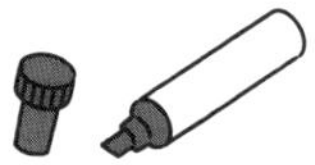

❸ 音声を聞いて，内ようと合うものを（　　）内の日本語から選び，○で囲みましょう。 1つ10点【30点】

(1) トムは（　マーカー　　ホチキス　）をほしがっている。

(2) メイは（　のり　　ノート　）を持っていない。

(3) トムは（　ペン　　マーカー　）を持っている。

❹ 音声を聞いて，メグとリクが持っているものと持っていないものをあとからそれぞれ選び，記号で書きましょう。 1つ10点【40点】

(1) メグ

① 持っているもの　(　　　)

② 持っていないもの　(　　　)

(2) リク

① 持っているもの　(　　　)

② 持っていないもの　(　　　)

ア　はさみ　　イ　えんぴつ　　ウ　のり　　エ　筆箱

6 学校をしょうかいしよう

目ひょう時間 20分

✎学習した日　　月　　日
名前
とく点　　／100点
4054 解説→308ページ

1 音声を聞いて，読まれた英語《えいご》と合う絵を次からそれぞれ選《えら》び，記号で書きましょう。 1つ8点【16点】

英語音声はこちらから！ ♪4-06

(1)（　　　）(2)（　　　）

ア 

イ 

ウ 

エ 

2 音声を聞いて，読まれた英語と合う日本語を選び，記号で書きましょう。 1つ10点【20点】

(1) ア　これはトイレです。
　　イ　これはしょく員室です。　　（　　　）

(2) ア　左に曲がってください。
　　イ　右に曲がってください。　　（　　　）

3 音声を聞いて，英語をなぞって書きましょう。 1つ14点【28点】

(1) 

This is the gym .
（これは体育館です）

(2) 

Turn right .
（右に曲がってください）

4 音声を聞いて，部屋の場所をあとのア～ウからそれぞれ選び，記号で書きましょう。 1つ18点【36点】

(1)（　　　）(2)（　　　）

6 学校をしょうかいしよう

目ひょう時間 20分

学習した日　　月　　日

名前

とく点　　／100点

4054 解説→308ページ

らくらくマルつけ

❶ 音声を聞いて，読まれた英語《えいご》と合う絵を次からそれぞれ選《えら》び，記号で書きましょう。　1つ8点【16点】

英語音声はこちらから！ ♪4-06

(1)（　　　）(2)（　　　）

ア

イ

ウ

エ

❷ 音声を聞いて，読まれた英語と合う日本語を選び，記号で書きましょう。　1つ10点【20点】

(1) ア　これはトイレです。
　　イ　これはしょく員室です。　（　　　）

(2) ア　左に曲がってください。
　　イ　右に曲がってください。　（　　　）

❸ 音声を聞いて，英語をなぞって書きましょう。　1つ14点【28点】

(1)

This is the gym.
（これは体育館です）

(2)

Turn right.
（右に曲がってください）

❹ 音声を聞いて，部屋の場所をあとのア〜ウからそれぞれ選び，記号で書きましょう。　1つ18点【36点】

(1)（　　　）(2)（　　　）

7 一日にすることを伝《つた》えよう

目ひょう時間 20分

学習した日　　月　　日

名前

とく点　　／100点

4055
解説→309ページ

1 音声を聞いて，読まれた英語《えいご》と合う日本語をあとからそれぞれ選《えら》び，記号で書きましょう。また，その英語をなぞって書きましょう。　それぞれ全部できて1つ10点【20点】

英語音声はこちらから！
♪4-07

(1) (　　　)　hand

(2) (　　　)　dinner

ア　宿題　　イ　夕食　　ウ　手　　エ　昼食

2 音声を聞いて，読まれた英語が絵と合っていれば○，ちがっていれば×を書きましょう。　1つ10点【30点】

(1)

(　　　)

(2)

(　　　)

(3)

(　　　)

3 音声を聞いて，絵と合う英語を選び，記号を○で囲《かこ》みましょう。　1つ10点【20点】

(1)

【　ア　イ　ウ　】

(2)

【　ア　イ　ウ　】

4 音声を聞いて，メモの（　　）にあてはまるものをそれぞれ選び，記号で書きましょう。　1つ10点【30点】

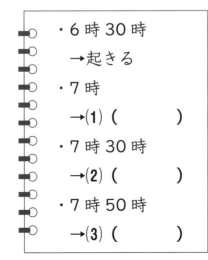

・6時30時
　→起きる
・7時
　→(1) (　　　)
・7時30時
　→(2) (　　　)
・7時50時
　→(3) (　　　)

ア　学校に行く
イ　ごみを出す
ウ　朝食を食べる
エ　歯をみがく

7 一日にすることを伝《つた》えよう

目ひょう時間 20分

学習した日　　月　　日

名前

とく点　　／100点

らくらくマルつけ

4055
解説→309ページ

❶ 音声を聞いて，読まれた英語《えいご》と合う日本語をあとからそれぞれ選《えら》び，記号で書きましょう。また，その英語をなぞって書きましょう。　それぞれ全部できて1つ10点【20点】

英語音声はこちらから！
♪4-07

(1) (　　　)　hand

(2) (　　　)　dinner

ア　宿題　　イ　夕食　　ウ　手　　エ　昼食

❷ 音声を聞いて，読まれた英語が絵と合っていれば○，ちがっていれば×を書きましょう。　1つ10点【30点】

(1)

(　　　)

(2)

(　　　)

(3)

(　　　)

❸ 音声を聞いて，絵と合う英語を選び，記号を○で囲《かこ》みましょう。　1つ10点【20点】

(1)

【 ア　イ　ウ 】

(2)

【 ア　イ　ウ 】

❹ 音声を聞いて，メモの（　　）にあてはまるものをそれぞれ選び，記号で書きましょう。　1つ10点【30点】

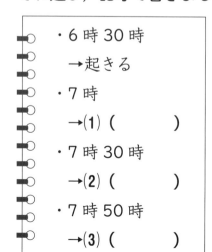

・6時30時
　→起きる
・7時
　→(1) (　　　)
・7時30時
　→(2) (　　　)
・7時50時
　→(3) (　　　)

ア　学校に行く
イ　ごみを出す
ウ　朝食を食べる
エ　歯をみがく

8 まとめのテスト

目ひょう時間 20分

学習した日　　月　　日

名前

とく点

／100点

4056
解説→309ページ

1 音声を聞いて，英語《えいご》をなぞって書きましょう。また，それぞれの英語が表す絵と線で結《むす》びましょう。

それぞれ全部できて1つ8点【24点】

英語音声はこちらから！
♪4-08

(1) pencil ・　　・ 

(2) three ・　　・ 

(3) sunny ・　　・ 

2 音声を聞いて，内ように合うものを（　　）内の日本語から選び，○で囲《かこ》みましょう。

1つ4点【16点】

(1) きょうは（　火　　木　）曜日で，天気は（　雨　　雪　）です。

(2) まっすぐ行って（　右　　左　）に曲がると（　理科室　　図工室　）があります。

3 音声を聞いて，読まれたしつ問の答えの意味を表す文を次から選《えら》び，記号で書きましょう。

1つ10点【20点】

(1) ア　9時です。　　イ　金曜日です。
ウ　くもりです。　　（　　　）

(2) ア　はい，持っています。
イ　わたしは，はさみを持っています。
ウ　わたしは，はさみがほしいです。　　（　　　）

4 音声を聞いて，読まれた英語と合うように，ボブがすることをあとからそれぞれ選び，記号で書きましょう。時こくは数字で書きましょう。

それぞれ全部できて1つ10点【40点】

すること	時こく
(1)（　　　）	6時40分
学校に行く	(2)（　　　）時（　　　）分
(3)（　　　）	4時
夕食を食べる	(4)（　　　）時（　　　）分

ア　家に帰る　　イ　顔をあらう
ウ　起きる　　エ　ごみを出す

8 まとめのテスト

目ひょう時間 20分

学習した日　　月　　日

名前

とく点　　／100点

らくらくマルつけ　4056　解説→309ページ

❶ 音声を聞いて，英語《えいご》をなぞって書きましょう。また，それぞれの英語が表す絵と線で結《むす》びましょう。

それぞれ全部できて1つ8点【24点】

英語音声はこちらから！　♪4-08

(1) pencil ・　　・ 

(2) three ・　　・ 

(3) sunny ・　　・ 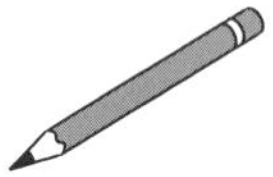

❷ 音声を聞いて，内ように合うものを（　　）内の日本語から選び，○で囲《かこ》みましょう。

1つ4点【16点】

(1) きょうは（　火　木　）曜日で，天気は（　雨　雪　）です。

(2) まっすぐ行って（　右　左　）に曲がると（　理科室　図工室　）があります。

❸ 音声を聞いて，読まれたしつ問の答えの意味を表す文を次から選《えら》び，記号で書きましょう。

1つ10点【20点】

(1) ア　9時です。　イ　金曜日です。
ウ　くもりです。　（　　　）

(2) ア　はい，持っています。
イ　わたしは，はさみを持っています。
ウ　わたしは，はさみがほしいです。　（　　　）

❹ 音声を聞いて，読まれた英語と合うように，ボブがすることをあとからそれぞれ選び，記号で書きましょう。時こくは数字で書きましょう。

それぞれ全部できて1つ10点【40点】

すること	時こく
(1)（　　　）	6時40分
学校に行く	(2)（　　　）時（　　　）分
(3)（　　　）	4時
夕食を食べる	(4)（　　　）時（　　　）分

ア　家に帰る　イ　顔をあらう
ウ　起きる　エ　ごみを出す

1 天気と気温

目ひょう時間 20分

学習した日　　月　　日

名前

とく点　　／100点

4057
解説→310ページ

らくらくマルつけ

❶ 温度計を使って空気の温度をはかります。次の問いに答えましょう。 1つ10点【50点】

(1) 空気の温度を何といいますか。　（　　　　）

(2) 次の文中の①，②について，ア，イからあてはまることばをそれぞれ選《えら》び，記号で書きましょう。

①（　　　）　②（　　　）

> 空気の温度は，①(ア　風通しのよい　　イ　風が通らない)場所で，温度計に日光が直せつ②(ア　当たる　イ　当たらない)ようにしてはかる。

(3) 空気の温度をはかるときの，地面から温度計までの高さを次から選び，記号で書きましょう。　（　　　）

ア　60cm ～ 90cm　　イ　90cm ～ 1.2m

ウ　1.2m ～ 1.5m　　エ　1.5m ～ 1.8m

(4) 温度計の目もりの読み方として正しいものを右の図のア～ウから選び，記号で書きましょう。

（　　　）

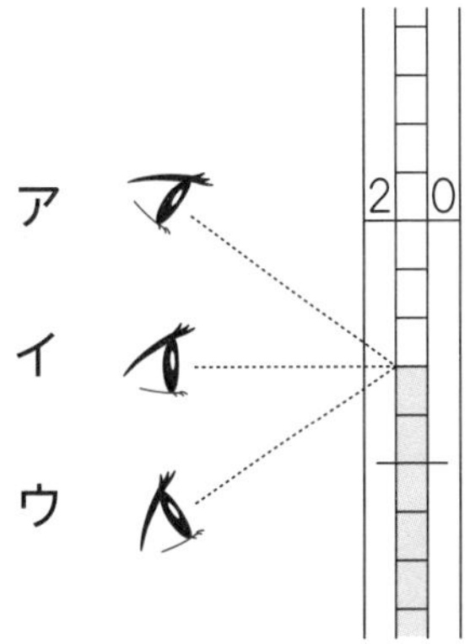

❷ 図は，晴れの日と雨の日に空気の温度を調べて，グラフに表したものです。次の問いに答えましょう。 1つ10点【50点】

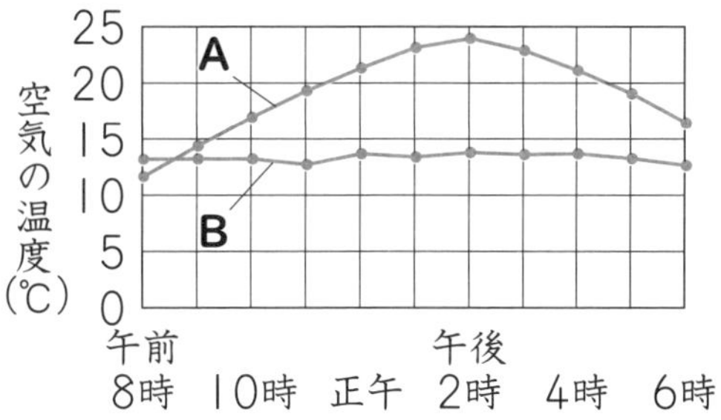

(1) 雨の日の空気の温度を表すグラフは，A，Bのどちらですか。　（　　　）

(2) 晴れの日とくらべて，雨の日は1日の空気の温度の変化《へんか》の大きさはどのようになっていますか。

（　　　　　　　　　）

(3) 晴れの日のようすについて，正しいものには○，まちがっているものには×を書きましょう。

① 日の出のころ，空気の温度が最《もっと》も低《ひく》くなることが多い。　（　　）

② 1日中，太陽が雲でさえぎられている。　（　　）

③ 1日のうちで，空気の温度が最も高くなるのは正午ごろである。　（　　）

理科

1 天気と気温

目ひょう時間 20分

学習した日　　月　　日

名前

とく点

／100点

らくらくマルつけ

4057
解説→310ページ

❶ 温度計を使って空気の温度をはかります。次の問いに答えましょう。 1つ10点【50点】

(1) 空気の温度を何といいますか。　(　　　　)

(2) 次の文中の①，②について，ア，イからあてはまることばをそれぞれ選《えら》び，記号で書きましょう。

①(　　　) ②(　　　)

> 空気の温度は，①(ア　風通しのよい　　イ　風が通らない)場所で，温度計に日光が直せつ②(ア　当たる　イ　当たらない)ようにしてはかる。

(3) 空気の温度をはかるときの，地面から温度計までの高さを次から選び，記号で書きましょう。　(　　　)

ア　60cm～90cm　　イ　90cm～1.2m

ウ　1.2m～1.5m　　エ　1.5m～1.8m

(4) 温度計の目もりの読み方として正しいものを右の図のア～ウから選び，記号で書きましょう。

(　　　)

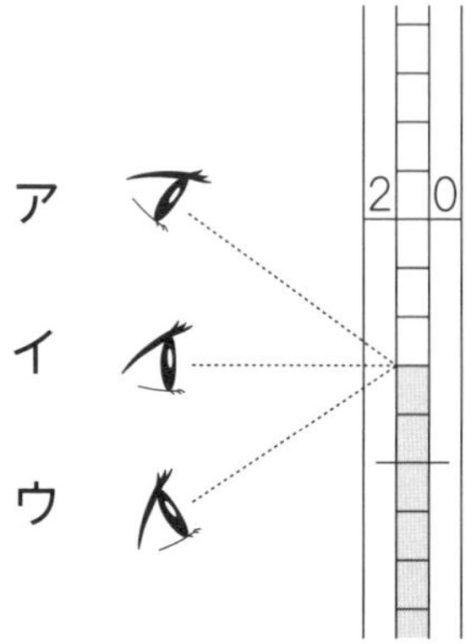

❷ 図は，晴れの日と雨の日に空気の温度を調べて，グラフに表したものです。次の問いに答えましょう。 1つ10点【50点】

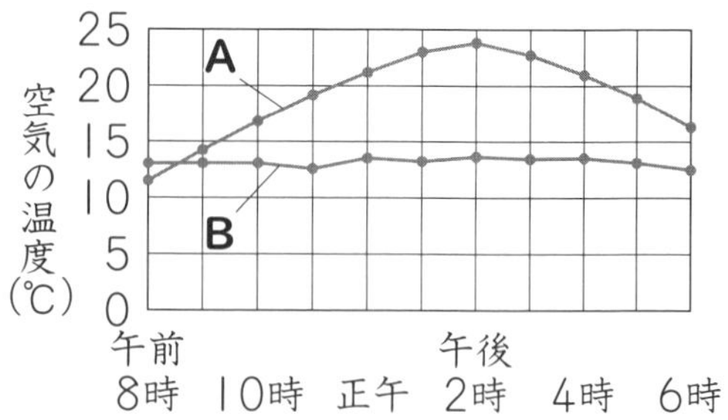

(1) 雨の日の空気の温度を表すグラフは，A，Bのどちらですか。　(　　　)

(2) 晴れの日とくらべて，雨の日は1日の空気の温度の変化《へんか》の大きさはどのようになっていますか。

(　　　　　　　　　　)

(3) 晴れの日のようすについて，正しいものには○，まちがっているものには×を書きましょう。

① 日の出のころ，空気の温度が最《もっと》も低《ひく》くなることが多い。　(　　)

② 1日中，太陽が雲でさえぎられている。　(　　)

③ 1日のうちで，空気の温度が最も高くなるのは正午ごろである。　(　　)

2 春の生きもの

目ひょう時間 20分

学習した日　月　日

名前

とく点 ／100点

4058
解説→310ページ

1 春のころの動物について，次の問いに答えましょう。

1つ10点【50点】

(1) 図は，4月ごろのツバメのようすです。何をしているようすですか。次から選《えら》び，記号で書きましょう。（　　）

ア　草を食べている。

イ　巣《す》づくりをしている。

ウ　南の国へ行くじゅんびをしている。

(2) 4月ごろ，ヒキガエルはどこで見られますか。次から選び，記号で書きましょう。（　　）

ア　土の中　　イ　水の中

ウ　木のえだの上　　エ　落ち葉や石の下

(3) 次の文中の①～③について，ア，イからあてはまることばをそれぞれ選び，記号で書きましょう。

①（　　）②（　　）③（　　）

> 4月ごろ，オオカマキリは①(ア　たまごからかえり　イ　めすがたまごをうみ)，ナナホシテントウは成虫《せいちゅう》が②(ア　土の中　イ　葉)にたまごをうみつけている。冬より，見られる動物の種類《しゅるい》や数は③(ア　ふえる　イ　へる)。

2 ツルレイシのたねをまいて育てると，芽《め》が出て，やがて図のように葉が出ました。次の問いに答えましょう。ただし，ツルレイシはヘチマやヒョウタンと同じように育ちます。

1つ10点【50点】

(1) ツルレイシのたねを次から選び，記号で書きましょう。（　　）

ア　イ　ウ　エ

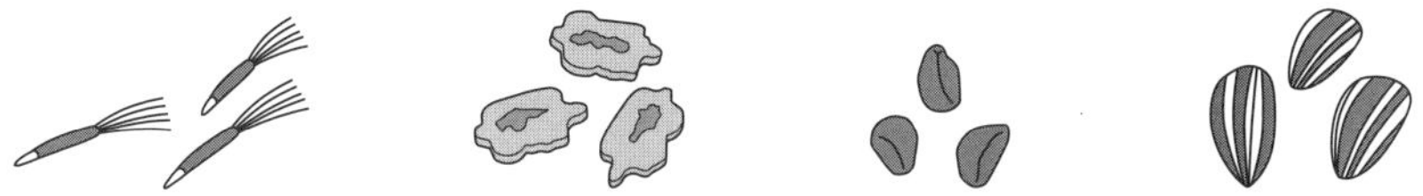

(2) 図のあと成長すると，子葉の数と子葉以外《いがい》の葉の数はどのようになりますか。

子葉の数（　　）

子葉以外の葉の数（　　）

(3) 図のあと成長すると，なえの高さはどのようになりますか。（　　）

(4) 図のあと成長して，花だんに植えかえるとき，どのようにすればよいですか。次から選び，記号で書きましょう。（　　）

ア　土ごと植えかえる。

イ　根から土をすべて落として植えかえる。

＼もう1回チャレンジ!!／

2 春の生きもの

目ひょう時間 20分

学習した日　　月　　日

名前

とく点　　／100点

4058
解説→310ページ

らくらくマルつけ

❶ 春のころの動物について，次の問いに答えましょう。

1つ10点【50点】

(1) 図は，4月ごろのツバメのようすです。何をしているようすですか。次から選《えら》び，記号で書きましょう。（　　　）

ア　草を食べている。

イ　巣《す》づくりをしている。

ウ　南の国へ行くじゅんびをしている。

(2) 4月ごろ，ヒキガエルはどこで見られますか。次から選び，記号で書きましょう。（　　　）

ア　土の中　　　イ　水の中

ウ　木のえだの上　　エ　落ち葉や石の下

(3) 次の文中の①～③について，ア，イからあてはまることばをそれぞれ選び，記号で書きましょう。

①（　　　）②（　　　）③（　　　）

> 4月ごろ，オオカマキリは①(ア　たまごからかえり　イ　めすがたまごをうみ)，ナナホシテントウは成虫《せいちゅう》が②(ア　土の中　　イ　葉)にたまごをうみつけている。冬より，見られる動物の種類《しゅるい》や数は③(ア　ふえる　　イ　へる)。

❷ ツルレイシのたねをまいて育てると，芽《め》が出て，やがて図のように葉が出ました。次の問いに答えましょう。ただし，ツルレイシはヘチマやヒョウタンと同じように育ちます。

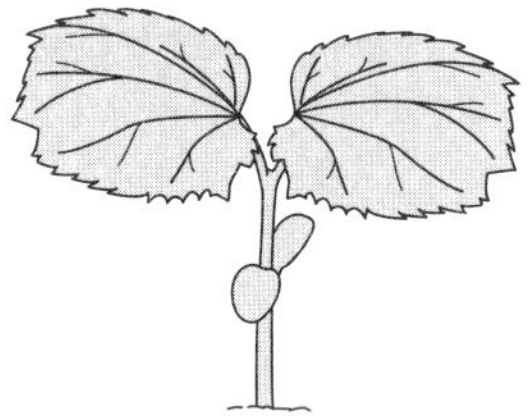

1つ10点【50点】

(1) ツルレイシのたねを次から選び，記号で書きましょう。

（　　　）

ア

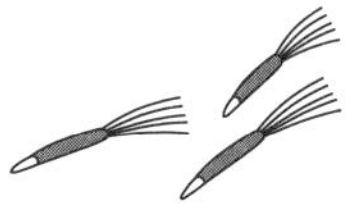

イ

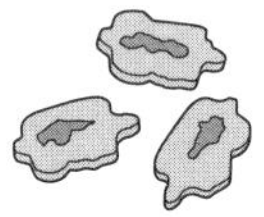

ウ

エ

(2) 図のあと成長すると，子葉の数と子葉以外《いがい》の葉の数はどのようになりますか。

子葉の数　　（　　　　　　　）

子葉以外の葉の数（　　　　　　　）

(3) 図のあと成長すると，なえの高さはどのようになりますか。（　　　　　　　）

(4) 図のあと成長して，花だんに植えかえるとき，どのようにすればよいですか。次から選び，記号で書きましょう。

（　　　）

ア　土ごと植えかえる。

イ　根から土をすべて落として植えかえる。

3 電池のはたらき①

目ひょう時間 20分

らくらくマルつけ

学習した日　月　日

名前

とく点

／100点

4059
解説→310ページ

1 **図のように，かん電池とモーターをどう線でつなぐと，モーターが矢印《やじるし》の向きに回りました。次の問いに答えましょう。** 1つ10点【40点】

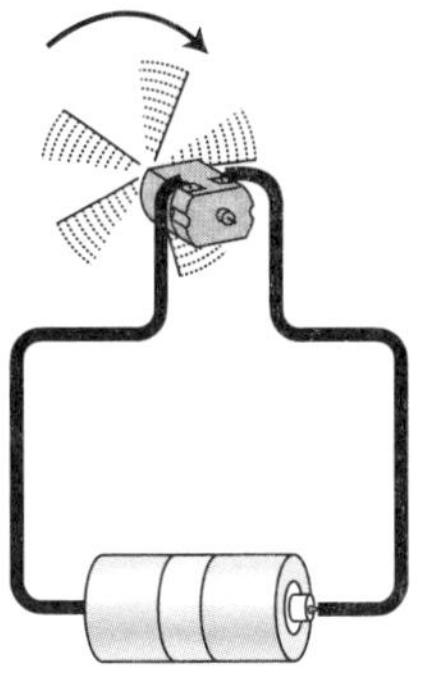

(1) 回路に流れる電気を何といいますか。

(　　　　)

(2) (1)はどのような向きに流れますか。次から選《えら》び，記号で書きましょう。 (　　)

ア　−極《マイナスきょく》から＋《プラス》極へ向かって流れる。

イ　＋極から−極へ向かって流れる。

ウ　向きは決まっていない。

(3) 次の文中の①，②について，①はア，イ，②はア〜ウからあてはまることばをそれぞれ選び，記号で書きましょう。 ①(　　) ②(　　)

かん電池の向きを図のときと反対にすると，(1)の向きは図のときと①(ア　変《か》わらず　　イ　反対になり)，モーターは②(ア　図の矢印と同じ向きに回る　イ　図の矢印と反対向きに回る　　ウ　回らなくなる)。

2 **図の道具について，次の問いに答えましょう。** 1つ10点【60点】

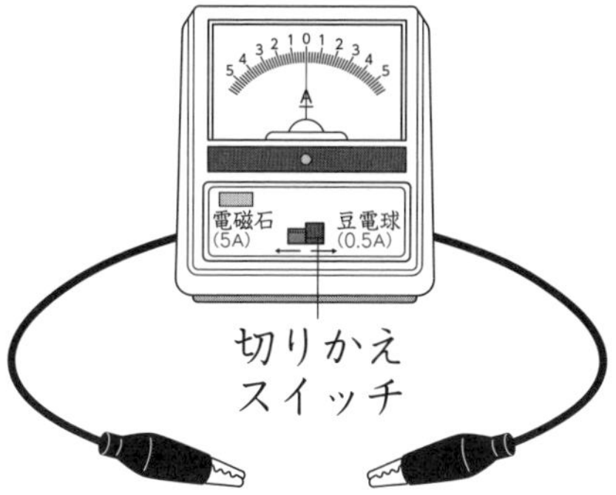

(1) 図の道具を何といいますか。

(　　　　)

(2) 次の文中の①，②について，ア，イからあてはまることばをそれぞれ選び，記号で書きましょう。

①(　　) ②(　　)

図の切りかえスイッチは，初《はじ》めに①(ア　電磁石《でんじしゃく》(5A)　イ　豆電球(0.5A))側《がわ》へ入れ，はりのふれが小さいときは②(ア　電磁石(5A)　イ　豆電球(0.5A))側へ入れる。

(3) 図の道具を使うときにしてはいけないことを次から選び，記号で書きましょう。 (　　)

ア　かん電池だけをつなぐこと。

イ　モーターだけをつなぐこと。

(4) 図の道具では何について調べることができますか。2つ書きましょう。

(　　　　)(　　　　)

3 電池のはたらき①

目ひょう時間 20分

学習した日　　月　　日

名前

とく点　　／100点

4059
解説→310ページ

らくらくマルつけ

❶ 図のように，かん電池とモーターをどう線でつなぐと，モーターが矢印《やじるし》の向きに回りました。次の問いに答えましょう。 1つ10点【40点】

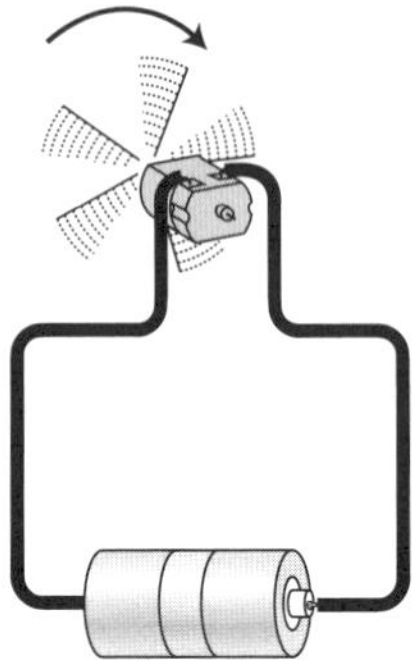

(1) 回路に流れる電気を何といいますか。

（　　　　　）

(2) (1)はどのような向きに流れますか。次から選《えら》び，記号で書きましょう。 （　　　）

ア　−極《マイナスきょく》から＋《プラス》極へ向かって流れる。

イ　＋極から−極へ向かって流れる。

ウ　向きは決まっていない。

(3) 次の文中の①，②について，①はア，イ，②はア〜ウからあてはまることばをそれぞれ選び，記号で書きましょう。 ①（　　　）②（　　　）

> かん電池の向きを図のときと反対にすると，(1)の向きは図のときと①(ア　変《か》わらず　　イ　反対になり)，モーターは②(ア　図の矢印と同じ向きに回る　イ　図の矢印と反対向きに回る　　ウ　回らなくなる)。

❷ 図の道具について，次の問いに答えましょう。 1つ10点【60点】

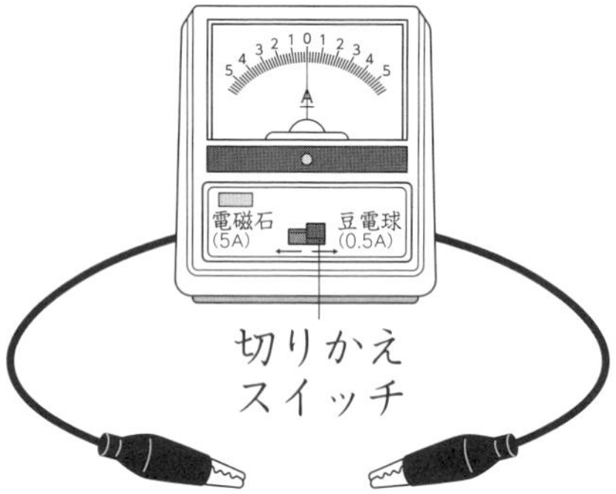

(1) 図の道具を何といいますか。

（　　　　　）

(2) 次の文中の①，②について，ア，イからあてはまることばをそれぞれ選び，記号で書きましょう。

①（　　　）②（　　　）

> 図の切りかえスイッチは，初《はじ》めに①(ア　電磁石《でんじしゃく》（5A）　イ　豆電球（0.5A））側《がわ》へ入れ，はりのふれが小さいときは②(ア　電磁石（5A）　イ　豆電球（0.5A））側へ入れる。

(3) 図の道具を使うときにしてはいけないことを次から選び，記号で書きましょう。 （　　　）

ア　かん電池だけをつなぐこと。

イ　モーターだけをつなぐこと。

(4) 図の道具では何について調べることができますか。2つ書きましょう。

（　　　　　　）（　　　　　　）

4 電池のはたらき②

目ひょう時間 20分

学習した日　　月　　日

名前

とく点　　／100点

らくらくマルつけ

4060
解説→311ページ

❶ 図1のように，かん電池2こと豆電球，スイッチをつないだ回路をつくりました。次の問いに答えましょう。 1つ10点【60点】

図1

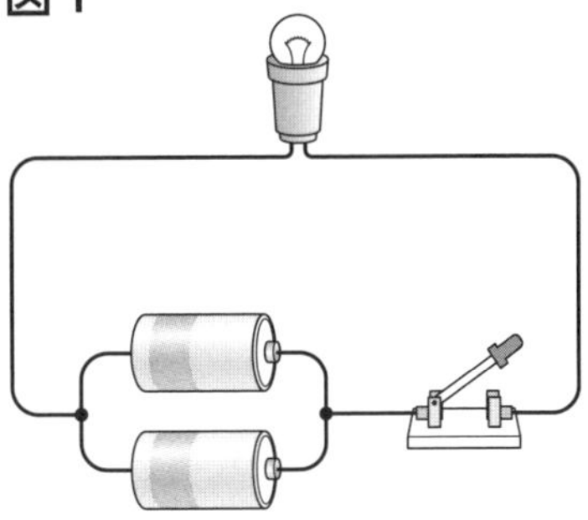

(1) 図1のようなかん電池のつなぎ方を何といいますか。

(　　　　　　　　)

(2) 図2は，図1の回路を記号で表そうとしたものです。A～Dにあてはまる記号を次のア～エからそれぞれ選《えら》び，記号で書きましょう。ただし，同じ記号を2回以上《いじょう》選んでもよいものとします。

図2

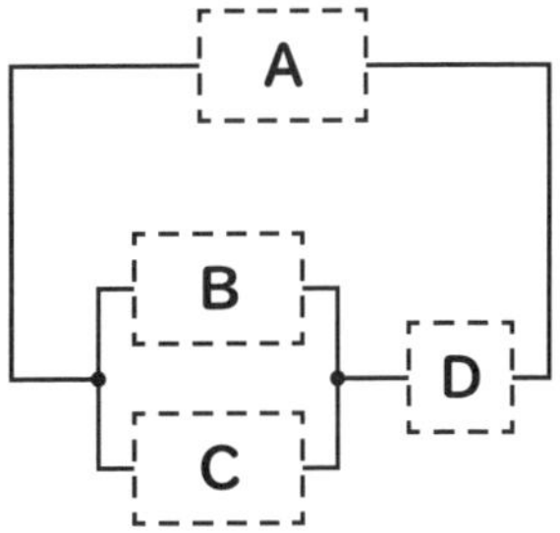

A (　　　) B (　　　)
C (　　　) D (　　　)

ア　　イ　　ウ　　エ

(3) 図の回路の豆電球の明るさは，かん電池1こをつないだ回路とくらべてどのようになりますか。

(　　　　　　　　)

❷ 図のA～Dのような回路をつくりました。あとの問いに答えましょう。 【40点】

A　　B　　C　　D

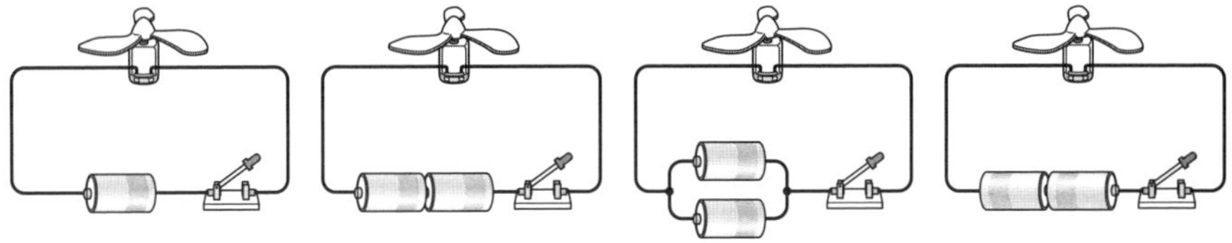

(1) Bのようなかん電池のつなぎ方を何といいますか。

(8点) (　　　　　)

(2) モーターがAよりも速く回る回路をB～Dからすべて選び，記号で書きましょう。

(全部できて8点) (　　　　　)

(3) モーターがAと同じくらいの速さで回る回路をB～Dから選び，記号で書きましょう。

(8点) (　　　)

(4) 次の文中の①にあてはまることばを書きましょう。また，②にあてはまることばをア，イから選び，記号で書きましょう。 1つ8点（16点） ① (　　　　) ② (　　　)

> かん電池2こを(　①　)つなぎにすると，かん電池1この回路とくらべて電流が②(ア　大きく　イ　小さく)なり，モーターが速く回る。

理科

4 電池のはたらき②

目ひょう時間 20分

学習した日　　月　　日

名前

とく点　　／100点

らくらくマルつけ

4060 解説→311ページ

❶ 図１のように，かん電池２ことと豆電球，スイッチをつないだ回路をつくりました。次の問いに答えましょう。 1つ10点【60点】

図１

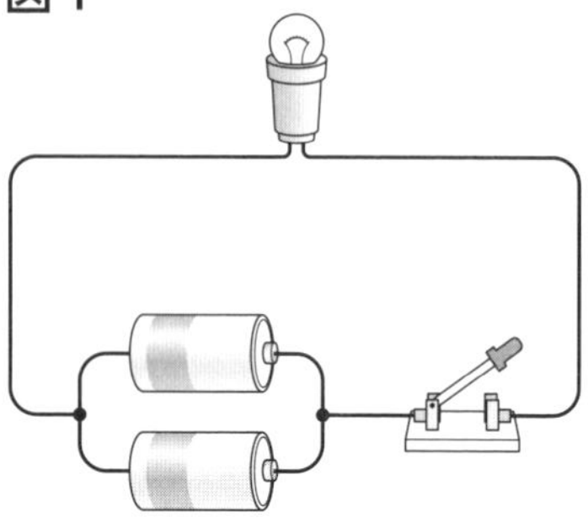

(1) 図１のようなかん電池のつなぎ方を何といいますか。

(　　　　　　　　　　)

(2) 図２は，図１の回路を記号で表そうとしたものです。**A**～**D**にあてはまる記号を次の**ア**～**エ**からそれぞれ選《えら》び，記号で書きましょう。ただし，同じ記号を２回以上《いじょう》選んでもよいものとします。

図２

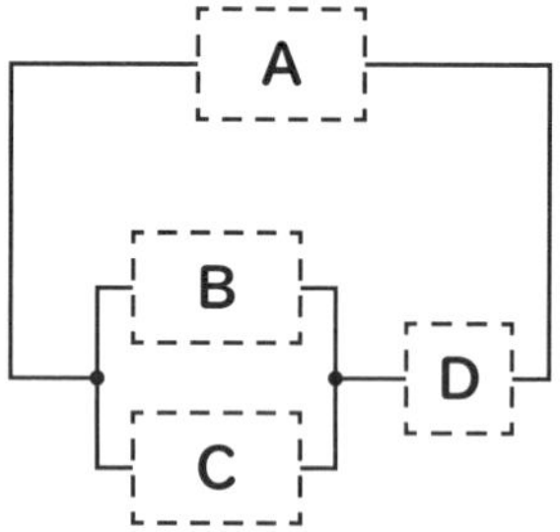

A (　　　) **B** (　　　)
C (　　　) **D** (　　　)

ア　　イ　　ウ　　エ

(3) 図の回路の豆電球の明るさは，かん電池１こをつないだ回路とくらべてどのようになりますか。

(　　　　　　　　　　)

❷ 図のA～Dのような回路をつくりました。あとの問いに答えましょう。 【40点】

A　　B　　C　　D

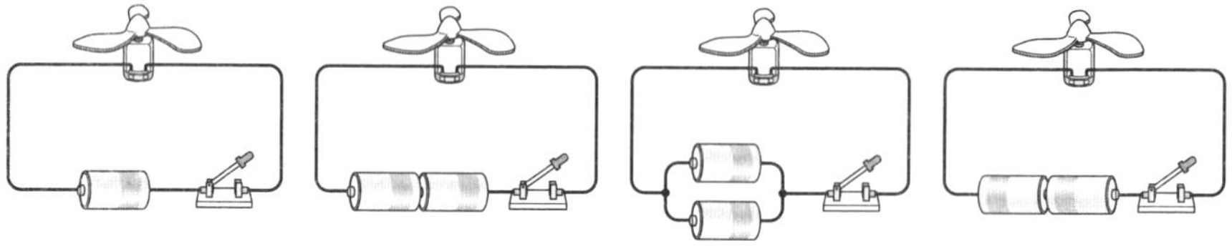

(1) **B**のようなかん電池のつなぎ方を何といいますか。

(8点) (　　　　　　)

(2) モーターが**A**よりも速く回る回路を**B**～**D**からすべて選び，記号で書きましょう。

(全部できて8点) (　　　　　)

(3) モーターが**A**と同じくらいの速さで回る回路を**B**～**D**から選び，記号で書きましょう。

(8点) (　　　)

(4) 次の文中の①にあてはまることばを書きましょう。また，②にあてはまることばを**ア**，**イ**から選び，記号で書きましょう。　1つ8点（16点）① (　　　　　) ② (　　　)

かん電池２こを(　①　)つなぎにすると，かん電池１この回路とくらべて電流が②(**ア**　大きく　**イ**　小さく)なり，モーターが速く回る。

5 とじこめた空気や水

目ひょう時間 20分

学習した日　　月　　日

名前

とく点　　／100点

4061
解説→311ページ

1 **図のような空気でっぽうをつくりました。次の問いに答えましょう。**

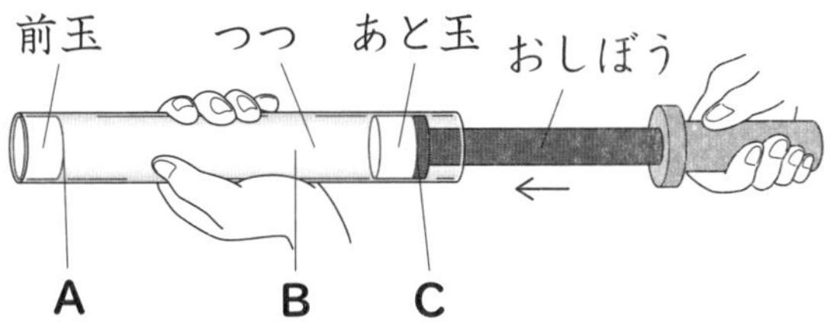

1つ8点【40点】

(1) おしぼうを矢印《やじるし》の向きに動かすと，つつの中の空気の体《たい》積《せき》はどのようになりますか。

(　　　　　　　　　　　　)

(2) 次の文中の①，②について，ア，イからあてはまることばをそれぞれ選《えら》び，記号で書きましょう。

①(　　　)　②(　　　)

おしぼうを矢印の向きに動かすほど，空気がおし返す力が①(ア　大きく　　イ　小さく)なるので，手ごたえは②(ア　大きく　　イ　小さく)なる。

(3) おしぼうを矢印の向きに少しだけおしてから手をはなすと，おしぼうはどのようになりますか。

(　　　　　　　　　　　　　　　　　　　　　　)

(4) 前玉が飛《と》び出したとき，おしぼうの先はどの位置《いち》にありますか。図の **A**～**C** から選び，記号で書きましょう。

(　　　)

2 **図のように，注《ちゅう》しゃ器《き》に水を入れてピストンを上から軽くおしました。次の問いに答えましょう。**

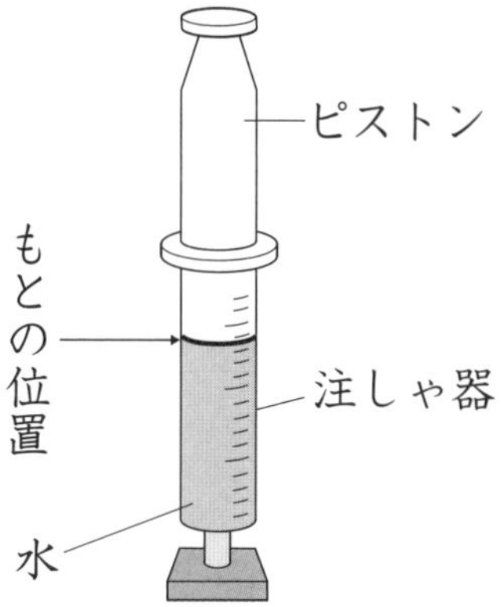

1つ10点【60点】

(1) ピストンを上から軽くおすと，ピストンはどのようになりますか。次から選び，記号で書きましょう。

(　　　)

ア　動かない。

イ　上がる。

ウ　下がる。

(2) ピストンを上から強くおすと，ピストンはどのようになりますか。(1)のア～ウから選び，記号で書きましょう。

(　　　)

(3) とじこめた水について，正しいものには○，まちがっているものには×を書きましょう。

① おしちぢめることができる。　(　　　)

② 力を加《くわ》えても体積が変《か》わらない。　(　　　)

③ 力を加えると体積が小さくなる。　(　　　)

④ 加える力の大きさによって体積が変わる。　(　　　)

5 とじこめた空気や水

目ひょう時間 20分

学習した日　　月　　日

名前

とく点

／100点

らくらくマルつけ
4061
解説→311ページ

❶ 図のような空気でっぽうをつくりました。次の問いに答えましょう。

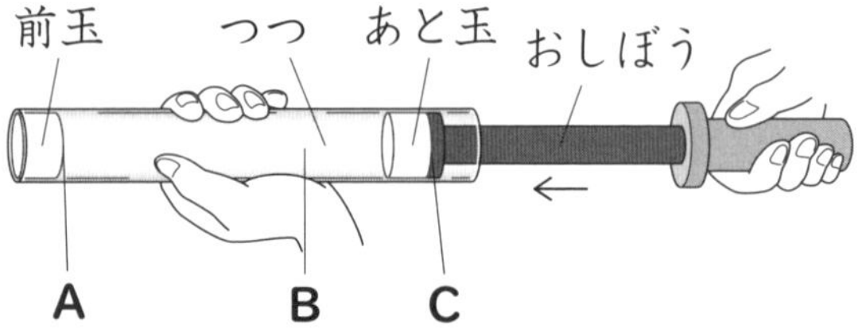

1つ8点【40点】

(1) おしぼうを矢印《やじるし》の向きに動かすと，つつの中の空気の体《たい》積《せき》はどのようになりますか。

(　　　　　　　　)

(2) 次の文中の①，②について，ア，イからあてはまることばをそれぞれ選《えら》び，記号で書きましょう。

①(　　　) ②(　　　)

おしぼうを矢印の向きに動かすほど，空気がおし返す力が①(ア　大きく　　イ　小さく)なるので，手ごたえは②(ア　大きく　　イ　小さく)なる。

(3) おしぼうを矢印の向きに少しだけおしてから手をはなすと，おしぼうはどのようになりますか。

(　　　　　　　　)

(4) 前玉が飛《と》び出したとき，おしぼうの先はどの位置《いち》にありますか。図の**A**～**C**から選び，記号で書きましょう。

(　　　)

❷ 図のように，注《ちゅう》しゃ器《き》に水を入れてピストンを上から軽くおしました。次の問いに答えましょう。

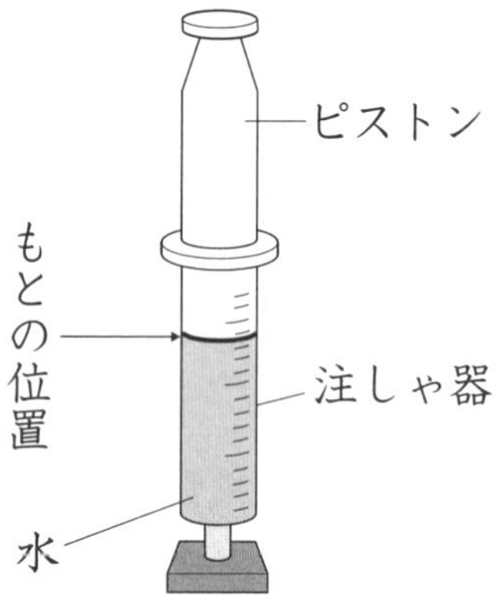

1つ10点【60点】

(1) ピストンを上から軽くおすと，ピストンはどのようになりますか。次から選び，記号で書きましょう。

(　　　)

ア　動かない。

イ　上がる。

ウ　下がる。

(2) ピストンを上から強くおすと，ピストンはどのようになりますか。(1)のア～ウから選び，記号で書きましょう。

(　　　)

(3) とじこめた水について，正しいものには○，まちがっているものには×を書きましょう。

① おしちぢめることができる。(　　　)

② 力を加《くわ》えても体積が変《か》わらない。(　　　)

③ 力を加えると体積が小さくなる。(　　　)

④ 加える力の大きさによって体積が変わる。(　　　)

6 夏の生きもの

目ひょう時間 20分

学習した日　　月　　日

名前

とく点　　／100点

4062
解説→311ページ

1 夏のころの植物について，次の問いに答えましょう。

1つ10点【60点】

(1) 図は，サクラの観察《かんさつ》カードです。 X に入る正しい文を次から2つ選《えら》び，記号で書きましょう。

(　　)(　　)

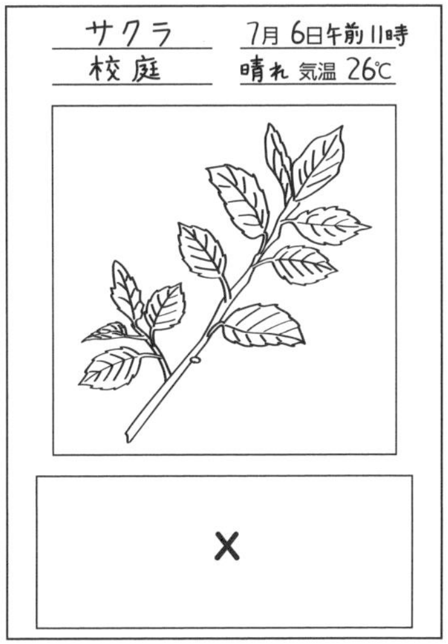

ア　葉の数がふえていた。

イ　葉の緑色がうすくなっていた。

ウ　葉が大きくなっていた。

エ　花のつぼみがついていた。

(2) 春とくらべて，気温はどのようになっていますか。

(　　　　　　)

(3) 7月ごろのツルレイシについて，正しいものには○，まちがっているものには×を書きましょう。

① 花がたくさんさいていた。 (　　)

② まきひげがのびていた。 (　　)

③ 5月より高さが低《ひく》くなっていた。 (　　)

2 夏のころの動物について，次の問いに答えましょう。

1つ10点【40点】

(1) 7月ごろ，オオカマキリはどのようなすがたをしていますか。次から2つ選び，記号で書きましょう。

(　　)(　　)

ア　たまご　　イ　よう虫

ウ　さなぎ　　エ　成虫《せいちゅう》

(2) 7月ごろに見られるヒキガエルのようすはどれですか。次から選び，記号で書きましょう。 (　　)

ア

イ

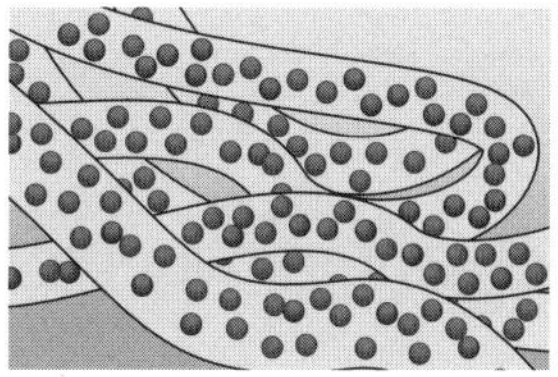

ウ

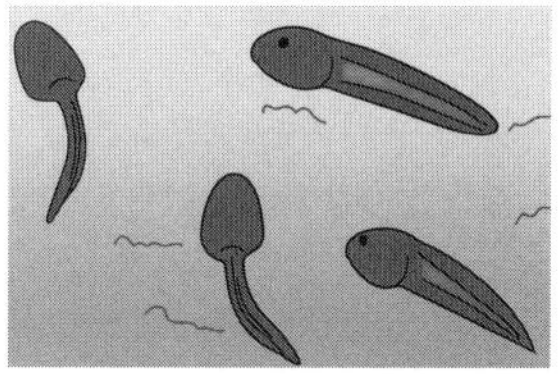

(3) 7月ごろのカブトムシのようすを次から選び，記号で書きましょう。 (　　)

ア　たまごが水の中で見られる。

イ　よう虫が土の中でじっとしている。

ウ　さなぎが葉の上で見られる。

エ　成虫が木のしるに集まっている。

6 夏の生きもの

目ひょう時間 20分

学習した日　　月　　日

名前

とく点

／100点

らくらくマルつけ

4062
解説→311ページ

❶ 夏のころの植物について，次の問いに答えましょう。

1つ10点【60点】

(1) 図は，サクラの観察《かんさつ》カードです。［X］に入る正しい文を次から2つ選《えら》び，記号で書きましょう。

(　　　)(　　　)

サクラ　7月6日午前11時
校庭　晴れ 気温26℃

X

ア　葉の数がふえていた。

イ　葉の緑色がうすくなっていた。

ウ　葉が大きくなっていた。

エ　花のつぼみがついていた。

(2) 春とくらべて，気温はどのようになっていますか。

(　　　　　　　　　　　　　　)

(3) 7月ごろのツルレイシについて，正しいものには○，まちがっているものには×を書きましょう。

① 花がたくさんさいていた。　(　　　)

② まきひげがのびていた。　(　　　)

③ 5月より高さが低《ひく》くなっていた。　(　　　)

❷ 夏のころの動物について，次の問いに答えましょう。

1つ10点【40点】

(1) 7月ごろ，オオカマキリはどのようなすがたをしていますか。次から2つ選び，記号で書きましょう。

(　　　)(　　　)

ア　たまご　　イ　よう虫

ウ　さなぎ　　エ　成虫《せいちゅう》

(2) 7月ごろに見られるヒキガエルのようすはどれですか。次から選び，記号で書きましょう。　(　　　)

ア

イ

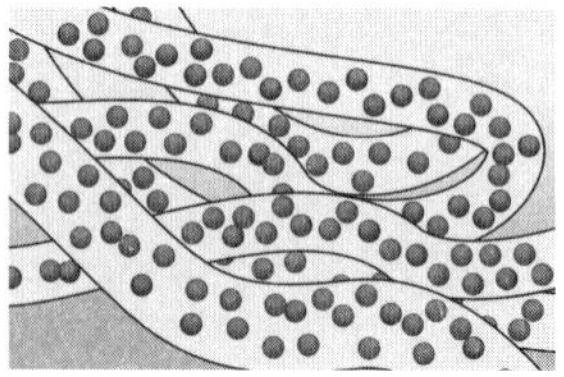

ウ

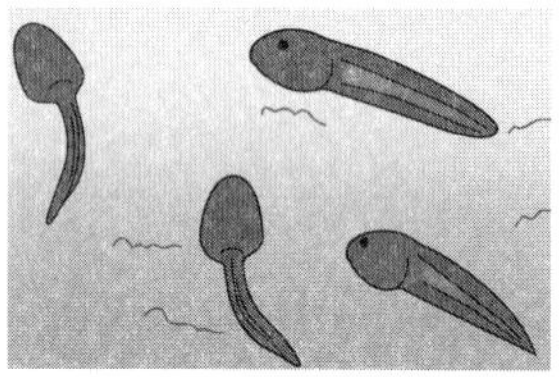

(3) 7月ごろのカブトムシのようすを次から選び，記号で書きましょう。　(　　　)

ア　たまごが水の中で見られる。

イ　よう虫が土の中でじっとしている。

ウ　さなぎが葉の上で見られる。

エ　成虫が木のしるに集まっている。

7 夏の星

目ひょう時間 20分

学習した日　　月　　日

名前

とく点　　／100点

4063
解説→312ページ

らくらくマルつけ

❶ 図は，夏の夜空のようすを表したものです。次の問いに答えましょう。 【70点】

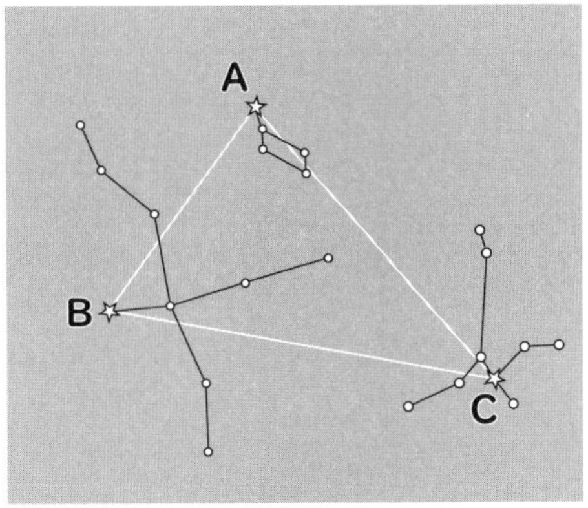

(1) A～Cの星をそれぞれ何といいますか。 1つ9点（27点）

A（　　　　　）

B（　　　　　）　C（　　　　　）

(2) A～Cの星を結《むす》んでできる三角形を何といいますか。

(9点)（　　　　　）

(3) 次の文中の①，②にあてはまることばを，それぞれ書きましょう。 1つ9点（18点）

①（　　　　　）　②（　　　　　）

> 星をいくつかのまとまりに分けて名前をつけたものを（　①　）といい，図のBの星をふくむ①を（　②　）という。

(4) 図の星が東の空に見えるとき，さそりざが見えるのはどの方位《ほうい》ですか。次から選《えら》び，記号で書きましょう。 (8点)

（　　　）

ア 東　イ 西　ウ 南　エ 北

(5) 星の明るさについての説明《せつめい》として正しいものを次から選び，記号で書きましょう。 (8点)（　　　）

ア どの種類《しゅるい》の星もほとんど同じ明るさである。

イ 明るいものから順《じゅん》に1等星，2等星，3等星…と分けられている。

ウ 暗いものから順に1等星，2等星，3等星…と分けられている。

❷ 図1の道具について，次の問いに答えましょう。 1つ10点【30点】

図1

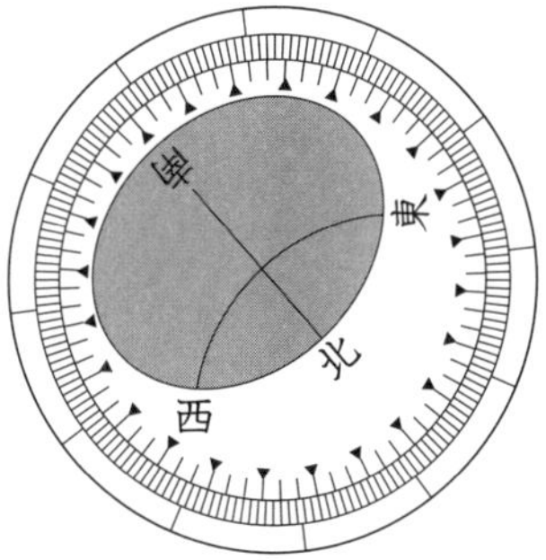

(1) 図1の道具を何といいますか。

（　　　　　）

(2) 図1のように「西」の文字を下にして空にかざすとき，どの方位の空を調べることができますか。（　　　）

図2

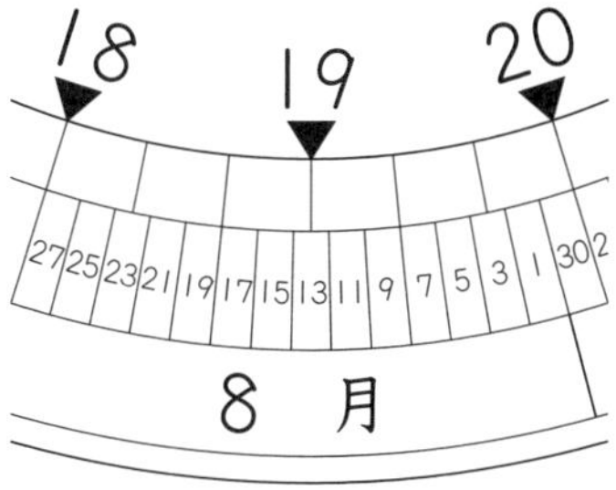

(3) (1)の目もりが図2のようになっているとき，8月何日の19時をしめしていますか。

（8月　　　　日）

理科

7 夏の星

目ひょう時間 20分

学習した日　　月　　日

名前

とく点　　／100点

らくらくマルつけ　4063

解説→312ページ

❶ 図は，夏の夜空のようすを表したものです。次の問いに答えましょう。 【70点】

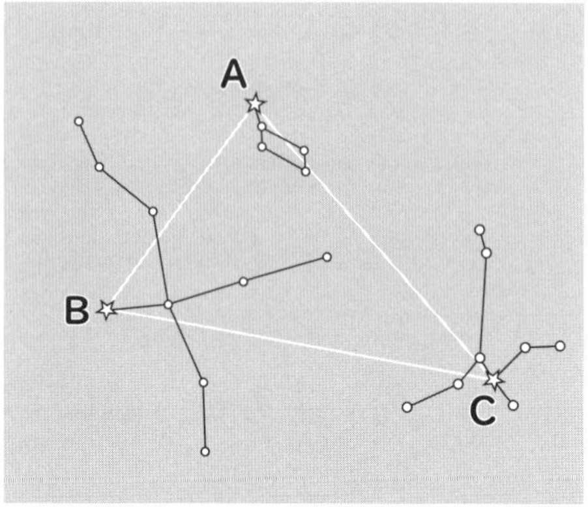

(1) A～Cの星をそれぞれ何といいますか。 1つ9点（27点）

A（　　　　　　）

B（　　　　　　）　C（　　　　　　）

(2) A～Cの星を結《むす》んでできる三角形を何といいますか。

(9点)（　　　　　　）

(3) 次の文中の①，②にあてはまることばを，それぞれ書きましょう。 1つ9点（18点）

①（　　　　）　②（　　　　　　）

> 星をいくつかのまとまりに分けて名前をつけたものを（　①　）といい，図のBの星をふくむ①を（　②　）という。

(4) 図の星が東の空に見えるとき，さそりざが見えるのはどの方位《ほうい》ですか。次から選《えら》び，記号で書きましょう。 (8点)

（　　　）

ア 東　イ 西　ウ 南　エ 北

(5) 星の明るさについての説明《せつめい》として正しいものを次から選び，記号で書きましょう。 (8点)（　　　）

ア　どの種類《しゅるい》の星もほとんど同じ明るさである。

イ　明るいものから順《じゅん》に1等星，2等星，3等星…と分けられている。

ウ　暗いものから順に1等星，2等星，3等星…と分けられている。

❷ 図1の道具について，次の問いに答えましょう。 1つ10点【30点】

図1

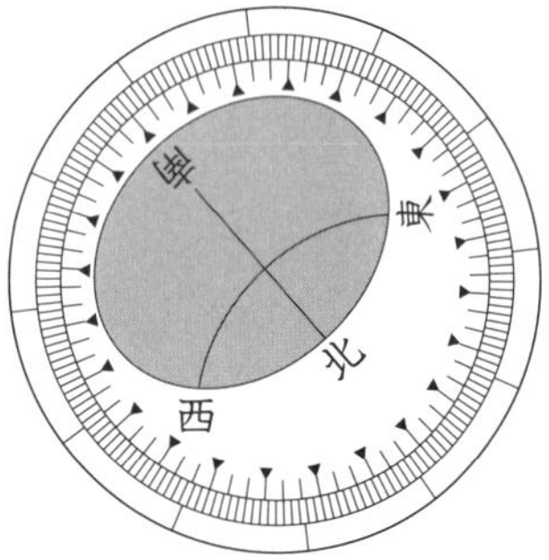

(1) 図1の道具を何といいますか。

（　　　　　　）

(2) 図1のように「西」の文字を下にして空にかざすとき，どの方位の空を調べることができますか。（　　　）

(3) (1)の目もりが図2のようになっているとき，8月何日の19時をしめしていますか。

（8月　　　日）

図2

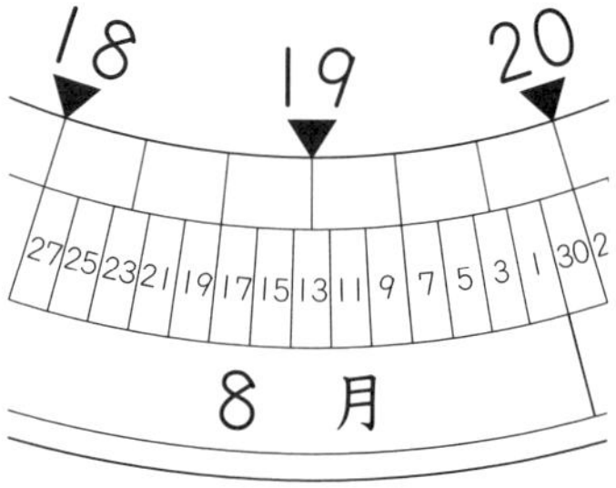

8 雨水のゆくえ①

目ひょう時間 20分

学習した日　月　日

名前

とく点　／100点

4064
解説→312ページ

1 **校庭で雨水が図の矢印《やじるし》の向きに流れ，しばらくすると水たまりができました。次の問いに答えましょう。**

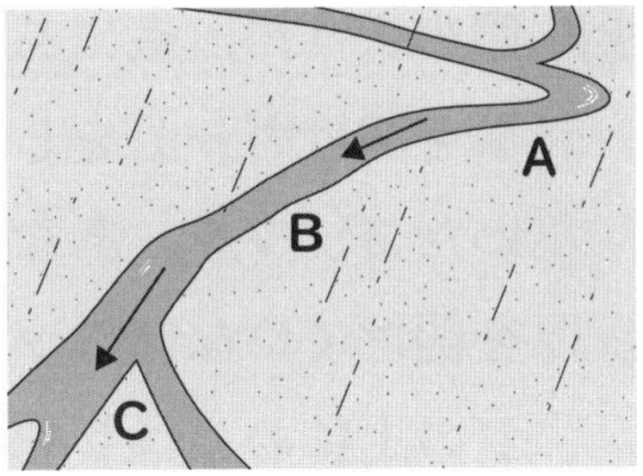

1つ12点【60点】

(1) A～Cの高さの説明《せつめい》として正しいものを次から2つ選《えら》び，記号で書きましょう。　(　　)(　　)

ア　いちばん高い場所はAである。

イ　いちばん低《ひく》い場所はBである。

ウ　AよりもBの場所が高い。

エ　CよりもBの場所が高い。

(2) 水たまりができた地面の高さは，そのまわりの地面の高さとくらべてどうなっていますか。

(　　　　)

(3) 地面を流れる水について，次の文中の①，②にあてはまることばをそれぞれ書きましょう。

①(　　　)　②(　　　)

水の流れる方向は，地面のかたむきと関係《かんけい》があり，地面を流れる水は，(　①　)場所から(　②　)場所へと流れる。

2 **図のように，底《そこ》にあなを開けガーゼをしいたコップを，あなを開けていないコップの上にわりばしをはさんで重ね，Aには校庭の土，Bにはすな場のすなを入れ，同じ量《りょう》の水を入れました。次の問いに答えましょう。**

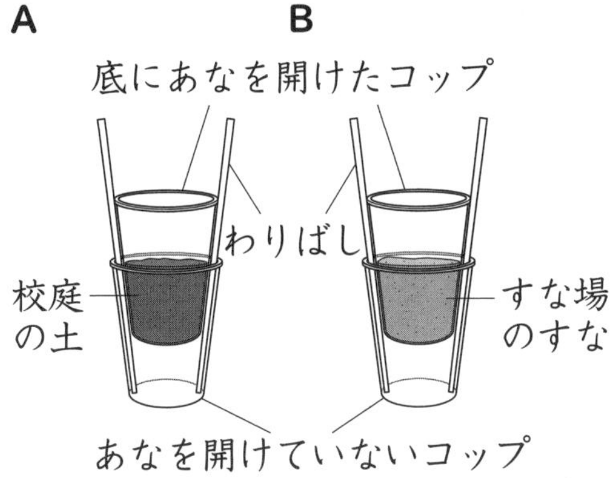

1つ10点【40点】

(1) つぶの大きさが小さいのは，土，すなのどちらですか。

(　　　)

(2) あなを開けていないコップに水がすべてたまるまでの時間が短いのはA，Bのどちらですか。　(　　)

(3) 水のしみこみやすさとつぶの大きさには，どのような関係がありますか。次から選び，記号で書きましょう。

(　　)

ア　つぶが小さいほどしみこみやすい。

イ　つぶが大きいほどしみこみやすい。

ウ　関係はない。

(4) 校庭とすな場では，どちらに水たまりができやすいですか。　(　　)

8 雨水のゆくえ①

目ひょう時間 20分

学習した日　　月　　日

名前

とく点　　／100点

らくらくマルつけ

4064
解説→312ページ

❶ 校庭で雨水が図の矢印《やじるし》の向きに流れ，しばらくすると水たまりができました。次の問いに答えましょう。

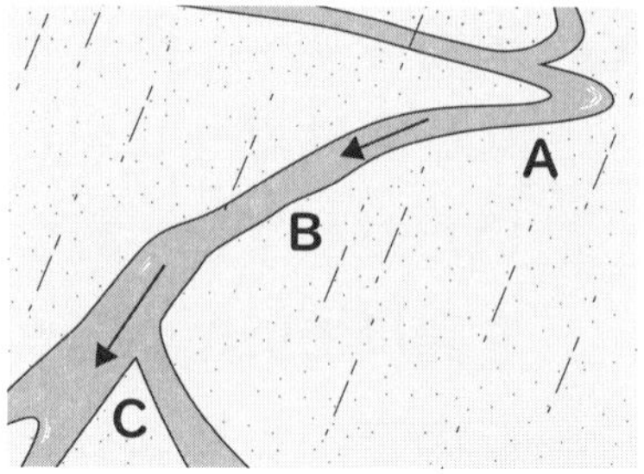

1つ12点【60点】

(1) A～Cの高さの説明《せつめい》として正しいものを次から２つ選《えら》び，記号で書きましょう。　(　　　)(　　　)

ア　いちばん高い場所はAである。

イ　いちばん低《ひく》い場所はBである。

ウ　AよりもBの場所が高い。

エ　CよりもBの場所が高い。

(2) 水たまりができた地面の高さは，そのまわりの地面の高さとくらべてどうなっていますか。

(　　　　　　　　)

(3) 地面を流れる水について，次の文中の①，②にあてはまることばをそれぞれ書きましょう。

①(　　　　)　②(　　　　)

> 水の流れる方向は，地面のかたむきと関係《かんけい》があり，地面を流れる水は，(　①　)場所から(　②　)場所へと流れる。

❷ 図のように，底《そこ》にあなを開けガーゼをしいたコップを，あなを開けていないコップの上にわりばしをはさんで重ね，Aには校庭の土，Bにはすな場のすなを入れ，同じ量《りょう》の水を入れました。次の問いに答えましょう。

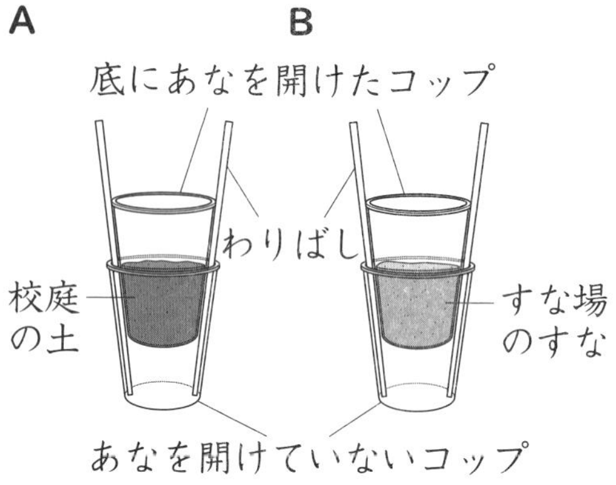

1つ10点【40点】

(1) つぶの大きさが小さいのは，土，すなのどちらですか。

(　　　)

(2) あなを開けていないコップに水がすべてたまるまでの時間が短いのはA，Bのどちらですか。　(　　　)

(3) 水のしみこみやすさとつぶの大きさには，どのような関係がありますか。次から選び，記号で書きましょう。

(　　　)

ア　つぶが小さいほどしみこみやすい。

イ　つぶが大きいほどしみこみやすい。

ウ　関係はない。

(4) 校庭とすな場では，どちらに水たまりができやすいですか。　(　　　)

9 雨水のゆくえ②

目ひょう時間 20分

学習した日　　月　　日

名前

とく点　　／100点

4065
解説→312ページ

❶ 図のように，コップA，Bに同じ量《りょう》の水を入れて，コップBにだけラップフィルムでふたをして日光の当たる場所に2日間置《お》きました。次の問いに答えましょう。 1つ10点【50点】

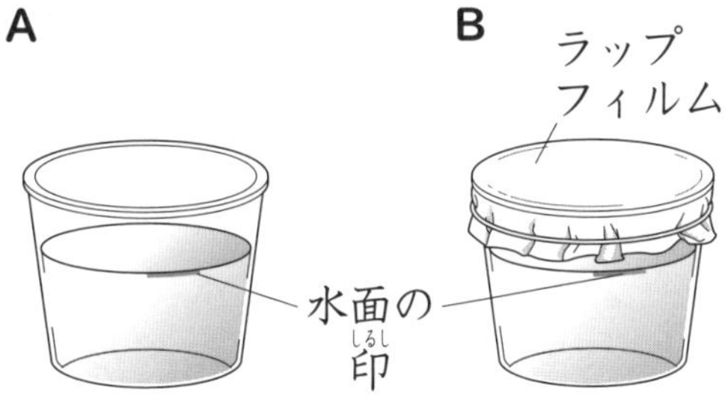

(1) A，Bの水の量は，それぞれどのようになりましたか。次からそれぞれ選《えら》び，記号で書きましょう。

A（　　　）　B（　　　）

ア　へった。　　イ　ふえた。

ウ　ほとんど変《か》わらなかった。

(2) コップの内側《うちがわ》に水がたくさんついたのはA，Bのどちらですか。（　　　）

(3) 次の文中の①にあてはまることばを書きましょう。また，②にあてはまることばをア，イから選び，記号で書きましょう。　①（　　　　　）　②（　　　）

(1)のAのようになったのは，コップの中の水が（　①　）して目に②（ア　見える　　イ　見えない）すがたに変《へん》化《か》したからである。

❷ 図のように，かわいたジッパーつきのふくろにほ冷《れい》ざいを入れてしばらく置いておくと，ふくろに水てきがつきました。次の問いに答えましょう。 1つ10点【50点】

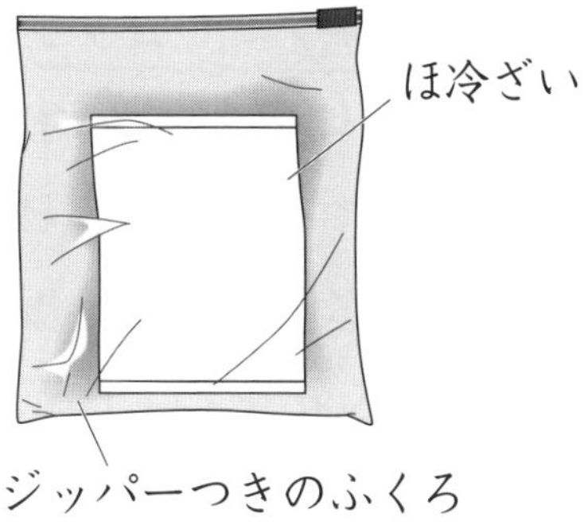

(1) 水てきがついたのは，ふくろの内側，外側のどちらですか。（　　　）

(2) (1)の水てきは，どこにあった水ですか。次から選び，記号で書きましょう。（　　　）

ア　ほ冷ざいの中

イ　ふくろの内側の空気中

ウ　ふくろの外側の空気中

(3) 次の文中の①，③にあてはまることばをそれぞれ書きましょう。また，②にあてはまることばをア，イから選び，記号で書きましょう。　①（　　　　　）

②（　　　）　③（　　　）

ふくろに水てきがついたのは，(2)にあった（　①　）が②（ア　あたためられ　　イ　冷《ひ》やされ）て（　③　）になったからである。

理科

9 雨水のゆくえ②

目ひょう時間 20分

学習した日　　月　　日

名前

とく点　　／100点

4065
解説→312ページ

らくらくマルつけ

❶ 図のように，コップA，Bに同じ量《りょう》の水を入れて，コップBにだけラップフィルムでふたをして日光の当たる場所に2日間置《お》きました。次の問いに答えましょう。 1つ10点【50点】

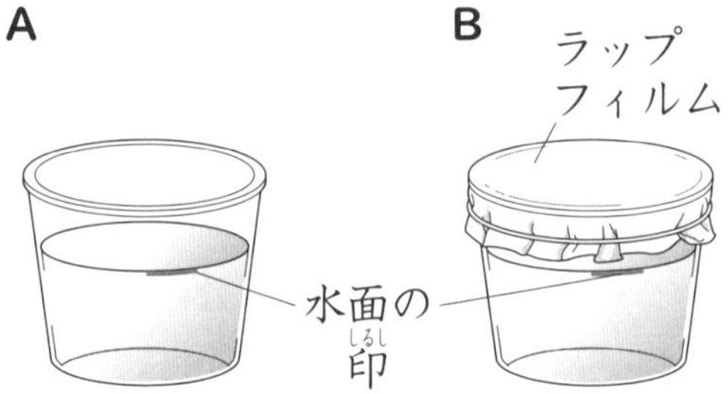

(1) A，B の水の量は，それぞれどのようになりましたか。次からそれぞれ選《えら》び，記号で書きましょう。

A（　　　）　B（　　　）

ア　へった。　　イ　ふえた。

ウ　ほとんど変《か》わらなかった。

(2) コップの内側《うちがわ》に水がたくさんついたのはA，Bのどちらですか。（　　　）

(3) 次の文中の①にあてはまることばを書きましょう。また，②にあてはまることばをア，イから選び，記号で書きましょう。　①（　　　　　）②（　　　）

(1)のAのようになったのは，コップの中の水が（　①　）して目に②(ア　見える　　イ　見えない)すがたに変《へん》化《か》したからである。

❷ 図のように，かわいたジッパーつきのふくろにほ冷《れい》ざいを入れてしばらく置いておくと，ふくろに水てきがつきました。次の問いに答えましょう。 1つ10点【50点】

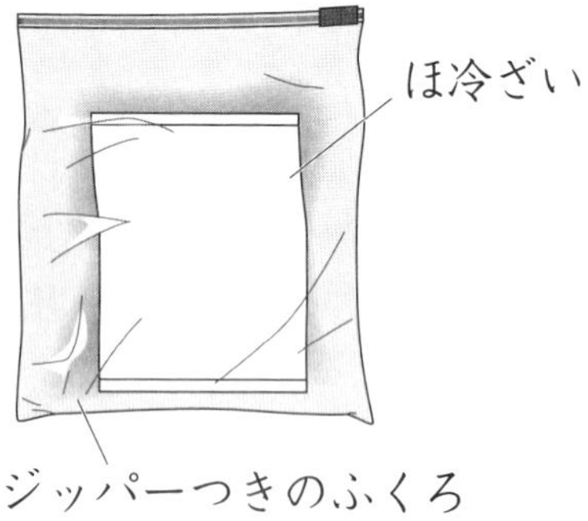

(1) 水てきがついたのは，ふくろの内側，外側のどちらですか。（　　　）

(2) (1)の水てきは，どこにあった水ですか。次から選び，記号で書きましょう。（　　　）

ア　ほ冷ざいの中

イ　ふくろの内側の空気中

ウ　ふくろの外側の空気中

(3) 次の文中の①，③にあてはまることばをそれぞれ書きましょう。また，②にあてはまることばをア，イから選び，記号で書きましょう。　①（　　　　　）

②（　　　）③（　　　）

ふくろに水てきがついたのは，(2)にあった（　①　）が②(ア　あたためられ　　イ　冷《ひ》やされ)て（　③　）になったからである。

10 月の位置《いち》の変化《へんか》

目ひょう時間 20分

学習した日　月　日

名前

とく点　／100点

4066
解説→313ページ

1 **図のように，Xを手のひらに置《お》いて使いました。次の問いに答えましょう。**

1つ10点【20点】

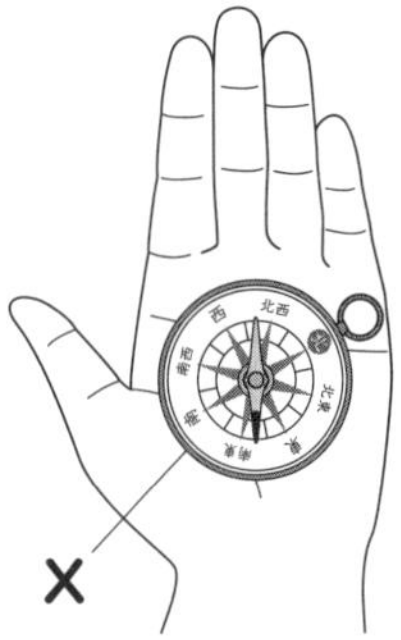

(1) Xを何といいますか。

(　　　　　　　　)

(2) Xのはりの色のついている先の向きは，文字ばんの何という文字に合わせますか。

(　　　)

2 **図は，南の空で見られた月のようすです。次の問いに答えましょう。**

1つ10点【30点】

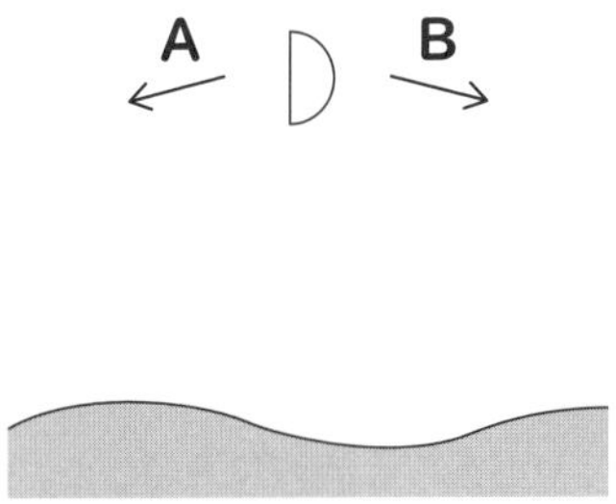

(1) 図のような形の月を何といいますか。　(　　　　　)

(2) 図の月が見られたのは，何時ごろですか。次から選《えら》び，記号で書きましょう。　(　　　)

ア　午後2時ごろ　　イ　午後4時ごろ
ウ　午後6時ごろ　　エ　午後8時ごろ

(3) 1時間後，図の月が動いて見えるのは，A，Bのどちらの方向ですか。　(　　　)

3 **図は，午後7時から1時間ごとに観察《かんさつ》した月の位置《いち》を記録《きろく》したものです。次の問いに答えましょう。**

1つ10点【50点】

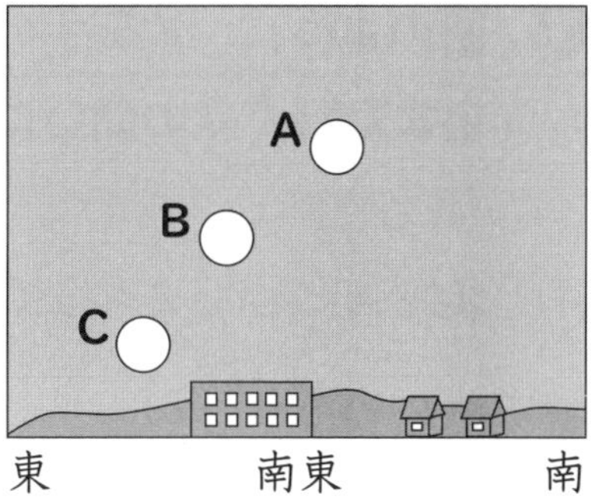

(1) 図のような形の月を何といいますか。　(　　　)

(2) 午後9時の月の位置をA～Cから選び，記号で書きましょう。　(　　　)

(3) 時間がたつと，図の月が見える位置はどの方位《ほうい》からどの方位へ変《か》わりますか。次から選び，記号で書きましょう。

(　　　)

ア　西から東　　イ　東から西
ウ　南から北　　エ　北から南

(4) 次の文中の①，②について，ア，イからあてはまることばをそれぞれ選び，記号で書きましょう。

①(　　　)　②(　　　)

> 日によって，月の形は①(ア　変わり　　イ　変わらず)，1日の中でも時こくによって月の②(ア　形　イ　見える位置)が変わる。

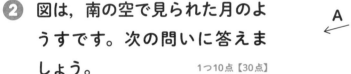

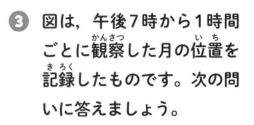

10 月の位置《いち》の変化《へんか》

目ひょう時間 20分

学習した日　　月　　日

名前

とく点

／100点

らくらくマルつけ

4066
解説→313ページ

❶ 図のように，Xを手のひらに置《お》いて使いました。次の問いに答えましょう。

1つ10点【20点】

(1) X を何といいますか。

(　　　　　　　　)

(2) X のはりの色のついている先の向きは，文字ばんの何という文字に合わせますか。

(　　　　)

❷ 図は，南の空で見られた月のようすです。次の問いに答えましょう。

1つ10点【30点】

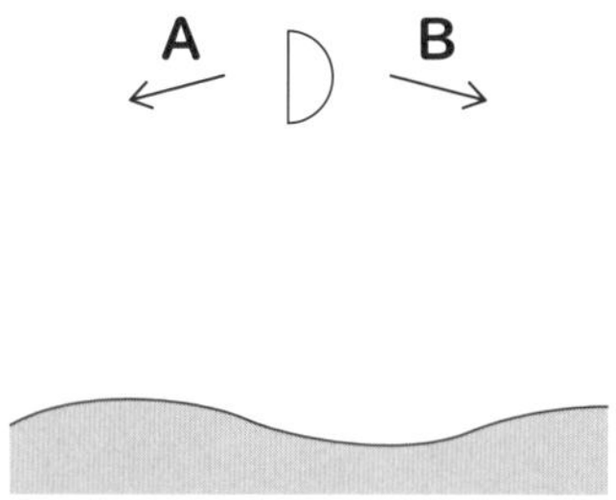

(1) 図のような形の月を何といいますか。　(　　　　)

(2) 図の月が見られたのは，何時ごろですか。次から選《えら》び，記号で書きましょう。　(　　　　)

ア　午後2時ごろ　　イ　午後4時ごろ
ウ　午後6時ごろ　　エ　午後8時ごろ

(3) 1時間後，図の月が動いて見えるのは，A，B のどちらの方向ですか。　(　　　　)

❸ 図は，午後7時から1時間ごとに観察《かんさつ》した月の位置《いち》を記録《きろく》したものです。次の問いに答えましょう。

1つ10点【50点】

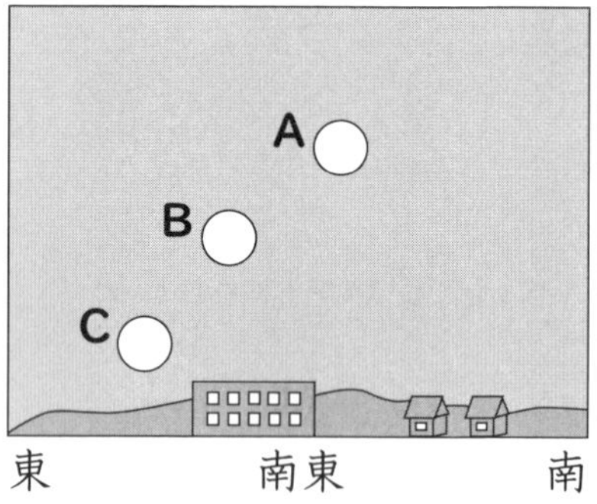

(1) 図のような形の月を何といいますか。　(　　　　)

(2) 午後9時の月の位置を A ～ C から選び，記号で書きましょう。　(　　　　)

(3) 時間がたつと，図の月が見える位置はどの方位《ほうい》からどの方位へ変《か》わりますか。次から選び，記号で書きましょう。

(　　　　)

ア　西から東　　イ　東から西
ウ　南から北　　エ　北から南

(4) 次の文中の①，②について，ア，イからあてはまることばをそれぞれ選び，記号で書きましょう。

①(　　　　)　②(　　　　)

日によって，月の形は①(ア　変わり　　イ　変わらず)，1日の中でも時こくによって月の②(ア　形　イ　見える位置)が変わる。

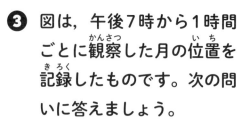

11 星の位置《いち》の変化《へんか》

目ひょう時間 20分

学習した日　　月　　日

名前

とく点　　／100点

4067
解説→313ページ

らくらくマルつけ

❶ 図は，午後8時と午後9時にカシオペヤざを観察《かんさつ》した記録《きろく》です。次の問いに答えましょう。

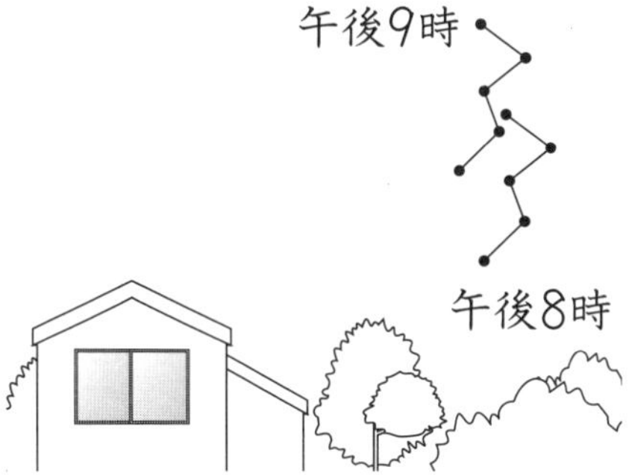

1つ10点【60点】

(1) 図は，東西南北どの方位《ほうい》の空で記録しましたか。　(　　　)

(2) 次の文中の①にあてはまることばをア，イから選《えら》び，記号で書きましょう。また，②にあてはまることばを書きましょう。　①(　　　)　②(　　　　)

> 星の位置《いち》の変化《へんか》を調べる観察を行うときは，ちがう時こくに，①(ア　ちがう　　イ　同じ)場所で観察して記録することができるように，観察場所に(　②　)をつけておく。

(3) 次の文中の①，②にあてはまることばをそれぞれ書きましょう。　①(　　　　)　②(　　　　)

> カシオペヤざは，(　①　)を中心にして，時計のはりと(　②　)向きに回っているように見える。

(4) 夏に，カシオペヤざと同じ方位に見える星の集まりはどれですか。次から選び，記号で書きましょう。　(　　　)

ア　ことざ　　　イ　ほくと七星

ウ　さそりざ　　エ　はくちょうざ

❷ 図は，東の空で午後8時に見られた夏の大三角を記録したものです。次の問いに答えましょう。

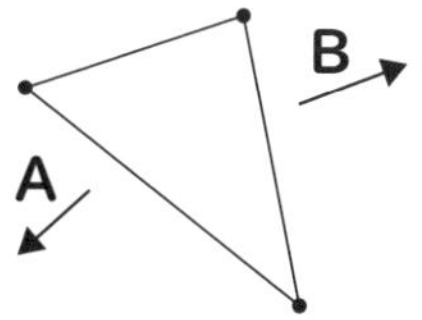

1つ10点【40点】

(1) 同じ日の午後9時には，夏の大三角は**A**，**B**のどちらの方向に動いて見えますか。　(　　　)

(2) 時間がたつにつれて，夏の大三角が見える位置は，どの方位へと変《か》わりますか。次から選び，記号で書きましょう。　(　　　)

ア　東→南→西　　イ　東→南→北

ウ　東→北→南　　エ　東→西→南

(3) 夏の大三角をつくる星について，正しいものには○，まちがっているものには×を書きましょう。

① 時間がたつと，星のならび方は変わる。　(　　　)

② 見える位置の変わり方は，月と同じである。　(　　　)

理科

＼もう1回チャレンジ!!／

11 星の位置《いち》の変化《へんか》

目ひょう時間 20分 | 学習した日　月　日 | 名前 | とく点　／100点 | らくらくマルつけ 4067 解説→313ページ

❶ 図は，午後8時と午後9時にカシオペヤざを観察《かんさつ》した記録《きろく》です。次の問いに答えましょう。

1つ10点【60点】

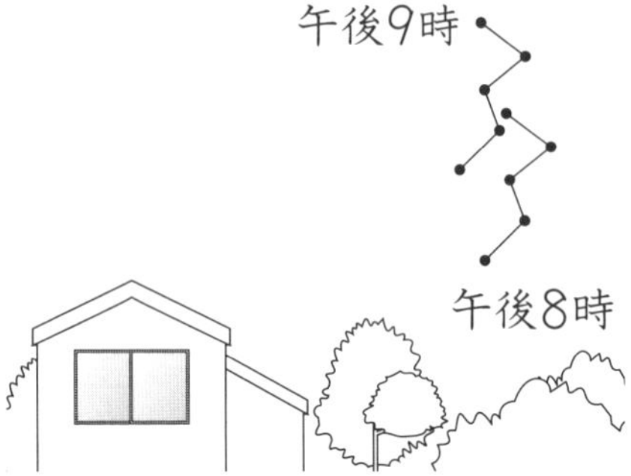

(1) 図は，東西南北どの方位《ほうい》の空で記録しましたか。　(　　　)

(2) 次の文中の①にあてはまることばをア，イから選《えら》び，記号で書きましょう。また，②にあてはまることばを書きましょう。　①(　　　)　②(　　　)

> 星の位置《いち》の変化《へんか》を調べる観察を行うときは，ちがう時こくに，①(ア　ちがう　　イ　同じ)場所で観察して記録することができるように，観察場所に(　②　)をつけておく。

(3) 次の文中の①，②にあてはまることばをそれぞれ書きましょう。　①(　　　)　②(　　　)

> カシオペヤざは，(　①　)を中心にして，時計のはりと(　②　)向きに回っているように見える。

(4) 夏に，カシオペヤざと同じ方位に見える星の集まりはどれですか。次から選び，記号で書きましょう。　(　　　)

ア　ことざ　　　イ　ほくと七星
ウ　さそりざ　　エ　はくちょうざ

❷ 図は，東の空で午後8時に見られた夏の大三角を記録したものです。次の問いに答えましょう。

1つ10点【40点】

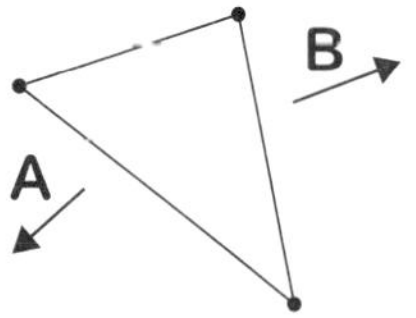

(1) 同じ日の午後9時には，夏の大三角はA，Bのどちらの方向に動いて見えますか。　(　　　)

(2) 時間がたつにつれて，夏の大三角が見える位置は，どの方位へと変《か》わりますか。次から選び，記号で書きましょう。　(　　　)

ア　東→南→西　　イ　東→南→北
ウ　東→北→南　　エ　東→西→南

(3) 夏の大三角をつくる星について，正しいものには○，まちがっているものには×を書きましょう。

① 時間がたつと，星のならび方は変わる。　(　　　)

② 見える位置の変わり方は，月と同じである。　(　　　)

12 わたしたちの体と運動

目ひょう時間 20分

学習した日　　月　　日

名前

とく点　　／100点

4068
解説→313ページ

らくらくマルつけ

1 図は，人のうでのつくりを表したものです。次の問いに答えましょう。 1つ8点【40点】

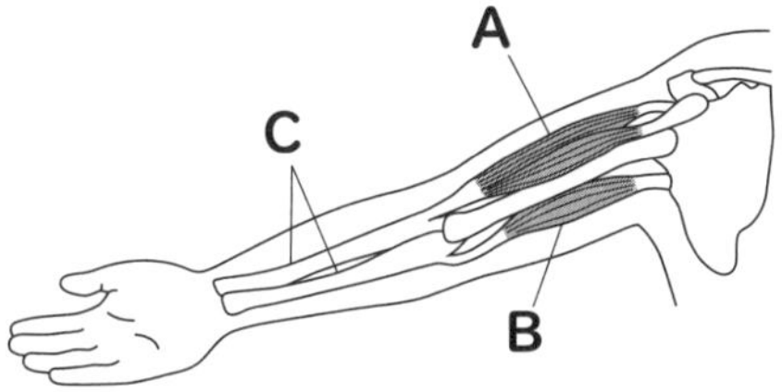

(1) 次の文中の①，②について，ア，イからあてはまることばをそれぞれ選《えら》び，記号で書きましょう。

①（　　　）②（　　　）

> うでをさわったとき，やわらかい**A**，**B**の部分を①(ア　ほね　　イ　きん肉)，かたい**C**の部分を②(ア　ほね　　イ　きん肉)という。

(2) 次の文中の①，②について，ア，イからあてはまることばをそれぞれ選び，記号で書きましょう。

①（　　　）②（　　　）

> うでを曲げるとき，**A**は①(ア　ゆるみ　　イ　ちぢみ)，**B**は②(ア　ゆるむ　　イ　ちぢむ)。

(3) 力を入れて重いものを持ち上げたとき，**A**のかたさはどうなりますか。次から選び，記号で書きましょう。

（　　　）

ア　かたくなる。　　イ　やわらかくなる。

2 図は，人のほねのつくりを表したものです。次の問いに答えましょう。 1つ10点【40点】

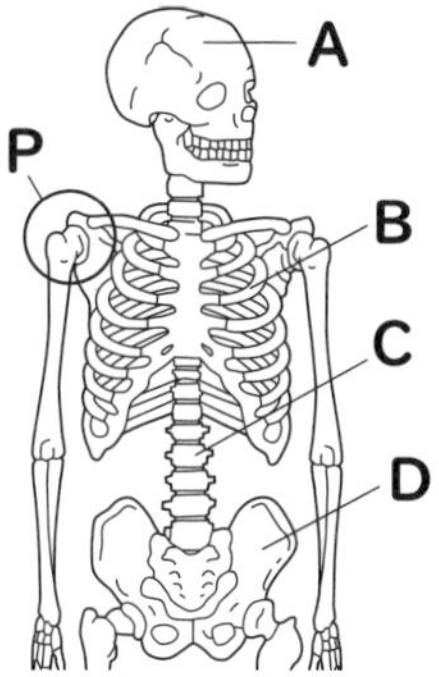

(1) 体の中のはいや心ぞうを守っているほねを，**A**～**D**から選び，記号で書きましょう。（　　　）

(2) **P**のようなほねとほねのつなぎ目を何といいますか。（　　　）

(3) 人の体が動くしくみについて，正しいものには○，まちがっているものには×を書きましょう。

① きん肉がちぢんだりゆるんだりしてほねを動かすことで，体が動く。（　　　）

② ほねとほねのつなぎ目以外《いがい》のところでも体が曲がる。（　　　）

3 次の文中の①，②について，ア，イからあてはまることばをそれぞれ選び，記号で書きましょう。 1つ10点【20点】

①（　　　）②（　　　）

> ウサギとハトのほねの形は，①(ア　同じで　イ　ちがい)，ウサギとハトの発達《はったつ》しているきん肉は②(ア　同じである　　イ　ちがう)。

12 わたしたちの体と運動

目ひょう時間 20分

学習した日　月　日

名前

とく点　／100点

らくらくマルつけ

4068
解説→313ページ

❶ 図は，人のうでのつくりを表したものです。次の問いに答えましょう。 1つ8点【40点】

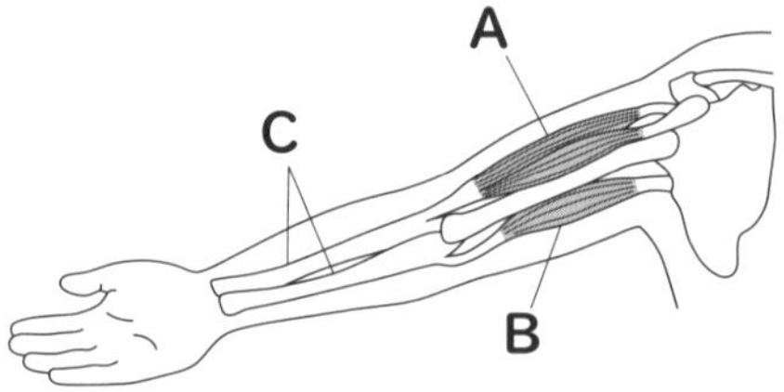

(1) 次の文中の①，②について，ア，イからあてはまることばをそれぞれ選《えら》び，記号で書きましょう。

① (　　　) ② (　　　)

うでをさわったとき，やわらかい**A**，**B**の部分を①(ア　ほね　　イ　きん肉)，かたい**C**の部分を②(ア　ほね　　イ　きん肉)という。

(2) 次の文中の①，②について，ア，イからあてはまることばをそれぞれ選び，記号で書きましょう。

① (　　　) ② (　　　)

うでを曲げるとき，**A**は①(ア　ゆるみ　　イ　ちぢみ)，**B**は②(ア　ゆるむ　　イ　ちぢむ)。

(3) 力を入れて重いものを持ち上げたとき，**A**のかたさはどうなりますか。次から選び，記号で書きましょう。

(　　　)

ア　かたくなる。　　イ　やわらかくなる。

❷ 図は，人のほねのつくりを表したものです。次の問いに答えましょう。 1つ10点【40点】

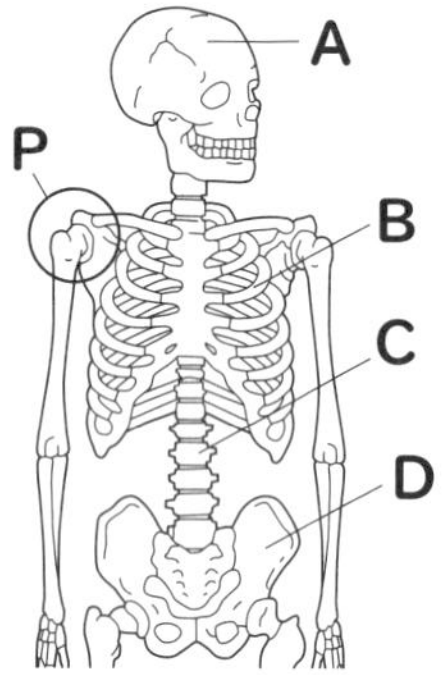

(1) 体の中のはいや心ぞうを守っているほねを，**A**～**D**から選び，記号で書きましょう。　(　　　)

(2) **P**のようなほねとほねのつなぎ目を何といいますか。

(　　　)

(3) 人の体が動くしくみについて，正しいものには○，まちがっているものには×を書きましょう。

① きん肉がちぢんだりゆるんだりしてほねを動かすことで，体が動く。　(　　　)

② ほねとほねのつなぎ目以《い》外《がい》のところでも体が曲がる。　(　　　)

❸ 次の文中の①，②について，ア，イからあてはまることばをそれぞれ選び，記号で書きましょう。 1つ10点【20点】

① (　　　) ② (　　　)

ウサギとハトのほねの形は，①(ア　同じで　イ　ちがい)，ウサギとハトの発達《はったつ》しているきん肉は②(ア　同じである　　イ　ちがう)。

らくらくマルつけ

13 秋の生きもの

目ひょう時間 20分

学習した日　　月　　日

名前

とく点　　／100点

4069
解説→314ページ

1 秋のころの動物について，次の問いに答えましょう。

1つ10点【50点】

(1) 図は，オオカマキリが何をしているようすですか。次から選《えら》び，記号で書きましょう。　(　　　)

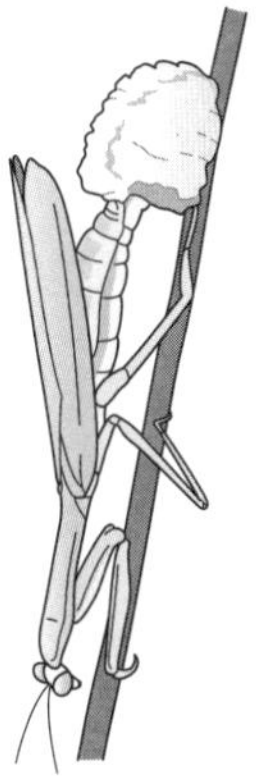

ア　えだを食べている。

イ　たまごをうんでいる。

ウ　巣《す》づくりをしている。

(2) 10月ごろのカブトムシのすがたを次から選び，記号で書きましょう。　(　　　)

ア　たまご　　イ　よう虫

ウ　さなぎ　　エ　成虫《せいちゅう》

(3) 夏のころとくらべて，秋には気温がどのようになりますか。　(　　　　　)

(4) 次の文中の①，②について，ア，イからあてはまることばをそれぞれ選び，記号で書きましょう。

①(　　　)　②(　　　)

> 夏のころにくらべて秋になると，動物は活動が
> ①(ア　活発に　　イ　にぶく)なり，見られる数が
> ②(ア　ふえる　　イ　へる)。

2 秋のころの植物について，次の問いに答えましょう。

1つ10点【50点】

(1) 図は，11月ごろのサクラのようすです。夏とくらべたときのサクラについて，正しいものには○，まちがっているものには×を書きましょう。

① すべての葉が大きくなっている。　(　　　)

② 黄色や赤色の葉がふえている。　(　　　)

③ 葉の数がふえている。　(　　　)

④ 葉がかれてきている。　(　　　)

(2) 秋になり冬が近くなると，ツルレイシのようすはどうなっていますか。次から選び，記号で書きましょう。ただし，ツルレイシはヘチマやヒョウタンと同じように育つものとします。　(　　　)

ア　葉の数が多く，花がたくさんさいている。

イ　葉の数が5～6まいにふえている。

ウ　葉がなくなって，くきもかれている。

エ　葉がかれ始めて実ができている。

理科

13 秋の生きもの

目ひょう時間 20分

学習した日　　月　　日

名前

とく点　　／100点

らくらくマルつけ

4069
解説→314ページ

❶ 秋のころの動物について，次の問いに答えましょう。

1つ10点【50点】

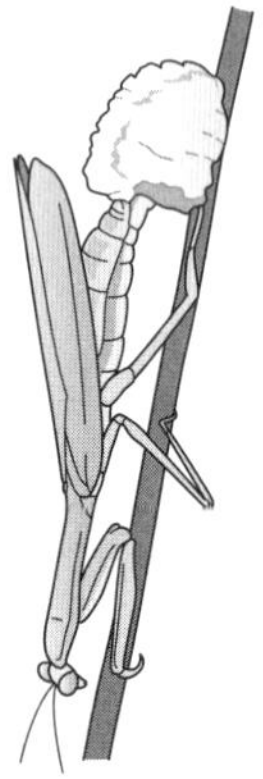

(1) 図は，オオカマキリが何をしているようすですか。次から選《えら》び，記号で書きましょう。　(　　　)

ア　えだを食べている。

イ　たまごをうんでいる。

ウ　巣《す》づくりをしている。

(2) 10月ごろのカブトムシのすがたを次から選び，記号で書きましょう。　(　　　)

ア　たまご　　イ　よう虫

ウ　さなぎ　　エ　成虫《せいちゅう》

(3) 夏のころとくらべて，秋には気温がどのようになりますか。　(　　　　　　　)

(4) 次の文中の①，②について，ア，イからあてはまることばをそれぞれ選び，記号で書きましょう。

①(　　　)　②(　　　)

> 夏のころにくらべて秋になると，動物は活動が①(ア　活発に　イ　にぶく)なり，見られる数が②(ア　ふえる　イ　へる)。

❷ 秋のころの植物について，次の問いに答えましょう。

1つ10点【50点】

(1) 図は，11月ごろのサクラのようすです。夏とくらべたときのサクラについて，正しいものには○，まちがっているものには×を書きましょう。

① すべての葉が大きくなっている。　(　　　)

② 黄色や赤色の葉がふえている。　(　　　)

③ 葉の数がふえている。　(　　　)

④ 葉がかれてきている。　(　　　)

(2) 秋になり冬が近くなると，ツルレイシのようすはどうなっていますか。次から選び，記号で書きましょう。ただし，ツルレイシはヘチマやヒョウタンと同じように育つものとします。　(　　　)

ア　葉の数が多く，花がたくさんさいている。

イ　葉の数が5〜6まいにふえている。

ウ　葉がなくなって，くきもかれている。

エ　葉がかれ始めて実ができている。

14 ものの温度と体積《たいせき》①

目ひょう時間 20分

学習した日　月　日	とく点	らくらくマルつけ
名前	／100点	4070 解説→314ページ

❶ 図のように，試験管《しけんかん》の口にせっけん水のまくをはり，試験管を湯であたためました。次の問いに答えましょう。 1つ10点【50点】

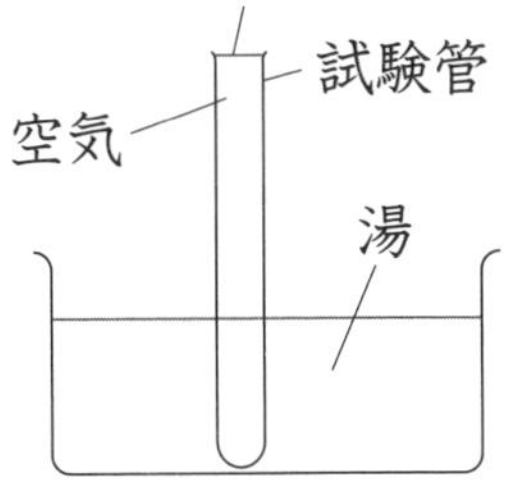

(1) せっけん水のまくはどのようになりますか。次から選《えら》び，記号で書きましょう。（　　）

ア　変《か》わらない。

イ　ふくらむ。

ウ　へこむ。

(2) 図の実験のあと，試験管を氷水で冷《ひ》やすと，せっけん水のまくはどのようになりますか。(1)のア～ウから選び，記号で書きましょう。（　　）

(3) 次の文中の①にあてはまることばを書きましょう。また，②，③について，ア，イからあてはまることばをそれぞれ選び，記号で書きましょう。

①（　　　）　②（　　）　③（　　）

> 図の実験では，（　①　）をあたためると，体積《たいせき》は②(ア　大きく　　イ　小さく)なり，冷やすと，体積は③(ア　大きく　　イ　小さく)なる。

❷ 図のように，水を満《み》たした試験管にゴムせんをつけたガラス管をさしこみ，初《はじ》めの水面の位置《いち》に印《しるし》をつけました。次の問いに答えましょう。 1つ10点【50点】

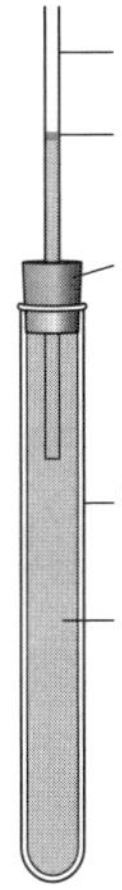

(1) 試験管を氷水に入れて冷やすと，水面の位置はどのようになりますか。次から選び，記号で書きましょう。

（　　）

ア　上がる。

イ　下がる。

ウ　変わらない。

(2) (1)のあと，図の試験管を湯に入れてあたためたときの結《けっ》果《か》について，正しいものには○，まちがっているものには×を書きましょう。

① 水面の位置は(1)のときと変わらない。（　　）

② 水の体積が大きくなる。（　　）

③ 試験管の底《そこ》からはげしくあわが出てくる。（　　）

④ 試験管の中に空気が入ってくる。（　　）

理科

14 ものの温度と体積《たいせき》①

目ひょう時間 20分

学習した日　月　日	とく点	らくらくマルつけ
名前	／100点	4070 解説→314ページ

❶ 図のように，試験管《しけんかん》の口にせっけん水のまくをはり，試験管を湯であたためました。次の問いに答えましょう。 1つ10点【50点】

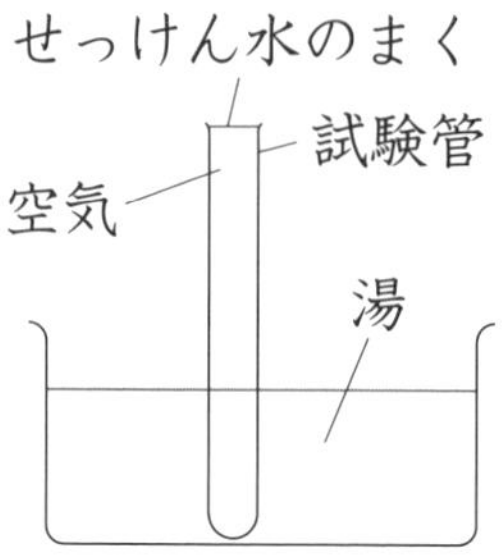

(1) せっけん水のまくはどのようになりますか。次から選《えら》び，記号で書きましょう。（　　　）

ア　変《か》わらない。

イ　ふくらむ。

ウ　へこむ。

(2) 図の実験のあと，試験管を氷水で冷《ひ》やすと，せっけん水のまくはどのようになりますか。(1)のア～ウから選び，記号で書きましょう。（　　　）

(3) 次の文中の①にあてはまることばを書きましょう。また，②，③について，ア，イからあてはまることばをそれぞれ選び，記号で書きましょう。

①（　　　　）②（　　　）③（　　　）

> 図の実験では，（　①　）をあたためると，体積《たいせき》は②(ア　大きく　　イ　小さく)なり，冷やすと，体積は③(ア　大きく　　イ　小さく)なる。

❷ 図のように，水を満《み》たした試験管にゴムせんをつけたガラス管をさしこみ，初《はじ》めの水面の位置《いち》に印《しるし》をつけました。次の問いに答えましょう。 1つ10点【50点】

(1) 試験管を氷水に入れて冷やすと，水面の位置はどのようになりますか。次から選び，記号で書きましょう。

（　　　）

ア　上がる。

イ　下がる。

ウ　変わらない。

(2) (1)のあと，図の試験管を湯に入れてあたためたときの結《けっ》果《か》について，正しいものには○，まちがっているものには×を書きましょう。

① 水面の位置は(1)のときと変わらない。（　　　）

② 水の体積が大きくなる。（　　　）

③ 試験管の底《そこ》からはげしくあわが出てくる。（　　　）

④ 試験管の中に空気が入ってくる。（　　　）

15 ものの温度と体積《たいせき》②

目ひょう時間 20分

学習した日　月　日

名前

とく点　／100点

4071
解説→314ページ

らくらくマルつけ

❶ 図は，金ぞくなどを熱《ねっ》するための器具《きぐ》です。次の問いに答えましょう。 1つ12点【60点】

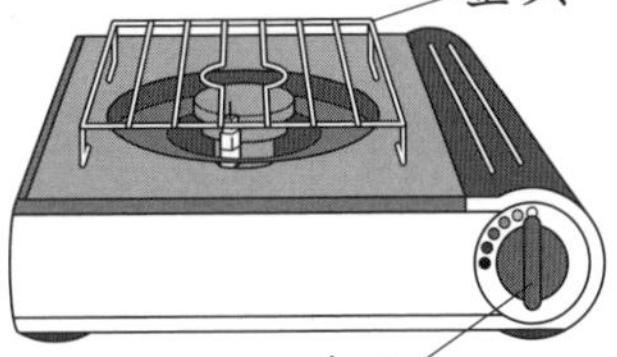

(1) 図の器具を何といいますか。

(　　　　　　　　　　)

(2) 図の器具に火をつける前には，どのようなじゅんびをしますか。次から2つ選《えら》び，記号で書きましょう。

(　　　)(　　　)

ア　平らな安定した場所に置《お》く。
イ　近くにもえやすいものを置いておく。
ウ　ガスボンベをたたいて，ガスが入っているかをたしかめる。
エ　ガスボンベが正しくとりつけられているかをたしかめる。

(3) 次の文中の①，②について，ア，イからあてはまることばをそれぞれ選び，記号で書きましょう。

①(　　　)　②(　　　)

> 火をつけるときには，つまみを①(ア 「消」　イ 「点火」)のほうまでカチッと音がするまで回し，つまみを回して火の②(ア 大きさ　イ 色)を調節《ちょうせつ》する。

❷ 図のように，金ぞくの輪《わ》と，金ぞくの輪をちょうど通りぬける大きさの金ぞくの玉を用意し，実験用《じっけんよう》ガスこんろを使って金ぞくの玉を熱しました。次の問いに答えましょう。 1つ10点【40点】

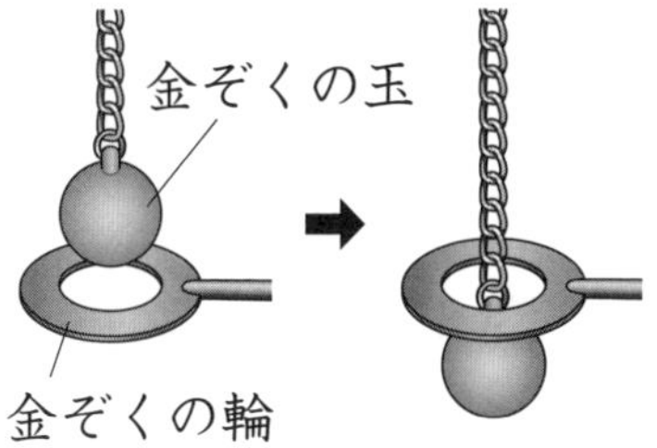

(1) 次の文中の①，②について，ア，イからあてはまることばをそれぞれ選び，記号で書きましょう。

①(　　　)　②(　　　)

> 熱すると金ぞくの玉の体積《たいせき》は①(ア 大きく　イ 小さく)なるので，金ぞくの輪を通りぬけることが②(ア できる　イ できない)。

(2) 金ぞくの玉を冷《ひ》やすと，金ぞくの玉は，金ぞくの輪を通りぬけることができますか。(　　　　)

(3) 金ぞく，空気，水で，あたためたときや冷やしたときの体積の変化《へんか》が大きいものから順《じゅん》に左からならべたものを次から選び，記号で書きましょう。(　　　)

ア　金ぞく，空気，水　　イ　金ぞく，水，空気
ウ　空気，水，金ぞく　　エ　空気，金ぞく，水

理科

15 ものの温度と体積《たいせき》②

目ひょう時間 20分

学習した日　月　日

名前

とく点　／100点

4071
解説→314ページ

らくらくマルつけ

❶ 図は，金ぞくなどを熱《ねつ》するための器具《きぐ》です。次の問いに答えましょう。 1つ12点【60点】

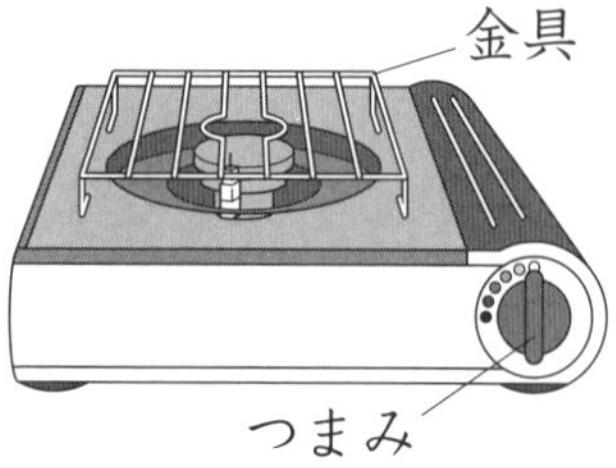

(1) 図の器具を何といいますか。

(　　　　　　　)

(2) 図の器具に火をつける前には，どのようなじゅんびをしますか。次から２つ選《えら》び，記号で書きましょう。

(　　　)(　　　)

ア　平らな安定した場所に置《お》く。

イ　近くにもえやすいものを置いておく。

ウ　ガスボンベをたたいて，ガスが入っているかをたしかめる。

エ　ガスボンベが正しくとりつけられているかをたしかめる。

(3) 次の文中の①，②について，ア，イからあてはまることばをそれぞれ選び，記号で書きましょう。

①(　　　)　②(　　　)

> 火をつけるときには，つまみを①(ア「消」　イ「点火」)のほうまでカチッと音がするまで回し，つまみを回して火の②(ア　大きさ　イ　色)を調節《ちょうせつ》する。

❷ 図のように，金ぞくの輪《わ》と，金ぞくの輪をちょうど通りぬける大きさの金ぞくの玉を用意し，実験用《じっけんよう》ガスこんろを使って金ぞくの玉を熱しました。次の問いに答えましょう。 1つ10点【40点】

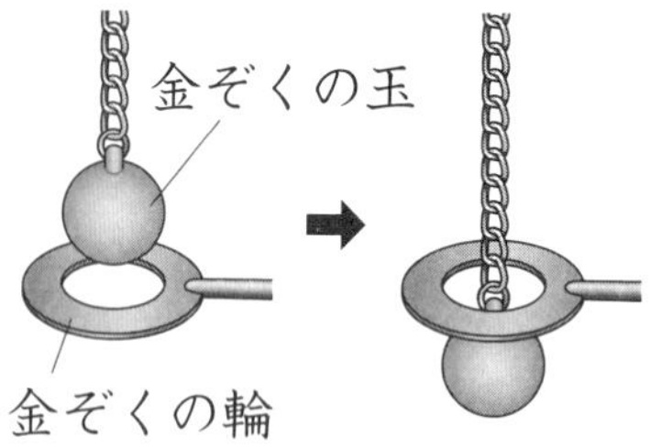

(1) 次の文中の①，②について，ア，イからあてはまることばをそれぞれ選び，記号で書きましょう。

①(　　　)　②(　　　)

> 熱すると金ぞくの玉の体積《たいせき》は①(ア　大きく　イ　小さく)なるので，金ぞくの輪を通りぬけることが②(ア　できる　イ　できない)。

(2) 金ぞくの玉を冷《ひ》やすと，金ぞくの玉は，金ぞくの輪を通りぬけることができますか。(　　　)

(3) 金ぞく，空気，水で，あたためたときや冷やしたときの体積の変化《へんか》が大きいものから順《じゅん》に左からならべたものを次から選び，記号で書きましょう。(　　　)

ア　金ぞく，空気，水　　イ　金ぞく，水，空気

ウ　空気，水，金ぞく　　エ　空気，金ぞく，水

16 冬の星

目ひょう時間 20分

学習した日　　月　　日

名前

とく点　　／100点

4072
解説→315ページ

1 **冬の夜空で，図のような星《せい》ざが見られました。次の問いに答えましょう。** 1つ10点【50点】

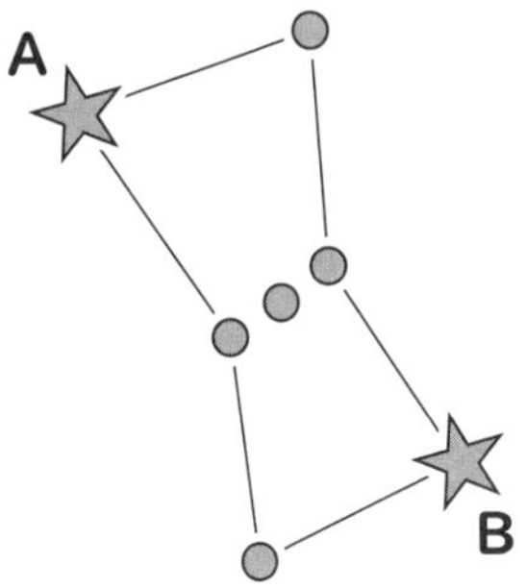

(1) 図の星ざを何ざといいますか。

(　　　　　　　　　)ざ

(2) A，B は特《とく》に明るい星でした。A，B の星は何等星ですか。 (　　　　　)等星

(3) A，B の星をそれぞれ何といいますか。

A (　　　　　　　　　)

B (　　　　　　　　　)

(4) A，B の星の色は何色ですか。次から選《えら》び，記号で書きましょう。 (　　　)

ア　A の星は青白い色をしていて，B の星は黄緑色をしている。

イ　A の星は青白い色をしていて，B の星は赤い色をしている。

ウ　A の星は赤い色をしていて，B の星は黄緑色をしている。

エ　A の星は赤い色をしていて，B の星は青白い色をしている。

2 **図は，冬に南東の夜空で見られた星です。次の問いに答えましょう。** 1つ10点【50点】

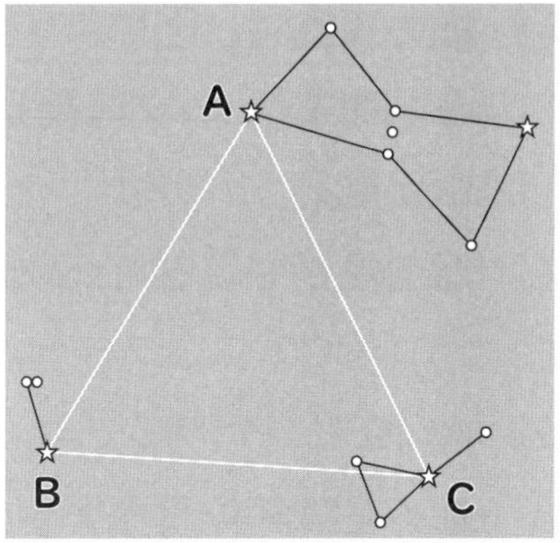

(1) 図のように，A～C の星を結《むす》んでできる三角形を何といいますか。

(　　　　　　　　　)

(2) C はおおいぬざの星です。C の星を何といいますか。

(　　　　　　　　　)

(3) 図の三角形について，正しいものには○，まちがっているものには×を書きましょう。

① 時間がたつと三角形をつくる星のならび方は変《か》わる。 (　　　)

② 時間がたつと三角形をつくる星の明るさが変わる。 (　　　)

③ 時間がたつと三角形が見える位置《いち》が変わる。 (　　　)

理科

16 冬の星

目ひょう時間 20分

学習した日　月　日

名前

とく点　／100点

らくらくマルつけ

4072 解説→315ページ

❶ 冬の夜空で，図のような星《せい》ざが見られました。次の問いに答えましょう。　1つ10点【50点】

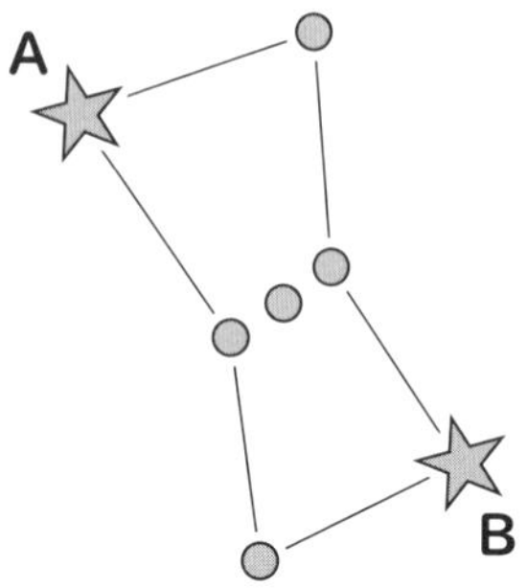

(1) 図の星ざを何ざといいますか。

（　　　　　　　）ざ

(2) A，B は特《とく》に明るい星でした。A，B の星は何等星ですか。　（　　　）等星

(3) A，B の星をそれぞれ何といいますか。

A（　　　　　　　）

B（　　　　　　　）

(4) A，B の星の色は何色ですか。次から選《えら》び，記号で書きましょう。　（　　　）

ア　A の星は青白い色をしていて，B の星は黄緑色をしている。

イ　A の星は青白い色をしていて，B の星は赤い色をしている。

ウ　A の星は赤い色をしていて，B の星は黄緑色をしている。

エ　A の星は赤い色をしていて，B の星は青白い色をしている。

❷ 図は，冬に南東の夜空で見られた星です。次の問いに答えましょう。　1つ10点【50点】

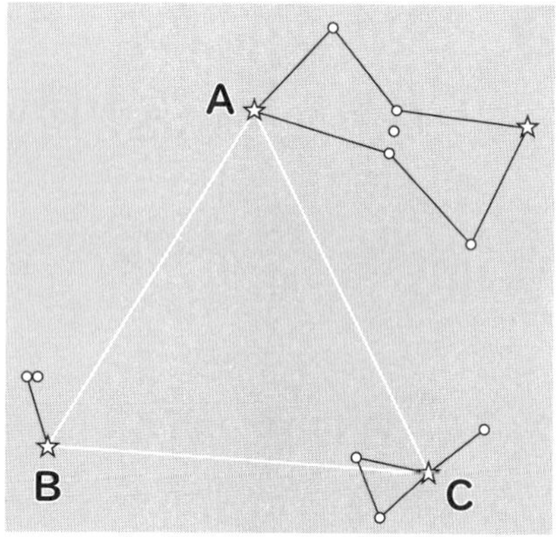

(1) 図のように，A ～ C の星を結《むす》んでできる三角形を何といいますか。

（　　　　　　　）

(2) C はおおいぬざの星です。C の星を何といいますか。

（　　　　　　　）

(3) 図の三角形について，正しいものには○，まちがっているものには×を書きましょう。

① 時間がたつと三角形をつくる星のならび方は変《か》わる。　（　　）

② 時間がたつと三角形をつくる星の明るさが変わる。　（　　）

③ 時間がたつと三角形が見える位置《いち》が変わる。　（　　）

17 冬の生きもの

目ひょう時間 20分

学習した日　　月　　日

名前

とく点

／100点

4073
解説→315ページ

1 冬のころの動物について，次の問いに答えましょう。

1つ10点【50点】

(1) 図は，1月ごろのナナホシテントウのようすです。ナナホシテントウは何をしていますか。次から選《えら》び，記号で書きましょう。

(　　)

ア　葉の上でたまごをうんでいる。
イ　葉と葉の間でさなぎになっている。
ウ　落ち葉の下でじっとしてすごしている。

(2) 冬のころ，ツバメはどこにいますか。次から選び，記号で書きましょう。　(　　)

ア　日本全国　　イ　南の国　　ウ　北の国

(3) 1月ごろ，オオカマキリはどのようなすがたですか。

(　　)

(4) 1月ごろ，カブトムシはどこで見られますか。次から選び，記号で書きましょう。　(　　)

ア　木の上　　イ　木のみき　　ウ　土の中

(5) 冬になると，見られる動物の種類《しゅるい》はどのようになりますか。　(　　)

2 冬のころの植物について，次の問いに答えましょう。

1つ10点【50点】

(1) 図は，1月ごろのサクラのようすです。えだにできている **A** は何ですか。

(　　)

(2) 春になったときの **A** のようすを次から選び，記号で書きましょう。

(　　)

ア　新しい葉や花が出てくる。
イ　新しい根が出てくる。
ウ　小さくしぼんでなくなる。

(3) 1月ごろのツルレイシについて，正しいものには○，まちがっているものには×を書きましょう。ただし，ツルレイシはヘチマやヒョウタンと同じように育つものとします。

① 草たけが高い。　(　　)
② 葉の色がこく，葉の数が多い。　(　　)
③ 葉やくきがかれて，実の中にたねが残《のこ》っている。
(　　)

＼もう１回チャレンジ!! ／

17 冬の生きもの

目ひょう時間 20分

学習した日　月　日

名前

とく点　／100点

らくらくマルつけ

4073
解説→315ページ

❶ 冬のころの動物について，次の問いに答えましょう。

1つ10点【50点】

(1) 図は，１月ごろのナナホシテントウのようすです。ナナホシテントウは何をしていますか。次から選《えら》び，記号で書きましょう。

（　　　）

ア　葉の上でたまごをうんでいる。

イ　葉と葉の間でさなぎになっている。

ウ　落ち葉の下でじっとしてすごしている。

(2) 冬のころ，ツバメはどこにいますか。次から選び，記号で書きましょう。（　　　）

ア　日本全国　　イ　南の国　　ウ　北の国

(3) １月ごろ，オオカマキリはどのようなすがたですか。

（　　　　　）

(4) １月ごろ，カブトムシはどこで見られますか。次から選び，記号で書きましょう。（　　　）

ア　木の上　　イ　木のみき　　ウ　土の中

(5) 冬になると，見られる動物の種類《しゅるい》はどのようになりますか。（　　　　　　　）

❷ 冬のころの植物について，次の問いに答えましょう。

1つ10点【50点】

(1) 図は，１月ごろのサクラのようすです。えだにできているＡは何ですか。

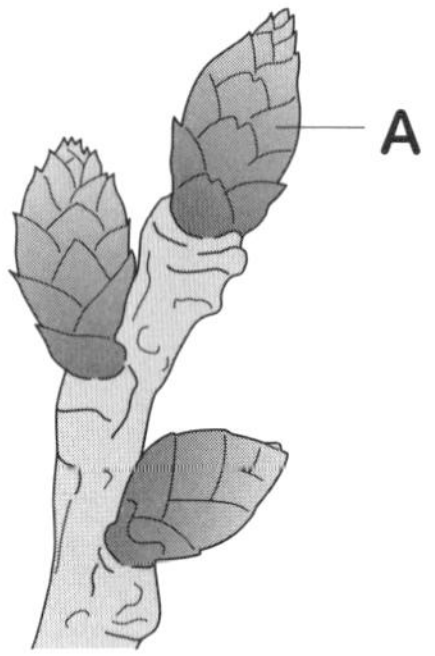

（　　　）

(2) 春になったときのＡのようすを次から選び，記号で書きましょう。

（　　　）

ア　新しい葉や花が出てくる。

イ　新しい根が出てくる。

ウ　小さくしぼんでなくなる。

(3) １月ごろのツルレイシについて，正しいものには○，まちがっているものには×を書きましょう。ただし，ツルレイシはヘチマやヒョウタンと同じように育つものとします。

① 草たけが高い。（　　　）

② 葉の色がこく，葉の数が多い。（　　　）

③ 葉やくきがかれて，実の中にたねが残《のこ》っている。

（　　　）

生きものの1年間

目ひょう時間 20分

学習した日　月　日
名前
とく点　／100点

らくらくマルつけ
4074
解説→315ページ

1 図は，オオカマキリのたまごです。次の問いに答えましょう。 1つ10点【50点】

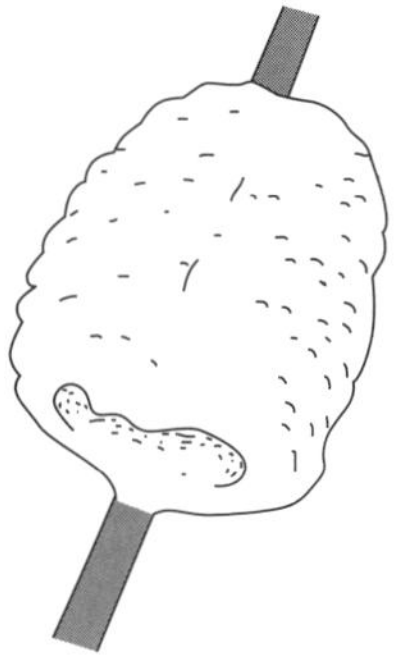

(1) オオカマキリが図のたまごをうむ季節《きせつ》はいつですか。次から選《えら》び，記号で書きましょう。（　　）

ア 春　イ 夏
ウ 秋　エ 冬

(2) オオカマキリは，どのようなすがたでたまごからかえりますか。次から選び，記号で書きましょう。

（　　）

ア よう虫　イ さなぎ　ウ 成虫《せいちゅう》

(3) 次の文中の①，②について，ア，イからあてはまることばをそれぞれ選び，記号で書きましょう。

①（　　）②（　　）

オオカマキリがたまごをうむころ，①(ア　アゲハ　イ　ツバメ)は②(ア　南　イ　北)のほうへ飛《と》び立っていく。

(4) オオカマキリの成虫が見られず，たまごだけが見られるころ，ヒキガエルの活動は活発ですか。

（　　　　）

2 図は，サクラの1年間のようすを表したものです。あとの問いに答えましょう。 1つ10点【50点】

A　B　C　D

(1) サクラの夏と冬のようすを**A**～**D**からそれぞれ選び，記号で書きましょう。　夏（　　）冬（　　）

(2) サクラの葉の数がふえるのはいつですか。次から選び，記号で書きましょう。（　　）

ア 春から夏ごろにかけて
イ 夏から秋ごろにかけて
ウ 秋から冬ごろにかけて
エ 冬から春ごろにかけて

(3) 次の文中の①にあてはまることばをア，イから選び，記号で書きましょう。また，②にあてはまることばを書きましょう。　①（　　）②（　　）

Dのサクラが見られるころ，ツルレイシやヘチマ，ヒョウタンの葉は①(ア　かれて　イ　数がふえて)，実の中には(　②　)ができている。

18 生きものの1年間

目ひょう時間 20分

学習した日　月　日

名前

とく点

／100点

4074
解説→315ページ

らくらくマルつけ

❶ 図は，オオカマキリのたまごです。次の問いに答えましょう。 1つ10点【50点】

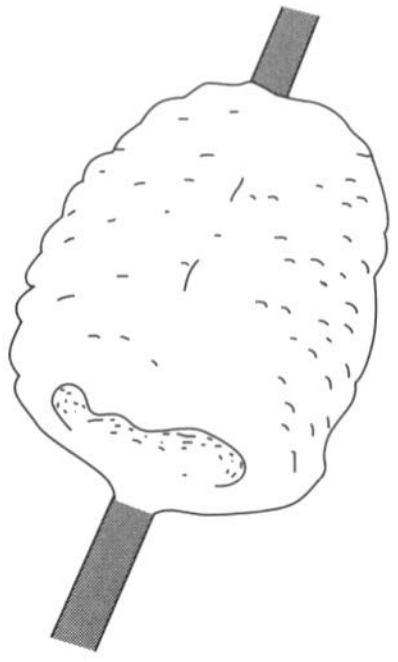

(1) オオカマキリが図のたまごをうむ季節《きせつ》はいつですか。次から選《えら》び，記号で書きましょう。　（　　）

ア　春　　イ　夏

ウ　秋　　エ　冬

(2) オオカマキリは，どのようなすがたでたまごからかえりますか。次から選び，記号で書きましょう。

（　　）

ア　よう虫　　イ　さなぎ　　ウ　成虫《せいちゅう》

(3) 次の文中の①，②について，ア，イからあてはまることばをそれぞれ選び，記号で書きましょう。

①（　　）②（　　）

オオカマキリがたまごをうむころ，①(ア　アゲハ　イ　ツバメ)は②(ア　南　イ　北)のほうへ飛《と》び立っていく。

(4) オオカマキリの成虫が見られず，たまごだけが見られるころ，ヒキガエルの活動は活発ですか。

（　　）

❷ 図は，サクラの1年間のようすを表したものです。あとの問いに答えましょう。 1つ10点【50点】

A　B　C　D

(1) サクラの夏と冬のようすを**A**～**D**からそれぞれ選び，記号で書きましょう。　夏（　　）冬（　　）

(2) サクラの葉の数がふえるのはいつですか。次から選び，記号で書きましょう。　（　　）

ア　春から夏ごろにかけて

イ　夏から秋ごろにかけて

ウ　秋から冬ごろにかけて

エ　冬から春ごろにかけて

(3) 次の文中の①にあてはまることばをア，イから選び，記号で書きましょう。また，②にあてはまることばを書きましょう。　①（　　）②（　　）

Dのサクラが見られるころ，ツルレイシやヘチマ，ヒョウタンの葉は①(ア　かれて　イ　数がふえて)，実の中には(　②　)ができている。

19 もののあたたまり方①

目ひょう時間 20分

学習した日　　月　　日

名前

とく点

／100点

4075
解説→316ページ

らくらくマルつけ

1 **金ぞくのぼうにろうをぬり，図1のように，ぼうの真ん中を熱《ねっ》しました。次の問いに答えましょう。**

図1

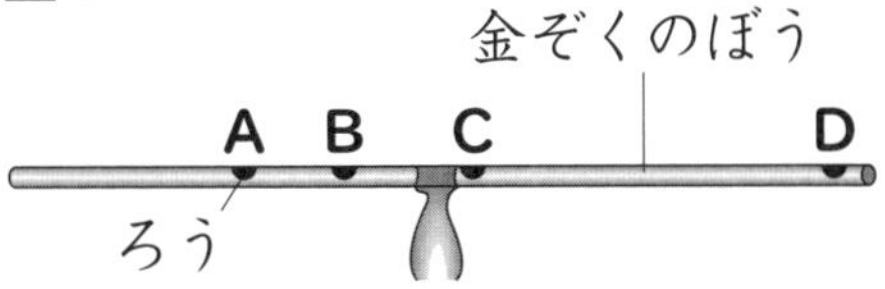

【37点】

(1) 図1のA～Dを，ろうがとける順《じゅん》にならべかえ，記号で書きましょう。

（全部できて10点）(　　→　　→　　→　　)

(2) 図2のようにななめにした金ぞくのぼうの真ん中を熱しました。いちばん早くろうがとける位《い》置《ち》をE～Hから選《えら》び，記号で書きましょう。（9点）(　　)

図2

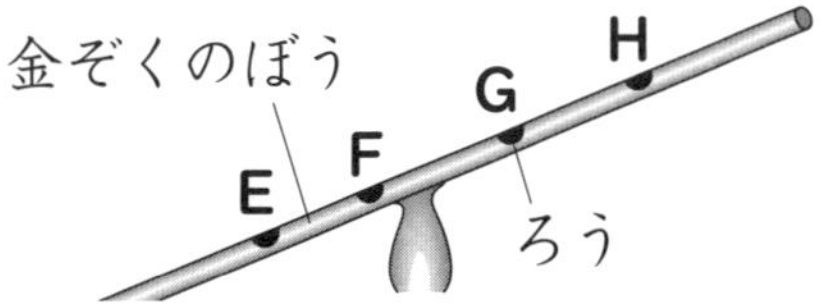

(3) 次の文中の①，②について，ア，イからあてはまることばをそれぞれ選び，記号で書きましょう。

1つ9点（18点）①(　　)　②(　　)

金ぞくは熱した部分に①(ア　近い　　イ　遠い)ところから順にあたたまり，あたたまり方は，金ぞくのぼうを水平にしたときとななめにしたときで②(ア　同じ　　イ　ちがう)。

2 **図1，図2のように，表面にろうをぬった正方形の金ぞくの板の×の部分を熱しました。次の問いに答えましょう。**

図1

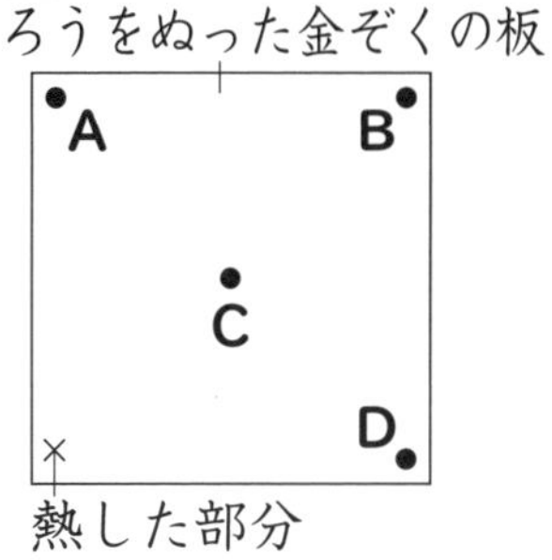

図2

1つ9点【63点】

(1) 図1で，いちばん最後《さいご》にろうがとける位置をA～Dから選び，記号で書きましょう。

(　　)

(2) 図1で，Aとほぼ同時にろうがとける位置をB～Dから選び，記号で書きましょう。

(　　)

(3) 図2で，Fとほぼ同時にろうがとける位置をE，G～Lから3つ選び，記号で書きましょう。

(　　)(　　)(　　)

(4) 図2で，I，Kの位置でろうが同時にとけるようにするには，E～H，J，Lのどの部分を熱すればよいですか。2つ選び，記号で書きましょう。

(　　)(　　)

理科

19 もののあたたまり方①

目ひょう時間 20分

学習した日　　月　　日

名前

とく点

/100点

らくらくマルつけ

4075
解説→316ページ

❶ 金ぞくのぼうにろうをぬり，図1のように，ぼうの真ん中を熱《ねっ》しました。次の問いに答えましょう。

図1

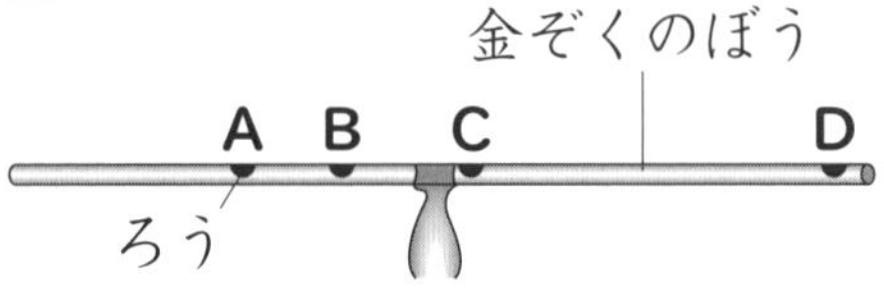

【37点】

(1) 図1のA～Dを，ろうがとける順《じゅん》にならべかえ，記号で書きましょう。

(全部できて10点) (　　→　　→　　→　　)

(2) 図2のようにななめにした金ぞくのぼうの真ん中を熱しました。いちばん早くろうがとける位置《いち》をE～Hから選《えら》び，記号で書きましょう。(9点) (　　)

図2

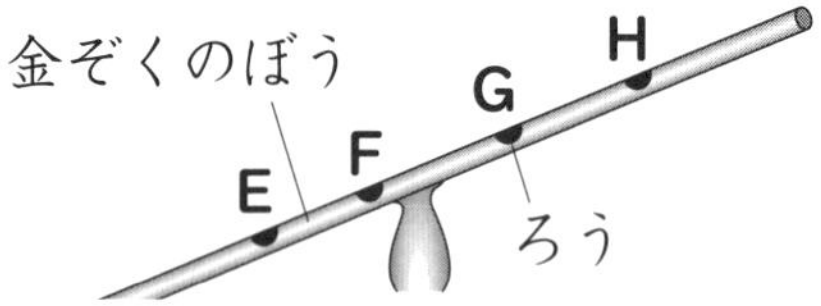

(3) 次の文中の①，②について，ア，イからあてはまることばをそれぞれ選び，記号で書きましょう。

1つ9点 (18点) ① (　　)　② (　　)

> 金ぞくは熱した部分に①(ア　近い　　イ　遠い)ところから順にあたたまり，あたたまり方は，金ぞくのぼうを水平にしたときとななめにしたときで②(ア　同じ　　イ　ちがう)。

❷ 図1，図2のように，表面にろうをぬった正方形の金ぞくの板の×の部分を熱しました。次の問いに答えましょう。

図1

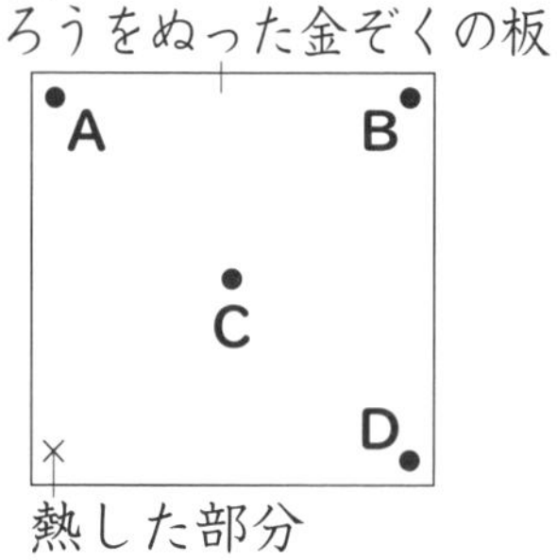

図2

1つ9点【63点】

(1) 図1で，いちばん最後《さいご》にろうがとける位置をA～Dから選び，記号で書きましょう。

(　　)

(2) 図1で，Aとほぼ同時にろうがとける位置をB～Dから選び，記号で書きましょう。

(　　)

(3) 図2で，Fとほぼ同時にろうがとける位置をE，G～Lから3つ選び，記号で書きましょう。

(　　)(　　)(　　)

(4) 図2で，I，Kの位置でろうが同時にとけるようにするには，E～H，J，Lのどの部分を熱すればよいですか。2つ選び，記号で書きましょう。

(　　)(　　)

目ひょう時間 20分

学習した日　月　日
名前
とく点　／100点

4076 解説→316ページ

らくらくマルつけ

❶ 図のように，水を入れたビーカーの底《そこ》に絵の具を入れ，ビーカーのはしを熱《ねっ》しました。次の問いに答えましょう。 1つ10点【50点】

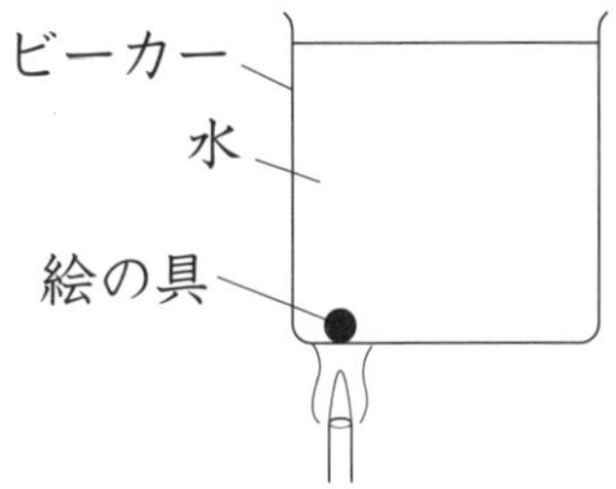

(1) 絵の具を入れたのはなぜですか。次から選《えら》び，記号で書きましょう。　(　　)

ア　水を早くあたためるため。

イ　水の温度を調べるため。

ウ　水の動き方を調べるため。

(2) 絵の具はどのように動きますか。次から選び，記号で書きましょう。　(　　)

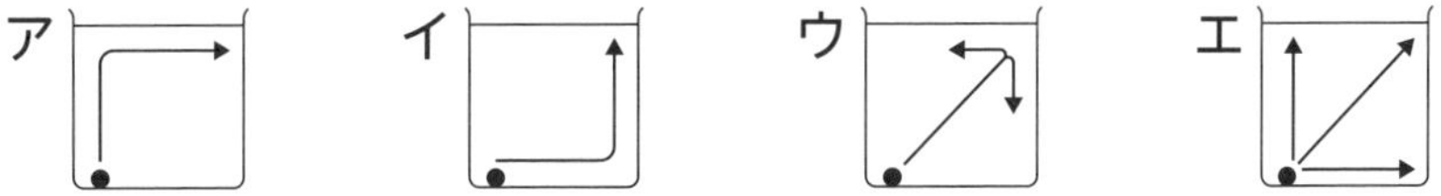

(3) 次の文中の①～②について，ア，イから，③について，ア～ウからあてはまることばをそれぞれ選び，記号で書きましょう。 ①(　　) ②(　　) ③(　　)

> 水は熱した部分の温度が①(ア　高く　イ　低《ひく》く)なり，その水が②(ア　下　イ　上)のほうへ動き，やがて③(ア　ビーカーの底のほうだけ　イ　熱した部分の近くだけ　ウ　全体)があたたまる。

❷ アルミニウムはくでふたをしたビーカーに線こうのけむりをためたあと，図のように，あたたかくなったかいろを置《お》きました。次の問いに答えましょう。 1つ10点【50点】

(1) 線こうのけむりの動きは何の動きを表していますか。　(　　)

(2) かいろを置いたあとの線こうのけむりの動き方を次から選び，記号で書きましょう。　(　　)

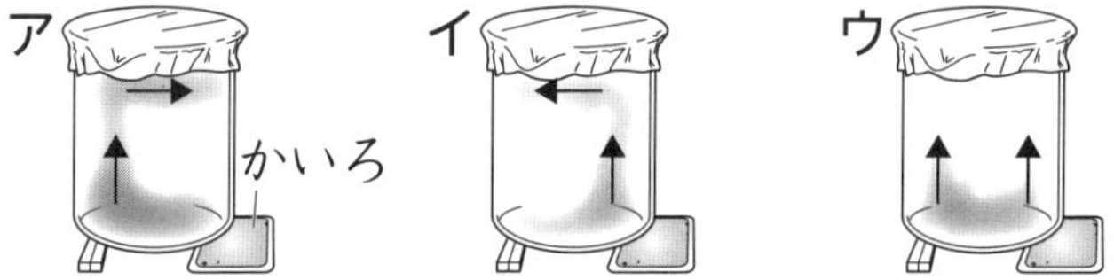

(3) 次の文中の①，②について，①はア，イから，②はア～ウからあてはまることばをそれぞれ選び，記号で書きましょう。 ①(　　) ②(　　)

> エアコンで部屋をあたためるとき，あたたかい空気は①(ア　上　イ　下)へ動くので，ふき出し口は②(ア　上　イ　下　ウ　水平)へ向けるとよい。

(4) 空気のあたたまり方は，水と金ぞくのどちらと同じですか。　(　　)

理科

20 もののあたたまり方②

目ひょう時間 20分

学習した日　　月　　日

名前

とく点　　／100点

4076
解説→316ページ

らくらくマルつけ

❶ 図のように，水を入れたビーカーの底《そこ》に絵の具を入れ，ビーカーのはしを熱《ねつ》しました。次の問いに答えましょう。 1つ10点【50点】

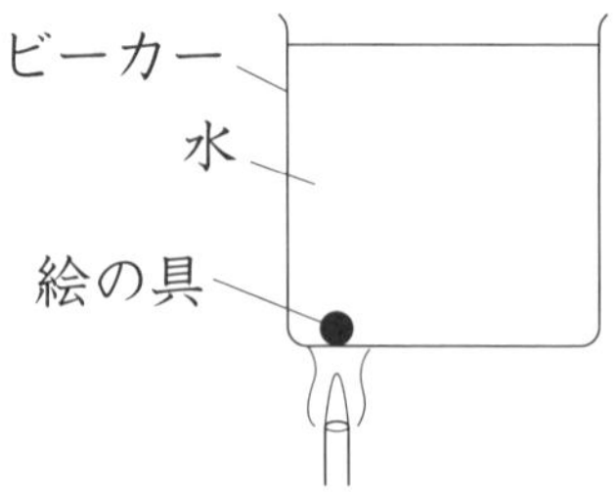

(1) 絵の具を入れたのはなぜですか。次から選《えら》び，記号で書きましょう。　（　　）

ア　水を早くあたためるため。

イ　水の温度を調べるため。

ウ　水の動き方を調べるため。

(2) 絵の具はどのように動きますか。次から選び，記号で書きましょう。　（　　）

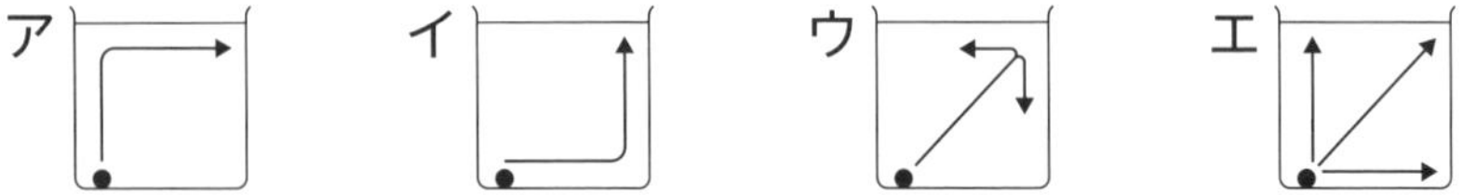

(3) 次の文中の①〜②について，ア，イから，③について，ア〜ウからあてはまることばをそれぞれ選び，記号で書きましょう。　①（　　）　②（　　）　③（　　）

> 水は熱した部分の温度が①(ア　高く　　イ　低《ひく》く)なり，その水が②(ア　下　　イ　上)のほうへ動き，やがて③(ア　ビーカーの底のほうだけ　　イ　熱した部分の近くだけ　　ウ　全体)があたたまる。

❷ アルミニウムはくでふたをしたビーカーに線こうのけむりをためたあと，図のように，あたたかくなったかいろを置《お》きました。次の問いに答えましょう。 1つ10点【50点】

(1) 線こうのけむりの動きは何の動きを表していますか。
（　　）

(2) かいろを置いたあとの線こうのけむりの動き方を次から選び，記号で書きましょう。　（　　）

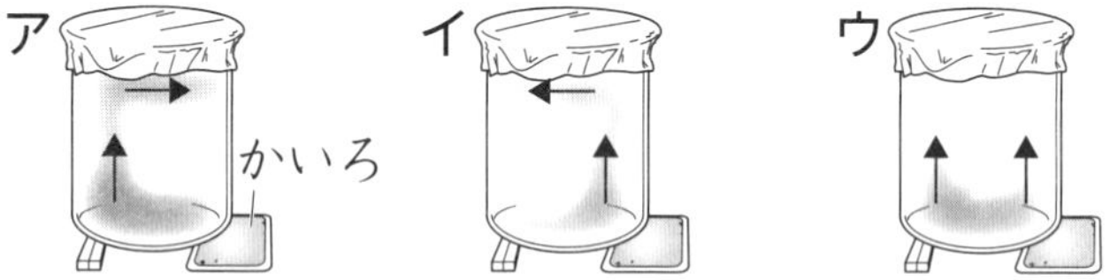

(3) 次の文中の①，②について，①はア，イから，②はア〜ウからあてはまることばをそれぞれ選び，記号で書きましょう。　①（　　）　②（　　）

> エアコンで部屋をあたためるとき，あたたかい空気は①(ア　上　　イ　下)へ動くので，ふき出し口は②(ア　上　　イ　下　　ウ　水平)へ向けるとよい。

(4) 空気のあたたまり方は，水と金ぞくのどちらと同じですか。　（　　）

21 すがたを変《か》える水

目ひょう時間 20分

学習した日　　月　　日	とく点
名前	／100点

らくらくマルつけ
4077
解説→316ページ

❶ 水は，温度によって3種類《しゅるい》のすがたに変《か》わります。次の問いに答えましょう。 1つ10点【30点】

(1) 水のように，目に見えて自由に形を変えることができるすがたを何といいますか。
(　　　　)

(2) 水じょう気のように，目に見えず，自由に形を変えることができるすがたを何といいますか。
(　　　　)

(3) 氷のように，かたまりになっていて自由に形を変えることができないすがたを何といいますか。
(　　　　)

❷ 図のように，ビーカーに水とPを入れ，しばらく熱《ねっ》すると，水の中からさかんにあわが出て，わき立ってきました。次の問いに答えましょう。 1つ10点【30点】

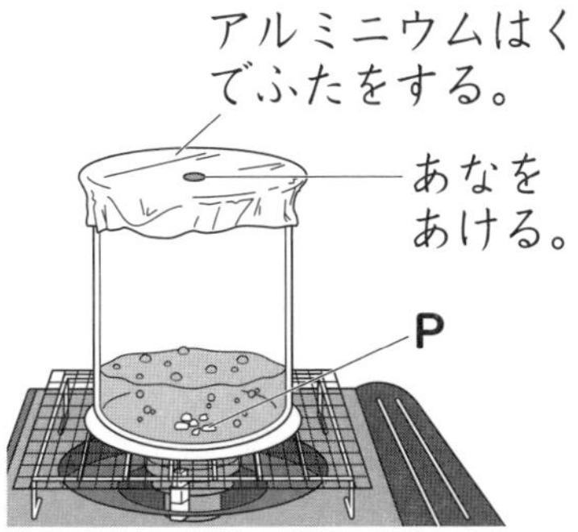

(1) 急に湯がわき立つのをふせぐためにビーカーに入れたPを何といいますか。
(　　　　)

(2) 水がわき立っているときの温度を次から選《えら》び，記号で書きましょう。(　　　　)

ア　10℃　　イ　50℃　　ウ　80℃　　エ　100℃

(3) アルミニウムはくのあなの上に白いけむりのようなものが見えました。この白いけむりのようなものを何といいますか。(　　　　)

❸ 図は，水を冷《ひ》やしたときの温度の変化《へんか》をグラフに表したものです。次の問いに答えましょう。 1つ10点【40点】

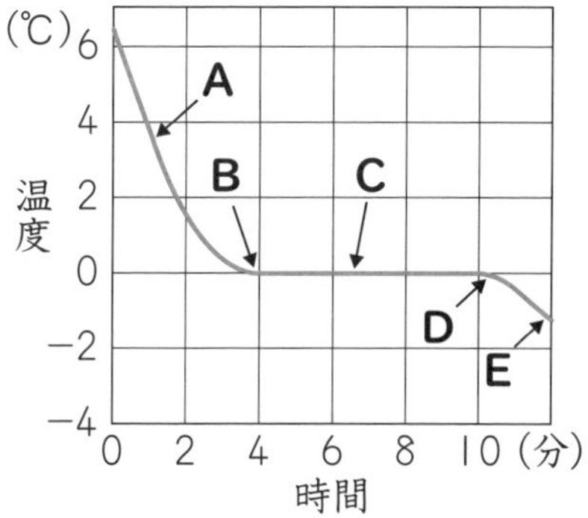

(1) 次の①～③にあてはまる部分を図のA～Eから選び，それぞれ記号で書きましょう。

① 水がこおり始めたとき　(　　　　)

② 水がすべて氷になったとき　(　　　　)

③ 水と氷がまざっているとき　(　　　　)

(2) 水がすべて氷になると，体積《たいせき》はどうなりますか。次から選び，記号で書きましょう。(　　　　)

ア　大きくなる。　　イ　小さくなる。

理科

21 すがたを変《か》える水

目ひょう時間 20分

学習した日　　月　　日

名前

とく点　　／100点

らくらくマルつけ

4077

解説→316ページ

❶ 水は，温度によって3種類《しゅるい》のすがたに変《か》わります。次の問いに答えましょう。 1つ10点【30点】

(1) 水のように，目に見えて自由に形を変えることができるすがたを何といいますか。

（　　　）

(2) 水じょう気のように，目に見えず，自由に形を変えることができるすがたを何といいますか。

（　　　）

(3) 氷のように，かたまりになっていて自由に形を変えることができないすがたを何といいますか。

（　　　）

❷ 図のように，ビーカーに水とPを入れ，しばらく熱《ねっ》すると，水の中からさかんにあわが出て，わき立ってきました。次の問いに答えましょう。 1つ10点【30点】

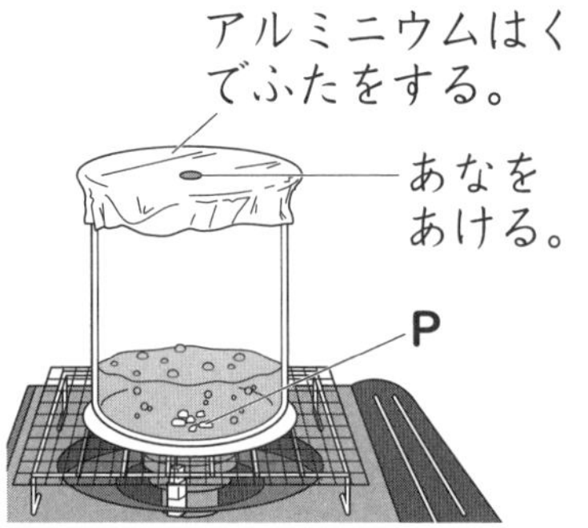

(1) 急に湯がわき立つのをふせぐためにビーカーに入れたPを何といいますか。

（　　　）

(2) 水がわき立っているときの温度を次から選《えら》び，記号で書きましょう。（　　　）

ア　10℃　　イ　50℃　　ウ　80℃　　エ　100℃

(3) アルミニウムはくのあなの上に白いけむりのようなものが見えました。この白いけむりのようなものを何といいますか。（　　　）

❸ 図は，水を冷《ひ》やしたときの温度の変化《へんか》をグラフに表したものです。次の問いに答えましょう。 1つ10点【40点】

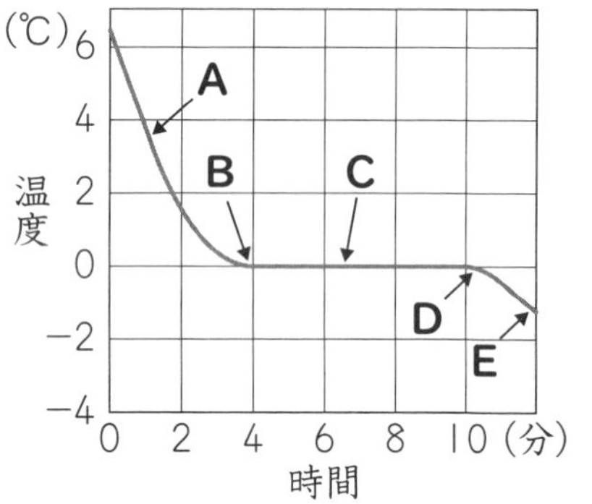

(1) 次の①～③にあてはまる部分を図のA～Eから選び，それぞれ記号で書きましょう。

① 水がこおり始めたとき（　　　）

② 水がすべて氷になったとき（　　　）

③ 水と氷がまざっているとき（　　　）

(2) 水がすべて氷になると，体積《たいせき》はどうなりますか。次から選び，記号で書きましょう。（　　　）

ア　大きくなる。　　イ　小さくなる。

22 まとめのテスト❶

目ひょう時間 20分

学習した日　　月　　日

名前

とく点　　／100点

4078
解説→317ページ

❶ 気温について，次の問いに答えましょう。 1つ10点【30点】

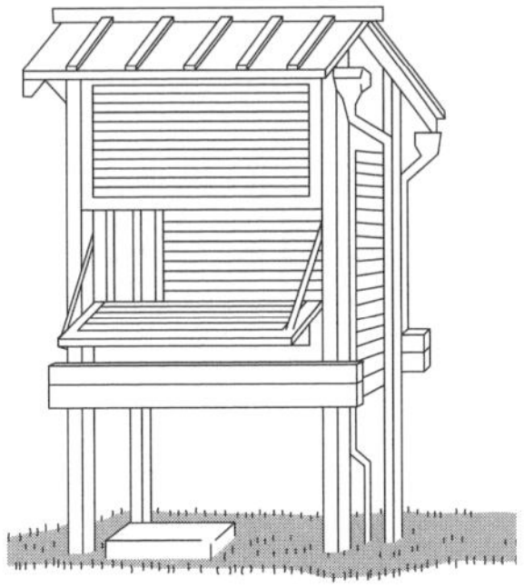

(1) 気温をはかる温度計が入っている図のようなものを何といいますか。　(　　　　　)

(2) 次の文中の①，②について，ア，イからあてはまることばをそれぞれ選《えら》び，記号で書きましょう。

①(　　　)　②(　　　)

> １日の気温の変化《へんか》が大きいのは①(ア　晴れ　　イ　くもりや雨)の日で，１日の気温は午後２時ごろに最《もっと》も②(ア　低《ひく》く　　イ　高く)なる。

❷ 図のA～Dのような回路をつくりました。あとの問いに答えましょう。 1つ10点【20点】

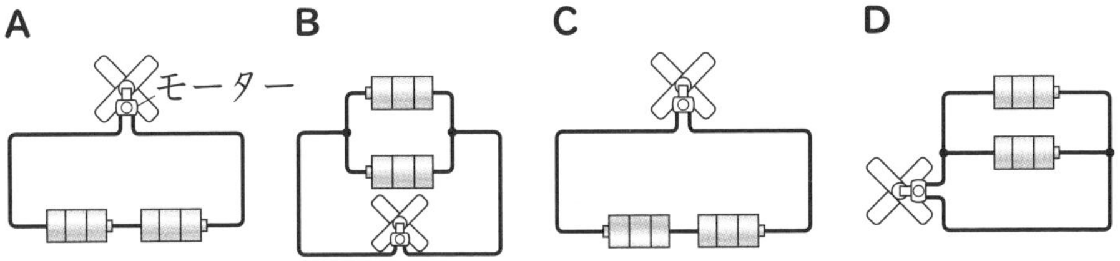

(1) モーターが回らない回路を，A～Dから選び，記号で書きましょう。　(　　　)

(2) モーターがいちばん速く回る回路をA～Dから選び，記号で書きましょう。　(　　　)

❸ 図のように，注《ちゅう》しゃ器《き》に水と空気を半分ずつ入れてピストンをおしました。次の問いに答えましょう。 1つ10点【30点】

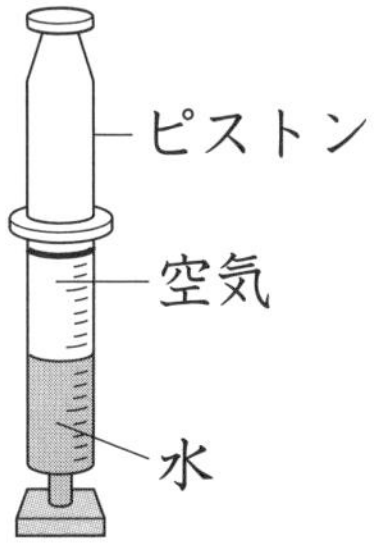

(1) ピストンはどのようになりますか。

(　　　　　)

(2) 注しゃ器の中の水面の位置《いち》はどのようになりますか。次から選び，記号で書きましょう。　(　　　)

ア　上がる。　　イ　下がる。　　ウ　変《か》わらない。

(3) おしちぢめることができるのは，水と空気のどちらですか。　(　　　)

❹ 次の文中の①，②にあてはまることばをそれぞれ書きましょう。 1つ10点【20点】

①(　　　　　　)　②(　　　　　　)

> 水たまりの水は，時間がたつと目に見えない(　①　)に変わる。このように水が(　①　)に変わって空気中へ出ていくことを(　②　)という。

22 まとめのテスト❶

目ひょう時間 20分

学習した日　月　日

名前

とく点

／100点

4078
解説→317ページ

らくらくマルつけ

❶ 気温について，次の問いに答えましょう。 1つ10点【30点】

(1) 気温をはかる温度計が入っている図のようなものを何といいますか。（　　　　）

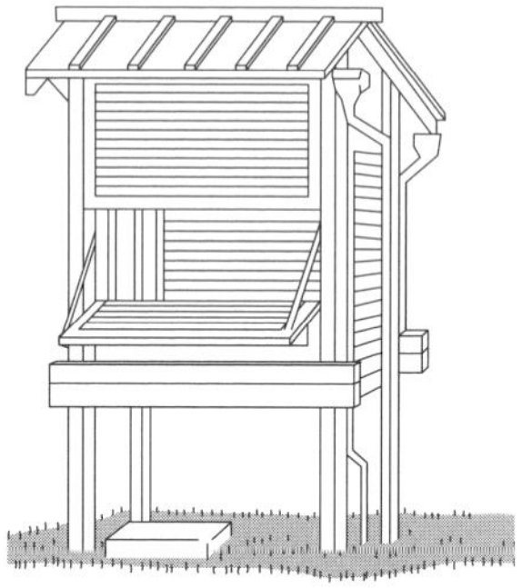

(2) 次の文中の①，②について，ア，イからあてはまることばをそれぞれ選《えら》び，記号で書きましょう。

①（　　）②（　　）

１日の気温の変化《へんか》が大きいのは①(ア　晴れ　　イ　くもりや雨)の日で，１日の気温は午後２時ごろに最《もっと》も②(ア　低《ひく》く　　イ　高く)なる。

❷ 図のA～Dのような回路をつくりました。あとの問いに答えましょう。 1つ10点【20点】

A　B　C　D

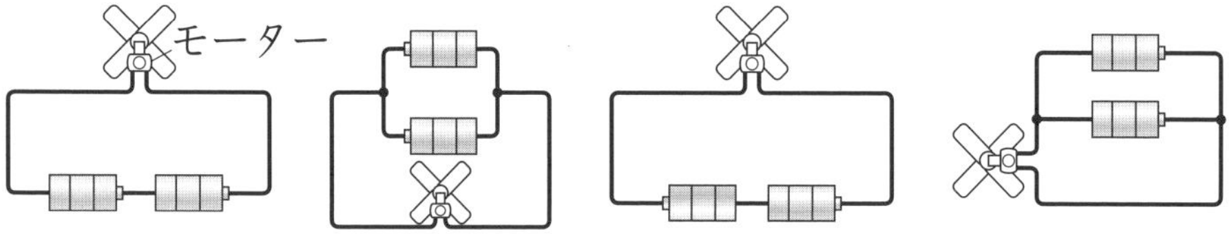

(1) モーターが回らない回路を，A～Dから選び，記号で書きましょう。（　　）

(2) モーターがいちばん速く回る回路をA～Dから選び，記号で書きましょう。（　　）

❸ 図のように，注《ちゅう》しゃ器《き》に水と空気を半分ずつ入れてピストンをおしました。次の問いに答えましょう。 1つ10点【30点】

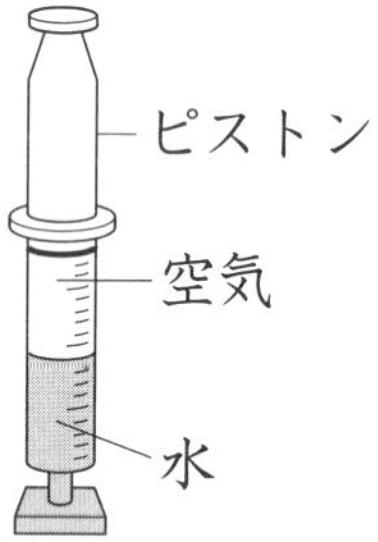

(1) ピストンはどのようになりますか。（　　　　）

(2) 注しゃ器の中の水面の位置《いち》はどのようになりますか。次から選び，記号で書きましょう。（　　）

ア　上がる。　　イ　下がる。　　ウ　変《か》わらない。

(3) おしちぢめることができるのは，水と空気のどちらですか。（　　）

❹ 次の文中の①，②にあてはまることばをそれぞれ書きましょう。 1つ10点【20点】

①（　　　　）②（　　　　）

水たまりの水は，時間がたつと目に見えない(　①　)に変わる。このように水が(　①　)に変わって空気中へ出ていくことを(　②　)という。

23 まとめのテスト②

目ひょう時間 20分

学習した日　月　日

名前

とく点　／100点

らくらくマルつけ

4079
解説→317ページ

1 図は，人のほねのつくりを表したものです。次の問いに答えましょう。 【40点】

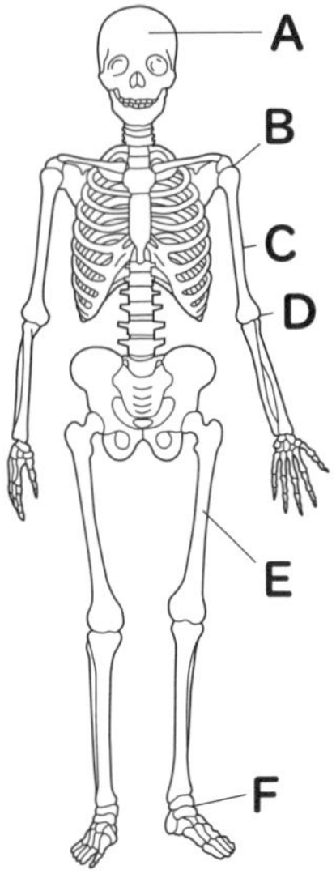

(1) 曲げることができる部分を，A～Fからすべて選《えら》び，記号で書きましょう。

（全部できて10点）（　　　　　）

(2) (1)の部分を何といいますか。

（10点）（　　　　　）

(3) 次の文中の①，②にあてはまることばをそれぞれ書きましょう。

1つ10点（20点）①（　　　　　）　②（　　　　　）

うでを曲げたりのばしたりするときは，ほねについている（　①　）がゆるんだり（　②　）だりする。

2 図のように，丸底《まるぞこ》フラスコに水，空気を入れたA，Bを用意し，Bは体積《たいせき》の変化《へんか》を調べるため，ガラス管《かん》にゼリーを入れ，ガラス管の水面とゼリーの位置《いち》に印《しるし》をつけてA，Bをあたためました。次の問いに答えましょう。 1つ10点【40点】

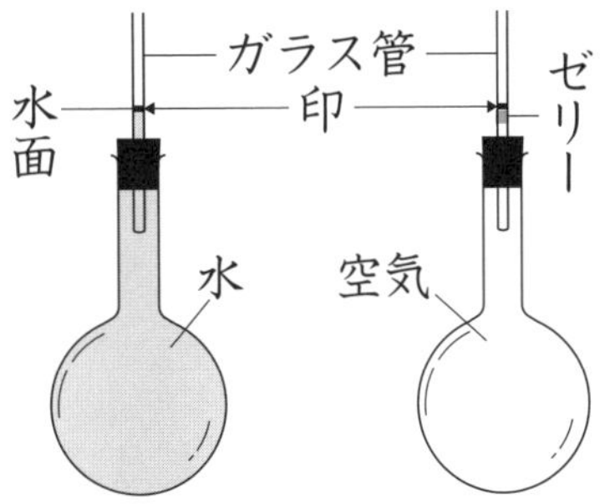

(1) Aの水面とBのゼリーの位置は，それぞれどのようになりますか。

A（　　　　　）

B（　　　　　）

(2) 同じ温度にあたためたとき，Aの水面とBのゼリーの位置で，変化が大きかったのは，どちらですか。（　　　）

(3) 金ぞくをあたためたときの体積の変化の大きさは，水をあたためたときの体積の変化の大きさとくらべてどうですか。次から選び，記号で書きましょう。（　　　）

ア　ほぼ同じである。

イ　小さい。

ウ　大きい。

3 図のように，水の入った試験管《しけんかん》を熱《ねつ》しました。次の問いに答えましょう。 1つ10点【20点】

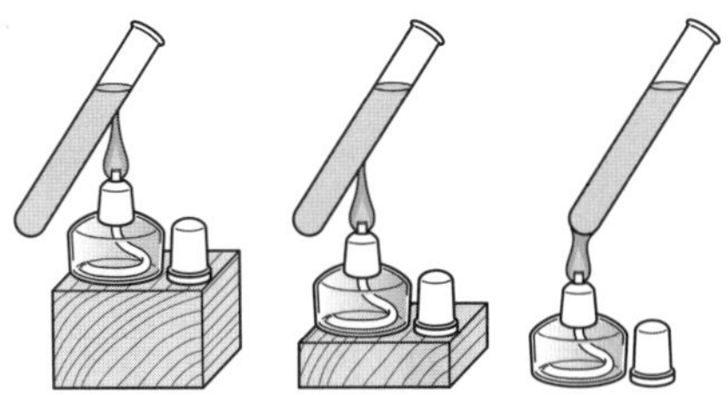

(1) 水全体がいちばん早くあたたまるものをA～Cから選び，記号で書きましょう。

（　　　）

(2) 水のあたたまり方は，空気と金ぞくのどちらににていますか。（　　　）

23 まとめのテスト②

目ひょう時間 20分

学習した日　月　日

名前

とく点

／100点

4079

解説→317ページ

らくらくマルつけ

❶ 図は，人のほねのつくりを表したものです。次の問いに答えましょう。【40点】

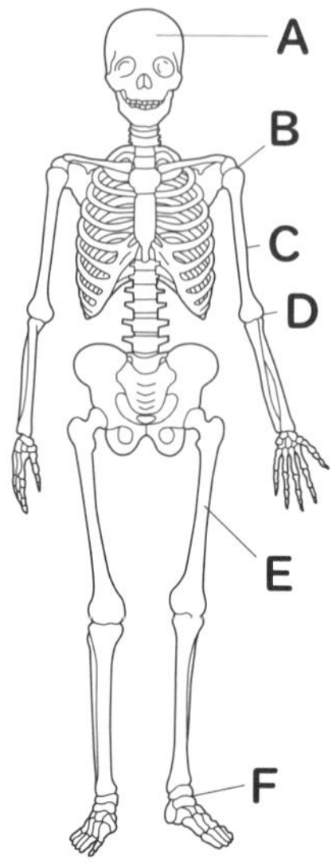

(1) 曲げることができる部分を，A～Fからすべて選《えら》び，記号で書きましょう。

(全部できて10点) (　　　　)

(2) (1)の部分を何といいますか。

(10点) (　　　　)

(3) 次の文中の①，②にあてはまることばをそれぞれ書きましょう。

1つ10点 (20点) ① (　　　　)　② (　　　　)

> うでを曲げたりのばしたりするときは，ほねについている(　①　)がゆるんだり(　②　)だりする。

❷ 図のように，丸底《まるぞこ》フラスコに水，空気を入れたA，Bを用意し，Bは体積《たいせき》の変化《へんか》を調べるため，ガラス管《かん》にゼリーを入れ，ガラス管の水面とゼリーの位置《いち》に印《しるし》をつけてA，Bをあたためました。次の問いに答えましょう。 1つ10点【40点】

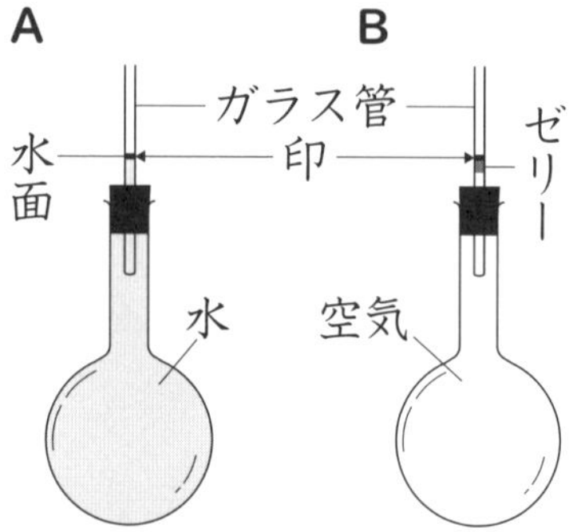

(1) Aの水面とBのゼリーの位置は，それぞれどのようになりますか。

A (　　　　)

B (　　　　)

(2) 同じ温度にあたためたとき，Aの水面とBのゼリーの位置で，変化が大きかったのは，どちらですか。(　　　　)

(3) 金ぞくをあたためたときの体積の変化の大きさは，水をあたためたときの体積の変化の大きさとくらべてどうですか。次から選び，記号で書きましょう。(　　　　)

ア　ほぼ同じである。

イ　小さい。

ウ　大きい。

❸ 図のように，水の入った試験管《しけんかん》を熱《ねつ》しました。次の問いに答えましょう。

1つ10点【20点】

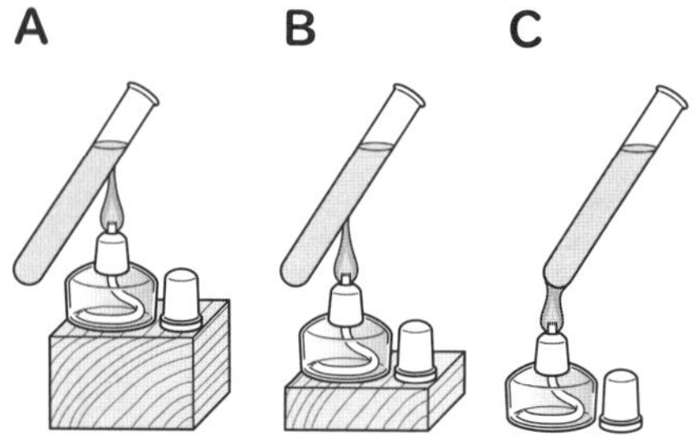

(1) 水全体がいちばん早くあたたまるものをA～Cから選び，記号で書きましょう。

(　　　　)

(2) 水のあたたまり方は，空気と金ぞくのどちらににていますか。

(　　　　)

24 まとめのテスト③

目ひょう時間 20分

学習した日　　月　　日

名前

とく点　　／100点

らくらくマルつけ 4080 解説→317ページ

① 図は，夏に東の空で見られた3つの星《せい》ざです。次の問いに答えましょう。 1つ10点【50点】

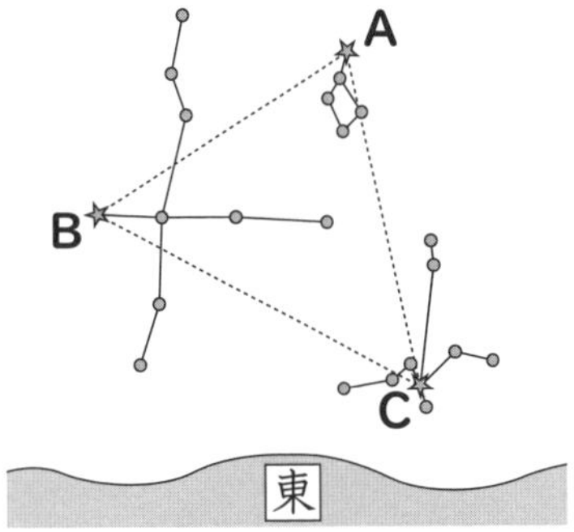

(1) 図の**A**～**C**の星をふくむ星ざを，それぞれ何ざといいますか。

A（　　　　　　）ざ

B（　　　　　　）ざ

C（　　　　　　）ざ

(2) 図の**A**～**C**の星を結《むす》んでできる三角形を何といいますか。（　　　　　　）

(3) 図の**A**～**C**の星をふくむ星ざは，このあと時間がたつとどのように動いて見えますか。次から選《えら》び，記号で書きましょう。（　　）

ア　北の空を通って西にしずむ。

イ　南の空を通って西にしずむ。

ウ　南の空を通って北にしずむ。

エ　西の空を通って北にしずむ。

② 図のA～Dは，いろいろな季節《きせつ》の生きもののようすを表したものです。あとの問いに答えましょう。 【30点】

A　**B**　**C**　**D**

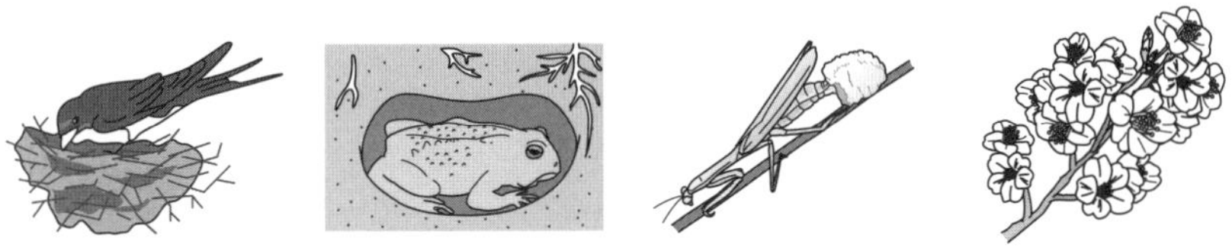

(1) 春のようすを表しているものを**A**～**D**からすべて選び，記号で書きましょう。（全部できて10点）（　　　　）

(2) ツルレイシやヘチマの葉がかれ始めたころに見られる生きもののようすを表したものを**A**～**D**から選び，記号で書きましょう。（10点）（　　）

(3) ナナホシテントウが落ち葉の下でじっとしているころに見られる生きもののようすを表したものを**A**～**D**から選び，記号で書きましょう。（10点）（　　）

③ 食塩《しょくえん》をまぜた氷水で水を冷《ひ》やしたところ，すべて氷になりました。次の問いに答えましょう。 1つ10点【20点】

(1) 水がこおり始める温度は何℃ですか。（　　　　）℃

(2) 水がすべて氷になると，体積《たいせき》はどのようになりますか。次から選び，記号で書きましょう。（　　）

ア　大きくなる。　**イ**　小さくなる。

理科

24 まとめのテスト③

目ひょう時間 20分

学習した日　月　日

名前

とく点　／100点

らくらくマルつけ

4080
解説→317ページ

❶ 図は，夏に東の空で見られた3つの星《せい》ざです。次の問いに答えましょう。 1つ10点【50点】

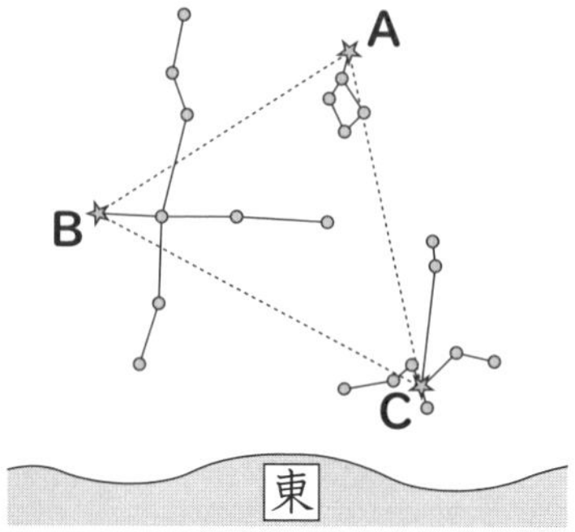

(1) 図のA～Cの星をふくむ星ざを，それぞれ何ざといいますか。

A（　　　　　　）ざ
B（　　　　　　）ざ
C（　　　　　　）ざ

(2) 図のA～Cの星を結《むす》んでできる三角形を何といいますか。（　　　　　　）

(3) 図のA～Cの星をふくむ星ざは，このあと時間がたつとどのように動いて見えますか。次から選《えら》び，記号で書きましょう。（　　　）

ア　北の空を通って西にしずむ。
イ　南の空を通って西にしずむ。
ウ　南の空を通って北にしずむ。
エ　西の空を通って北にしずむ。

❷ 図のA～Dは，いろいろな季節《きせつ》の生きもののようすを表したものです。あとの問いに答えましょう。 【30点】

A

B
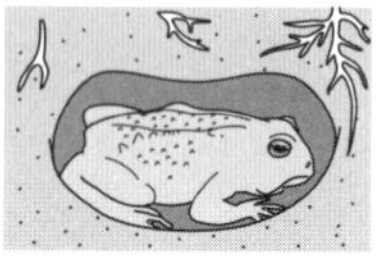
C
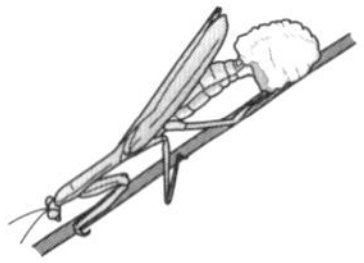
D

(1) 春のようすを表しているものをA～Dからすべて選び，記号で書きましょう。（全部できて10点）（　　　）

(2) ツルレイシやヘチマの葉がかれ始めたころに見られる生きもののようすを表したものをA～Dから選び，記号で書きましょう。（10点）（　　　）

(3) ナナホシテントウが落ち葉の下でじっとしているころに見られる生きもののようすを表したものをA～Dから選び，記号で書きましょう。（10点）（　　　）

❸ 食塩《しょくえん》をまぜた氷水で水を冷《ひ》やしたところ，すべて氷になりました。次の問いに答えましょう。 1つ10点【20点】

(1) 水がこおり始める温度は何℃ですか。（　　　）℃

(2) 水がすべて氷になると，体積《たいせき》はどのようになりますか。次から選び，記号で書きましょう。（　　　）

ア　大きくなる。　　イ　小さくなる。

1 都《と》道《どう》府《ふ》県《けん》のようす①

目ひょう時間 20分

学習した日　　月　　日

名前

とく点　　／100点

らくらくマルつけ

4081

解説→318ページ

社会

❶ 次の問いに答えましょう。　1つ7点【49点】

(1) 次の文中の（　）にあてはまる数字を書きましょう。

（　　　）

日本には都《と》道《どう》府《ふ》県《けん》が(　　)あり，そのうち都は1都，道は1道，府は2府である。

(2) (1)の2府とは，どこのことですか。2つの府の名前を書きましょう。　(　　　　)府　(　　　　)府

(3) 右の地図中のA～Dの地方を何といいますか。あとからそれぞれ選《えら》び，書きましょう。

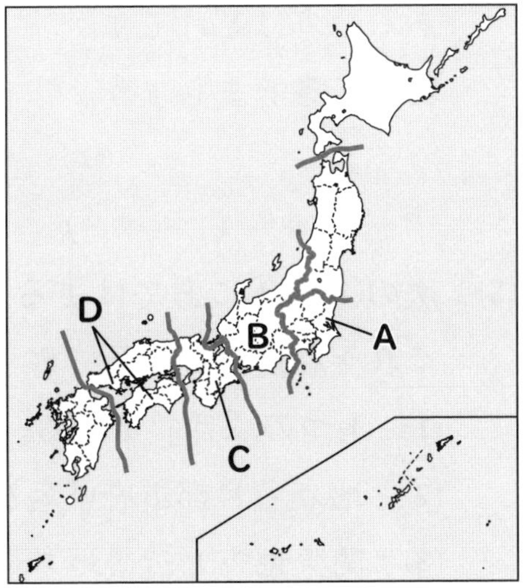

A（　　　　　　）地方

B（　　　　　　）地方

C（　　　　　　）地方

D（　　　　　　）地方

【 中部《ちゅうぶ》　関東《かんとう》　近畿《きんき》　中国《ちゅうごく》・四国《しこく》 】

❷ 右の地図を見て，次の問いに答えましょう。　【51点】

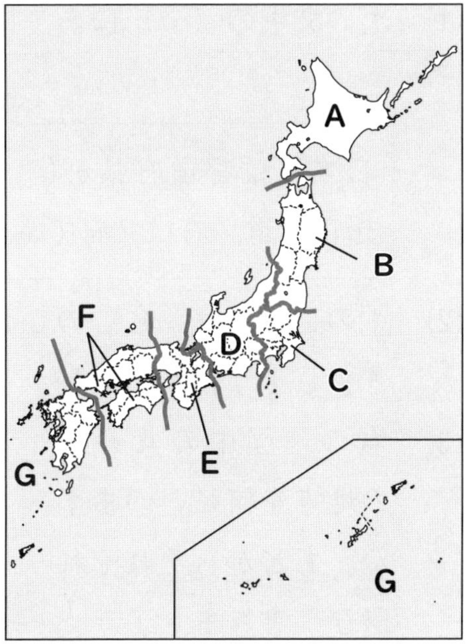

(1) 地図中のB・Gの地方名をそれぞれ書きましょう。　1つ7点（14点）

B（　　　　　）地方

G（　　　　　）地方

(2) 地図中のA～Dのうち，最《もっと》も多くの都道府県がある地方はどれですか。記号で書きましょう。　(9点)

（　　　）

(3) 次の①～④にあてはまる地方を，地図中のA～Gからそれぞれ選び，記号で書きましょう。　1つ7点（28点）

① 1つの「都」がある。　（　　）

② 地方名と都道府県名が同じである。　（　　）

③ 関東地方と近畿地方の間にはさまれている。　（　　）

④ 2つの「府」がある。　（　　）

1 都道府県《とどうふけん》のようす①

目ひょう時間 20分

学習した日　　月　　日

名前

とく点　　／100点

らくらくマルつけ

4081
解説→318ページ

❶ 次の問いに答えましょう。　1つ7点【49点】

(1) 次の文中の（　）にあてはまる数字を書きましょう。

（　　　）

日本には都道府県《とどうふけん》が（　　）あり，そのうち都は1都，道は1道，府は<u>2府</u>である。

(2) (1)の<u>2府</u>とは，どこのことですか。2つの府の名前を書きましょう。（　　　　）府（　　　　）府

(3) 右の地図中のA～Dの地方を何といいますか。あとからそれぞれ選《えら》び，書きましょう。

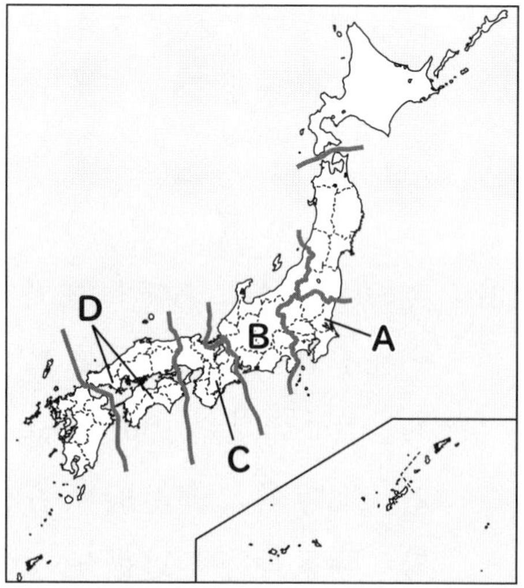

A（　　　　　　）地方

B（　　　　　　）地方

C（　　　　　　）地方

D（　　　　　　）地方

【　中部《ちゅうぶ》　関東《かんとう》　近畿《きんき》　中国《ちゅうごく》・四国《しこく》　】

❷ 右の地図を見て，次の問いに答えましょう。　【51点】

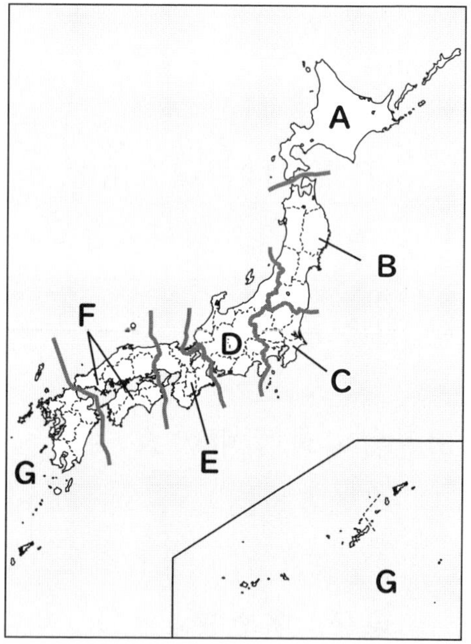

(1) 地図中のB・Gの地方名をそれぞれ書きましょう。　1つ7点（14点）

B（　　　　　）地方

G（　　　　　）地方

(2) 地図中のA～Dのうち，最《もっと》も多くの都道府県がある地方はどれですか。記号で書きましょう。　（9点）

（　　　）

(3) 次の①～④にあてはまる地方を，地図中のA～Gからそれぞれ選び，記号で書きましょう。　1つ7点（28点）

① 1つの「都」がある。　（　　　）

② 地方名と都道府県名が同じである。　（　　　）

③ 関東地方と近畿地方の間にはさまれている。　（　　　）

④ 2つの「府」がある。　（　　　）

2 都道府県《とどうふけん》のようす②

目ひょう時間 20分

学習した日　　月　　日

名前

とく点　　/100点

らくらくマルつけ
4082
解説→318ページ

❶ 右の地図を見て，次の問いに答えましょう。　1つ10点【50点】

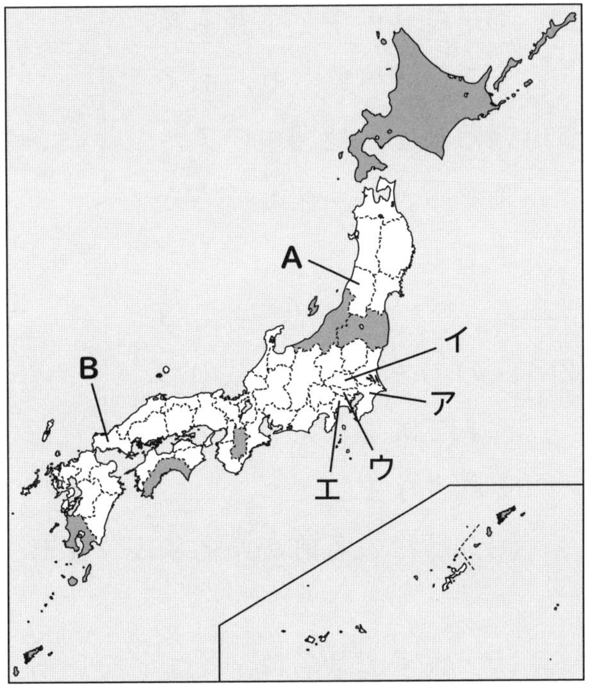

(1) 東京都《とうきょうと》を地図中のア～エから選《えら》び，記号で書きましょう。

(　　　)

(2) 地図中のA・Bの県名には，同じ漢字がふくまれています。その漢字1字を書きましょう。

(　　　)

(3) 次の①～③にあてはまる都道府県《とどうふけん》を，地図中の　　でしめした中からそれぞれ選び，書きましょう。

① 海に面していない。　(　　　　　)

② 東北《とうほく》地方の中で，いちばん南にある。

(　　　　　)

③ 都道府県の中で，面積《めんせき》が最《もっと》も広い。

(　　　　　)

❷ 右の地図を見て，次の問いに答えましょう。　1つ10点【50点】

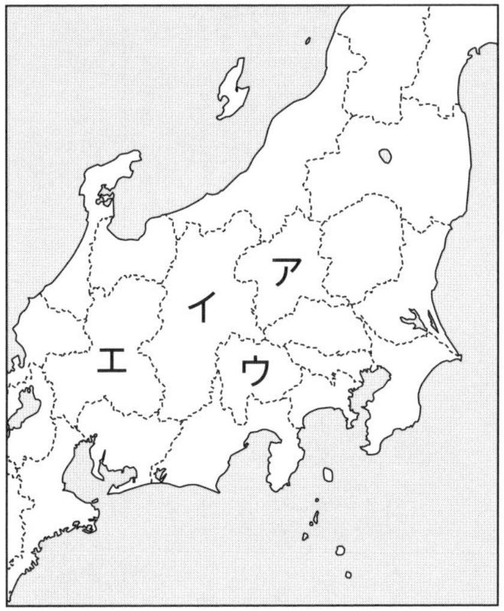

(1) 都道府県の中で，最も多くの都道府県とせっしている県を，地図中のア～エから選び，記号で書きましょう。

(　　　)

(2) 次の①～④の文と県の形にあてはまる県を，それぞれ書きましょう。

① 動物の名前が県名にふくまれている。

(　　　　　)県

② 数字が県名にふくまれている。　(　　　　　)県

③ 季節《きせつ》の名前が県名にふくまれている。

(　　　　　)県

④ 色の名前が県名にふくまれている。

(　　　　　)県

①
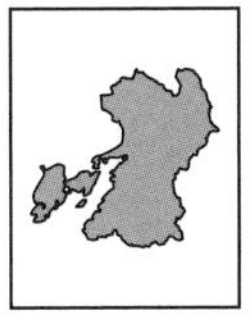

②
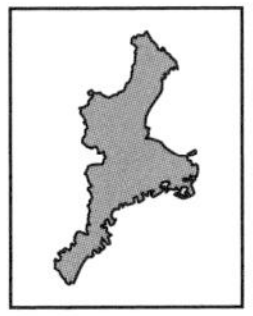

③
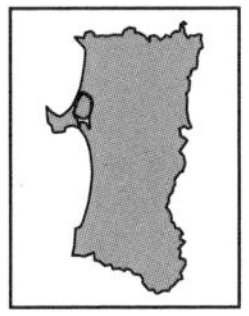

④
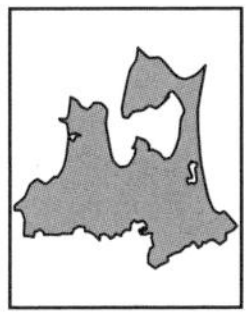

社会

2 都道府県《とどうふけん》のようす②

目ひょう時間 20分

学習した日　　月　　日

名前

とく点　　／100点

らくらくマルつけ　4082　解説→318ページ

❶ 右の地図を見て，次の問いに答えましょう。　1つ10点【50点】

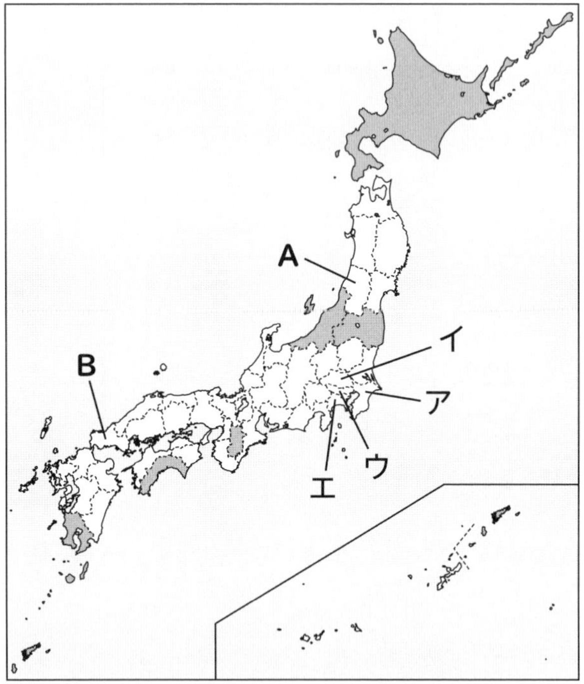

(1) 東京都《とうきょうと》を地図中のア～エから選《えら》び，記号で書きましょう。

（　　　）

(2) 地図中のA・Bの県名には，同じ漢字がふくまれています。その漢字１字を書きましょう。

（　　　）

(3) 次の①～③にあてはまる都道府県《とどうふけん》を，地図中の▭でしめした中からそれぞれ選び，書きましょう。

① 海に面していない。　（　　　）

② 東北《とうほく》地方の中で，いちばん南にある。

（　　　）

③ 都道府県の中で，面積《めんせき》が最《もっと》も広い。

（　　　）

❷ 右の地図を見て，次の問いに答えましょう。　1つ10点【50点】

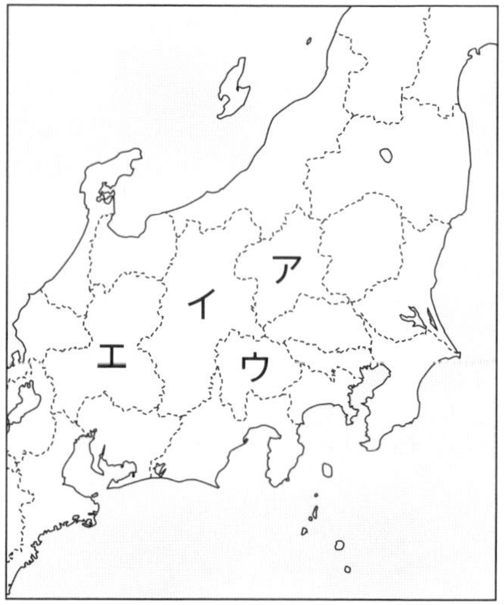

(1) 都道府県の中で，最も多くの都道府県とせっしている県を，地図中のア～エから選び，記号で書きましょう。

（　　　）

(2) 次の①～④の文と県の形にあてはまる県を，それぞれ書きましょう。

① 動物の名前が県名にふくまれている。

（　　　）県

② 数字が県名にふくまれている。　（　　　）県

③ 季節《きせつ》の名前が県名にふくまれている。

（　　　）県

④ 色の名前が県名にふくまれている。

（　　　）県

①
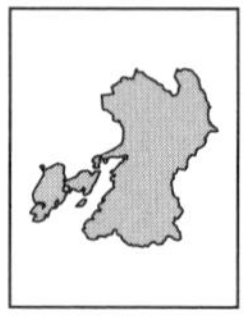
②
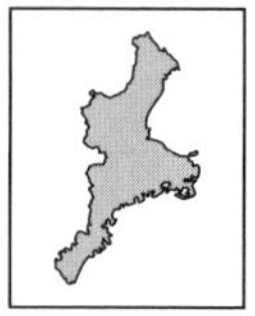
③
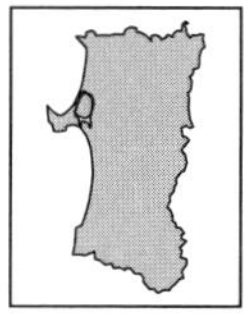
④
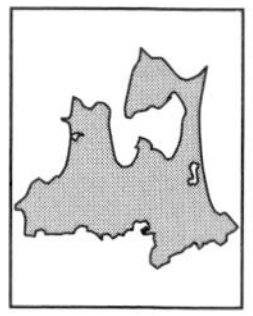

わたしたちの県①

目ひょう時間 20分

学習した日　　月　　日

名前

とく点　　／100点

4083
解説→318ページ

らくらくマルつけ

1 宮城《みやぎ》県の地形についてしめした右の地図を見て，次の問いに答えましょう。　1つ12点【60点】

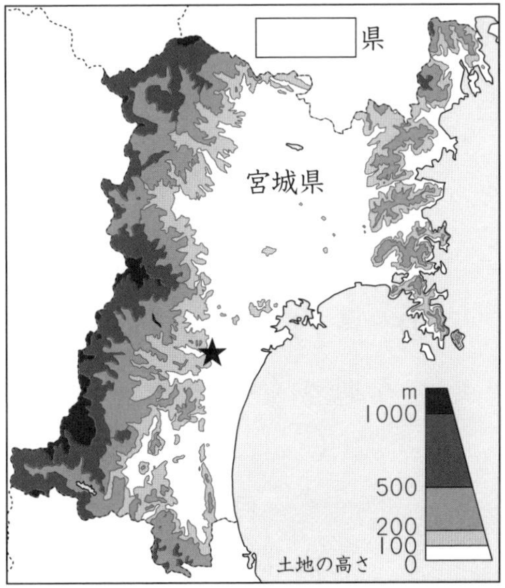

(1) 宮城県は何地方にふくまれますか。

（　　　　）地方

(2) 地図中の□にあてはまる，宮城県の北側《がわ》にある県の名前を書きましょう。

（　　　　）県

(3) 地図中の★でしめした，宮城県の県庁所《けんちょうしょ》在地《ざいち》の名前を書きましょう。　（　　　　）市

(4) 次の文中の①・②にあてはまることばを，地図を参考《さんこう》にして，あとからそれぞれ選《えら》び，書きましょう。

①（　　　　）②（　　　　）

> 県の中央には（　①　）が広がっており，県の西のほうには（　②　）が多く見られる。

【　山　盆地《ぼんち》　平野　島　】

2 宮城県のおもな高速道路と鉄道をしめした右の地図を見て，次の問いに答えましょう。　1つ10点【40点】

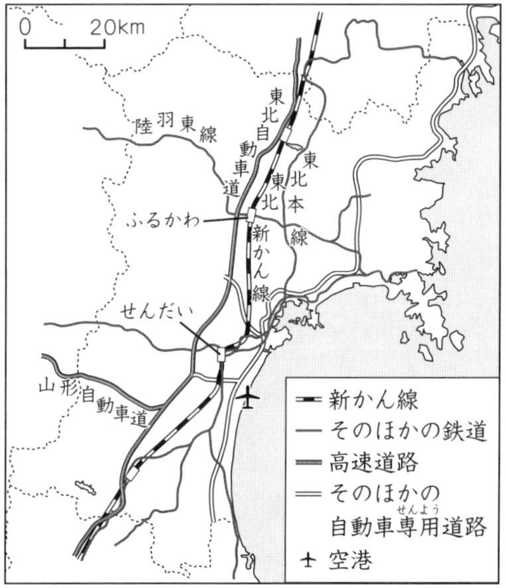

(1) 次の①・②にあてはまる高速道路の名前を，地図中からそれぞれ選び，書きましょう。

① 県内を南北に通っている。

（　　　　）自動車道

② 県内を東西に通っている。　（　　　　）自動車道

(2) 地図から読み取れることとして正しいものを，次から2つ選び，記号で書きましょう。（　　）（　　）

ア 陸羽東線《りくうとうせん》は「ふるかわ」駅を通っている。

イ 宮城県には東北《とうほく》新かん線の駅が3つある。

ウ 空港と「せんだい」駅の直線きょりは，約《やく》5km である。

エ 東北自動車道を利用《りよう》すると，福島《ふくしま》県に行くことができる。

社会

＼もう１回チャレンジ!!／

3 わたしたちの県①

目ひょう時間 20分

学習した日　月　日	とく点	らくらくマルつけ
名前	／100点	4083 解説→318ページ

❶ 宮城《みやぎ》県の地形についてしめした右の地図を見て，次の問いに答えましょう。 1つ12点【60点】

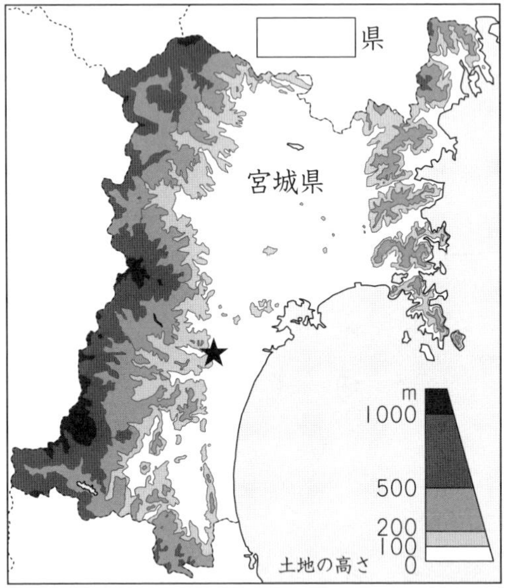

(1) 宮城県は何地方にふくまれますか。

(　　　　)地方

(2) 地図中の□にあてはまる，宮城県の北側《がわ》にある県の名前を書きましょう。

(　　　　)県

(3) 地図中の★でしめした，宮城県の県庁所《けんちょうしょ》在地《ざいち》の名前を書きましょう。(　　　　)市

(4) 次の文中の①・②にあてはまることばを，地図を参考《さんこう》にして，あとからそれぞれ選《えら》び，書きましょう。

①(　　　　)　②(　　　　)

> 県の中央には（ ① ）が広がっており，県の西のほうには（ ② ）が多く見られる。

【 山　盆地《ぼんち》　平野　島 】

❷ 宮城県のおもな高速道路と鉄道をしめした右の地図を見て，次の問いに答えましょう。 1つ10点【40点】

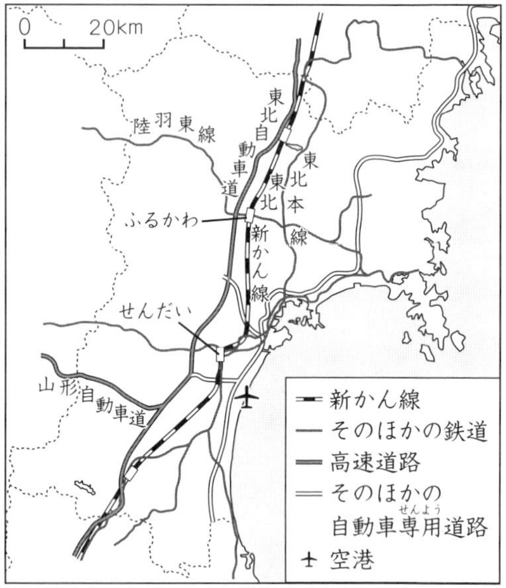

(1) 次の①・②にあてはまる高速道路の名前を，地図中からそれぞれ選び，書きましょう。

① 県内を南北に通っている。

(　　　　)自動車道

② 県内を東西に通っている。(　　　　)自動車道

(2) 地図から読み取れることとして正しいものを，次から2つ選び，記号で書きましょう。(　　　)(　　　)

ア 陸羽東線《りくうとうせん》は「ふるかわ」駅を通っている。

イ 宮城県には東北《とうほく》新かん線の駅が3つある。

ウ 空港と「せんだい」駅の直線きょりは，約《やく》5kmである。

エ 東北自動車道を利用《りよう》すると，福島《ふくしま》県に行くことができる。

わたしたちの県②

目ひょう時間 20分

学習した日　　月　　日

名前

とく点

／100点

4084
解説→319ページ

らくらくマルつけ

❶ 福岡《ふくおか》県の土地利用《りよう》をしめした右の地図を見て，次の問いに答えましょう。 【52点】

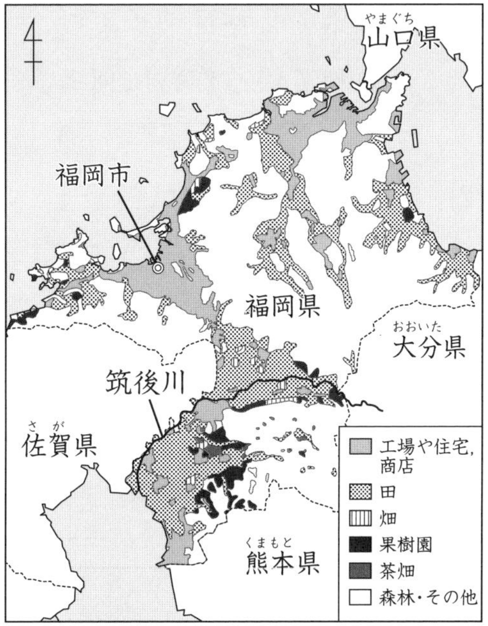

(1) 福岡県は何地方にふくまれますか。 (12点)

(　　　　) 地方

(2) 地図中の筑後《ちくご》川の下流は，福岡県とどの県のさかいを流れていますか。 (12点)

(　　　　) 県

(3) 福岡市役所のまわりでは，どのような土地利用が最《もっと》も多いですか。次から選《えら》び，記号で書きましょう。 (12点)

(　　　)

ア　田　　イ　工場や住宅《じゅうたく》，商店

ウ　畑　　エ　茶畑

(4) 次の文中の（　　　）にあてはまる方角を，八方位《はちほうい》で書きましょう。 (16点) (　　　　)

果樹園《かじゅえん》は，県の（　　　）側《がわ》に集まっている。

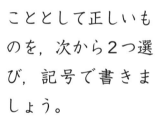

❷ 福岡県でつくられている作物の右のグラフと，交通をしめした下の地図を見て，次の問いに答えましょう。 1つ12点【48点】

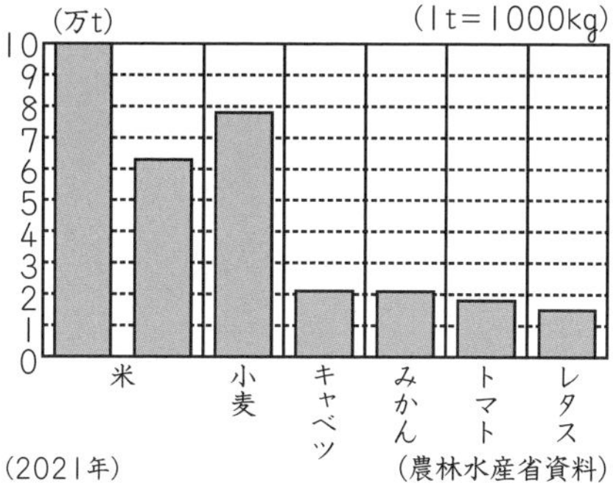

(1) 福岡県で２番目に多くつくられている作物は何ですか。 (　　　　)

(2) みかんの生産量《せいさんりょう》は何万 t ですか。 (　　　) 万t

(3) 右の地図から読み取れることとして正しいものを，次から２つ選び，記号で書きましょう。

(　　　)(　　　)

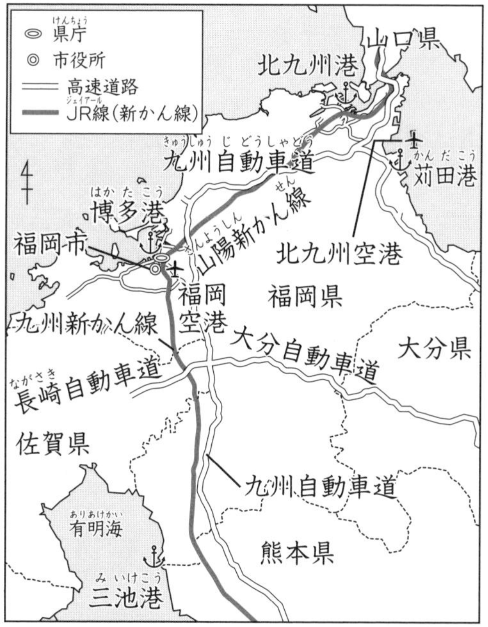

ア　県の西側に北九《きたきゅう》州《しゅう》空港がある。

イ　福岡県と大分県は新かん線で結《むす》ばれている。

ウ　福岡県には２つの新かん線が走っている。

エ　県が面している海には，あわせて４つの港がある。

社会

4 わたしたちの県②

目ひょう時間 20分

学習した日　　月　　日

名前

とく点　　／100点

4084
解説→319ページ

らくらくマルつけ

❶ 福岡県《ふくおか》の土地利用《りよう》をしめした右の地図を見て，次の問いに答えましょう。【52点】

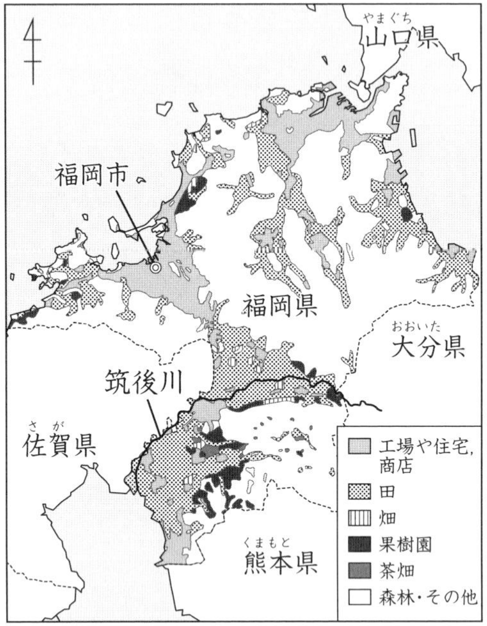

(1) 福岡県は何地方にふくまれますか。(12点)

(　　　　)地方

(2) 地図中の筑後川《ちくご》の下流は，福岡県とどの県のさかいを流れていますか。(12点)

(　　　　)県

(3) 福岡市役所のまわりでは，どのような土地利用が最《もっと》も多いですか。次から選《えら》び，記号で書きましょう。(12点)

(　　)

ア　田　　イ　工場や住宅《じゅうたく》，商店

ウ　畑　　エ　茶畑

(4) 次の文中の(　　)にあてはまる方角を，八方位《はちほうい》で書きましょう。(16点)(　　　　)

果樹園《かじゅえん》は，県の(　　)側《がわ》に集まっている。

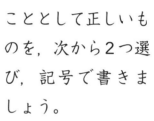

❷ 福岡県でつくられている作物の右のグラフと，交通をしめした下の地図を見て，次の問いに答えましょう。1つ12点【48点】

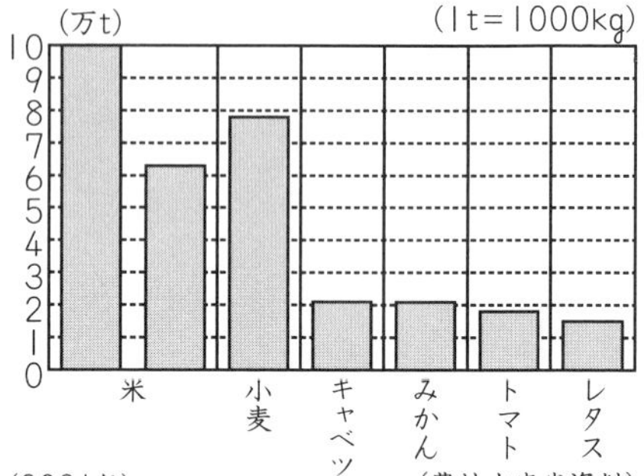

(2021年)　　(農林水産省資料)

(1) 福岡県で２番目に多くつくられている作物は何ですか。(　　　　)

(2) みかんの生産量《せいさんりょう》は何万tですか。(　　　)万t

(3) 右の地図から読み取れることとして正しいものを，次から２つ選び，記号で書きましょう。

(　　)(　　)

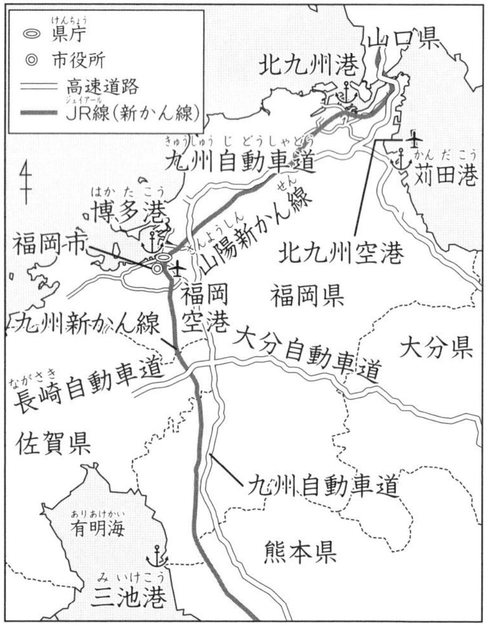

ア　県の西側に北九州《きたきゅうしゅう》空港がある。

イ　福岡県と大分県は新かん線で結《むす》ばれている。

ウ　福岡県には２つの新かん線が走っている。

エ　県が面している海には，あわせて４つの港がある。

目ひょう時間 20分

学習した日　月　日

名前

とく点　／100点

らくらくマルつけ

4085 解説→319ページ

5 わたしたちの県③

1 岡山《おかやま》県の土地利用《りよう》をしめした右の地図を見て，次の問いに答えましょう。 1つ10点【50点】

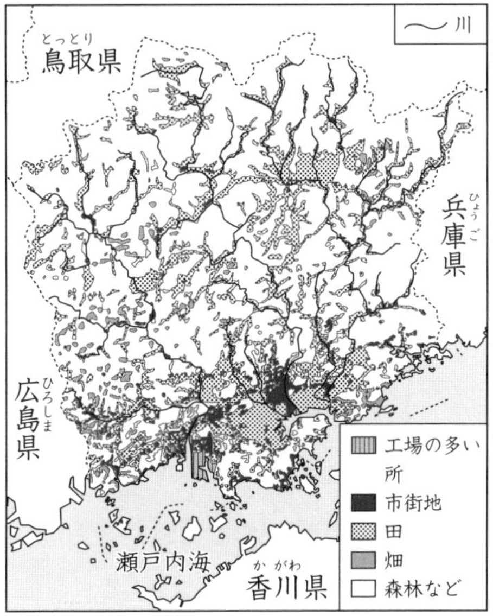

(1) 岡山県は，日本を7つの地方に分けたとき，何地方にふくまれますか。

(　　　　　　)地方

(2) 岡山県のまわりにある県のうち，西にある県は何県ですか。

(　　　　　)県

(3) 地図から読み取れることとして正しいものを，次から2つ選《えら》び，記号で書きましょう。 (　　)(　　)

ア　市街地《しがいち》は，おもに県の北部に見られる。

イ　工場の多い所は，瀬戸内海《せとないかい》に面している。

ウ　田はおもに川ぞいや，海ぞいの平野に見られる。

エ　畑は，おもに県の東部に集まっている。

(4) その土地の地形や気候《きこう》，原料《げんりょう》など，地いきの特色《とくしょく》を生かしてつくられたものを何といいますか。漢字3字で書きましょう。 (　　　　)

2 次の問いに答えましょう。 【50点】

(1) 右はクラスでつくったＰＲ紙《ピーアールし》です。ここから読み取れる，岡山県でさいばいがさかんなくだものを，次から2つ選び，書きましょう。 (全部できて20点)

(　　　　)(　　　　)

【みかん　もも　ぶどう　りんご】

(2) 右の地図から読み取れることとして正しいものを，次から2つ選び，記号で書きましょう。 1つ15点（30点）

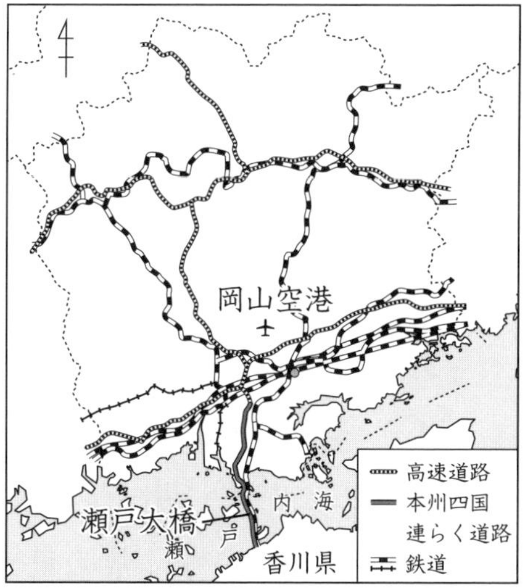

(　　)(　　)

ア　岡山県は本州四国《ほんしゅうしこく》連《れん》らく道路で徳島《とくしま》県と結《むす》ばれている。

イ　岡山県の北部と南部は高速道路で結ばれている。

ウ　岡山県には，空港がない。

エ　岡山県と香川県の間には，瀬戸内海《せとないかい》がある。

社会

5 わたしたちの県③

目ひょう時間 20分

学習した日　　月　　日

名前

とく点　　／100点

らくらくマルつけ
4085
解説→319ページ

❶ 岡山《おかやま》県の土地利用《りよう》をしめした右の地図を見て，次の問いに答えましょう。 1つ10点【50点】

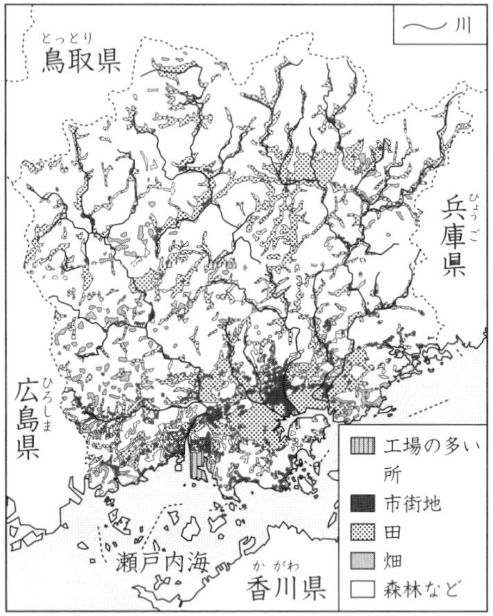

(1) 岡山県は，日本を７つの地方に分けたとき，何地方にふくまれますか。

（　　　　　　）地方

(2) 岡山県のまわりにある県のうち，西にある県は何県ですか。

（　　　　）県

(3) 地図から読み取れることとして正しいものを，次から２つ選《えら》び，記号で書きましょう。（　　）（　　）

ア 市街地《しがいち》は，おもに県の北部に見られる。

イ 工場の多い所は，瀬戸内海《せとないかい》に面している。

ウ 田はおもに川ぞいや，海ぞいの平野に見られる。

エ 畑は，おもに県の東部に集まっている。

(4) その土地の地形や気候《きこう》，原料《げんりょう》など，地いきの特色《とくしょく》を生かしてつくられたものを何といいますか。漢字３字で書きましょう。（　　　　）

❷ 次の問いに答えましょう。 【50点】

(1) 右はクラスでつくったＰＲ紙《ピーアールし》です。ここから読み取れる，岡山県でさいばいがさかんなくだものを，次から２つ選び，書きましょう。（全部できて20点）

（　　　　）（　　　　）

【みかん　もも
ぶどう　りんご】

(2) 右の地図から読み取れることとして正しいものを，次から２つ選び，記号で書きましょう。1つ15点（30点）

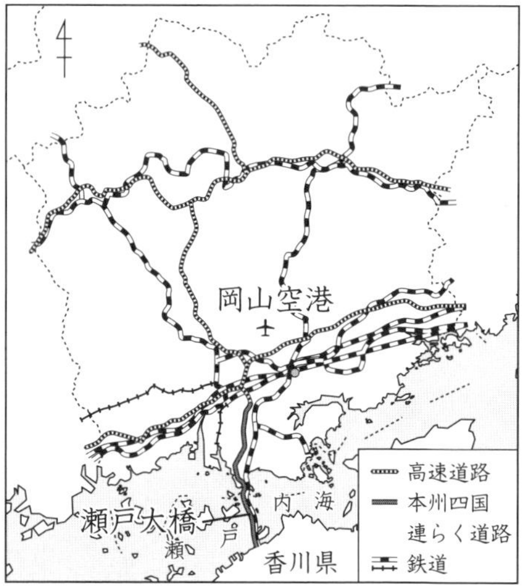

（　　）（　　）

ア 岡山県は本州四国《ほんしゅうしこく》連《れん》らく道路で徳島《とくしま》県と結《むす》ばれている。

イ 岡山県の北部と南部は高速道路で結ばれている。

ウ 岡山県には，空港がない。

エ 岡山県と香川県の間には，瀬戸内海《せとないかい》がある。

6 わたしたちのくらしと水①

目ひょう時間 20分

学習した日　　月　　日	とく点	
名前	／100点	4086 解説→319ページ

らくらくマルつけ

❶ 岡山《おかやま》市の給水量《きゅうすいりょう》の変化《へんか》と市の人口の変化を表す右の2つのグラフを見て，次の問いに答えましょう。 1つ12点【60点】

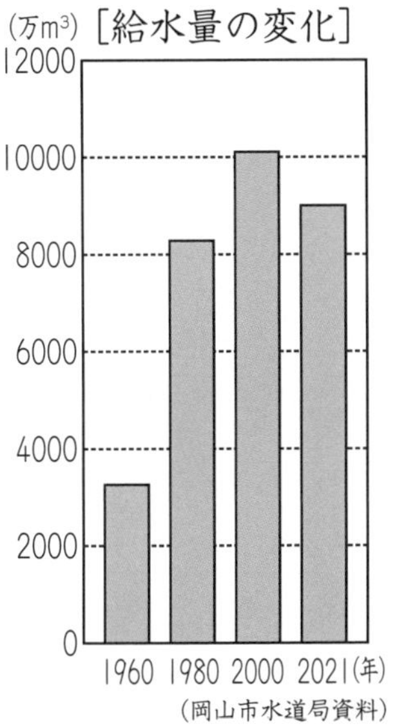

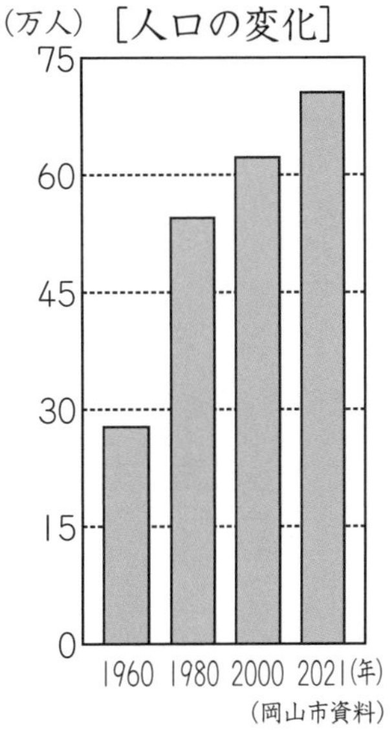

(1) 岡山市の給水量が最《もっと》も多い年は何年ですか。

（　　　　　）年

(2) (1)のときの給水量は，約《やく》何万m^3ですか。

約（　　　　　）万m^3

(3) 2021年の給水量は，1960年の約何倍になっていますか。整数で書きましょう。　約（　　）倍

(4) 2つのグラフについてのべた次の文中の①・②にあてはまることばを，右からそれぞれ選《えら》び，書きましょう。

①（　　　　　）②（　　　　　）

> 2000年にくらべて2021年の人口は（　①　）いるが，給水量は（　②　）いる。

【へって　ふえて】

❷ 次の図と「水が岡山市の学校にとどくまで」についてまとめたメモを見て，あとの問いに答えましょう。 1つ10点【40点】

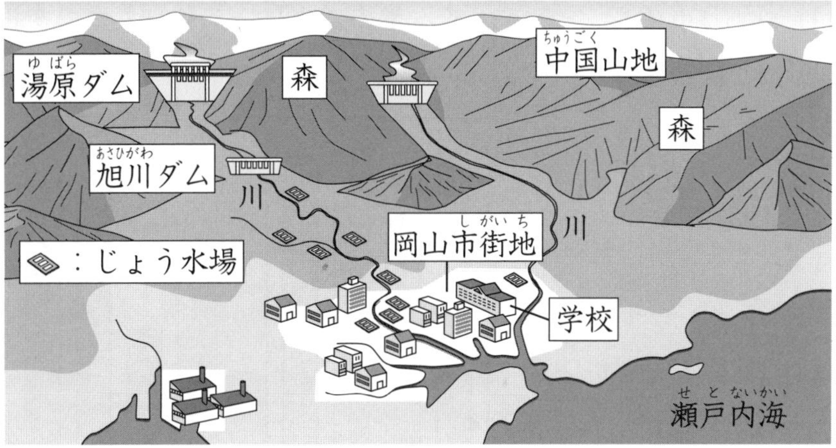

〔メモ〕

> [水が岡山市の学校にとどくまで]
> （　①　）やダム→（　②　）→じょう水場
> →（　③　）→学校の水道のじゃ口

(1) 〔メモ〕中の①・②にあてはまることばを，図からそれぞれ選び，書きましょう。　①（　　　）②（　　　）

(2) 〔メモ〕中の③にあてはまる，水が通る管《くだ》を何といいますか。漢字3字で書きましょう。　（　　　　）

(3) 水のように，生活や産業《さんぎょう》などに欠《か》かせない，大切なもののことを何といいますか。　（　　　　）

社会

6 わたしたちのくらしと水①

目ひょう時間 20分

学習した日　　月　　日

名前

とく点　　／100点

らくらくマルつけ

4086
解説→319ページ

❶ 岡山《おかやま》市の給水量《きゅうすいりょう》の変化《へんか》と市の人口の変化を表す右の2つのグラフを見て，次の問いに答えましょう。 1つ12点【60点】

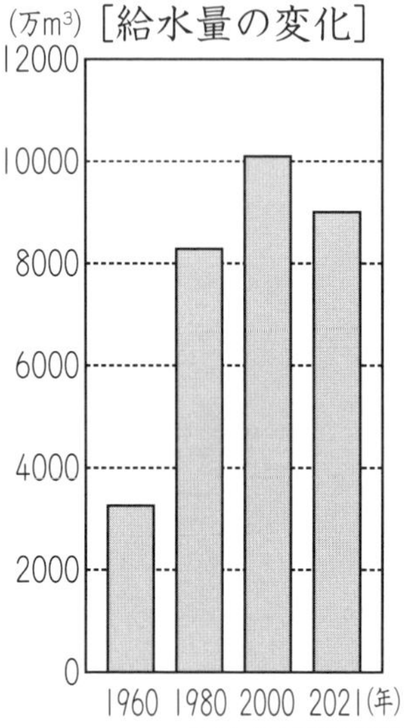

(岡山市水道局資料)

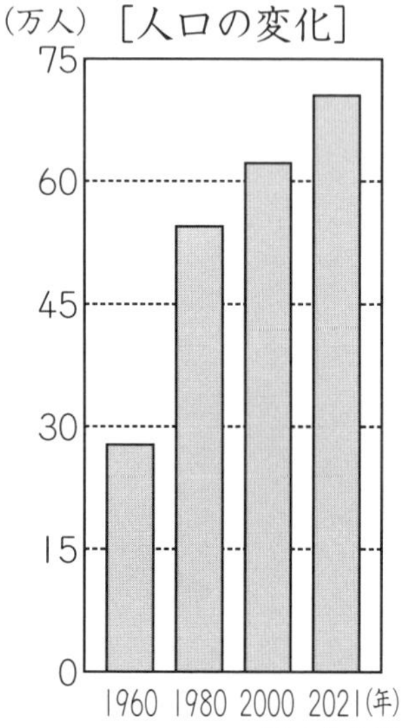

(岡山市資料)

(1) 岡山市の給水量が最《もっと》も多い年は何年ですか。

(　　　　　　)年

(2) (1)のときの給水量は，約《やく》何万m^3ですか。

約(　　　　　　　)万m^3

(3) 2021年の給水量は，1960年の約何倍になっていますか。整数で書きましょう。　約(　　　)倍

(4) 2つのグラフについてのべた次の文中の①・②にあてはまることばを，右からそれぞれ選《えら》び，書きましょう。

①(　　　　　　)　②(　　　　　　)

2000年にくらべて2021年の人口は(　①　)いるが，給水量は(　②　)いる。

【へって　ふえて】

❷ 次の図と「水が岡山市の学校にとどくまで」についてまとめたメモを見て，あとの問いに答えましょう。 1つ10点【40点】

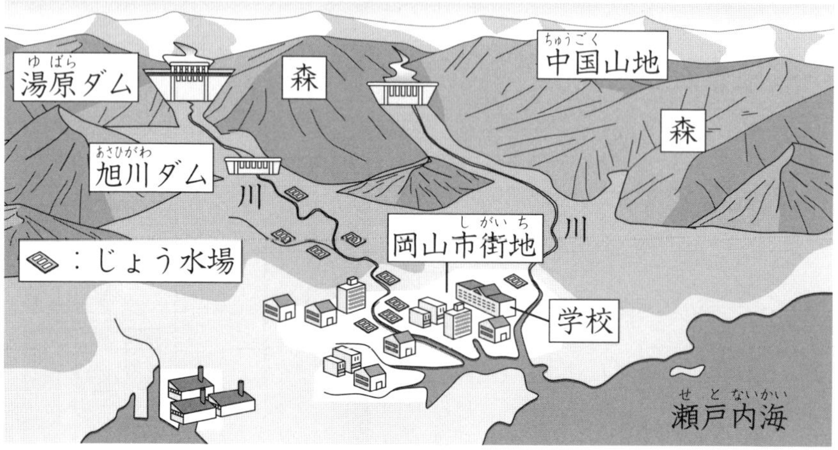

〔メモ〕

[水が岡山市の学校にとどくまで] (　①　)やダム→(　②　)→じょう水場 →(　③　)→学校の水道のじゃ口

(1) 〔メモ〕中の①・②にあてはまることばを，図からそれぞれ選び，書きましょう。　①(　　　　)　②(　　　　)

(2) 〔メモ〕中の③にあてはまる，水が通る管《くだ》を何といいますか。漢字3字で書きましょう。　(　　　　　　)

(3) 水のように，生活や産業《さんぎょう》などに欠《か》かせない，大切なもののことを何といいますか。　(　　　　　　)

7 わたしたちのくらしと水②

目ひょう時間 20分

学習した日　月　日

名前

とく点　／100点

4087
解説→320ページ

らくらくマルつけ

❶ 次の図を見て，あとの問いに答えましょう。

1つ10点【50点】

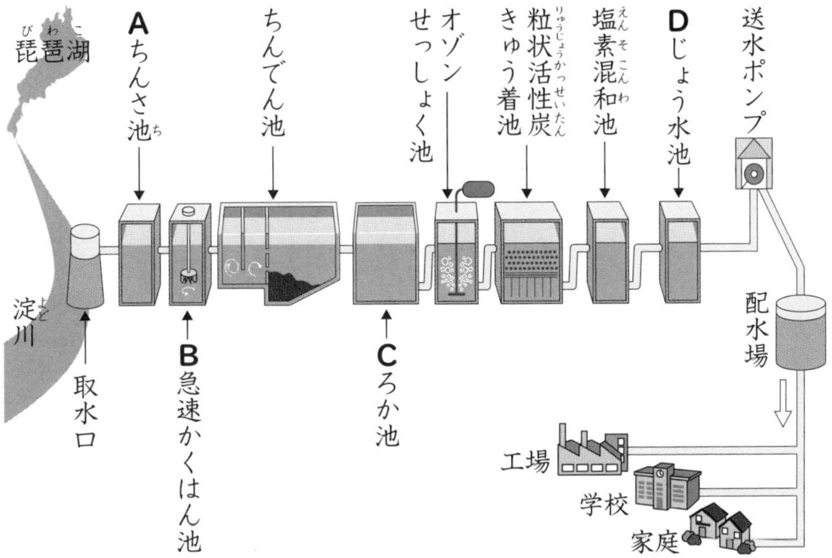

(1) 川の水をきれいにして，飲み水をつくる図のようなしせつを何といいますか。　(　　　　　　　　)

(2) 次の①～④の作業を行う所を，図中の**A**～**D**からそれぞれ選《えら》び，記号で書きましょう。

① 砂《すな》のそうを通し，にごりや小さなごみを取りのぞく。　(　　　)

② きれいになった水をためておく。　(　　　)

③ 水の中の砂やあらいごみをしずめる。　(　　　)

④ 薬品を入れてかきまぜる。　(　　　)

❷ 次の文を読んで，あとの問いに答えましょう。

1つ10点【50点】

わたしたちが使った水は，(　①　)管《かん》を通ってしょり場に運ばれる。そこで，きれいな水にして，(　②　)や海に流される。

(1) 文中の①・②にあてはまることばをそれぞれ書きましょう。　① (　　　　　　) ② (　　　　　　)

(2) わたしたちが (　①　) 管に流してもよいものを，次から2つ選び，記号で書きましょう。(　　　)(　　　)

ア おふろの残《のこ》り水　**イ** 食用油

ウ 生ごみ　**エ** トイレで使った水

(3) 右の (　①　) 管ののびるきょりの変化《へんか》のグラフを見ると，(　①　) 管ののびるきょりはのびていることがわかります。その理由についてのべた次の文中の，(　　　) にあてはまることばを書きましょう。

(　　　　　　)

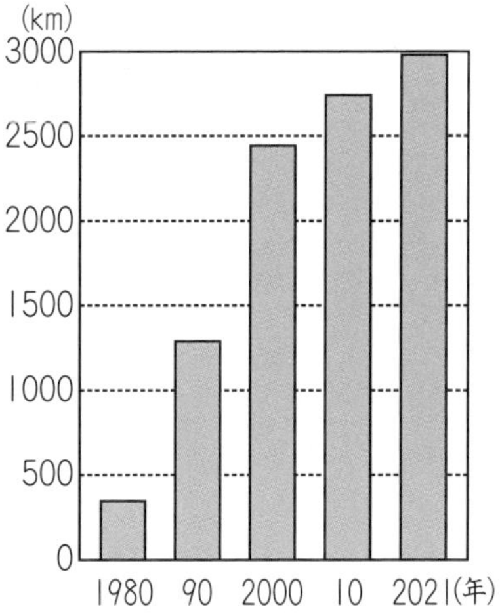

（相模原市資料）

市の (　　　) がふえて，水の使用量《しようりょう》がふえたから。

社会

7 わたしたちのくらしと水②

目ひょう時間 20分

学習した日　　月　　日

名前

とく点　　/100点

らくらくマルつけ

4087
解説→320ページ

❶ 次の図を見て，あとの問いに答えましょう。

1つ10点【50点】

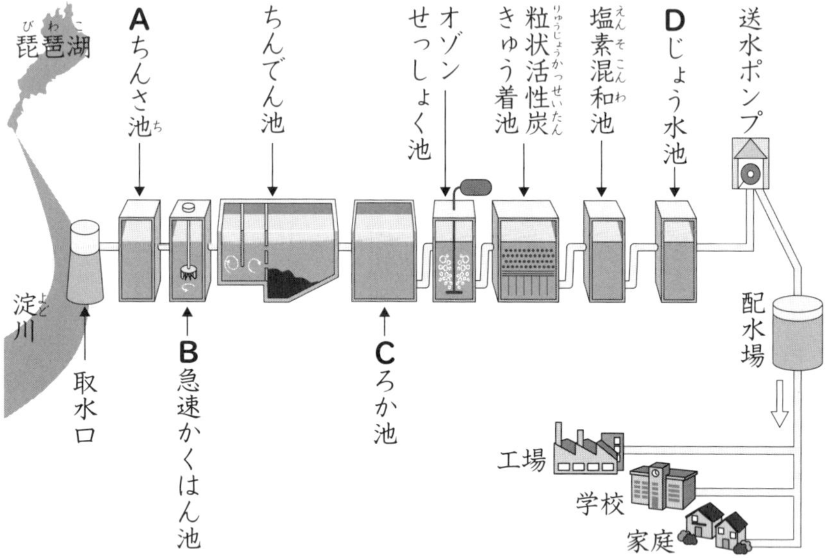

(1) 川の水をきれいにして，飲み水をつくる図のようなしせつを何といいますか。　　(　　　　　　　　)

(2) 次の①～④の作業を行う所を，図中のA～Dからそれぞれ選《えら》び，記号で書きましょう。

① 砂《すな》のそうを通し，にごりや小さなごみを取りのぞく。　　(　　　)

② きれいになった水をためておく。　　(　　　)

③ 水の中の砂やあらいごみをしずめる。　　(　　　)

④ 薬品を入れてかきまぜる。　　(　　　)

❷ 次の文を読んで，あとの問いに答えましょう。 1つ10点【50点】

わたしたちが使った水は，(　①　)管《かん》を通ってしょり場に運ばれる。そこで，きれいな水にして，(　②　)や海に流される。

(1) 文中の①・②にあてはまることばをそれぞれ書きましょう。　①(　　　　　)　②(　　　　　)

(2) わたしたちが(　①　)管に流してもよいものを，次から2つ選び，記号で書きましょう。(　　　)(　　　)

ア　おふろの残《のこ》り水　　イ　食用油

ウ　生ごみ　　エ　トイレで使った水

(3) 右の(　①　)管ののびるきょりの変化《へんか》のグラフを見ると，(　①　)管ののびるきょりはのびていることがわかります。その理由についてのべた次の文中の，(　　　)にあてはまることばを書きましょう。

(　　　　　)

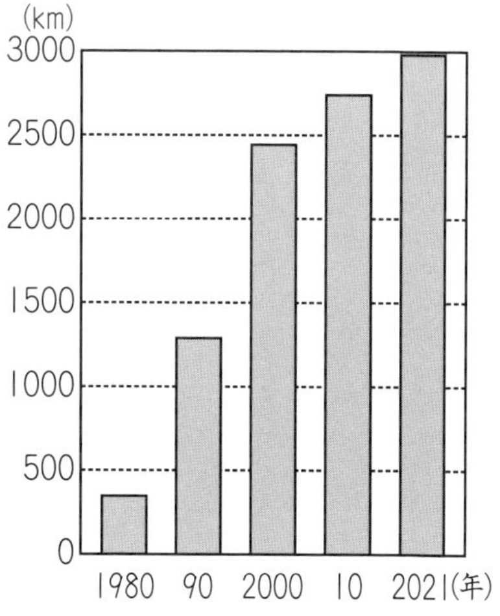

(相模原市資料)

市の(　　　)がふえて，水の使用量《しようりょう》がふえたから。

8 わたしたちのくらしと水③

目ひょう時間 20分

学習した日　　月　　日

名前

とく点　　／100点

4088
解説→320ページ

1 次の問いに答えましょう。 1つ10点【60点】

(1) 右の図は，森林が水をたくわえるしくみを表しています。A～Cにあてはまることばを，次からそれぞれ選《えら》び，書きましょう。

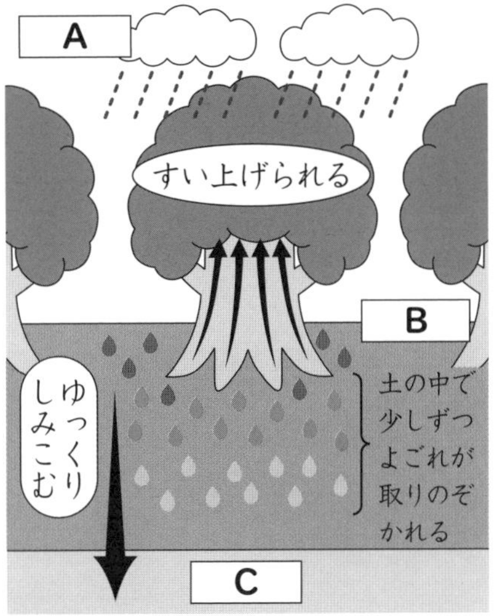

A（　　　　　　）
B（　　　　　　）
C（　　　　　　）

【 雨　地下水　土 】

(2) 次の文中の（　　）にあてはまることばを書きましょう。（　　　　　　）

図のように，森林には水をたくわえるはたらきがあることから，森林は「（　　　　）」ともよばれている。

(3) 森林があることでふせぐことができる自然災害《しぜんさいがい》を，次から2つ選び，記号で書きましょう。（　　）（　　）

ア 土砂《どしゃ》くずれ　　イ 台風
ウ こう水　　エ 火事

2 次の問いに答えましょう。 1つ10点【40点】

(1) 右のグラフは，1家庭あたりで1日に使われる水の量《りょう》の変化《へんか》を表しています。2020年の水の量は，2005年にくらべて，「へっている」，「ふえている」のどちらですか。（　　　　　　）

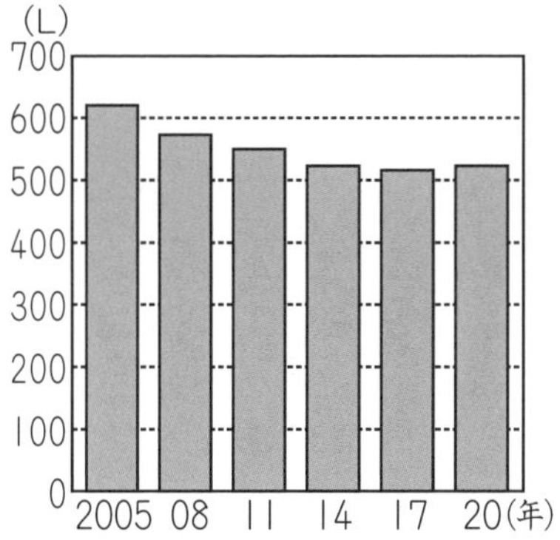

（相模原市資料）

(2) 水を大切に使い，使う水の量をへらすことを何といいますか。（　　　　）

(3) 水を大切にする取り組みとして，まちがっているものを，次から2つ選び，記号で書きましょう。（　　）（　　）

ア おふろの残《のこ》り湯を使って，せんたくする。

イ せんたくはこまめに行い，回数をふやす。

ウ 食器《しょっき》は，水を出し続《つづ》けながら，あらう。

エ 歯みがきをするとき，水を出し続けない。

8 わたしたちのくらしと水③

目ひょう時間 20分

学習した日　　月　　日

名前

とく点　　／100点

らくらくマルつけ 4088 解説→320ページ

❶ 次の問いに答えましょう。 1つ10点【60点】

(1) 右の図は，森林が水をたくわえるしくみを表しています。A～Cにあてはまることばを，次からそれぞれ選《えら》び，書きましょう。

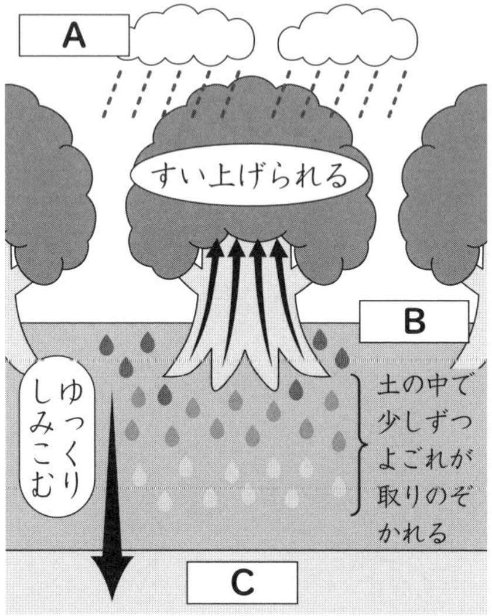

A (　　　　　)

B (　　　　　)

C (　　　　　)

【 雨　地下水　土 】

(2) 次の文中の（　　）にあてはまることばを書きましょう。 (　　　　　)

> 図のように，森林には水をたくわえるはたらきがあることから，森林は「(　　　)」ともよばれている。

(3) 森林があることでふせぐことができる自然災害《しぜんさいがい》を，次から2つ選び，記号で書きましょう。(　　　)(　　　)

ア　土砂《どしゃ》くずれ　　イ　台風

ウ　こう水　　エ　火事

❷ 次の問いに答えましょう。 1つ10点【40点】

(1) 右のグラフは，1家庭あたりで1日に使われる水の量《りょう》の変化《へんか》を表しています。2020年の水の量は，2005年にくらべて，「へっている」，「ふえている」のどちらですか。(　　　　　)

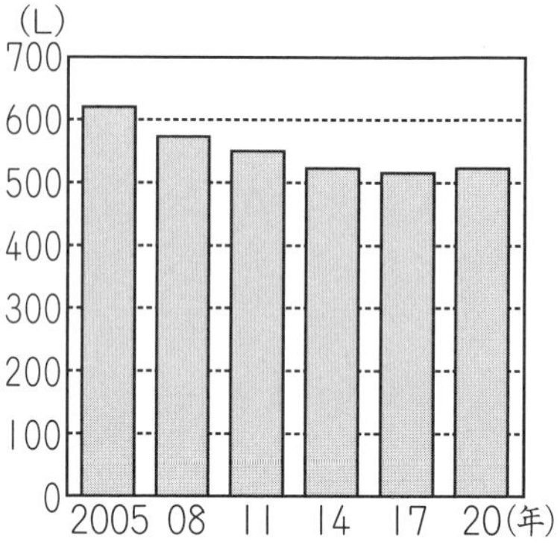

(相模原市資料)

(2) 水を大切に使い，使う水の量をへらすことを何といいますか。 (　　　　　)

(3) 水を大切にする取り組みとして，まちがっているものを，次から2つ選び，記号で書きましょう。 (　　　)(　　　)

ア　おふろの残《のこ》り湯を使って，せんたくする。

イ　せんたくはこまめに行い，回数をふやす。

ウ　食器《しょっき》は，水を出し続《つづ》けながら，あらう。

エ　歯みがきをするとき，水を出し続けない。

9 ごみのしょりと利用《りよう》①

目ひょう時間 20分

学習した日　月　日

名前

とく点　／100点

らくらくマルつけ

4089
解説→320ページ

1 次の問いに答えましょう。 1つ10点【60点】

(1) 次の①～③のごみの種類《しゅるい》を，あとからそれぞれ選《えら》び，記号で書きましょう。

① 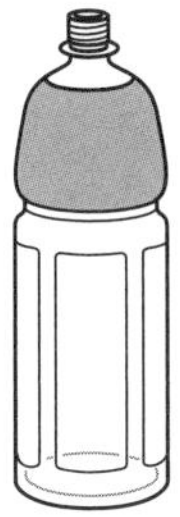

② 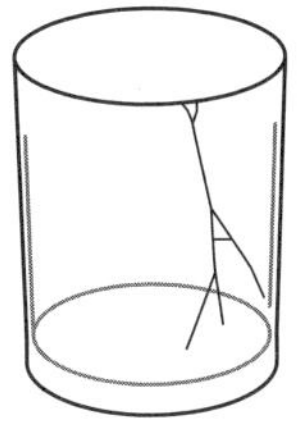

③ 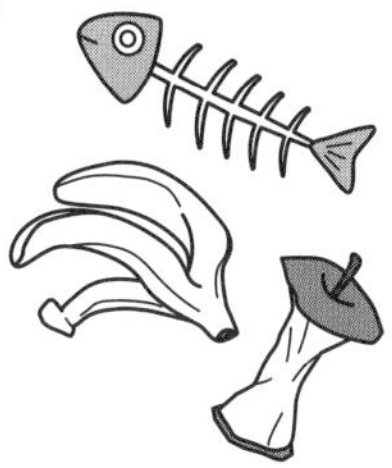

(　　)　(　　)　(　　)

ア　しげんごみ　　イ　そ大ごみ（大型《おおがた》ごみ）
ウ　もえるごみ　　エ　もえないごみ

(2) (1)のように，ごみを種類ごとに分けて収集《しゅうしゅう》に出すことを何といいますか。　(　　)

(3) ごみをできるだけ早く，残《のこ》さず収集するためのくふうとして正しいものを，次から2つ選び，記号で書きましょう。　(　　)(　　)

ア　地いきごとに，収集日を決めている。
イ　1台ではなく，多くの車を使って収集する。
ウ　毎回，ごみを収集する車の通る道順《みちじゅん》を変《か》えている。
エ　それぞれの家の前にごみを出してもらう。

2 次の問いに答えましょう。 1つ10点【40点】

(1) 市民《しみん》1人あたりが1年間に出すごみの量《りょう》の変化《へんか》と，家庭から1年間に出されるもえるごみの量を表した次の2つのグラフから読み取れることとして正しいものを，あとから2つ選び，記号で書きましょう。(　　)(　　)

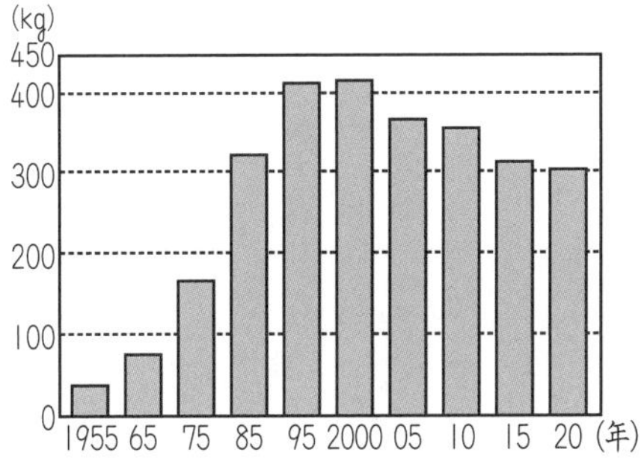

(浜松市資料)

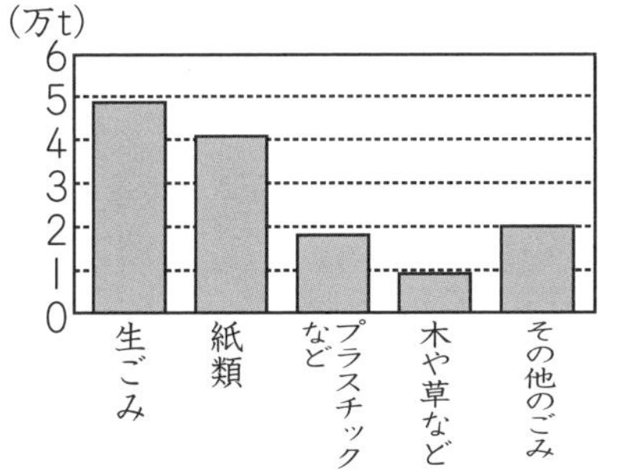

(2018年)　(浜松市資料)

ア　ごみの量は2000年から2020年までへり続《つづ》けている。
イ　2020年のごみの量は，1955年の20倍以上《いじょう》ある。
ウ　「生ごみ」は「紙類」より多い。
エ　「生ごみ」の量は，「木や草など」の約《やく》4倍ある。

(2) 次の文中の①・②にあてはまるごみの種類を，それぞれ書きましょう。

① (　　)
② (　　)

> 収集後，（ ① ）ごみはせいそう工場，（ ② ）ごみはリサイクルプラザ（回収《かいしゅう》しせつ）に運ばれる。

9 ごみのしょりと利用《りよう》①

目ひょう時間 20分

学習した日　月　日

名前

とく点　／100点

らくらくマルつけ

4089

解説→320ページ

❶ 次の問いに答えましょう。 1つ10点【60点】

(1) 次の①～③のごみの種類《しゅるい》を，あとからそれぞれ選《えら》び，記号で書きましょう。

①
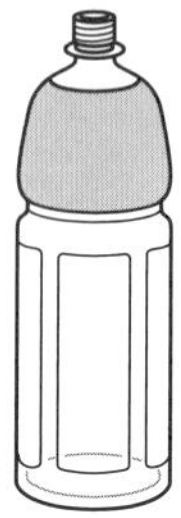

②
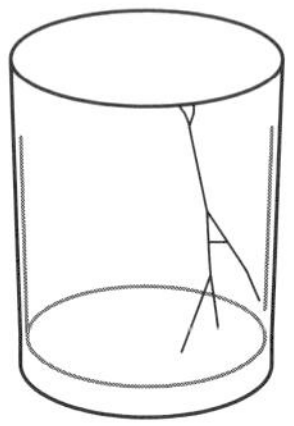

③
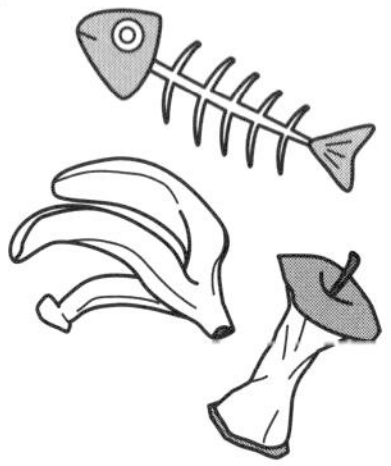

(　　)　(　　)　(　　)

ア　しげんごみ　　イ　そ大ごみ（大型《おおがた》ごみ）

ウ　もえるごみ　　エ　もえないごみ

(2) (1)のように，ごみを種類ごとに分けて収集《しゅうしゅう》に出すことを何といいますか。(　　　)

(3) ごみをできるだけ早く，残《のこ》さず収集するためのくふうとして正しいものを，次から2つ選び，記号で書きましょう。(　　)(　　)

ア　地いきごとに，収集日を決めている。

イ　1台ではなく，多くの車を使って収集する。

ウ　毎回，ごみを収集する車の通る道順《みちじゅん》を変《か》えている。

エ　それぞれの家の前にごみを出してもらう。

❷ 次の問いに答えましょう。 1つ10点【40点】

(1) 市民《しみん》1人あたりが1年間に出すごみの量《りょう》の変化《へんか》と，家庭から1年間に出されるもえるごみの量を表した次の2つのグラフから読み取れることとして正しいものを，あとから2つ選び，記号で書きましょう。(　　)(　　)

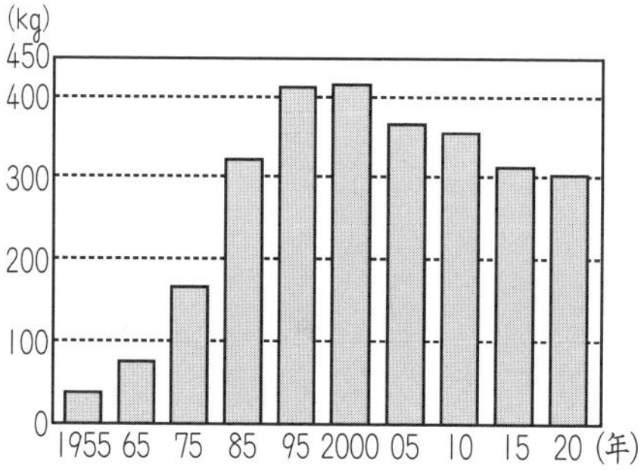

(浜松市資料)

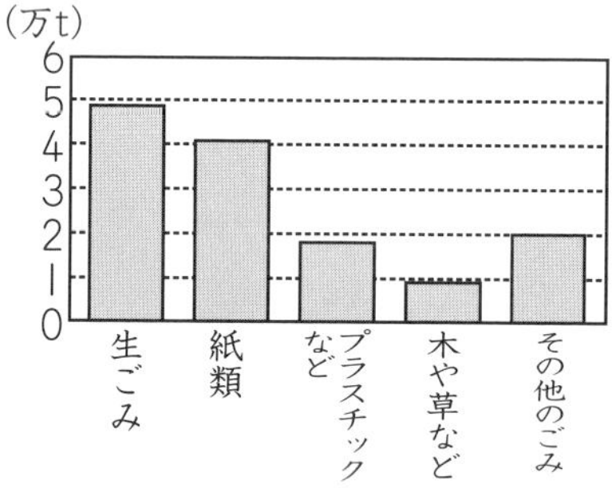

(2018年)　(浜松市資料)

ア　ごみの量は2000年から2020年までへり続《つづ》けている。

イ　2020年のごみの量は，1955年の20倍以上《いじょう》ある。

ウ　「生ごみ」は「紙類」より多い。

エ　「生ごみ」の量は，「木や草など」の約《やく》4倍ある。

(2) 次の文中の①・②にあてはまるごみの種類を，それぞれ書きましょう。

①(　　　)

②(　　　)

収集後，(　①　)ごみはせいそう工場，(　②　)ごみはリサイクルプラザ（回収《かいしゅう》しせつ）に運ばれる。

10 ごみのしょりと利用《りよう》②

目ひょう時間 20分

学習した日　　月　　日

名前

とく点　　／100点

4090
解説→321ページ

❶ もえるごみのしょりの流れを表した次の図を見て，あとの問いに答えましょう。 1つ10点【60点】

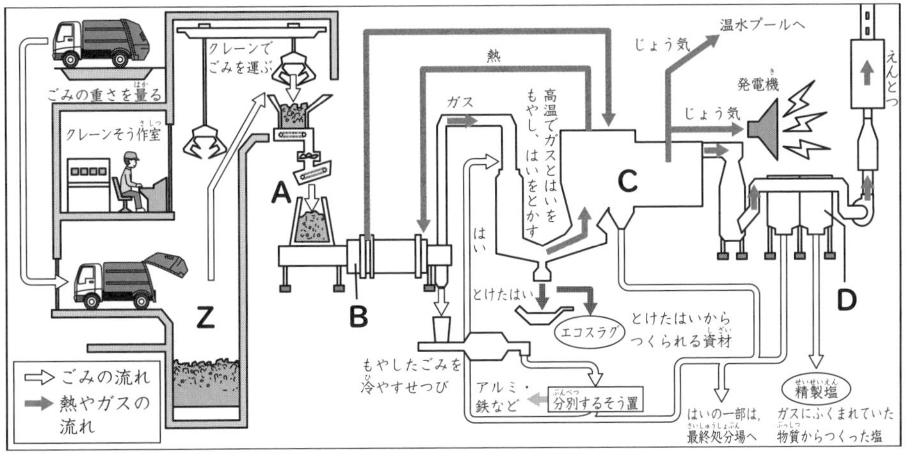

(1) 次の①～④にあてはまるそう置《ち》を，図中の **A** ～ **D** からそれぞれ選《えら》び，記号で書きましょう。

① 熱《ねつ》でごみを焼《や》くそう置。 (　　　)

② 体に害《がい》のあるガスを取りのぞくそう置。 (　　　)

③ ごみをもやしたときの熱で，水をじょう気に変《か》えるそう置。 (　　　)

④ ごみを細かくくだくそう置。 (　　　)

(2) 図の **Z** の，運ばれたごみを集める所を何といいますか。

(　　　　　　　　)

(3) 図のように，ごみのしょりを行う工場を何工場といいますか。 (　　　　　　　　) 工場

❷ 次の問いに答えましょう。 1つ10点【40点】

(1) ごみをもやす工場にある，次の①・②の役わりを，あとからそれぞれ選び，記号で書きましょう。

① 中央せいぎょ（そう作）室 (　　　)

② 発電機《き》 (　　　)

ア 運ばれてきたごみの量《りょう》をはかる。

イ もやしたときに出るじょう気を使って電気をつくる。

ウ 発電した後のじょう気を冷《ひ》やし，水にもどす。

エ コンピューターを使って，工場全体を管理《かんり》する。

(2) 大分《おおいた》市にあるうめ立て場のようすを表した右の図を見て，次の問いに答えましょう。

① このうめ立て場には，あと何万 m^3 のごみをうめ立てることができますか。

約《やく》 (　　　) 万 m^3

② このままだと，あと何年ほどでうめ立て場が使えなくなってしまいますか。次から選び，書きましょう。 (　　　　)

【 20年　35年　50年 】

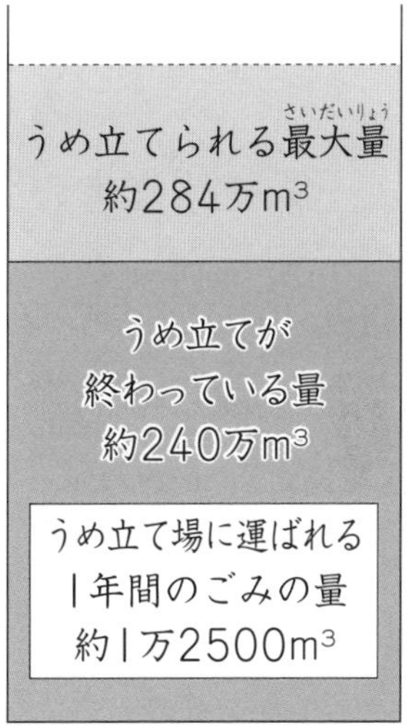

（大分県資料）

10 ごみのしょりと利用《りよう》②

目ひょう時間 20分

学習した日　　月　　日

名前

とく点　　／100点

4090 解説→321ページ

らくらくマルつけ

❶ もえるごみのしょりの流れを表した次の図を見て，あとの問いに答えましょう。　1つ10点【60点】

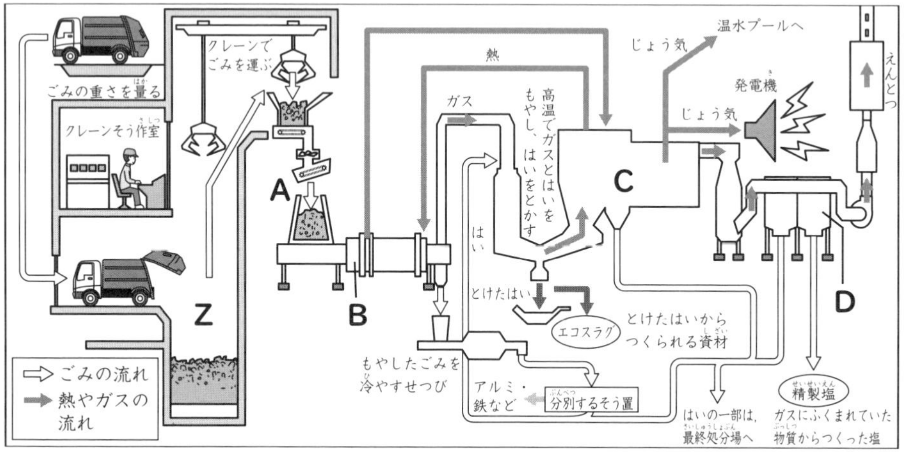

(1)　次の①～④にあてはまるそう置《ち》を，図中のA～Dからそれぞれ選《えら》び，記号で書きましょう。

①　熱《ねつ》でごみを焼《や》くそう置。　(　　　)

②　体に害《がい》のあるガスを取りのぞくそう置。　(　　　)

③　ごみをもやしたときの熱で，水をじょう気に変《か》えるそう置。　(　　　)

④　ごみを細かくくだくそう置。　(　　　)

(2)　図のZの，運ばれたごみを集める所を何といいますか。

(　　　　　　　　)

(3)　図のように，ごみのしょりを行う工場を何工場といいますか。　(　　　　　　　　)工場

❷ 次の問いに答えましょう。　1つ10点【40点】

(1)　ごみをもやす工場にある，次の①・②の役わりを，あとからそれぞれ選び，記号で書きましょう。

①　中央せいぎょ（そう作）室　(　　　)

②　発電機《き》　(　　　)

ア　運ばれてきたごみの量《りょう》をはかる。

イ　もやしたときに出るじょう気を使って電気をつくる。

ウ　発電した後のじょう気を冷《ひ》やし，水にもどす。

エ　コンピューターを使って，工場全体を管理《かんり》する。

(2)　大分《おおいた》市にあるうめ立て場のようすを表した右の図を見て，次の問いに答えましょう。

①　このうめ立て場には，あと何万m^3のごみをうめ立てることができますか。

約《やく》(　　　　)万m^3

②　このままだと，あと何年ほどでうめ立て場が使えなくなってしまいますか。次から選び，書きましょう。(　　　　)

【　20年　35年　50年　】

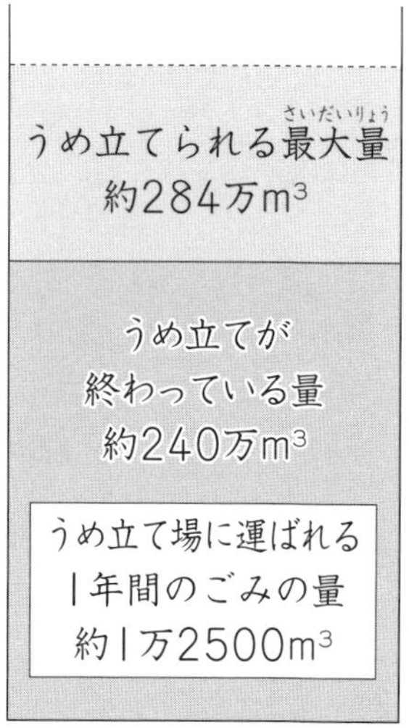

(大分県資料)

11 ごみのしょりと利用《りよう》③

目ひょう時間 20分

学習した日　　月　　日

名前

とく点　　／100点

4091 解説→321ページ

らくらくマルつけ

社会

❶ 次の問いに答えましょう。 1つ12点【60点】

(1) 次の文中の（　　　）にあてはまることばを，カタカナで書きましょう。（　　　　　　　）

> しげんごみは，つくり直したりふたたび原料《げんりょう》として利《り》用《よう》したりするために回収《かいしゅう》しせつへ運ばれ，いろいろなものに生まれ変《か》わる。これを（　　　）という。

(2) 次の図を見て，①～④のしげんごみを原料としてつくられたせい品を，あとからそれぞれ選《えら》び，記号で書きましょう。

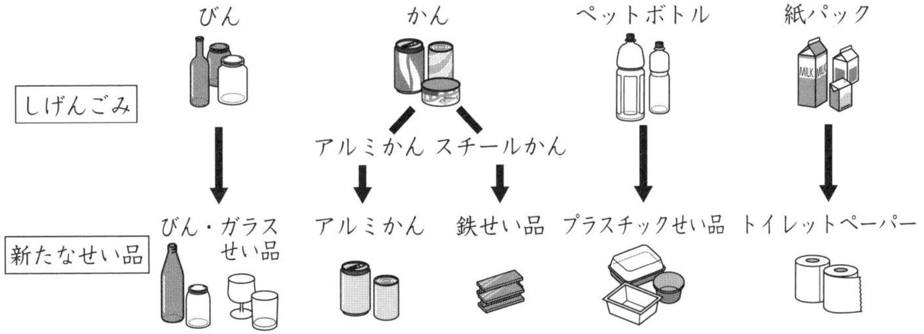

① ペットボトル（　　　）

② かん（　　　）

③ 紙パック（　　　）

④ びん（　　　）

ア トイレットペーパー　　イ プラスチックせい品

ウ ガラスせい品　　エ 鉄せい品

❷ 次の問いに答えましょう。 1つ10点【40点】

(1) 市の人口の変化《へんか》と市のごみの量《りょう》の変化を表した次の2つのグラフを見て，文中の**A**・**B**にあてはまることばを，あとからそれぞれ選び，記号で書きましょう。

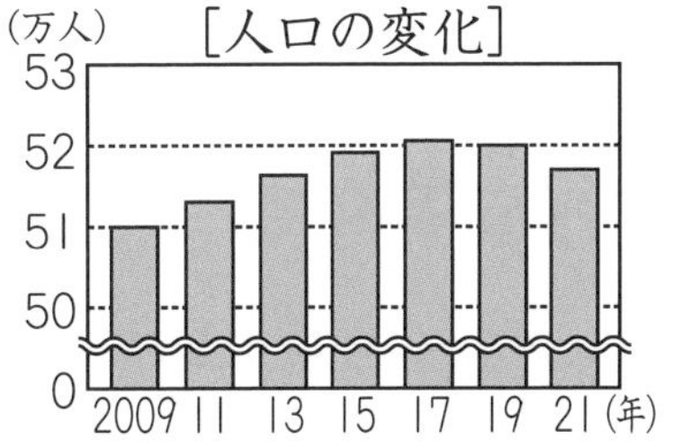

（宇都宮市資料）

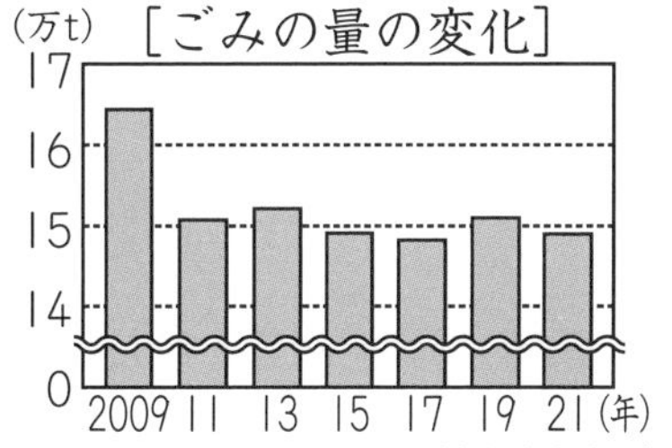

※しげん物をのぞいた数　（宇都宮市資料）

① 2009年と2021年をくらべると，人口は（ **A** ）いるが，ごみの量は（ **B** ）いる。

A（　　　）　**B**（　　　）

② ①の理由としては，ごみの量を（　　　）取り組みが行われてきたことがあげられる。（　　　）

ア ふえて　　イ へって　　ウ ふやす　　エ へらす

(2) 次の文中の（　　　）にあてはまることばを書きましょう。（　　　　　）

> ごみになるものをへらす「リデュース」，くり返し使えるものを何度も使う「リユース」と，しげんとしてまた利用することを合わせて（　　　）という。

11 ごみのしょりと利用《りよう》③

目ひょう時間 20分

学習した日　月　日

名前

とく点　／100点

らくらくマルつけ

4091
解説→321ページ

❶ 次の問いに答えましょう。　1つ12点【60点】

(1) 次の文中の（　　　）にあてはまることばを，カタカナで書きましょう。（　　　　　　　　）

> しげんごみは，つくり直したりふたたび原料《げんりょう》として利《り》用《よう》したりするために回収《かいしゅう》しせつへ運ばれ，いろいろなものに生まれ変《か》わる。これを（　　　）という。

(2) 次の図を見て，①〜④のしげんごみを原料としてつくられたせい品を，あとからそれぞれ選《えら》び，記号で書きましょう。

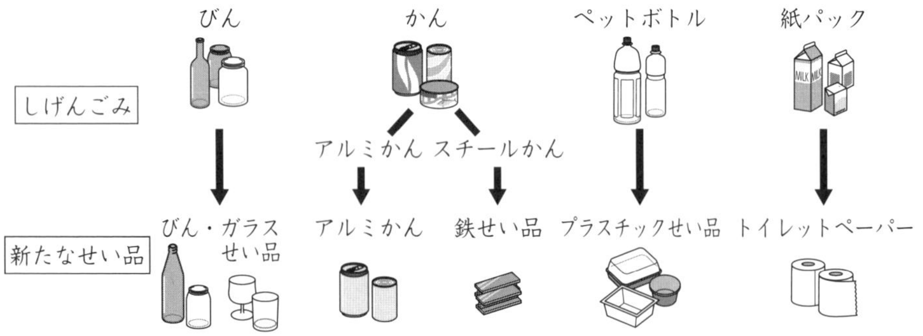

① ペットボトル（　　　）

② かん（　　　）

③ 紙パック（　　　）

④ びん（　　　）

ア トイレットペーパー　イ プラスチックせい品

ウ ガラスせい品　エ 鉄せい品

❷ 次の問いに答えましょう。　1つ10点【40点】

(1) 市の人口の変化《へんか》と市のごみの量《りょう》の変化を表した次の2つのグラフを見て，文中のA・Bにあてはまることばを，あとからそれぞれ選び，記号で書きましょう。

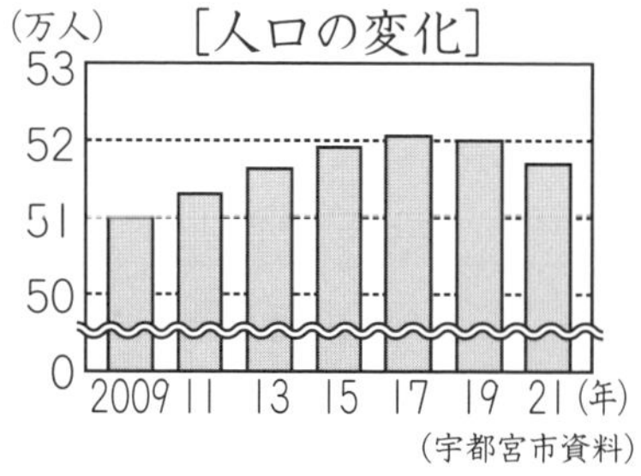

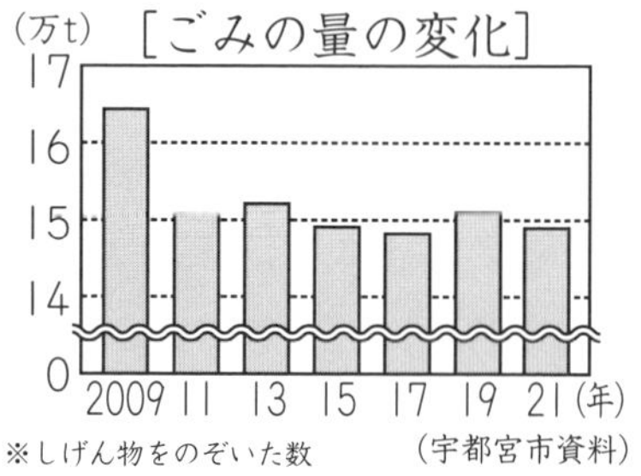

① 2009年と2021年をくらべると，人口は（ A ）いるが，ごみの量は（ B ）いる。

A（　　　）B（　　　）

② ①の理由としては，ごみの量を（　　　）取り組みが行われてきたことがあげられる。（　　　）

ア ふえて　イ へって　ウ ふやす　エ へらす

(2) 次の文中の（　　　）にあてはまることばを書きましょう。（　　　　）

> ごみになるものをへらす「リデュース」，くり返し使えるものを何度も使う「リユース」と，しげんとしてまた利用することを合わせて（　　　）という。

自然災害《しぜんさいがい》から人々を守る①

目ひょう時間 20分

学習した日 月 日	とく点	
名前	/100点	4092 解説→321ページ

らくらくマルつけ

1 次の問いに答えましょう。 1つ10点【60点】

(1) 次の表は，阪神《はんしん》・淡路《あわじ》大震災《だいしんさい》のひがいと，生活するときに大切なものがいつ元通りになったかをまとめたものです。2つの表から読み取れることとして正しいものを，あとから2つ選《えら》び，記号で書きましょう。 (　　)(　　)

なくなった人	6434人
けがをした人	4万3792人
こわれた家	63万9686戸《こ》
火災《かさい》のけん数	293件
やけた家	7574戸

（総務省消防庁資料）

電気	1995年1月23日
電話	1995年1月31日
ガス	1995年4月11日
水道	1995年4月17日
下水道	1995年4月20日
鉄道	1995年8月23日
高速道路	1996年9月30日

ア 最《もっと》も早く元通りになったのは，電気である。

イ 7000戸以上の家がやけた。

ウ 元通りになるのが最もおそかったのは鉄道である。

(2) 次の（　）にあてはまる，地震《じしん》が起こったときに発生しやすいひがいを，あとからそれぞれ選び，記号で書きましょう。

① 大きなゆれで（　）がくずれる。 (　　)

② 海ぞいでは（　）がくる。 (　　)

③ 山ぞいでは（　）が起こる。 (　　)

④ 市街地《しがいち》では（　）が起こる。 (　　)

ア 津波《つなみ》　イ 火事　ウ 建物《たてもの》　エ がけくずれ

2 次の問いに答えましょう。 【40点】

(1) 自然災害《しぜんさいがい》が起こったとき，次の①～④の場合にそなえておくとよいものを，あとからそれぞれ選び，記号で書きましょう。 1つ8点（32点）

① 電気が止まったとき，夜になったら使いたい。(　　)

② 電気が止まったとき，情報《じょうほう》を知りたい。 (　　)

③ 物が落ちてきたとき，身を守りたい。 (　　)

④ ひなんするときに必要《ひつよう》な物をまとめて入れたい。 (　　)

ア

イ

ウ

エ

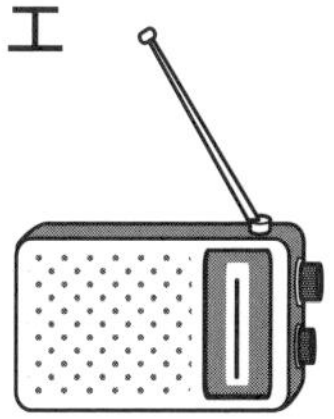

(2) 次は，地震にそなえての学校のひなん訓練《くんれん》のようすを説《せつ》明《めい》したものです。正しい順《じゅん》にならべかえ，記号で書きましょう。 （全部できて8点）

(　　→　　→　　→　　)

ア 先生の指示《しじ》のもと，決められた場所にひなんする。

イ 地震が起きたという放送が学校内に流れる。

ウ 先生が安全をかくにんする。

エ つくえの下にかくれるなどして身の安全を守る。

社会

12 自然《しぜん》災害《さいがい》から人々を守る①

目ひょう時間 20分

学習した日　　月　　日

名前

とく点　　／100点

らくらくマルつけ

4092 解説→321ページ

❶ 次の問いに答えましょう。

1つ10点【60点】

(1) 次の表は，阪神《はんしん》・淡路《あわじ》大震災《だいしんさい》のひがいと，生活するときに大切なものがいつ元通りになったかをまとめたものです。2つの表から読み取れることとして正しいものを，あとから2つ選《えら》び，記号で書きましょう。　（　　　）（　　　）

なくなった人	6434人
けがをした人	4万3792人
こわれた家	63万9686戸《こ》
火災《かさい》のけん数	293件
やけた家	7574戸

（総務省消防庁資料）

電気	1995年1月23日
電話	1995年1月31日
ガス	1995年4月11日
水道	1995年4月17日
下水道	1995年4月20日
鉄道	1995年8月23日
高速道路	1996年9月30日

ア　最《もっと》も早く元通りになったのは，電気である。

イ　7000戸以上の家がやけた。

ウ　元通りになるのが最もおそかったのは鉄道である。

(2) 次の（　　）にあてはまる，地震《じしん》が起こったときに発生しやすいひがいを，あとからそれぞれ選び，記号で書きましょう。

① 大きなゆれで（　　）がくずれる。　（　　　）

② 海ぞいでは（　　）がくる。　（　　　）

③ 山ぞいでは（　　）が起こる。　（　　　）

④ 市街地《しがいち》では（　　）が起こる。　（　　　）

ア　津波《つなみ》　　イ　火事　　ウ　建物《たてもの》　　エ　がけくずれ

❷ 次の問いに答えましょう。

【40点】

(1) 自然災害《しぜんさいがい》が起こったとき，次の①～④の場合にそなえておくとよいものを，あとからそれぞれ選び，記号で書きましょう。

1つ8点（32点）

① 電気が止まったとき，夜になったら使いたい。（　　　）

② 電気が止まったとき，情報《じょうほう》を知りたい。　（　　　）

③ 物が落ちてきたとき，身を守りたい。　（　　　）

④ ひなんするときに必要《ひつよう》な物をまとめて入れたい。

（　　　）

ア

イ

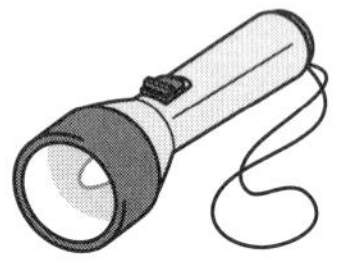

ウ

エ

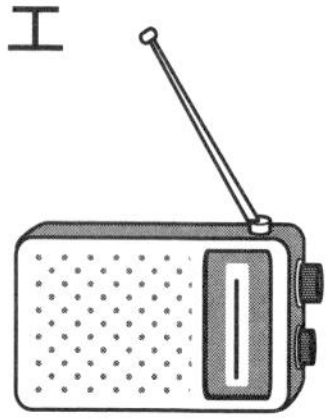

(2) 次は，地震にそなえての学校のひなん訓練《くんれん》のようすを説《せつ》明《めい》したものです。正しい順《じゅん》にならべかえ，記号で書きましょう。

（全部できて8点）

（　　→　　→　　→　　）

ア　先生の指示《しじ》のもと，決められた場所にひなんする。

イ　地震が起きたという放送が学校内に流れる。

ウ　先生が安全をかくにんする。

エ　つくえの下にかくれるなどして身の安全を守る。

13 自然災害《しぜんさいがい》から人々を守る②

目ひょう時間 20分

学習した日　　月　　日

名前

とく点　　／100点

4093
解説→322ページ

❶ 地震《じしん》などから住民《じゅうみん》を守るしくみをしめした右の図を見て，次の問いに答えましょう。

1つ12点【60点】

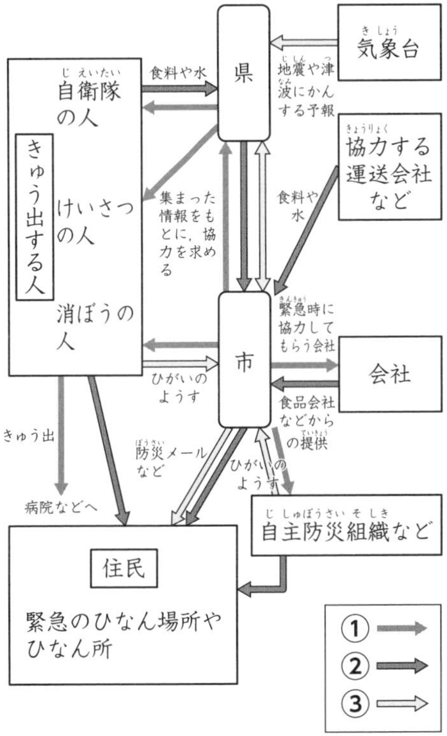

(1) 自然災害《しぜんさいがい》から住民を守るときに中心となる，図中の機関《きかん》はどれですか。（　　　）

(2) 図中の「きゅう出する人」がぞくする機関ではないものを，次から選《えら》び，記号で書きましょう。（　　　）

ア　けいさつしょ

イ　消ぼうしょ

ウ　水道局《すいどうきょく》

エ　自衛隊《じえいたい》

(3) 図中の①～③にあてはまる内ようを，次からそれぞれ選び，記号で書きましょう。

①（　　　）②（　　　）③（　　　）

ア　情報《じょうほう》を伝《つた》える　　イ　協力《きょうりょく》を求《もと》める

ウ　食料《しょくりょう》や水をとどける

❷ 次の問いに答えましょう。

1つ10点【40点】

(1) 右の地図は，災害が起きた場合に予想されるひがいなどをしめした地図です。このような地図を何といいますか。

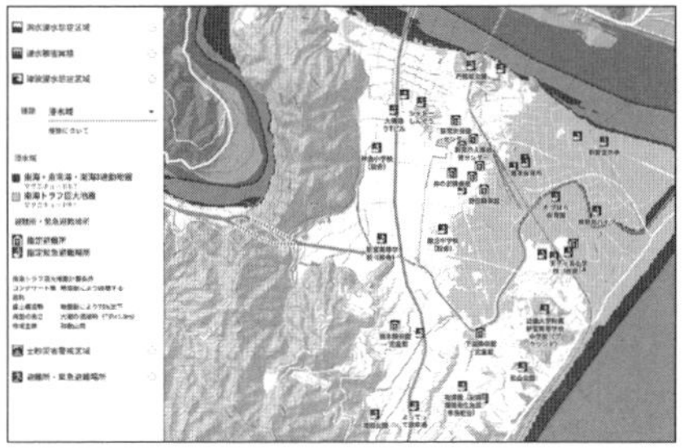

（　　　　　）マップ

(2) (1)の地図や地いきのひょうしきなどには，大きな災害が起こる前や，起こったあとなどに一時的《てき》に身をよせる所が，右の記号でしめされています。このような所を何といいますか。

（　　　　　）場所

(3) 地いきの人々が行う災害への取り組みを，次から2つ選び，記号で書きましょう。（　　　）（　　　）

ア　防災倉庫《ぼうさいそうこ》（びちく倉庫）をかくにんする。

イ　たおれた家からのきゅう出訓練《くんれん》を行う。

ウ　ひがいをふせぐために，ていぼうをつくる。

エ　防災訓練を行う。

［画像提供］新宮市／地理院地図

13 自然災害《しぜんさいがい》から人々を守る②

目ひょう時間 20分

✎学習した日　　月　　日

名前

とく点

／100点

4093
解説→322ページ

らくらくマルつけ

❶ 地震《じしん》などから住民《じゅうみん》を守るしくみをしめした右の図を見て，次の問いに答えましょう。

1つ12点【60点】

(1) 自然災害《しぜんさいがい》から住民を守るときに中心となる，図中の機関《きかん》はどれですか。　(　　　)

(2) 図中の「きゅう出する人」がぞくする機関ではないものを，次から選《えら》び，記号で書きましょう。　(　　　)

ア　けいさつしょ

イ　消ぼうしょ

ウ　水道局《すいどうきょく》

エ　自衛隊《じえいたい》

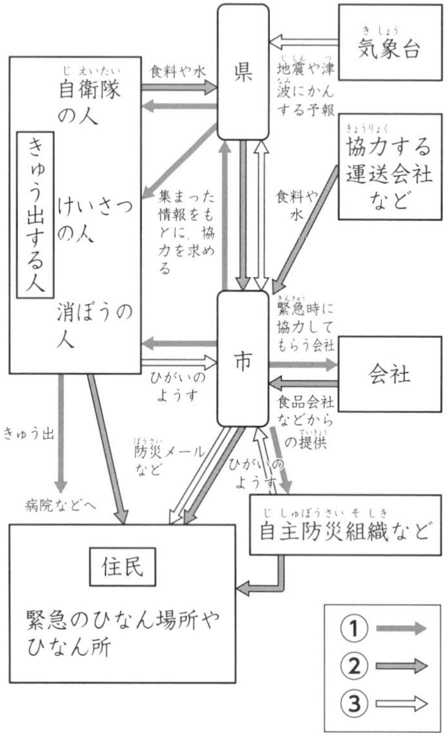

(3) 図中の①～③にあてはまる内ようを，次からそれぞれ選び，記号で書きましょう。

①(　　　)　②(　　　)　③(　　　)

ア　情報《じょうほう》を伝《つた》える　　イ　協力《きょうりょく》を求《もと》める

ウ　食料《しょくりょう》や水をとどける

❷ 次の問いに答えましょう。

1つ10点【40点】

(1) 右の地図は，災害が起きた場合に予想されるひがいなどをしめした地図です。このような地図を何といいますか。

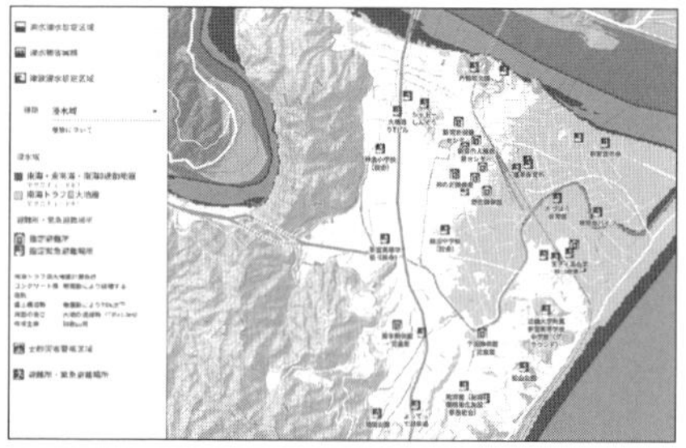

(　　　　　)マップ

(2) (1)の地図や地いきのひょうしきなどには，大きな災害が起こる前や，起こったあとなどに一時的《てき》に身をよせる所が，右の記号でしめされています。このような所を何といいますか。

(　　　　　)場所

(3) 地いきの人々が行う災害への取り組みを，次から2つ選び，記号で書きましょう。　(　　　)(　　　)

ア　防災倉庫《ぼうさいそうこ》（びちく倉庫）をかくにんする。

イ　たおれた家からのきゅう出訓練《くんれん》を行う。

ウ　ひがいをふせぐために，ていぼうをつくる。

エ　防災訓練を行う。

［画像提供］新宮市／地理院地図

14 昔から伝《つた》わる文化①

目ひょう時間 20分

学習した日　月　日
名前
とく点　／100点
4094
解説→322ページ

❶ 次の文は，愛媛《えひめ》県松山《まつやま》市に古くから残《のこ》る道後温泉《どうごおんせん》本館で働《はたら》く人に話を聞き，まとめたものです。これを読んで，あとの問いに答えましょう。 1つ12点【48点】

道後温泉本館は，130年前に改《かい》ちくされました。さらに町の中心部から鉄道を走らせ，温泉から遠い地いきの人々も来ることができるようになりました。多くの人々に温泉に入ってもらえるように，1年を通して休みなしにしています。

(1) 文の内ようとして正しいものには○，まちがっているものには×を書きましょう。

① 町の中心部から鉄道を走らせたので，遠くの人々が来るようになった。（　　）

② 温泉は，お正月とおぼんはお休みにしているが，それ以外《いがい》の日は開いている。（　　）

③ 道後温泉本館は200年前に改ちくされた。（　　）

(2) 道後温泉本館のように，地いきの人々が大切に伝《つた》えてきたものを何といいますか。次から選《えら》び，記号で書きましょう。（　　）

ア 伝統工芸品《でんとうこうげいひん》　イ 特産品《とくさんひん》
ウ 文化ざい　エ 世界遺産《いさん》

❷ 次の文と地図は，愛媛県宇和島《うわじま》市に伝わる「八ツ鹿《やつしか》おどり」について，まとめたものです。これを見て，あとの問いに答えましょう。 【52点】

八ツ鹿おどりは，毎年行われている秋祭りです。もとは東北《とうほく》地方のおどりでしたが，江戸《えど》時代のはじめに仙台《せんだい》からやってきたおとの様によって宇和島に伝えられ，愛媛県南部に広まりました。

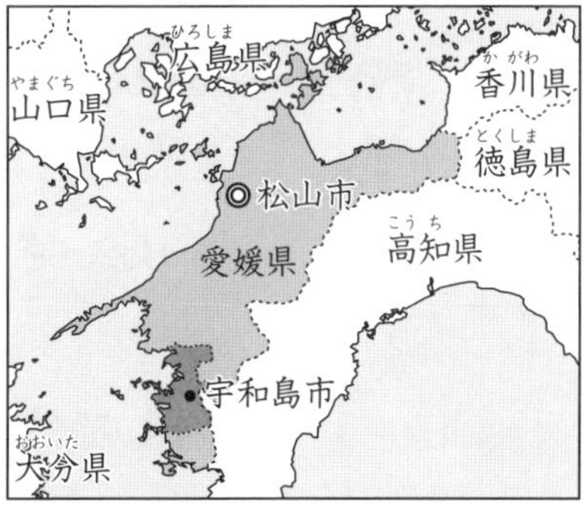

(1) 八ツ鹿おどりについてまとめた，次の文中の①～③にあてはまることばを，それぞれ書きましょう。 1つ12点（36点）

①（　　　　）②（　　　　）③（　　　　）

・八ツ鹿おどりは，毎年（　①　）に行われる祭りです。
・八ツ鹿おどりは，もとは（　②　）地方の祭りでした。
・八ツ鹿おどりは，愛媛県の（　③　）に伝えられ，愛媛県南部に広まりました。

(2) 八ツ鹿おどりなどのきょう土芸のうには，受けついできた人たちの思いや何がこめられていますか。2字で書きましょう。 （16点）（　　　　）

14 昔から伝《つた》わる文化①

目ひょう時間 20分

学習した日　　月　　日

名前

とく点　　／100点

らくらくマルつけ

4094
解説→322ページ

❶ 次の文は，愛媛県《えひめ》松山市《まつやま》に古くから残《のこ》る道後温泉《どうごおんせん》本館で働《はたら》く人に話を聞き，まとめたものです。これを読んで，あとの問いに答えましょう。 1つ12点【48点】

道後温泉本館は，130年前に改《かい》ちくされました。さらに町の中心部から鉄道を走らせ，温泉から遠い地いきの人々も来ることができるようになりました。多くの人々に温泉に入ってもらえるように，1年を通して休みなしにしています。

(1) 文の内ようとして正しいものには○，まちがっているものには×を書きましょう。

① 町の中心部から鉄道を走らせたので，遠くの人々が来るようになった。（　　　）

② 温泉は，お正月とおぼんはお休みにしているが，それ以外《いがい》の日は開いている。（　　　）

③ 道後温泉本館は200年前に改ちくされた。（　　　）

(2) 道後温泉本館のように，地いきの人々が大切に伝《つた》えてきたものを何といいますか。次から選《えら》び，記号で書きましょう。（　　　）

ア 伝統工芸品《でんとうこうげいひん》　イ 特産品《とくさんひん》
ウ 文化ざい　エ 世界遺産《いさん》

❷ 次の文と地図は，愛媛県宇和島《うわじま》市に伝わる「八ツ鹿《やつしか》おどり」について，まとめたものです。これを見て，あとの問いに答えましょう。 【52点】

八ツ鹿おどりは，毎年行われている秋祭りです。もとは東北《とうほく》地方のおどりでしたが，江戸《えど》時代のはじめに仙台《せんだい》からやってきたおとの様によって宇和島に伝えられ，愛媛県南部に広まりました。

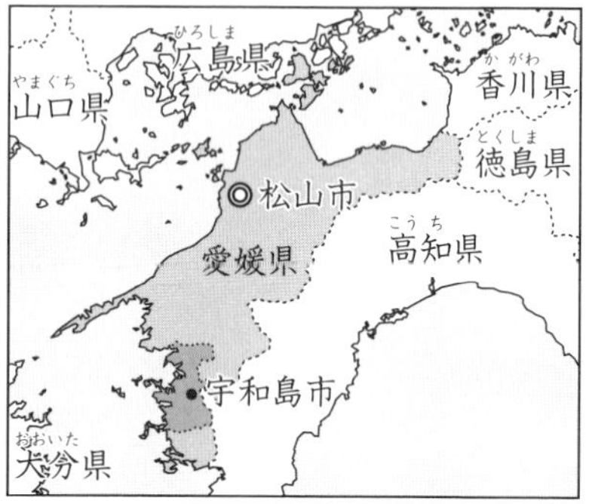

(1) 八ツ鹿おどりについてまとめた，次の文中の①〜③にあてはまることばを，それぞれ書きましょう。 1つ12点（36点）

①（　　　　）②（　　　　）③（　　　　）

- 八ツ鹿おどりは，毎年（　①　）に行われる祭りです。
- 八ツ鹿おどりは，もとは（　②　）地方の祭りでした。
- 八ツ鹿おどりは，愛媛県の（　③　）に伝えられ，愛媛県南部に広まりました。

(2) 八ツ鹿おどりなどのきょう土芸のうには，受けついできた人たちの思いや何がこめられていますか。２字で書きましょう。 （16点）（　　　　）

15 昔から伝《つた》わる文化②

目ひょう時間 20分

学習した日　　月　　日	とく点	4095
名前	/100点	解説→322ページ

❶ 長崎《ながさき》市にある大浦天主堂《おおうらてんしゅどう》は，キリスト教の教会です。右の年表を見て，次の問いに答えましょう。【40点】

年代	おもなできごと
1549	日本にキリスト教が伝《つた》わる
1612	江戸幕府《えどばくふ》がキリスト教を禁止《きんし》する
1865	大浦天主堂が完成《かんせい》する
1945	長崎に原子爆弾《げんしばくだん》が落とされる
1952	大浦天主堂の修理《しゅうり》が完成する
1953	国宝《こくほう》に指定される
2018	世界文化遺産《せかいぶんかいさん》に登録《とうろく》される

(1) 大浦天主堂が完成したのは何年ですか。（10点）

(　　　　)年

(2) 次のできごとを起こった順《じゅん》にならべかえ，記号で書きましょう。（全部できて10点）(　　　→　　　→　　　)

A　江戸幕府がキリスト教を禁止する。

B　大浦天主堂が国宝に指定される。

C　日本にキリスト教が伝わる。

(3) 次の文は，大浦天主堂に関《かか》わる人に話を聞いたものです。文中の①・②にあてはまることばを，年表中からそれぞれ選《えら》び，書きましょう。1つ10点（20点）

①(　　　　　　)　②(　　　　　　)

> 大浦天主堂は，1945年に(　①　)によってこわされました。しかしその後，大浦天主堂を大切にしている人々の手によって(　②　)され，1952年に完成しました。

❷ 次の問いに答えましょう。1つ12点【60点】

1月	初《はつ》もうで
2月	(　①　)
3月	ひなまつり
5月	たんごの節句《せっく》
7月	(　②　)
8月	おぼん
9月	お月見
11月	七五三《しちごさん》

(1) 右の表のように，毎年同じ時期に行われる行事を何といいますか。

(　　　　　　)

(2) 右の表中の①・②にあてはまる行事を，次から選び，書きましょう。

①(　　　　　)　②(　　　　　)

【　七夕《たなばた》　　お花見　　節分《せつぶん》　】

(3) 右の文は，表中のおぼんの時期に行われる阿波《あわ》おどりに参加《さんか》している人に聞いたものです。これを読んで，次の①・②にあてはまることばを書きましょう。

> わたしたちは，年に一度の伝統行事《でんとうぎょうじ》である阿波おどりに向けて，毎日けいこをつんでいます。徳島《とくしま》県で始まった阿波おどりですが，最近《さいきん》は多くの地いきで阿波おどりが行われ，その地いきとの交流も深めています。

① 阿波おどりが始まった県はどこですか。

(　　　　　)県

② 阿波おどりのような古くから伝わる行事を何といいますか。

(　　　　　　)

社会

＼もう1回チャレンジ!!／

15 昔から伝《つた》わる文化②

目ひょう時間 20分

学習した日　　月　　日

名前

とく点

／100点

4095
解説→322ページ

らくらくマルつけ

❶ 長崎《ながさき》市にある大浦天主堂《おおうらてんしゅどう》は，キリスト教の教会です。右の年表を見て，次の問いに答えましょう。【40点】

年代	おもなできごと
1549	日本にキリスト教が伝《つた》わる
1612	江戸幕府《えどばくふ》がキリスト教を禁止《きんし》する
1865	大浦天主堂が完成《かんせい》する
1945	長崎に原子爆弾《げんしばくだん》が落とされる
1952	大浦天主堂の修理《しゅうり》が完成する
1953	国宝《こくほう》に指定される
2018	世界文化遺産《せかいぶんかいさん》に登録《とうろく》される

(1) 大浦天主堂が完成したのは何年ですか。(10点)

(　　　　)年

(2) 次のできごとを起こった順《じゅん》にならべかえ，記号で書きましょう。(全部できて10点)(　　→　　→　　)

A　江戸幕府がキリスト教を禁止する。

B　大浦天主堂が国宝に指定される。

C　日本にキリスト教が伝わる。

(3) 次の文は，大浦天主堂に関《かか》わる人に話を聞いたものです。文中の①・②にあてはまることばを，年表中からそれぞれ選《えら》び，書きましょう。1つ10点(20点)

①(　　　　)　②(　　　　)

> 大浦天主堂は，1945年に(　①　)によってこわされました。しかしその後，大浦天主堂を大切にしている人々の手によって(　②　)され，1952年に完成しました。

❷ 次の問いに答えましょう。1つ12点【60点】

1月	初《はつ》もうで
2月	(　①　)
3月	ひなまつり
5月	たんごの節句《せっく》
7月	(　②　)
8月	おぼん
9月	お月見
11月	七五三《しちごさん》

(1) 右の表のように，毎年同じ時期に行われる行事を何といいますか。

(　　　　)

(2) 右の表中の①・②にあてはまる行事を，次から選び，書きましょう。

①(　　　　)　②(　　　　)

【　七夕《たなばた》　　お花見　　節分《せつぶん》　】

(3) 右の文は，表中のおぼんの時期に行われる阿波《あわ》おどりに参加《さんか》している人に聞いたものです。これを読んで，次の①・②にあてはまることばを書きましょう。

> わたしたちは，年に一度の伝統行事《でんとうぎょうじ》である阿波おどりに向けて，毎日けいこをつんでいます。徳島《とくしま》県で始まった阿波おどりですが，最近《さいきん》は多くの地いきで阿波おどりが行われ，その地いきとの交流も深めています。

①　阿波おどりが始まった県はどこですか。

(　　　　)県

②　阿波おどりのような古くから伝わる行事を何といいますか。(　　　　)

16 地いきの発てんにつくした人々①

目ひょう時間 20分

学習した日　月　日	とく点
名前	／100点

4096
解説→323ページ

1 熊本県《くまもと》の白糸《しらいと》台地につくられた通潤橋《つうじゅんきょう》は，低《ひく》い所から高い所へ水を引くためにつくられた橋です。次の問いに答えましょう。

1つ14点【42点】

(1) 右の高さを表した地図を見て，正しいものを次から選《えら》び，記号で書きましょう。(　　　)

ア　平地が広がっている。

イ　深い谷にかこまれている。

ウ　川が東西に流れている。

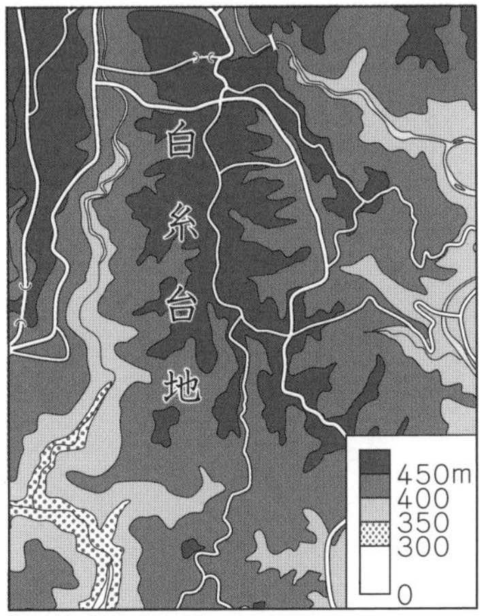

(2) 次の通潤橋の水の流れと水がふき上がるしくみを見て，あとの文中の①・②にあてはまることばを，それぞれ書きましょう。　①(　　　　)　②(　　　　)

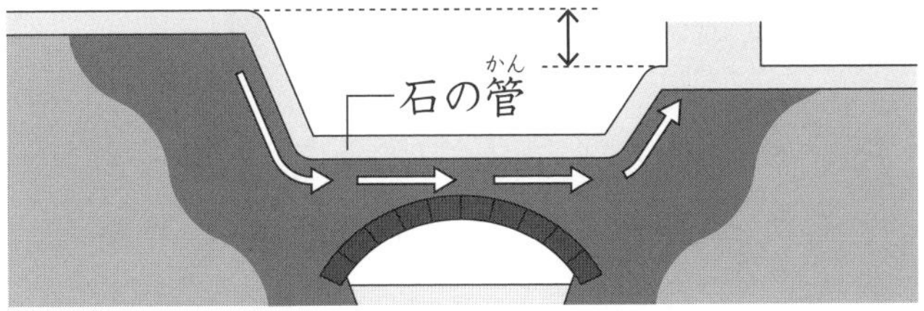

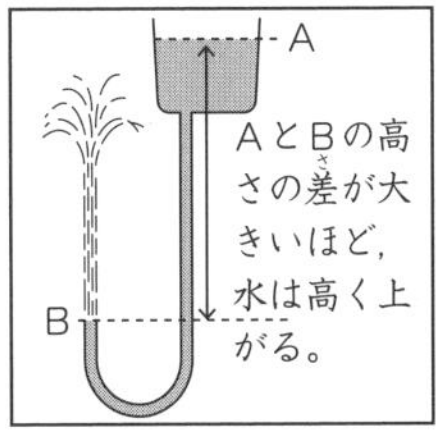

> 左側《がわ》と右側で（　①　）がちがうように橋をつくり，（　②　）がふき上がる原理を利用《りよう》して，（　②　）不《ぶ》足《そく》になやむ白糸台地に（　②　）を送ろうと考えた。

2 通潤橋を通る水の流れをしめした次の図を見て，あとの問いに答えましょう。

【58点】

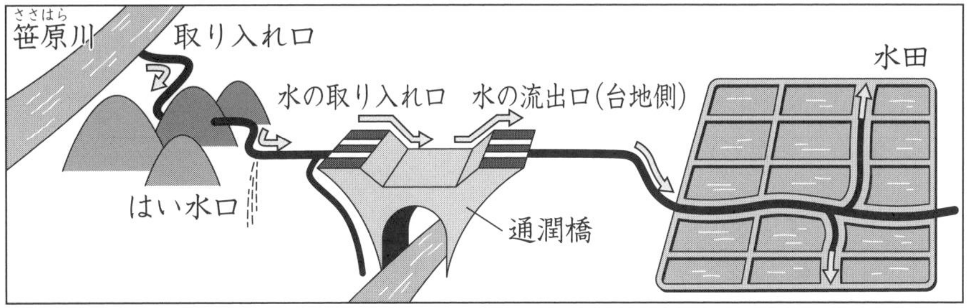

(1) 笹原川から水を取りこむためにつくられたものを何といいますか。(15点)(　　　　　)

(2) 図のように，農業や生活などに使うために引かれた水の通り道を何といいますか。(15点)(　　　　　)

(3) 次の通潤橋の周《まわ》りに住む人の話を読んで，通潤橋がつくられたあとのくらしとして正しいものを，あとから2つ選び，記号で書きましょう。1つ14点(28点)(　　　)(　　　)

> 通潤橋ができたことで，たくさんの米をつくることができ，飲み水にもこまらなくなりました。

ア　米をたくさんつくることができるようになった。

イ　ひえやあわがつくられるようになった。

ウ　飲み水を谷底《たにぞこ》までくみに行くようになった。

エ　飲み水にこまらなくなった。

16 地いきの発てんにつくした人々①

目ひょう時間 20分

学習した日　　月　　日	とく点	らくらくマルつけ
名前	／100点	4096

解説→323ページ

❶ 熊本《くまもと》県の白糸《しらいと》台地につくられた通潤橋《つうじゅんきょう》は，低《ひく》い所から高い所へ水を引くためにつくられた橋です。次の問いに答えましょう。 1つ14点【42点】

(1) 右の高さを表した地図を見て，正しいものを次から選《えら》び，記号で書きましょう。(　　　)

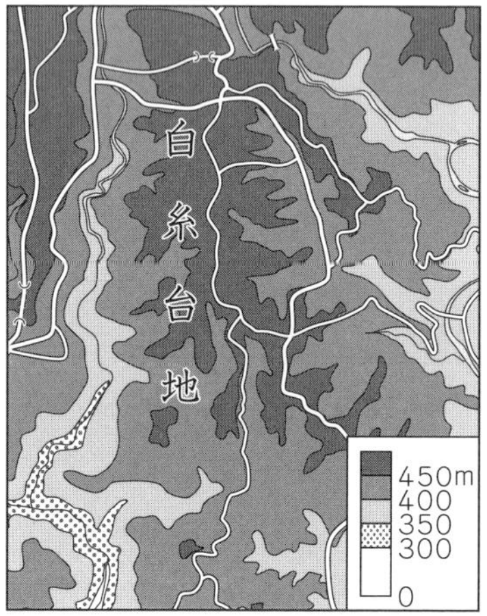

ア　平地が広がっている。

イ　深い谷にかこまれている。

ウ　川が東西に流れている。

(2) 次の通潤橋の水の流れと水がふき上がるしくみを見て，あとの文中の①・②にあてはまることばを，それぞれ書きましょう。　①(　　　　　)　②(　　　　　)

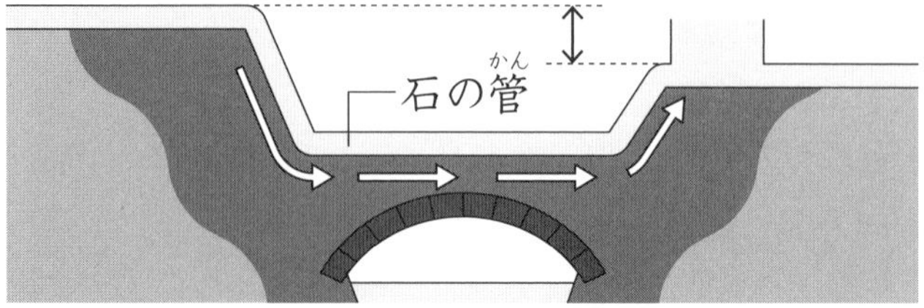

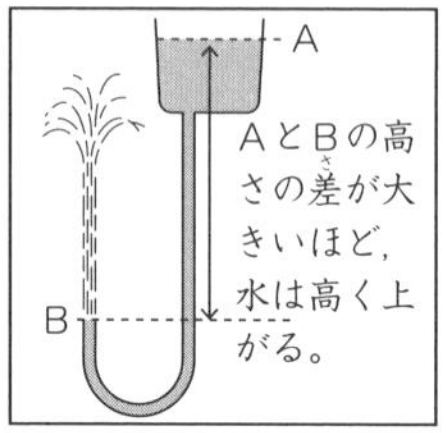

> 左側《がわ》と右側で（　①　）がちがうように橋をつくり，（　②　）がふき上がる原理を利用《りよう》して，（　②　）不《ぶ》足《そく》になやむ白糸台地に（　②　）を送ろうと考えた。

❷ 通潤橋を通る水の流れをしめした次の図を見て，あとの問いに答えましょう。 【58点】

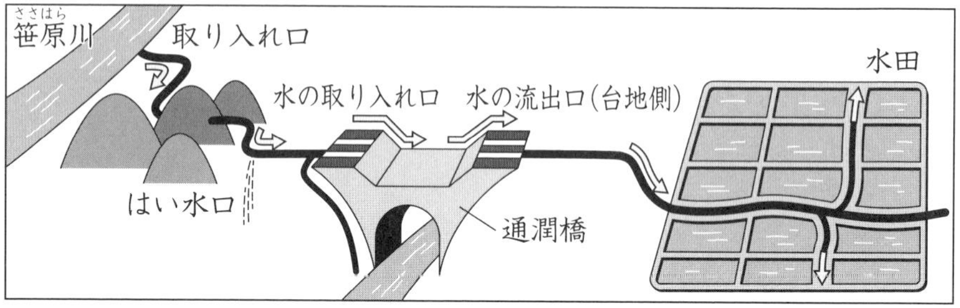

(1) 笹原川から水を取りこむためにつくられたものを何といいますか。　(15点)(　　　　　)

(2) 図のように，農業や生活などに使うために引かれた水の通り道を何といいますか。　(15点)(　　　　　)

(3) 次の通潤橋の周《まわ》りに住む人の話を読んで，通潤橋がつくられたあとのくらしとして正しいものを，あとから2つ選び，記号で書きましょう。1つ14点(28点)(　　　)(　　　)

> 通潤橋ができたことで，たくさんの米をつくることができ，飲み水にもこまらなくなりました。

ア　米をたくさんつくることができるようになった。

イ　ひえやあわがつくられるようになった。

ウ　飲み水を谷底《たにそこ》までくみに行くようになった。

エ　飲み水にこまらなくなった。

17 地いきの発てんにつくした人々②

目ひょう時間 20分

学習した日　月　日

名前

とく点　／100点

4097
解説→323ページ

1 埼玉県《さいたま》さいたま市につくられた見沼代用水《みぬまだいようすい》について，左の新田《しんでん》開発（新しく田をつくる）前と右の新田開発後の地図を見て，あとの問いに答えましょう。【44点】

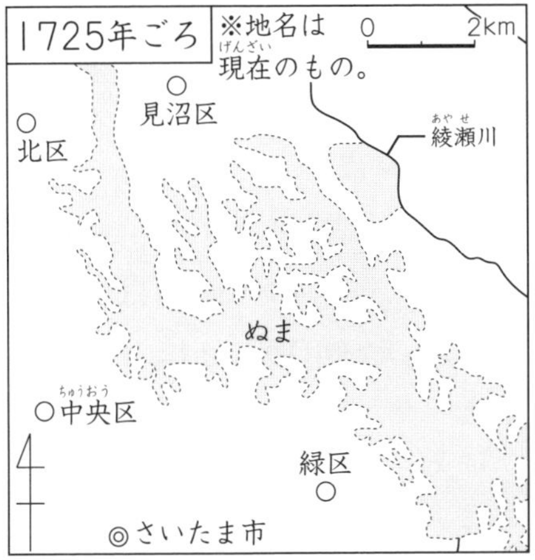

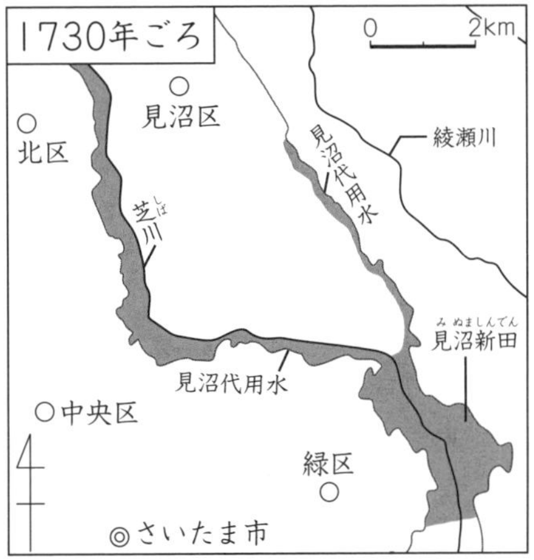

(1) 見沼代用水ができたことでつくられた新田を何といいますか。地図から漢字4字でぬき出して書きましょう。(12点)

（　　　　　　）

(2) 2つの地図からわかることとして正しいものを，次から2つ選《えら》び，記号で書きましょう。1つ16点（32点）

（　　　）（　　　）

ア　川だった所に新田がつくられた。

イ　2本の用水は新田をはさんで流れている。

ウ　新田は，さいたま市役所の北東側《がわ》につくられた。

エ　新田開発工事は8年以上《いじょう》かかった。

2 見沼代用水の工事の大きさについてまとめた右の文を読んで，次の問いに答えましょう。1つ14点【56点】

(1) 用水ぞいの田の面積《めんせき》は，開発前と開発後をくらべると約《やく》何 ha《ヘクタール》ふえましたか。

約（　　　　　）ha

［見沼代用水の工事の大きさ］
- 工事したきょり…約60km
- 工事に参加《さんか》した人の数…約90万人

［見沼代用水の完成による変化《へんか》］
- 約1200ha の新田ができた。
- 見沼代用水ぞいの田の面積は，約5000ha から約14000ha にふえた。

(2) 文からわかることとして正しいものを，次から2つ選び，記号で書きましょう。（　　　）（　　　）

ア　工事したきょりは，約60km である。

イ　約14000ha の新田ができた。

ウ　工事には約120万人の人が参加した。

エ　用水の完成《かんせい》で，新田ができただけでなく，用水ぞいの田の面積もふえた。

(3) 次の文中の（　　　）にあてはまることばを，漢字1字で書きましょう。（　　　）

見沼代用水の完成後，とれる（　　　）の量《りょう》がふえた。

社会

17 地いきの発てんにつくした人々②

目ひょう時間 20分

学習した日　　月　　日

名前

とく点　　／100点

らくらくマルつけ

4097
解説→323ページ

❶ 埼玉県《さいたま》さいたま市につくられた見沼代用水《みぬまだいようすい》について，左の新田《しんでん》開発（新しく田をつくる）前と右の新田開発後の地図を見て，あとの問いに答えましょう。　【44点】

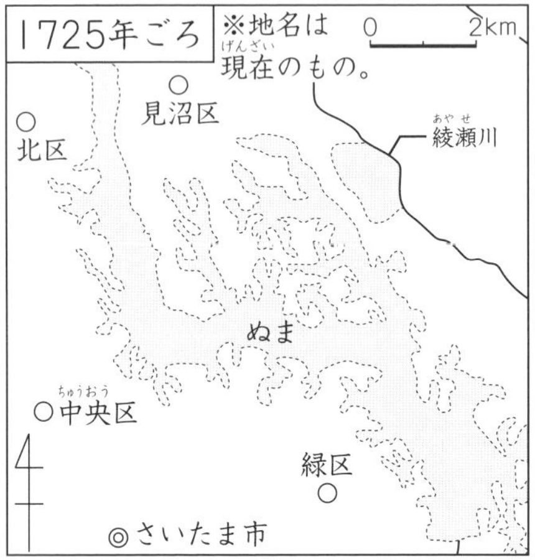

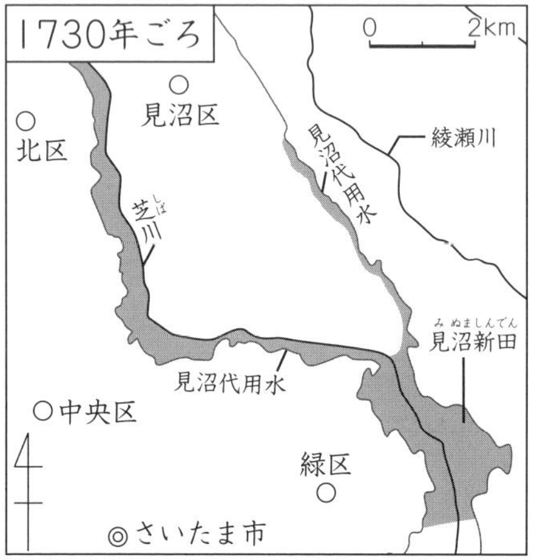

(1)　見沼代用水ができたことでつくられた新田を何といいますか。地図から漢字４字でぬき出して書きましょう。（12点）

（　　　　　　　）

(2)　２つの地図からわかることとして正しいものを，次から２つ選《えら》び，記号で書きましょう。　1つ16点（32点）

（　　　）（　　　）

ア　川だった所に新田がつくられた。
イ　２本の用水は新田をはさんで流れている。
ウ　新田は，さいたま市役所の北東側《がわ》につくられた。
エ　新田開発工事は８年以上《いじょう》かかった。

❷ 見沼代用水の工事の大きさについてまとめた右の文を読んで，次の問いに答えましょう。　1つ14点【56点】

(1)　用水ぞいの田の面積《めんせき》は，開発前と開発後をくらべると約《やく》何 ha《ヘクタール》ふえましたか。

約（　　　　　）ha

［見沼代用水の工事の大きさ］
・工事したきょり…約60km
・工事に参加《さんか》した人の数…約90万人
［見沼代用水の完成による変化《へんか》］
・約1200ha の新田ができた。
・見沼代用水ぞいの田の面積は，約5000ha から約14000ha にふえた。

(2)　文からわかることとして正しいものを，次から２つ選び，記号で書きましょう。　（　　　）（　　　）

ア　工事したきょりは，約60km である。
イ　約14000ha の新田ができた。
ウ　工事には約120万人の人が参加した。
エ　用水の完成《かんせい》で，新田ができただけでなく，用水ぞいの田の面積もふえた。

(3)　次の文中の（　　　）にあてはまることばを，漢字１字で書きましょう。　（　　　）

見沼代用水の完成後，とれる（　　　）の量《りょう》がふえた。

18 地いきの発てんにつくした人々③

目ひょう時間 20分

学習した日　月　日

名前

とく点　／100点

4098 解説→323ページ

らくらくマルつけ

1 那須疏水《なすそすい》は栃木《とちぎ》県の那須野原《なすのがはら》につくられた用水路です。用水路の工事がみとめられるまでをまとめた次の年表を見て，あとの問いに答えましょう。　1つ13点【52点】

年	おもなできごと
1880年９月	飲み水用の水路の建設《けんせつ》を願《ねが》い出る
1881年４月	飲み水用の水路の測量《そくりょう》が始まる
７月	飲み水用の水路の測量が終わる
９月	飲み水用の水路の工事が始まる
1882年11月	飲み水用の水路の工事が終わる
1883～84年	がけくずれやこう水により水路がうまり，何回も国や県にうったえに行く
1885年	国から新しい用水路の工事がみとめられる

(1) 年表からわかることとして正しいものを，次から２つ選《えら》び，記号で書きましょう。　(　　)(　　)

ア　水路をつくるときは，工事の前に測量を行う。

イ　飲み水用の水路の建設を願い出たのは，1880年である。

ウ　飲み水用の水路の建設を願い出てから水路の工事が終わるまでの期間は，約《やく》５年である。

(2) 次の文中の①・②にあてはまることばを書きましょう。

①(　　　　)　②(　　　　)

飲み水用の水路の工事が終わったあと，(　①　)や(　②　)によって水路がうまってしまった。

2 那須疏水が完成《かんせい》したあとの那須野原の田の面積《めんせき》のうつり変《か》わりと，家の数のうつり変わりを表した次のグラフを見て，あとの問いに答えましょう。　1つ12点【48点】

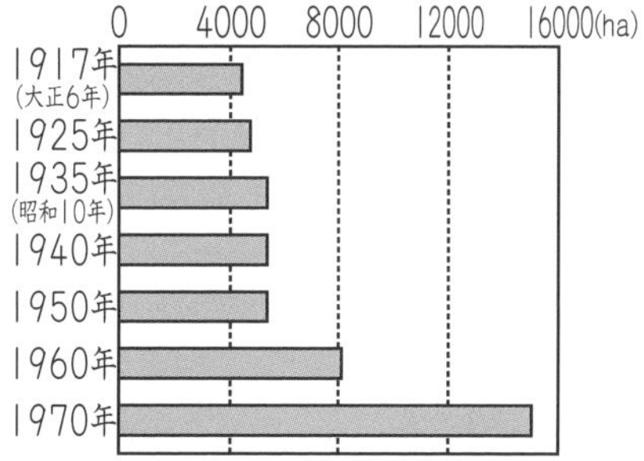

(「那須疏水百年史」)

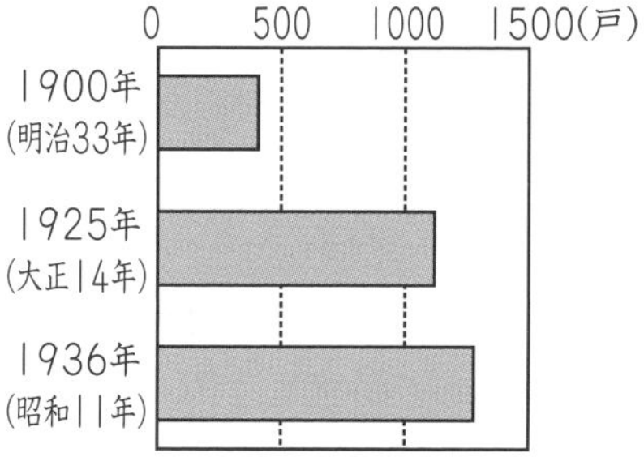

(「那須疏水百年史」)

(1) ２つのグラフからわかることとして正しいものを，次から２つ選び，記号で書きましょう。(　　)(　　)

ア　田の面積は1935年から1950年まで変化《へんか》はない。

イ　田の面積は1950年から1960年に最《もっと》もふえた。

ウ　家の数は1936年には1500戸《こ》になっている。

エ　家の数は1900年以《い》こう，ふえ続《つづ》けている。

(2) 次の文中の①・②にあてはまることばを，あとからそれぞれ選びましょう。①(　　　)　②(　　　)

那須疏水が完成したあと，那須野原は(　①　)がさかんになり，住む人の数は(　②　)。

【　工業　　農業　　ふえた　　へった　】

社会

18 地いきの発てんにつくした人々③

目ひょう時間 20分

学習した日　　月　　日

名前

とく点

／100点

らくらくマルつけ

4098
解説→323ページ

1 那須疏水《なすそすい》は栃木《とちぎ》県の那須野原《なすのがはら》につくられた用水路です。用水路の工事がみとめられるまでをまとめた次の年表を見て，あとの問いに答えましょう。　1つ13点【52点】

年	おもなできごと
1880年９月	飲み水用の水路の建設《けんせつ》を願《ねが》い出る
1881年４月	飲み水用の水路の測量《そくりょう》が始まる
７月	飲み水用の水路の測量が終わる
９月	飲み水用の水路の工事が始まる
1882年11月	飲み水用の水路の工事が終わる
1883～84年	がけくずれやこう水により水路がうまり，何回も国や県にうったえに行く
1885年	国から新しい用水路の工事がみとめられる

(1)　年表からわかることとして正しいものを，次から２つ選《えら》び，記号で書きましょう。　(　　　)(　　　)

ア　水路をつくるときは，工事の前に測量を行う。

イ　飲み水用の水路の建設を願い出たのは，1880年である。

ウ　飲み水用の水路の建設を願い出てから水路の工事が終わるまでの期間は，約《やく》５年である。

(2)　次の文中の①・②にあてはまることばを書きましょう。

①(　　　　　　)　②(　　　　　　)

> 飲み水用の水路の工事が終わったあと，(①)や(②)によって水路がうまってしまった。

2 那須疏水が完成《かんせい》したあとの那須野原の田の面積《めんせき》のうつり変《か》わりと，家の数のうつり変わりを表した次のグラフを見て，あとの問いに答えましょう。　1つ12点【48点】

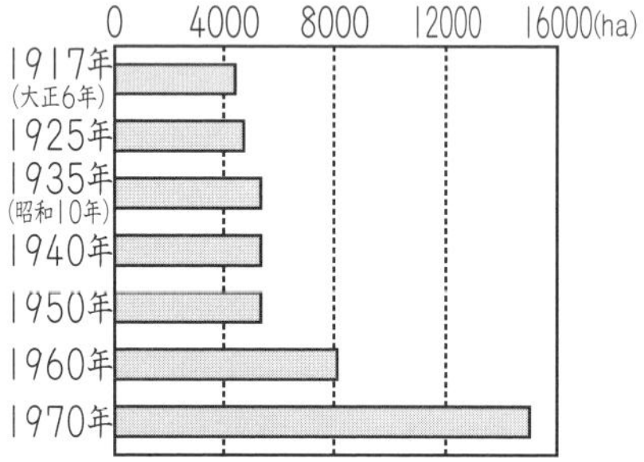

(「那須疏水百年史」)

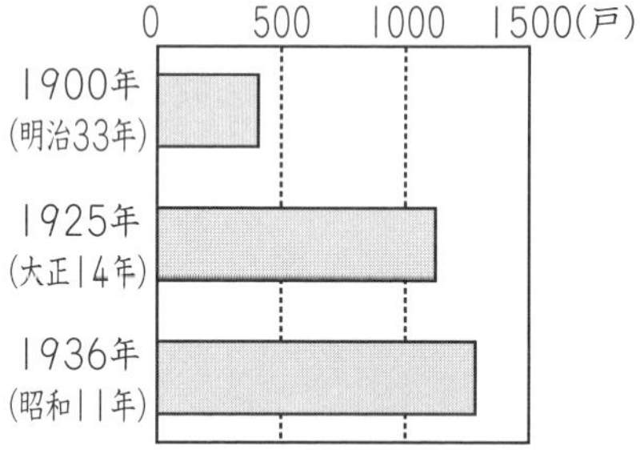

(「那須疏水百年史」)

(1)　２つのグラフからわかることとして正しいものを，次から２つ選び，記号で書きましょう。(　　　)(　　　)

ア　田の面積は1935年から1950年まで変化《へんか》はない。

イ　田の面積は1950年から1960年に最《もっと》もふえた。

ウ　家の数は1936年には1500戸《こ》になっている。

エ　家の数は1900年以《い》こう，ふえ続《つづ》けている。

(2)　次の文中の①・②にあてはまることばを，あとからそれぞれ選びましょう。①(　　　　)　②(　　　　)

> 那須疏水が完成したあと，那須野原は(①)がさかんになり，住む人の数は(②)。

【　工業　　農業　　ふえた　　へった　】

わたしたちがくらす地いきの特色①

目ひょう時間 20分

学習した日　月　日

名前

とく点　／100点

らくらくマルつけ

4099

解説→324ページ

❶ 宮城《みやぎ》県石巻《いしのまき》市でつくられている雄勝《おがつ》すずりについて，次の問いに答えましょう。 1つ14点【42点】

(1) 次の雄勝すずりのパンフレットからわかることとして正しいものを，あとから2つ選《えら》び，記号で書きましょう。

(　　　)(　　　)

> [雄勝すずりについて]
> 今から600年以上《いじょう》前につくられ始めました。雄勝すずりの原料《げんりょう》は雄勝石で，今でも近くの山でたくさんとれます。雄勝すずりは伝統的《でんとうてき》な産業《さんぎょう》として，一つひとつ手づくりでつくられてきました。雄勝でのすずりの生産量《せいさんりょう》は，東日本大震災《ひがしにほんだいしんさい》で大きなひがいを受けるまでは，全国の9わりをしめ，日本で最《もっと》も多かったのです。

ア　雄勝すずりは，今から約《やく》100年前からつくられ始めた。

イ　雄勝すずりは，一つひとつ手づくりでつくられている。

ウ　原料の雄勝石は，今はもうとることができない。

エ　東日本大震災まで，生産量は全国の9わりだった。

(2) 伝統的な産業を守る取り組みとしてまちがっているものを，次から選び，記号で書きましょう。 (　　　)

ア　多くの人に，すずりづくりを体験《たいけん》してもらう。

イ　観光《かんこう》や宣伝《せんでん》のために，チラシをつくる。

ウ　伝統的なぎじゅつなので，なるべく人に広めない。

エ　筆や紙などをつくる地いきとイベントを行う。

❷ 仙台《せんだい》市について，仙台市の外国人住民《じゅうみん》数の変化《へんか》と，外国人住民の国別人数を表した次の2つのグラフを見て，あとの問いに答えましょう。 【58点】

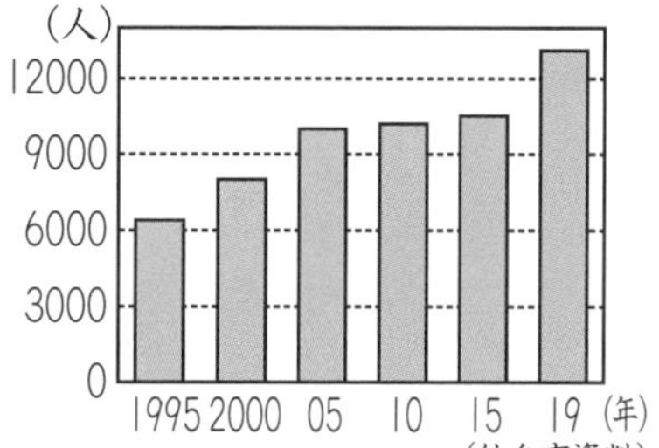

(仙台市資料)

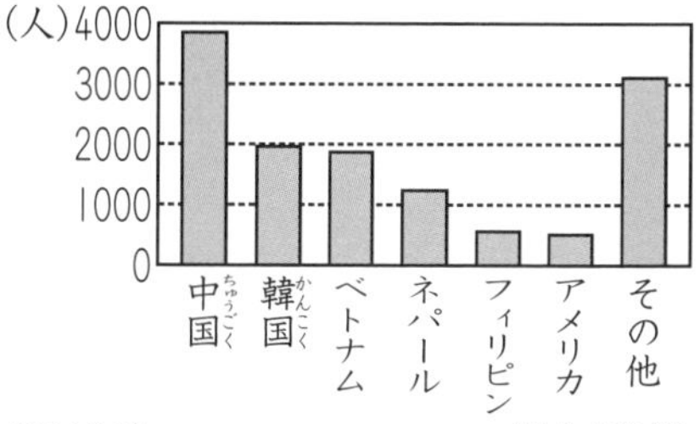

(2019年)　(仙台市資料)

(1) 外国人住民数が，1995年にくらべて約2倍になったのは，何年ですか。 (15点) (　　　) 年

(2) 仙台市に住んでいる外国人のうち，最も多いのはどこの国の人ですか。 (15点) (　　　)

(3) 次の文は，市ではたらく人に聞いた話をまとめたものです。これを読んで，あとの問いに答えましょう。 1つ14点 (28点)

> 仙台市は，文化やスポーツを通して，外国の都市と国際《こくさい》交流を行っています。また，学問や日本の文化などを学ぶために日本に来ている，留学生《りゅうがくせい》も受け入れています。

① 文化やスポーツを通して，外国の都市などと交流することを何といいますか。 (　　　)

② 学問や日本の文化を学ぶために日本に来ている，外国からの学生を何といいますか。 (　　　)

19 わたしたちがくらす地いきの特色①

目ひょう時間 20分

学習した日　月　日

名前

とく点　／100点

らくらくマルつけ

4099

解説→324ページ

❶ 宮城《みやぎ》県石巻《いしのまき》市でつくられている雄勝《おがつ》すずりについて，次の問いに答えましょう。 1つ14点【42点】

(1) 次の雄勝すずりのパンフレットからわかることとして正しいものを，あとから2つ選《えら》び，記号で書きましょう。 (　　)(　　)

> [雄勝すずりについて]
> 今から600年以上《いじょう》前につくられ始めました。雄勝すずりの原料《げんりょう》は雄勝石で，今でも近くの山でたくさんとれます。雄勝すずりは伝統的《でんとうてき》な産業《さんぎょう》として，一つひとつ手づくりでつくられてきました。雄勝でのすずりの生産量《せいさんりょう》は，東日本大震災《ひがしにほんだいしんさい》で大きなひがいを受けるまでは，全国の9わりをしめ，日本で最《もっと》も多かったのです。

ア　雄勝すずりは，今から約《やく》100年前からつくられ始めた。
イ　雄勝すずりは，一つひとつ手づくりでつくられている。
ウ　原料の雄勝石は，今はもうとることができない。
エ　東日本大震災まで，生産量は全国の9わりだった。

(2) 伝統的な産業を守る取り組みとしてまちがっているものを，次から選び，記号で書きましょう。 (　　)

ア　多くの人に，すずりづくりを体験《たいけん》してもらう。
イ　観光《かんこう》や宣伝《せんでん》のために，チラシをつくる。
ウ　伝統的なぎじゅつなので，なるべく人に広めない。
エ　筆や紙などをつくる地いきとイベントを行う。

❷ 仙台《せんだい》市について，仙台市の外国人住民《じゅうみん》数の変化《へんか》と，外国人住民の国別人数を表した次の2つのグラフを見て，あとの問いに答えましょう。 【58点】

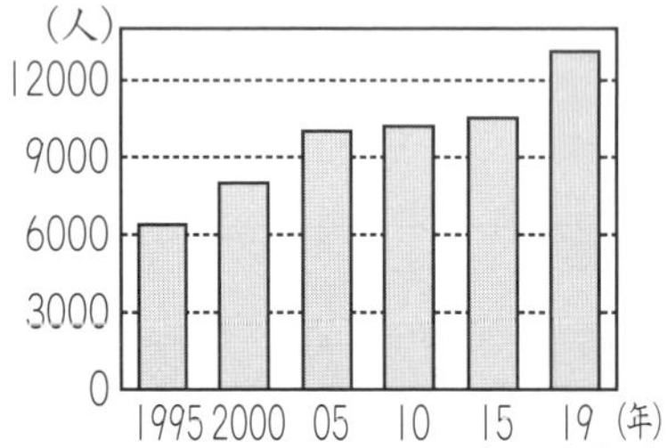

(仙台市資料)

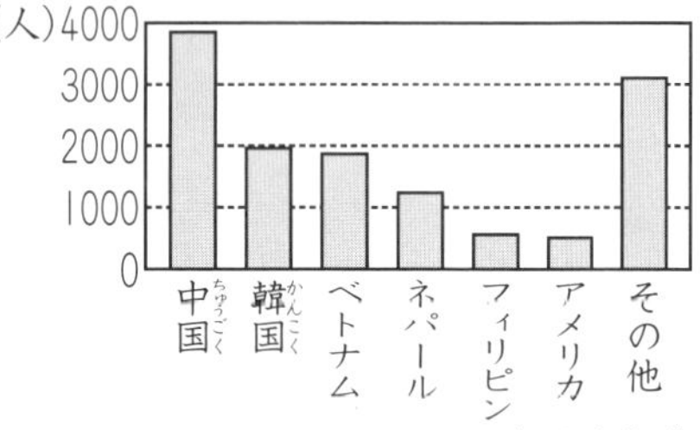

(2019年)　(仙台市資料)

(1) 外国人住民数が，1995年にくらべて約2倍になったのは，何年ですか。 (15点) (　　)年

(2) 仙台市に住んでいる外国人のうち，最も多いのはどこの国の人ですか。 (15点) (　　)

(3) 次の文は，市ではたらく人に聞いた話をまとめたものです。これを読んで，あとの問いに答えましょう。 1つ14点 (28点)

> 仙台市は，文化やスポーツを通して，外国の都市と国際《こくさい》交流を行っています。また，学問や日本の文化などを学ぶために日本に来ている，留学生《りゅうがくせい》も受け入れています。

① 文化やスポーツを通して，外国の都市などと交流することを何といいますか。 (　　)

② 学問や日本の文化を学ぶために日本に来ている，外国からの学生を何といいますか。 (　　)

わたしたちがくらす地いきの特色②

目ひょう時間 20分

学習した日　月　日

名前

とく点　／100点

4100
解説→324ページ

らくらくマルつけ

❶ 次の福岡《ふくおか》県太宰府《だざいふ》市の地図を見て，あとの問いに答えましょう。 【44点】

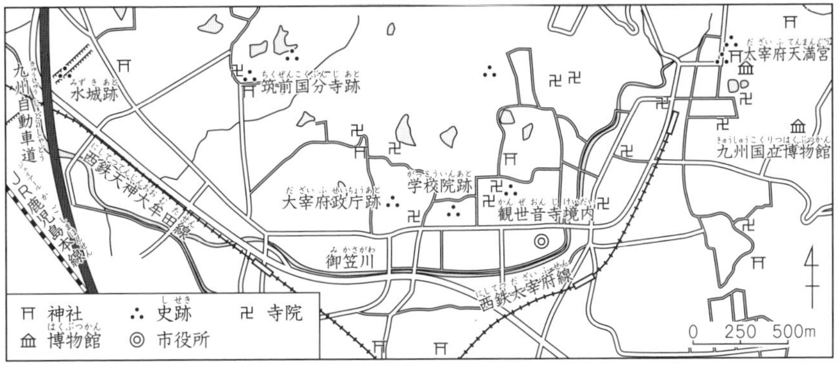

(1) 神社をしめす記号は地図中にいくつありますか。 (12点)

(　　　)つ

(2) 昔のようすを知るための重要《じゅうよう》な物を集めて，てんじしているしせつを，地図中から選《えら》び，書きましょう。 (12点)

(　　　　　　　　)

(3) 右のグラフは太宰府市をおとずれた人の数の変化《へんか》を表しています。2013年から2018年の6年間で，太宰府市をおとずれる人が①最《もっと》も多かった年，②最も少なかった年をそれぞれ書きましょう。

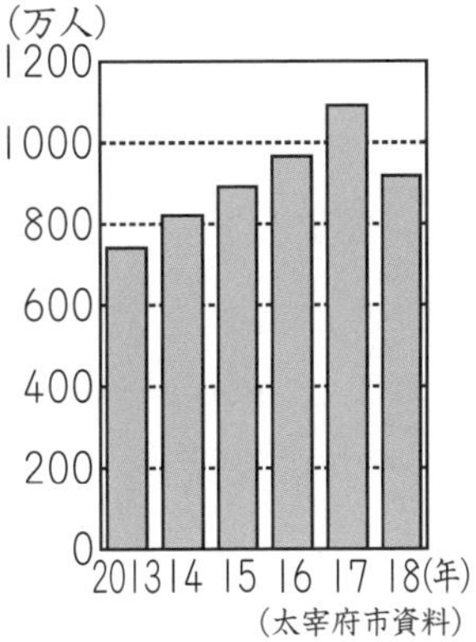

1つ10点 (20点) ①(　　　　)年　②(　　　　)年

❷ 福岡市と飛行機《ひこうき》や船でつながるおもな国や地いきを表した右の地図を見て，次の問いに答えましょう。 1つ14点【56点】

(1) 福岡市からホンコンまでのきょりは約《やく》何kmですか。

約(　　　　　)km

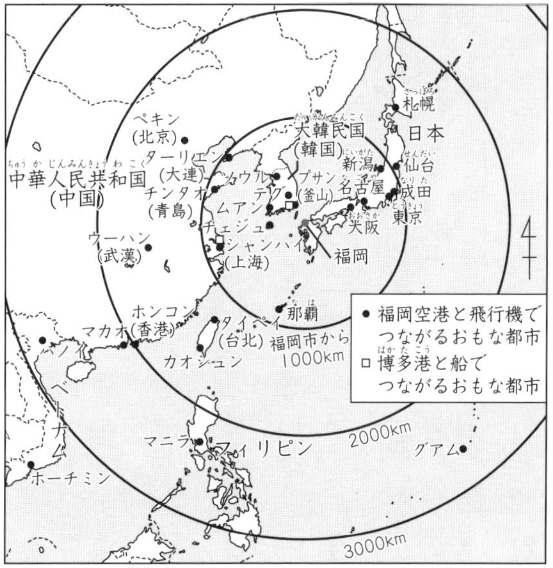

(2) 福岡市に最も近い都市を次から選び，書きましょう。

(　　　　　　)

【　ペキン　　プサン　　タイペイ　　ソウル　】

(3) 次の文中の①・②にあてはまる国名や乗り物の名前を，あとからそれぞれ選び，記号で書きましょう。

①(　　　)　②(　　　)

> 博多《はかた》港から，(　①　)のシャンハイへ行くには，(　②　)に乗って行く。

ア 中国《ちゅうごく》　イ 韓国《かんこく》　ウ 船　エ 飛行機

社会

20 わたしたちがくらす地いきの特色②

目ひょう時間 20分

学習した日　　月　　日

名前

とく点　　／100点

らくらくマルつけ

4100
解説→324ページ

❶ 次の福岡県《ふくおかけん》太宰府《だざいふ》市の地図を見て，あとの問いに答えましょう。 【44点】

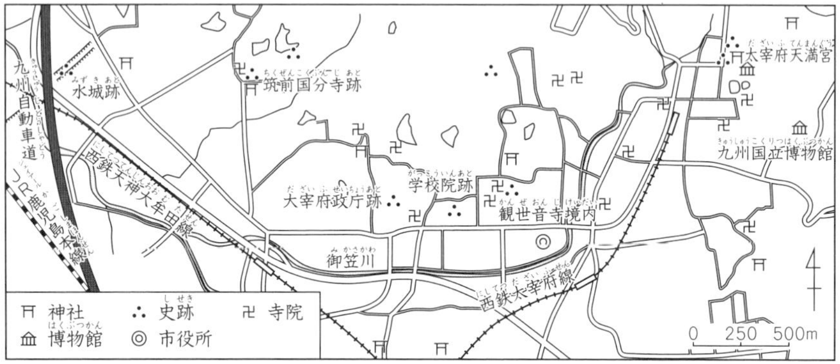

(1) 神社をしめす記号は地図中にいくつありますか。 (12点)

(　　　)つ

(2) 昔のようすを知るための重要《じゅうよう》な物を集めて，てんじしているしせつを，地図中から選《えら》び，書きましょう。 (12点)

(　　　　　　　　)

(3) 右のグラフは太宰府市をおとずれた人の数の変化《へんか》を表しています。2013年から2018年の6年間で，太宰府市をおとずれる人が①最《もっと》も多かった年，②最も少なかった年をそれぞれ書きましょう。

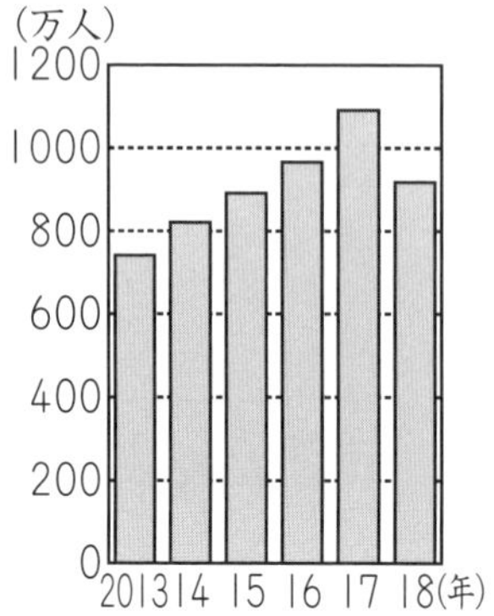

(太宰府市資料)

1つ10点 (20点) ①(　　　　)年　②(　　　　)年

❷ 福岡市と飛行機《ひこうき》や船でつながるおもな国や地いきを表した右の地図を見て，次の問いに答えましょう。 1つ14点【56点】

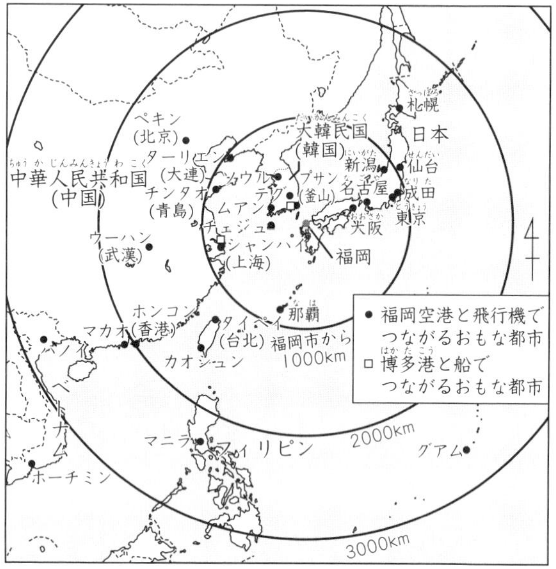

(1) 福岡市からホンコンまでのきょりは約《やく》何kmですか。

約(　　　　)km

(2) 福岡市に最も近い都市を次から選び，書きましょう。

(　　　　　)

【 ペキン　　プサン　　タイペイ　　ソウル 】

(3) 次の文中の①・②にあてはまる国名や乗り物の名前を，あとからそれぞれ選び，記号で書きましょう。

①(　　　)　②(　　　)

> 博多港《はかた》から，(①)のシャンハイへ行くには，
> (②)に乗って行く。

ア　中国《ちゅうごく》　　イ　韓国《かんこく》　　ウ　船　　エ　飛行機

わたしたちがくらす地いきの特色③

目ひょう時間 20分

学習した日　月　日

名前

とく点　／100点

4101 解説→324ページ

らくらくマルつけ

❶ 次の問いに答えましょう。　1つ10点【40点】

(1) 岡山《おかやま》県の備前焼《びぜんやき》まつりを見に来た人数の変化《へんか》を表す右のグラフからわかることとして正しいものを，次から2つ選《えら》び，記号で書きましょう。(　　　)(　　　)

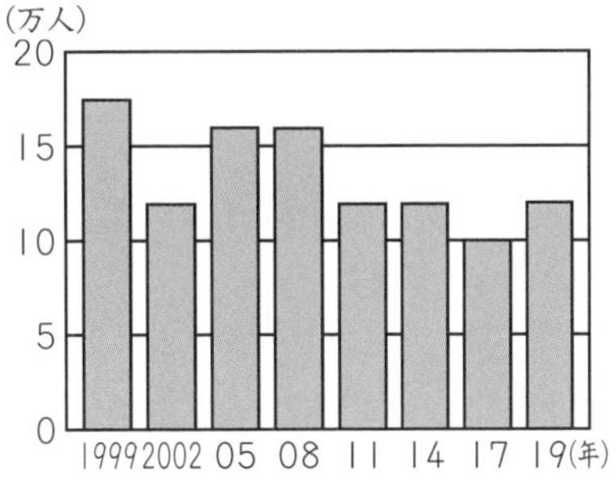

(備前市資料)

ア　まつりに来た人の数は2008年から2011年でへった。

イ　まつりに来た人の数は2002年が最《もっと》も多い。

ウ　2019年のまつりに来た人の数は，15万人以上《いじょう》である。

エ　2005年と2008年の人の数はほぼ同じである。

(2) 次の文は，備前焼を広める取り組みについて聞いた話をまとめたものです。この文を読んで，あとの問いに答えましょう。

> 外国で備前焼のてんらん会を開き，多くの外国人に知ってもらう機会《きかい》をふやしています。また，職人《しょくにん》さんは，若《わか》い職人さんにぎじゅつだけでなく，伝統《でんとう》を大切にする心を伝《つた》えます。

① 多くの外国人に知ってもらうために外国で何を開いていますか。(　　　　　)

② 職人さんは，若い職人さんにぎじゅつだけでなく，何を大切にする心を伝えていますか。(　　　　　)

❷ 次の地図は，岡山県と岡山市が友好関係《ゆうこうかんけい》を結《むす》んでいる地いきをしめしたものです。この地図を見て，あとの問いに答えましょう。　1つ15点【60点】

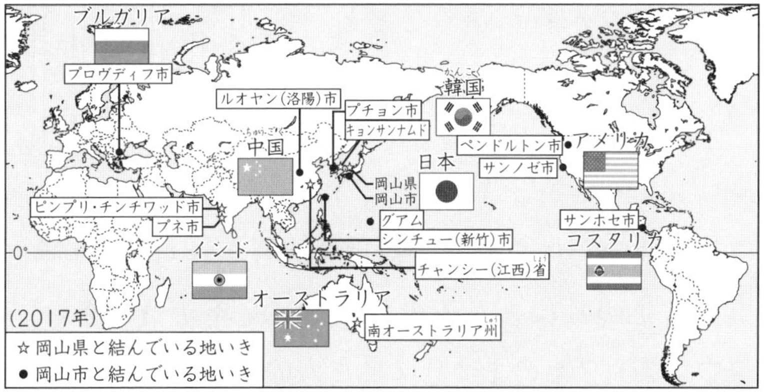

(1) 岡山県が友好関係を結んでいる地いきはいくつありますか。(　　　)つ

(2) 次の①・②はそれぞれ何という国にありますか。

① プネ市　(　　　　　)

② サンノゼ市　(　　　　　)

(3) 岡山県に住む外国人のうち，右の表の□にあてはまる，人数が2番目に多く日本の西側《がわ》にある国を，地図から選び，書きましょう。(　　　　　)

国名	人数（人）
ベトナム	9964
□	6567
韓国	4447
フィリピン	1956
その他	6501
合計	29435

(2021年)　(岡山県資料)

社会

21 わたしたちがくらす地いきの特色③

目ひょう時間 20分

学習した日　　月　　日

名前

とく点　　／100点

4101
解説→324ページ

らくらくマルつけ

❶ 次の問いに答えましょう。

1つ10点【40点】

(1) 岡山《おかやま》県の備前焼《びぜんやき》まつりを見に来た人数の変化《へんか》を表す右のグラフからわかることとして正しいものを，次から2つ選《えら》び，記号で書きましょう。(　　　)(　　　)

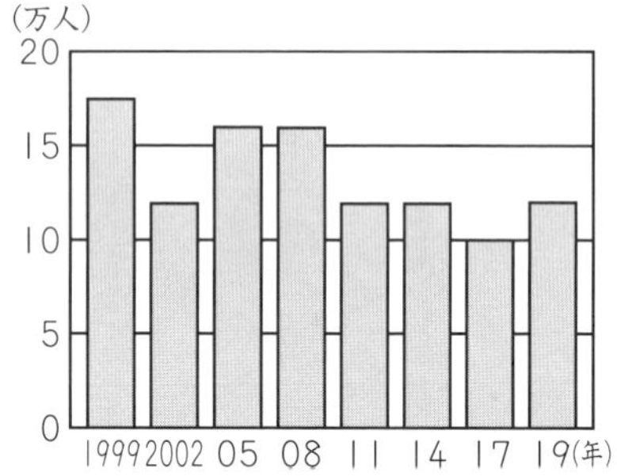

(備前市資料)

ア　まつりに来た人の数は2008年から2011年でへった。

イ　まつりに来た人の数は2002年が最《もっと》も多い。

ウ　2019年のまつりに来た人の数は，15万人以上《いじょう》である。

エ　2005年と2008年の人の数はほぼ同じである。

(2) 次の文は，備前焼を広める取り組みについて聞いた話をまとめたものです。この文を読んで，あとの問いに答えましょう。

> 外国で備前焼のてんらん会を開き，多くの外国人に知ってもらう機会《きかい》をふやしています。また，職人《しょくにん》さんは，若《わか》い職人さんにぎじゅつだけでなく，伝統《でんとう》を大切にする心を伝《つた》えます。

① 多くの外国人に知ってもらうために外国で何を開いていますか。(　　　　　)

② 職人さんは，若い職人さんにぎじゅつだけでなく，何を大切にする心を伝えていますか。(　　　　　)

❷ 次の地図は，岡山県と岡山市が友好関係《ゆうこうかんけい》を結《むす》んでいる地いきをしめしたものです。この地図を見て，あとの問いに答えましょう。

1つ15点【60点】

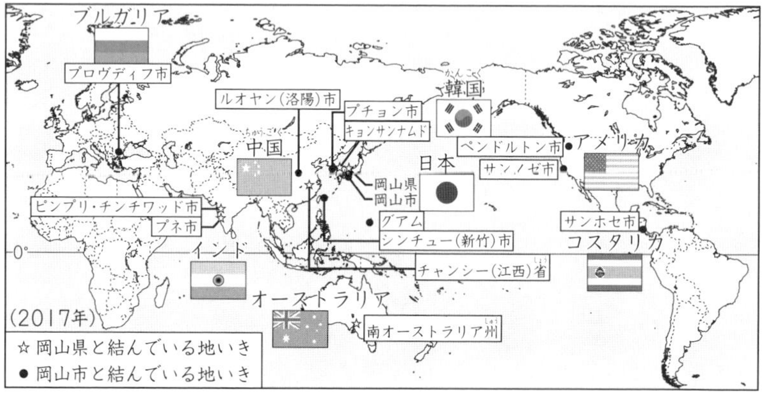

(1) 岡山県が友好関係を結んでいる地いきはいくつありますか。(　　　)つ

(2) 次の①・②はそれぞれ何という国にありますか。

① プネ市　(　　　　　)

② サンノゼ市　(　　　　　)

(3) 岡山県に住む外国人のうち，右の表の□にあてはまる，人数が2番目に多く日本の西側《がわ》にある国を，地図から選び，書きましょう。(　　　　　)

国名	人数（人）
ベトナム	9964
□	6567
韓国	4447
フィリピン	1956
その他	6501
合計	29435

(2021年)　(岡山県資料)

22 まとめのテスト❶

目ひょう時間 20分

学習した日　月　日

名前

とく点　／100点

らくらくマルつけ

4102
解説→325ページ

❶ 右の地図を見て，次の問いに答えましょう。【52点】

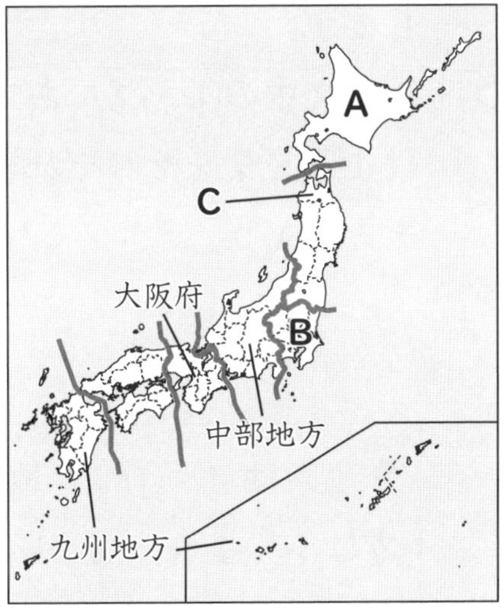

(1) 47ある都道府県《とどうふけん》のうち，2つだけある「府」は地図中の大阪府《おおさかふ》とどこですか。（7点）

（　　　　　）府

(2) 地図中の**A**・**B**の地方名を，それぞれ書きましょう。 1つ7点（14点）

A（　　　　　）地方

B（　　　　　）地方

(3) 地図中の中部《ちゅうぶ》地方にある県を，次から2つ選《えら》び，記号で書きましょう。 1つ8点（16点）（　　　）（　　　）

ア　愛知《あいち》県　　イ　静岡《しずおか》県

ウ　群馬《ぐんま》県　　エ　山口《やまぐち》県

(4) 地図中の**C**の県名には，色を表す漢字がふくまれています。その県名を書きましょう。（7点）

（　　　　　）県

(5) 地図中の九州《きゅうしゅう》地方には，熊本《くまもと》県のほかにも動物の名前がふくまれている県があります。その県名を書きましょう。

（8点）（　　　　　）県

❷ 宮城《みやぎ》県について，次の地図を見て，あとの問いに答えましょう。 1つ8点【48点】

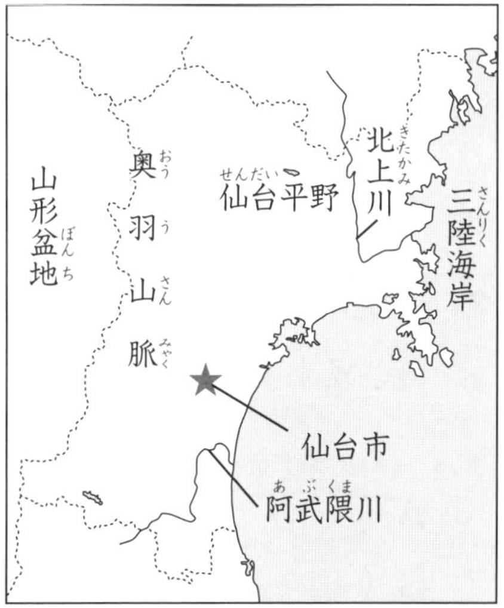

(1) 次の文中の①・②にあてはまる言葉をそれぞれ書きましょう。

①（　　　　　）

②（　　　　　）

> 宮城県は（ ① ）地方にふくまれ，岩手《いわて》県，（ ② ）県，山形《やまがた》県，福島《ふくしま》県とせっしている。

(2) 右の断面図《だんめんず》中の**A**～**C**にあてはまる地形名を，地図中からそれぞれ選び，書きましょう。

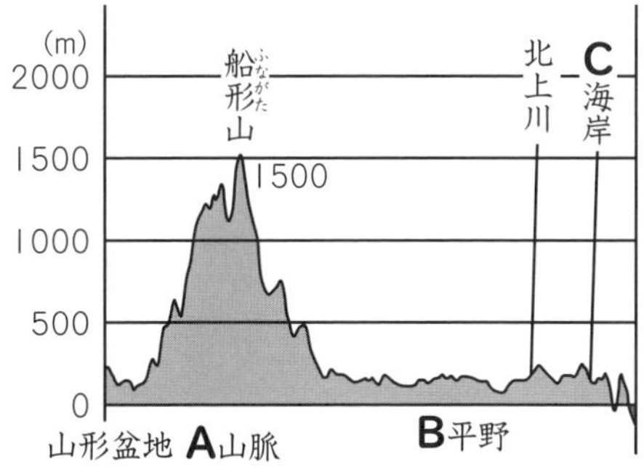

A（　　　　　）山脈

B（　　　　　）平野

C（　　　　　）海岸

(3) 宮城県の北側《がわ》にある県から流れ，三陸海岸から海へ流れこむ川の名前を書きましょう。（　　　　　）川

社会

22 まとめのテスト❶

目ひょう時間 20分

学習した日　　月　　日	とく点	らくらくマルつけ
名前	／100点	4102 解説→325ページ

❶ 右の地図を見て，次の問いに答えましょう。 【52点】

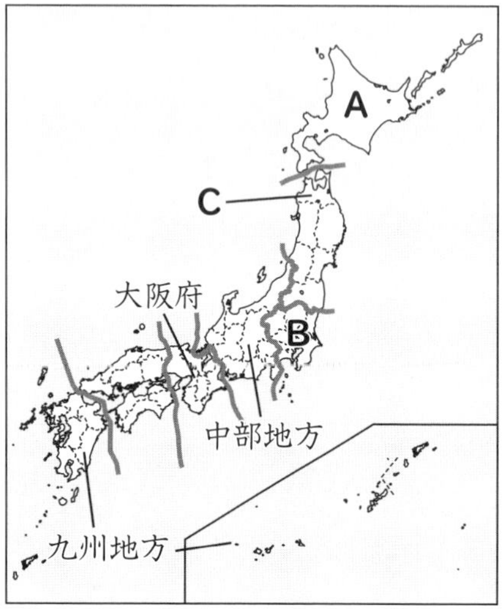

(1) 47ある都道府県《とどうふけん》のうち，2つだけある「府」は地図中の大阪《おおさか》府とどこですか。 (7点)

(　　　　　) 府

(2) 地図中のA・Bの地方名を，それぞれ書きましょう。 1つ7点 (14点)

A (　　　　　　) 地方

B (　　　　　　) 地方

(3) 地図中の中部《ちゅうぶ》地方にある県を，次から2つ選《えら》び，記号で書きましょう。 1つ8点 (16点) (　　　)(　　　)

ア 愛知《あいち》県　　イ 静岡《しずおか》県

ウ 群馬《ぐんま》県　　エ 山口《やまぐち》県

(4) 地図中のCの県名には，色を表す漢字がふくまれています。その県名を書きましょう。 (7点)

(　　　　　) 県

(5) 地図中の九州《きゅうしゅう》地方には，熊本《くまもと》県のほかにも動物の名前がふくまれている県があります。その県名を書きましょう。

(8点) (　　　　　) 県

❷ 宮城《みやぎ》県について，次の地図を見て，あとの問いに答えましょう。 1つ8点【48点】

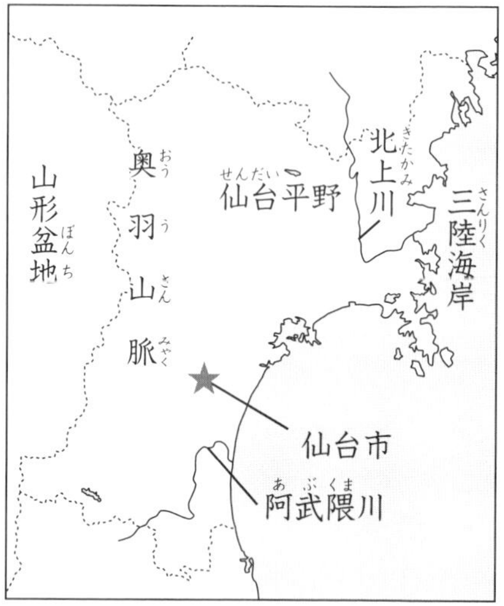

(1) 次の文中の①・②にあてはまる言葉をそれぞれ書きましょう。

① (　　　　　)

② (　　　　　)

> 宮城県は（ ① ）地方にふくまれ，岩手《いわて》県，（ ② ）県，山形《やまがた》県，福島《ふくしま》県とせっしている。

(2) 右の断面図《だんめんず》中のA～Cにあてはまる地形名を，地図中からそれぞれ選び，書きましょう。

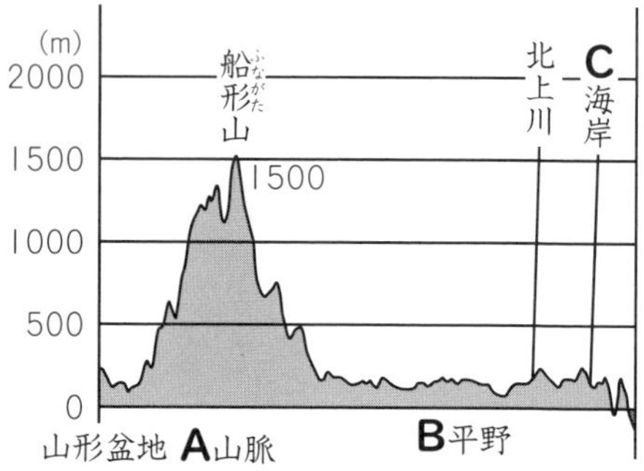

A (　　　　　) 山脈

B (　　　　　) 平野

C (　　　　　) 海岸

(3) 宮城県の北側《がわ》にある県から流れ，三陸海岸から海へ流れこむ川の名前を書きましょう。 (　　　　　) 川

目ひょう時間 20分

学習した日　月　日

名前

とく点　／100点

らくらくマルつけ 4103

解説→325ページ

❶ 水が運ばれるようすを表した次の図を見て，あとの問いに答えましょう。 1つ10点【60点】

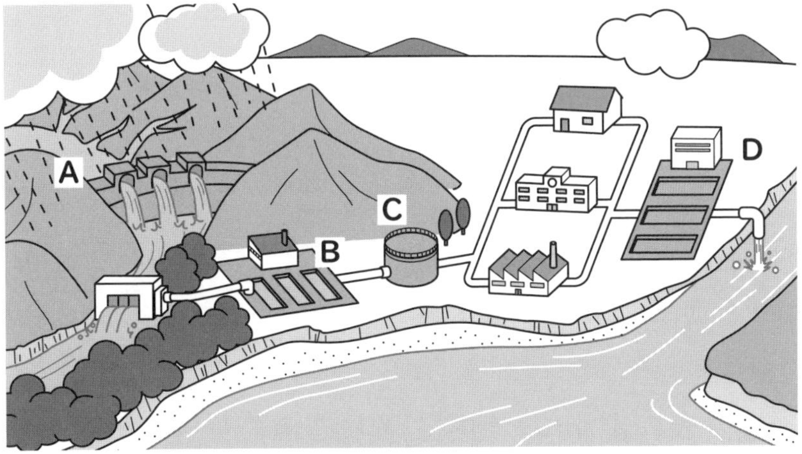

(1) Aのしせつを何といいますか。　（　　　）

(2) 次の①～④にあてはまるしせつを，図中のA～Dから選《えら》び，記号で書きましょう。

① きれいにされた水をたくさんたくわえる。　（　　　）

② 使われてよごれた水をきれいにする。　（　　　）

③ 川から取り入れた水をきれいにする。　（　　　）

④ 川の水をせきとめて，水をたくさんたくわえる。　（　　　）

(3) 水をむだに使わないようにすることを何といいますか。　（　　　）

❷ 次の問いに答えましょう。 1つ8点【40点】

(1) ある町のごみ収集《しゅうしゅう》日をまとめた次の表を見て，あとの問いに答えましょう。

もえるごみ（生ごみ，プラスチックせい品など）	毎週月曜日
もえないごみ（しげん以外《いがい》のびん・かん・ガラス・なべなど）	毎週金曜日
しげんごみ	毎週水曜日
きけんなごみ（かん電池，けい光とうなど）	第２木曜日
そ大ごみ（大型《おおがた》ごみ）（たんすなど）	第３火曜日

① 表のように，種類《しゅるい》ごとにごみを分けて出すことを何といいますか。　（　　　）

② 次のごみは，それぞれ何曜日に出すとよいですか。

A 生ごみ　（　　　）

B しげんごみ　（　　　）

(2) 地震《じしん》へのそなえや，起きたあとのこととして正しいものを，次から２つ選び，記号で書きましょう。　（　　　）（　　　）

ア かい中電とうなどを家でじゅんびしておく。

イ 地震のあと，津波《つなみ》や火事が発生することがある。

ウ 地震が起こったら，エレベーターでにげる。

エ 地震が起こったら，警察《けいさつ》しょがひなん場所になる。

社会

23 まとめのテスト②

目ひょう時間 20分

学習した日　月　日

名前

とく点　／100点

4103
解説→325ページ

らくらくマルつけ

❶ 水が運ばれるようすを表した次の図を見て，あとの問いに答えましょう。

1つ10点【60点】

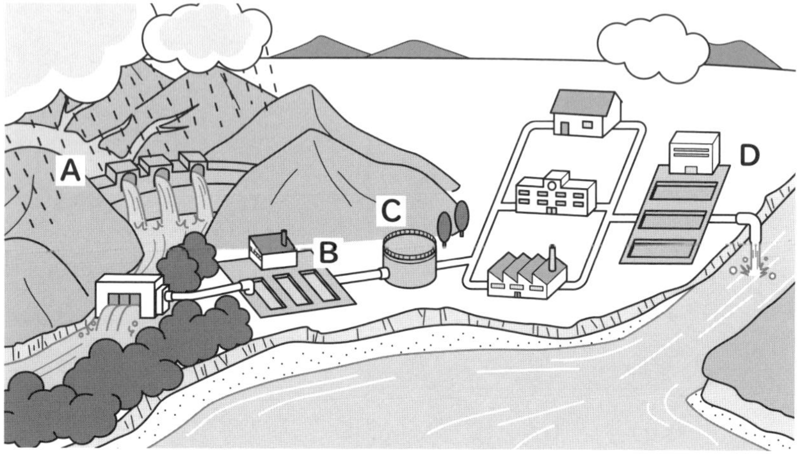

(1) Aのしせつを何といいますか。　(　　　)

(2) 次の①～④にあてはまるしせつを，図中のA～Dから選《えら》び，記号で書きましょう。

① きれいにされた水をたくさんたくわえる。　(　　　)

② 使われてよごれた水をきれいにする。　(　　　)

③ 川から取り入れた水をきれいにする。　(　　　)

④ 川の水をせきとめて，水をたくさんたくわえる。　(　　　)

(3) 水をむだに使わないようにすることを何といいますか。　(　　　)

❷ 次の問いに答えましょう。

1つ8点【40点】

(1) ある町のごみ収集《しゅうしゅう》日をまとめた次の表を見て，あとの問いに答えましょう。

もえるごみ（生ごみ，プラスチックせい品など）	毎週月曜日
もえないごみ（しげん以外《いがい》のびん・かん・ガラス・なべなど）	毎週金曜日
しげんごみ	毎週水曜日
きけんなごみ（かん電池，けい光とうなど）	第２木曜日
そ大ごみ（大型《おおがた》ごみ）（たんすなど）	第３火曜日

① 表のように，種類《しゅるい》ごとにごみを分けて出すことを何といいますか。　(　　　)

② 次のごみは，それぞれ何曜日に出すとよいですか。

A 生ごみ　(　　　)

B しげんごみ　(　　　)

(2) 地震《じしん》へのそなえや，起きたあとのこととして正しいものを，次から２つ選び，記号で書きましょう。

(　　　)(　　　)

ア かい中電とうなどを家でじゅんびしておく。

イ 地震のあと，津波《つなみ》や火事が発生することがある。

ウ 地震が起こったら，エレベーターでにげる。

エ 地震が起こったら，警察《けいさつ》しょがひなん場所になる。

24 まとめのテスト③

目ひょう時間 20分

学習した日　月　日

名前

とく点　／100点

4104
解説→325ページ

❶ 熊本《くまもと》県にある，白糸《しらいと》台地に水を引くためにつくられた通《つう》潤《じゅん》橋や通潤用水に関《かん》する次の年表を見て，あとの問いに答えましょう。 【58点】

年	おもなできごと
1852	通潤橋，通潤用水をつくり始める
1854	通潤橋が完成《かんせい》する
1855	地震《じしん》が起きたが，橋はこわれなかった
1857	通潤用水がすべて完成する
1960	通潤橋が国の重要《じゅうよう》文化ざいに指定される
2014	通潤用水が，かんがいしせつ遺産《いさん》に登録《とうろく》される
2016	熊本地震が起こり，通潤橋もひがいを受ける

(1) 年表からわかることとして正しいものを，次から2つ選《えら》び，記号で書きましょう。 1つ14点（28点）(　　)(　　)

ア　通潤橋は1855年の地震ではこわれなかった。

イ　通潤用水はつくり始めてから2年で完成した。

ウ　通潤橋は2016年の地震ではひがいを受けた。

(2) 次の文中の①・②にあてはまることばを，年表中からそれぞれ選び，書きましょう。 1つ15点（30点）

①（　　　）②（　　　）

> 通潤橋は1960年に国の重要（　①　）に指定されました。また，2014年には（　②　）遺産に登録され，多くの人々に大切にされています。

❷ 次の問いに答えましょう。 1つ14点【42点】

(1) 次の文は，外国からホームステイで日本におとずれた小学生の話です。これを読んで，国際《こくさい》交流で大切なこととして正しいものを，あとから2つ選び，記号で書きましょう。 (　　)(　　)

> 自分の国と生活やことばがちがっていたので，最初《さいしょ》はとまどいました。でもホームステイ先の家族がやさしくしてくれました。着物を着たり，おそばを食べたりなど，日本の文化を体験《たいけん》できて楽しかったです。

ア　外国の人々の生活習かんを知ること。

イ　外国の人々との交流はなるべくさけること。

ウ　外国の人々の生活習かんが自分たちとはちがうことを受け入れないこと。

エ　交流を深めながら，おたがいにわかり合うこと。

(2) 次の文中の（　　）にあてはまることばを書きましょう。 (　　　)

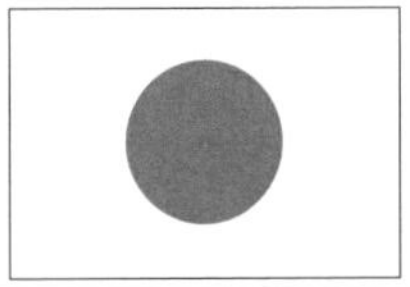

> 左にえがかれている旗《はた》は日本の（　　）で，国を表すしるしである。

24 まとめのテスト③

目ひょう時間 20分

学習した日　　月　　日

名前

とく点　　／100点

らくらくマルつけ
4104
解説→325ページ

❶ 熊本《くまもと》県にある，白糸《しらいと》台地に水を引くためにつくられた通《つう》潤《じゅん》橋や通潤用水に関《かん》する次の年表を見て，あとの問いに答えましょう。　【58点】

年	おもなできごと
1852	通潤橋，通潤用水をつくり始める
1854	通潤橋が完成《かんせい》する
1855	地震《じしん》が起きたが，橋はこわれなかった
1857	通潤用水がすべて完成する
1960	通潤橋が国の重要《じゅうよう》文化ざいに指定される
2014	通潤用水が，かんがいしせつ遺産《いさん》に登録《とうろく》される
2016	熊本地震が起こり，通潤橋もひがいを受ける

(1)　年表からわかることとして正しいものを，次から２つ選《えら》び，記号で書きましょう。　1つ14点（28点）（　　）（　　）

ア　通潤橋は1855年の地震ではこわれなかった。

イ　通潤用水はつくり始めてから２年で完成した。

ウ　通潤橋は2016年の地震ではひがいを受けた。

(2)　次の文中の①・②にあてはまることばを，年表中からそれぞれ選び，書きましょう。　1つ15点（30点）

①（　　　　　）　②（　　　　　）

通潤橋は1960年に国の重要（　①　）に指定されました。また，2014年には（　②　）遺産に登録され，多くの人々に大切にされています。

❷ 次の問いに答えましょう。　1つ14点【42点】

(1)　次の文は，外国からホームステイで日本におとずれた小学生の話です。これを読んで，国際《こくさい》交流で大切なこととして正しいものを，あとから２つ選び，記号で書きましょう。　（　　）（　　）

自分の国と生活やことばがちがっていたので，最初《さいしょ》はとまどいました。でもホームステイ先の家族がやさしくしてくれました。着物を着たり，おそばを食べたりなど，日本の文化を体験《たいけん》できて楽しかったです。

ア　外国の人々の生活習かんを知ること。

イ　外国の人々との交流はなるべくさけること。

ウ　外国の人々の生活習かんが自分たちとはちがうことを受け入れないこと。

エ　交流を深めながら，おたがいにわかり合うこと。

(2)　次の文中の（　　）にあてはまることばを書きましょう。　（　　　）

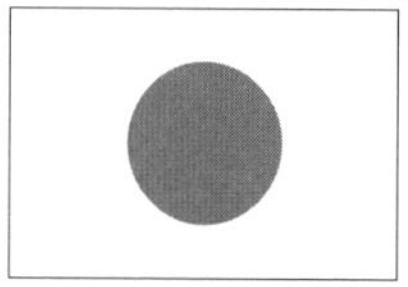

左にえがかれている旗《はた》は日本の（　　　）で，国を表すしるしである。

1 漢字①

学習した日　月　日

名前

とく点

/100点

目ひょう時間 20分

らくらくマルつけ

解説↓ 326ページ

4105

1 (　)に——線の読みがなを書きましょう。

1つ5点【50点】

(1) 信号が赤に変《か》わる。(　)

(2) 会議《かいぎ》に出席する。(　)(　)

(3) 木材を運ぶ。(　)

(4) 街路じゅの手入れをする。(　)

(5) 目を覚ます。(　)

(6) 例を挙《あ》げる。(　)

(7) 学校を案内する。(　)

(8) 良心がいたむ。(　)

(9) 目印の旗を立てる。(　)(　)

2 □に漢字を書きましょう。

1つ5点【50点】

(1) ぎじゅつが□□《はったつ》する。

(2) 態度《たいど》を□《あらた》める。

(3) □□《りょうきん》をはらう。

(4) □□《みぎがわ》を歩く。

(5) □□《くんれん》をする。

(6) □□《さくや》のことを話す。

(7) □□□《ゆうこうてき》な人。

(8) 植物を□□《かんさつ》する。

(9) □□《じゅうよう》な点を□《つた》える。

国語

もう1回チャレンジ!!

1

漢字①

学習した日　月　日

名前

とく点

/100点

目ひょう時間 20分

らくらくマルつけ

解説↓
326ページ

4105

❶（　）に——線の読みがなを書きましょう。

1つ5点【50点】

(1)（　　）信号が赤に変《か》わる。

(2)（　　）会議《かいぎ》に出席する。（　　）

(3)（　　）木材を運ぶ。（　　）

(4)（　　）街路じゅの手入れをする。（　　）

(5)（　　）目を覚ます。（　　）

(6)（　　）例を挙《あ》げる。（　　）

(7)（　　）学校を案内する。（　　）

(8)（　　）良心がいたむ。（　　）

(9)（　　）目印の旗を立てる。（　　）

❷□に漢字を書きましょう。

1つ5点【50点】

(1) ぎじゅつが□□《はったつ》する。

(2) 態度《たいど》を□《あらた》める。

(3) □□《りょうきん》をはらう。

(4) □□《みぎがわ》を歩く。

(5) □□《くんれん》をする。

(6) □□《さくや》のことを話す。

(7) □□□《ゆうこうてき》な人。

(8) 植物を□□《かんさつ》する。

(9) □□《じゅうよう》な点を□《つた》える。

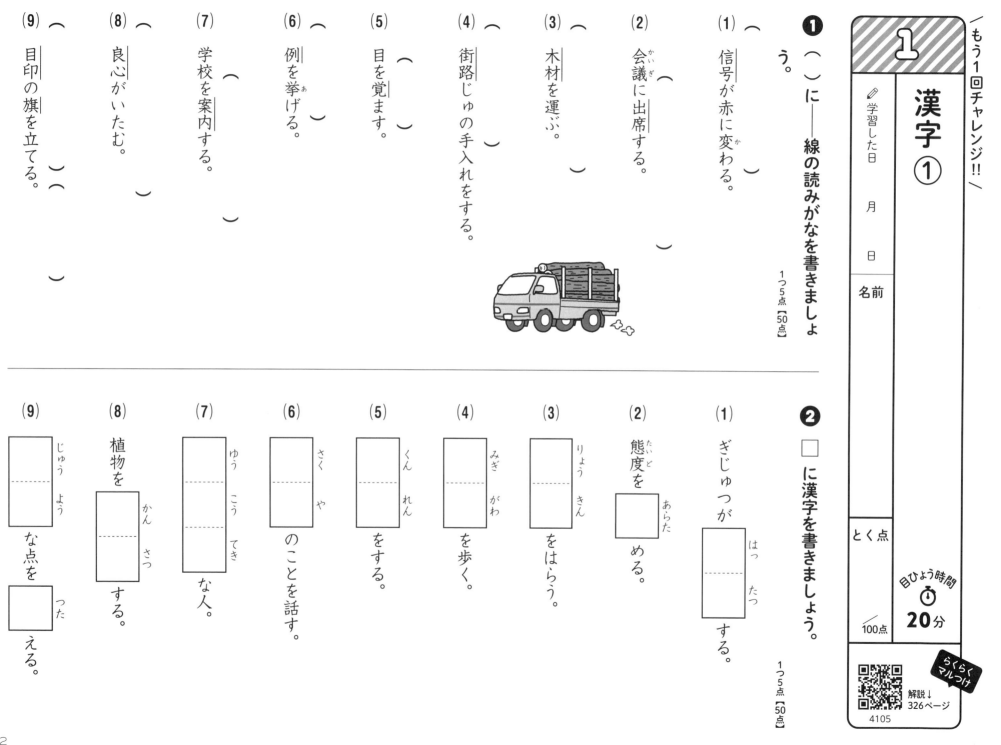

2

漢字②

学習した日　月　日

名前

とく点

/100点

目ひょう時間 20分

解説↓326ページ

4106

らくらくマルつけ

国語

❶（　）に――線の読みがなを書きましょう。 1つ5点【50点】

(1) 競争（　　）に負ける。

(2) お祝（　　）いのことばをのべる。

(3) 未来（　　）を想ぞうする。

(4) 号令（　　）をかける。

(5) 勇（　　）ましい行進をする。

(6) 別（　　）れをおしむ。

(7) 子孫（　　）がはん栄《えい》する。

(8) 児童（　　）向けの本を読む。

(9) 梅（　　）の香（　　）りを楽しむ。

❷□に漢字を書きましょう。 1つ5点【50点】

(1) 羊の□《む》れを追う。

(2) □□《かわぞこ》をのぞきこむ。

(3) 美しさにことばを□《うしな》う。

(4) 本を□□《よやく》する。

(5) □□□《けっしょうせん》に進む。

(6) □□《きゅうしょく》の時間。

(7) □《おっと》と出かける。

(8) □□《しめい》を記入する。

(9) □《もっと》も寒い□□《きせつ》。

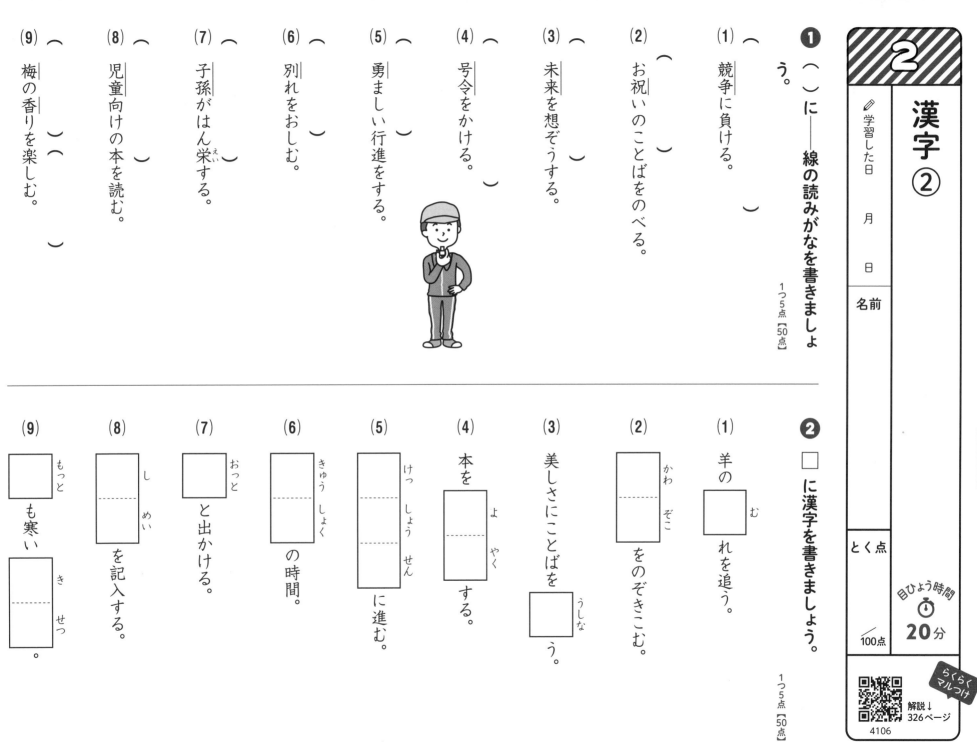

もう1回チャレンジ!!

2 漢字②

学習した日　月　日

名前

とく点　/100点

目ひょう時間　20分

らくらくマルつけ

解説↓326ページ

4106

❶（　）に――線の読みがなを書きましょう。 1つ5点【50点】

(1) 競争に負ける。（　　）

(2) お祝いのことばをのべる。（　　）

(3) 未来を想ぞうする。（　　）

(4) 号令をかける。（　　）

(5) 勇ましい行進をする。（　　）

(6) 別れをおしむ。（　　）

(7) 子孫がはん栄《えい》する。（　　）

(8) 児童向けの本を読む。（　　）

(9) 梅の香りを楽しむ。（　　）（　　）

❷□に漢字を書きましょう。 1つ5点【50点】

(1) 羊の□《む》れを追う。

(2) □《かわ》□《ぞこ》をのぞきこむ。

(3) 美しさにことばを□《うしな》う。

(4) 本を□《よ》□《やく》する。

(5) □《けっ》□《しょう》□《せん》に進む。

(6) □《きゅう》□《しょく》の時間。

(7) □《おっと》と出かける。

(8) □《し》□《めい》を記入する。

(9) □《もっと》も寒い□《き》□《せつ》。

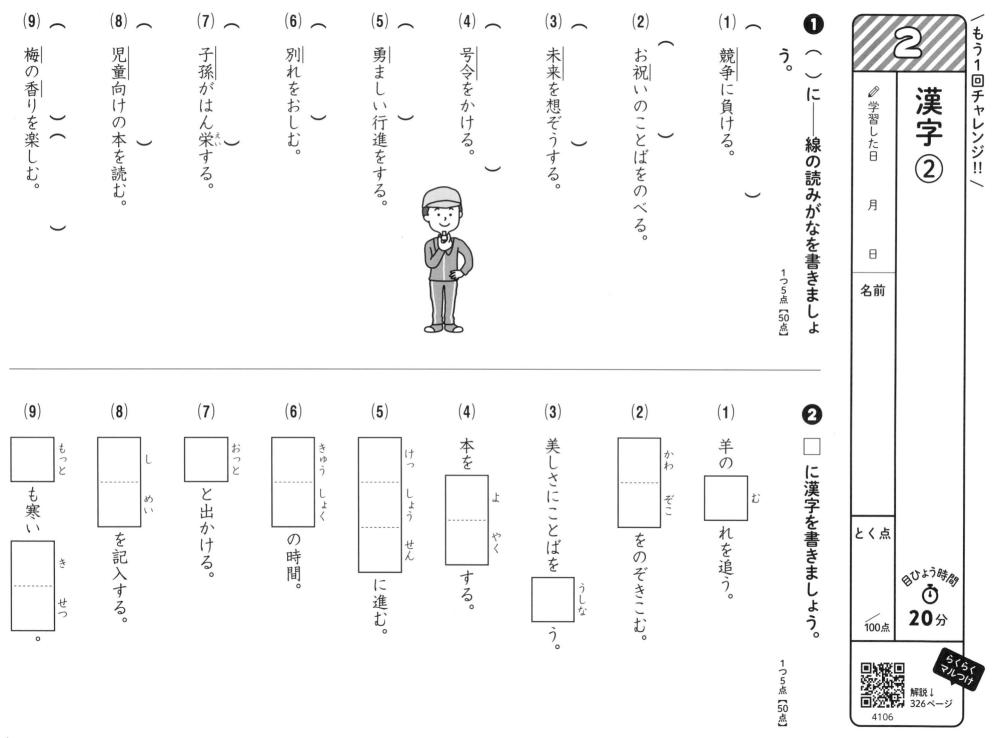

3 物語① 場面の様子

学習した日　月　日

名前

とく点　／100点

目ひょう時間 20分

らくらくマルつけ

解説↓ 326ページ

4107

国語

❶ 次の文章を読んで、問題に答えましょう。

［かけっこの練習をしに公園にでかけた小学三年生の洋子《ようこ》は、同じクラスの加代《かよ》ちゃんと真理《まり》ちゃんに会った。］

「運動会の練習をしているのよ」

と、加代ちゃんがいいました。

加代ちゃんも真理ちゃんも、かけっこはあまりとくいではありません。しかも、あすのかけっこで、ふたりは洋子といっしょに走ることになっていました。ひょっとしたら、このふたりになら勝てるかもしれません。

「わたしも、いれて」

洋子が、はずんだ声でいうと、加代ちゃんが、ぼうきれで地面にスタートラインをひき、

「ブランコのところが、ゴールよ。では、いちについて！ よーい、どん！」

三人は、いっせいに走りだしました。

ゴールまでは、二十メートルぐらい。真理ちゃんが一等、加代ちゃんが二等、洋子が三等でした。三等といっても、三人で走るのですから、ビリっこでした。

二回目も、三回目もおなじでした。洋子は、いまにもなきだしそうな顔で、

「わたし、もう帰る」

力ない足どりで、家に帰っていきました。

（砂田弘《すなだひろし》「ビリっこ、ばんざい！」より）

(1) この場面は、どのような場面ですか。文章から書きぬきましょう。（25点）

洋子と加代ちゃんと真理ちゃんが［　　　　　］をしている場面。

(2) 「はずんだ声でいう」とありますが、このときの洋子の気持ちを文章から書きぬきましょう。（25点）

このふたりになら［　　　］かもしれないという気持ち。

(3) 「二回目も、三回目もおなじ」とはどういうことですか。文章から書きぬきましょう。（25点）

三回とも洋子が［　　　］だったということ。

(4) 「力ない足どりで、家に帰っていきました」とありますが、このときの洋子の気持ちを次から選《えら》び、記号で書きましょう。（25点）（　　）

ア　運動会が楽しみな気持ち。

イ　負け続《つづ》けて落ちこむ気持ち。

ウ　練習できて満足《まんぞく》な気持ち。

もう1回チャレンジ!!

3 物語① 場面の様子

学習した日　月　日

名前

とく点　/100点

目ひょう時間 20分

らくらくマルつけ

解説↓326ページ

4107

❶ 次の文章を読んで、問題に答えましょう。

かけっこの練習をしに公園にでかけた小学三年生の洋子《ようこ》は、同じクラスの加代《かよ》ちゃんと真理《まり》ちゃんに会った。

「運動会の練習をしているのよ」

と、加代ちゃんがいいました。

加代ちゃんも真理ちゃんも、かけっこはあまりとくいではありません。しかも、あすのかけっこで、ふたりは洋子といっしょに走ることになっていました。ひょっとしたら、このふたりになら勝てるかもしれません。

「わたしも、いれて」

洋子が、はずんだ声でいうと、加代ちゃんが、ぼうきれで地面にスタートラインをひき、

「ブランコのところが、ゴールよ。では、いちについて！　よーい、どん！」

三人は、いっせいに走りだしました。

ゴールまでは、二十メートルぐらい。真理ちゃんが一等、加代ちゃんが二等、洋子が三等でした。三等といっても、三人で走るのですから、ビリっこでした。

二回目も、三回目もおなじでした。洋子は、いまにもなきだしそうな顔で、

「わたし、もう帰る」

力ない足どりで、家に帰っていきました。

（砂田《すなだ》弘《ひろし》「ビリっこ、ばんざい！」より）

(1) この場面は、どのような場面ですか。文章から書きぬきましょう。（25点）

洋子と加代ちゃんと真理ちゃんが［　　　　　　］をしている場面。

(2) 「はずんだ声でいう」とありますが、このときの洋子の気持ちを文章から書きぬきましょう。（25点）

このふたりになら［　　　］かもしれないという気持ち。

(3) 「二回目も、三回目もおなじ」とはどういうことですか。文章から書きぬきましょう。（25点）

三回とも洋子が［　　　　］だったということ。

(4) 「力ない足どりで、家に帰っていきました」とありますが、このときの洋子の気持ちを次から選《えら》び、記号で書きましょう。（25点）（　　）

ア 運動会が楽しみな気持ち。

イ 負け続《つづ》けて落ちこむ気持ち。

ウ 練習できて満足《まんぞく》な気持ち。

4 説明《せつめい》文①　具体例《れい》・意味段落《だんらく》

学習した日　月　日

名前

とく点　/100点

目ひょう時間　20分

らくらくマルつけ

解説↓326ページ

4108

❶ 次の文章を読んで、問題に答えましょう。

[1] 地球温暖《おんだん》化のおもな原いんは、なんでしょうか。（中略《ちゅうりゃく》）

[2] 石油やガソリン、灯油《とうゆ》などをもやすと、空気の中に、二酸化炭素《にさんかたんそ》がたくさんでます。

[3] この二酸化炭素は、メタンなどの気体といっしょに「温室効果《こうか》ガス」となって、地球のまわりを毛ふのようにおおい、太陽からうけた熱《ねつ》を外にださない働《はたら》きをしてしまいます。こうして、地球の気温があがってしまうのです。

[4] おかげで、日本は夏、もう暑日がふえました。最高《さいこう》気温は、どんどんぬりかえられています。

[5] 「でも、とても寒くて雪がたくさんふる冬もある。温暖化なんて、うそばっかりだ！」と感じている人も、いるかもしれません。

[6] ところが、近年の日本の冬の寒波やごう雪《せつ》は、地球温暖化も原いんのひとつであるといわれています。

[7] 北極《ほっきょく》周《しゅう》辺《へん》の氷の量《りょう》がへったことにより、北極の＊気圧配置《きあつはいち》が変《か》わり、北極の寒気《かんき》が日本にやってきやすくなった、というのです。

＊高気圧や低気圧の分ぷ。

[8] 温暖化は、暑さや寒さだけに、えいきょうがあらわれるわけではありません。

[9] たとえば、気温があがるとそれだけ多くの水がじょう発し、空気中の水じょう気がふえます。雨はその水じょう気がえき体となっておちるものですから、つまり地球温暖化によって、大雨になりやすくなるのです。

（高橋《たかはし》うらら「ホッキョクグマの赤ちゃんを育てる！」より）

(1) [1]～[3]段落《だんらく》で説明《せつめい》されている内ようとしてふさわしいものを次から選《えら》び、記号で書きましょう。（20点）（　　）

ア　地球温暖化のおもな原いん。

イ　二酸化炭素をへらす方法《ほうほう》。

ウ　地球温暖化がうそである理由。

(2) 「近年の日本の冬の寒波やごう雪」とありますが、なぜこれらが発生するのですか。文章から書きぬきましょう。1つ20点（40点）

温暖化で北極の［　　　］がへって気圧配置が変わり、［　　］が日本にきやすくなったから。

(3) 「温暖化は……ありません」とありますが、具体的《てき》にどんなえいきょうがありますか。文章から書きぬきましょう。（20点）

［　　　　　　　　　　　］というえいきょう。

(4) 文章の内ように合うものを次から選び、記号で書きましょう。（20点）（　　）

ア　石油を冷《ひ》やすと二酸化炭素ができる。

イ　日本の最高気温は変わっていない。

ウ　二酸化炭素は温室効果ガスになる。

もう1回チャレンジ!!

4 説明文《せつめい》① 具体例《れい》・意味段落《だんらく》

学習した日　月　日

名前

とく点　/100点

目ひょう時間 20分

らくらくマルつけ

解説↓ 326ページ

4108

❶ 次の文章を読んで、問題に答えましょう。

[1] 地球温暖《おんだん》化のおもな原いんは、なんでしょうか。（中略《ちゅうりゃく》）

[2] 石油やガソリン、灯油《とうゆ》などをもやすと、空気の中に、二酸化炭素《にさんかたんそ》がたくさんでます。

[3] この二酸化炭素は、メタンなどの気体といっしょに「温室効果《こうか》ガス」となって、地球のまわりを毛ふのようにおおい、太陽からうけた熱《ねつ》を外にださない働《はたら》きをしてしまいます。こうして、地球の気温があがってしまうのです。

[4] おかげで、日本は夏、もう暑日がふえました。最高《さいこう》気温は、どんどんぬりかえられています。

[5] 「でも、とても寒くて雪がたくさんふる冬もある。温暖化なんて、うそばっかりだ！」と感じている人も、いるかもしれません。

[6] ところが、近年の日本の冬の寒波やごう雪《せつ》は、地球温暖化も原いんのひとつであるといわれています。

[7] 北極《ほっきょく》の氷の量《りょう》がへったことにより、北極周《しゅう》辺《へん》の気圧《きあつ》＊配置《はいち》が変《か》わり、北極の寒気《かんき》が日本にやってきやすくなった、というのです。

＊高気圧や低気圧の分ぷ。

[8] 温暖化は、暑さや寒さだけに、えいきょうがあらわれるわけではありません。

[9] たとえば、気温があがるとそれだけ多くの水がじょう発し、空気中の水じょう気がふえます。雨はその水じょう気がえき体となっておちるものですから、つまり地球温暖化によって、大雨になりやすくなるのです。

（高橋《たかはし》うらら「ホッキョクグマの赤ちゃんを育てる！」より）

(1) [1]〜[3]段落《だんらく》で説明《せつめい》されている内ようとしてふさわしいものを次から選《えら》び、記号で書きましょう。（20点）（　　）

ア 地球温暖化のおもな原いん。

イ 二酸化炭素をへらす方法《ほうほう》。

ウ 地球温暖化がうそである理由。

(2) 「近年の日本の冬の寒波やごう雪」とありますが、なぜこれらが発生するのですか。文章から書きぬきましょう。1つ20点（40点）

温暖化で北極の［　　　］が［　　］へって気圧配置が変わり、［　　］が日本にきやすくなったから。

(3) 「温暖化は……ありません」とありますが、具体的《てき》にどんなえいきょうがありますか。文章から書きぬきましょう。（20点）

［　　　　　　　　　　　　　　］［　　　　］というえいきょう。

(4) 文章の内ように合うものを次から選び、記号で書きましょう。（20点）（　　）

ア 石油を冷《ひ》やすと二酸化炭素ができる。

イ 日本の最高気温は変わっていない。

ウ 二酸化炭素は温室効果ガスになる。

5 ローマ字

学習した日　月　日

名前

とく点　／100点

目ひょう時間 20分

らくらくマルつけ

解説↓ 327ページ

4109

1 次のことばを小文字のローマ字で書きましょう。　1つ10点【30点】

(1) 金魚

(2) 学校

(3) パン屋

2 次のローマ字の文を、日本語に直して書きましょう。　1つ10点【30点】

(1) Kyô wa ensoku da.

(　　　　　　　　)

(2) Zen’in ga sôzi o tetudatta.

(　　　　　　　　)

(3) Haha wa zyamu o tukuru kotoga sukida.

(　　　　　　　　)

3 次のことばをコンピュータでローマ字入力するとき、別《べつ》の入力のしかたがあります。もう一つの入力のしかたを□に大文字で書きましょう。　それぞれ全部できて10点【40点】

(1) いちじく

ITIZIKU または I □ □ □ □ □ K U

(2) 和服

WAHUKU または W A □ □ K U

(3) 歯医者

HAISYA または H A I □ □ □

(4) 室内

SITUNAI または □ □ □ □ □ □ N A I

国語

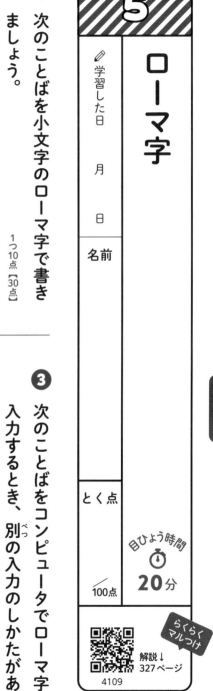

もう1回チャレンジ!!

5 ローマ字

学習した日　月　日

名前

とく点　/100点

目ひょう時間 20分

らくらくマルつけ

解説↓ 327ページ

4109

1 次のことばを小文字のローマ字で書きましょう。 1つ10点【30点】

(1) 金魚

(2) 学校

(3) パン屋

2 次のローマ字の文を、日本語に直して書きましょう。 1つ10点【30点】

(1) Kyô wa ensoku da.

(　　　　　　　　)

(2) Zen'in ga sôzi o tetudatta.

(　　　　　　　　)

(3) Haha wa zyamu o tukuru kotoga sukida.

(　　　　　　　　)

3 次のことばをコンピュータでローマ字入力するとき、別《べつ》の入力のしかたがあります。もう一つの入力のしかたを□に大文字で書きましょう。 それぞれ全部できて10点【40点】

(1) いちじく

ITIZIKUまたは I □ □ □ □ □ K U

(2) 和服

WAHUKUまたは W A □ □ K U

(3) 歯医者

HAISYAまたは H A I □ □ □

(4) 室内

SITUNAIまたは □ □ □ □ □ □ N A I

6 漢字の組み立て（部首《ぶしゅ》）

✎学習した日　月　日

名前

とく点　／100点

目ひょう時間 20分

らくらくマルつけ　解説↓327ページ　4110

1 漢字の〈上部分〉と〈下部分〉のカードを組み合わせて、漢字を六つ書きましょう。（同じカードは一度しか使えません。）　1つ5点【30点】

〈上部分〉

田　⺳　艹　化　少　⻗

〈下部分〉

云　貝　心　目　牙　九

□　□　□

□　□　□

2 次の漢字の部首名《ぶしゅめい》をあとからそれぞれ選《えら》び、記号で書きましょう。　1つ5点【15点】

(1) 庭　（　　）

(2) 図　（　　）

(3) 光　（　　）

ア　くにがまえ

イ　まだれ

ウ　ひとあし

---

3 次の三つの□に共通《きょうつう》してあてはまる部首の形を□に書きましょう。また、その部首のもととなる意味をあとからそれぞれ選んで記号で書き、部首名をひらがなで書きましょう。　1つ5点【45点】

(1) 肰□　埶□　昭□

形 □　意味（　　）　部首名（　　）

(2) □隹　□束　□关

形 □　意味（　　）　部首名（　　）

(3) □由　□即　□相

形 □　意味（　　）　部首名（　　）

ア　竹に関係《かんけい》する。

イ　火やねつに関係する。

ウ　足の動作や道に関係する。

4 次の漢字の部首と同じ部首をもつ漢字をあとからそれぞれ選び、記号で書きましょう。　1つ5点【10点】

(1) 府　（　　）

(2) 守　（　　）

ア　底

イ　病

ウ　安

国語

もう1回チャレンジ!!

6 漢字の組み立て（部首《ぶしゅ》）

学習した日　月　日

名前

とく点　/100点

目ひょう時間 20分

らくらくマルつけ

解説↓327ページ

4110

1 漢字の〈上部分〉と〈下部分〉のカードを組み合わせて、漢字を六つ書きましょう。（同じカードは一度しか使えません。） 1つ5点【30点】

〈上部分〉
田　穴　艹　化　少　⻗

〈下部分〉
云　貝　心　目　牙　九

□□□□□□

2 次の漢字の部首名《ぶしゅめい》をあとからそれぞれ選《えら》び、記号で書きましょう。 1つ5点【15点】

(1) 庭（　）
(2) 図（　）
(3) 光（　）

ア くにがまえ
イ まだれ
ウ ひとあし

3 次の三つの[　]に共通《きょうつう》してあてはまる部首の形を□に書きましょう。また、その部首のもとなる意味をあとからそれぞれ選んで記号で書き、部首名をひらがなで書きましょう。 1つ5点【45点】

(1) 肰[　]　埶[　]　昭[　]　形□　意味（　）　部首名（　）

(2) [　]隹　[　]東　[　]关　形□　意味（　）　部首名（　）

(3) [　]由　[　]即　[　]相　形□　意味（　）　部首名（　）

ア 竹に関係《かんけい》する。
イ 火やねつに関係する。
ウ 足の動作や道に関係する。

4 次の漢字の部首と同じ部首をもつ漢字をあとからそれぞれ選び、記号で書きましょう。 1つ5点【10点】

(1) 府（　）
(2) 守（　）

ア 底
イ 病
ウ 安

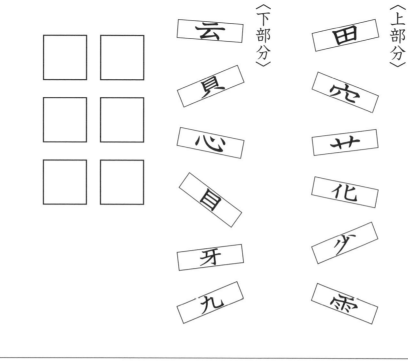

7

漢字辞典《じてん》の使い方

✎学習した日　月　日

名前

とく点　/100点

目ひょう時間　20分

らくらくマルつけ

解説↓ 327ページ

4111

① 漢字の何を調べたいときに、漢字辞典《じてん》を使うとよいですか。次から四つ選《えら》び、記号で書きましょう。　1つ5点【20点】

ア　漢字の読み方
イ　ことわざの意味
ウ　漢字の部首《ぶしゅ》
エ　漢字の成《な》り立ち
オ　二字熟語《じゅくご》の組み合わせ方
カ　漢字の筆順《ひつじゅん》と画数《かくすう》

（　　）（　　）（　　）（　　）

② 次の漢字と同じ画数の漢字をあとからそれぞれ選び、記号で書きましょう。　1つ4点【20点】

(1) 度　（　　）
(2) 遊　（　　）
(3) 鳥　（　　）
(4) 配　（　　）
(5) 波　（　　）

ア　服
イ　帳
ウ　美
エ　葉
オ　旅

③ 漢字「調」について漢字辞典で調べます。次のさくいんはどのようなときに使いますか。あとからそれぞれ選び、記号で書きましょう。　1つ10点【30点】

(1) 音訓《おんくん》さくいん　（　　）
(2) 部首さくいん　（　　）
(3) 総画《そうかく》さくいん　（　　）

ア　「調」の読み方も部首もわからないとき。
イ　「調」は「ちょう」と読むことがわかっているとき。
ウ　「調」の部首は「ごんべん」だとわかっているとき。

④ 次の漢字の調べ方が正しいものには○、まちがっているものには×を書きましょう。　1つ10点【30点】

(1) 「国」を、部首さくいんの「くにがまえ」で調べる。（　　）
(2) 「引」を、総画さくいんの五画で調べる。（　　）
(3) 「紙」を、音訓さくいんの「し」で調べる。（　　）

国語

7 漢字辞典《じてん》の使い方

学習した日　月　日

名前

とく点　／100点

目ひょう時間 20分

らくらくマルつけ

解説↓ 327ページ

4111

1 漢字の何を調べたいときに、漢字辞典《じてん》を使うとよいですか。次から四つ選《えら》び、記号で書きましょう。　1つ5点【20点】

ア　漢字の読み方
イ　ことわざの意味
ウ　漢字の部首《ぶしゅ》
エ　漢字の成《な》り立ち
オ　二字熟語《じゅくご》の組み合わせ方
カ　漢字の筆順《ひつじゅん》と画数《かくすう》

（　）（　）（　）（　）

2 次の漢字と同じ画数の漢字をあとからそれぞれ選び、記号で書きましょう。　1つ4点【20点】

(1) 度　（　）
(2) 遊　（　）
(3) 鳥　（　）
(4) 配　（　）
(5) 波　（　）

ア　服
イ　帳
ウ　美
エ　葉
オ　旅

3 漢字「調」について漢字辞典で調べます。次のさくいんはどのようなときに使いますか。あとからそれぞれ選び、記号で書きましょう。　1つ10点【30点】

(1) 音訓《おんくん》さくいん　（　）
(2) 部首さくいん　（　）
(3) 総画《そうかく》さくいん　（　）

ア　「調」の読み方も部首もわからないとき。
イ　「調」は「ちょう」と読むことがわかっているとき。
ウ　「調」の部首は「ごんべん」だとわかっているとき。

4 次の漢字の調べ方が正しいものには○、まちがっているものには×を書きましょう。　1つ10点【30点】

(1) 「国」を、部首さくいんの「くにがまえ」で調べる。　（　）
(2) 「引」を、総画さくいんの五画で調べる。　（　）
(3) 「紙」を、音訓さくいんの「し」で調べる。　（　）

8 都道府《ふ》県の漢字①

学習した日　月　日

名前

とく点　/100点

目ひょう時間 20分

らくらくマルつけ

解説↓328ページ

4112

国語

1 （　）に――線の読みがなを書きましょう。　1つ5点【50点】

(1) （　　）（　　）熊本県と鹿児島県の火山。

(2) （　　）山梨県のぶどう。

(3) （　　）香川県のうどん。

(4) （　　）沖縄県のシーサー。

(5) （　　）茨城県のなっとう。

(6) （　　）富山県の黒部《くろべ》ダム。

(7) （　　）宮城県の七夕《たなばた》まつり。

(8) （　　）神奈川県の中華街《ちゅうかがい》。

(9) （　　）群馬県のだるま。

2 □に漢字を書きましょう。　1つ5点【50点】

(1) □《みやざき》県のマンゴー。

(2) □《きょうと》府《ふ》のお寺。

(3) □《しずおか》県のお茶。

(4) □《ながの》県と□《いわて》県のそば。

(5) □《おおさか》府のたこ焼《や》き。

(6) □《あおもり》県のねぶた祭り。

(7) □《こうち》県の四万十川《しまんとがわ》。

(8) □《ふくい》県の恐竜博物館《きょうりゅうはくぶつかん》。

(9) □《あいち》県の名古屋城《なごやじょう》。

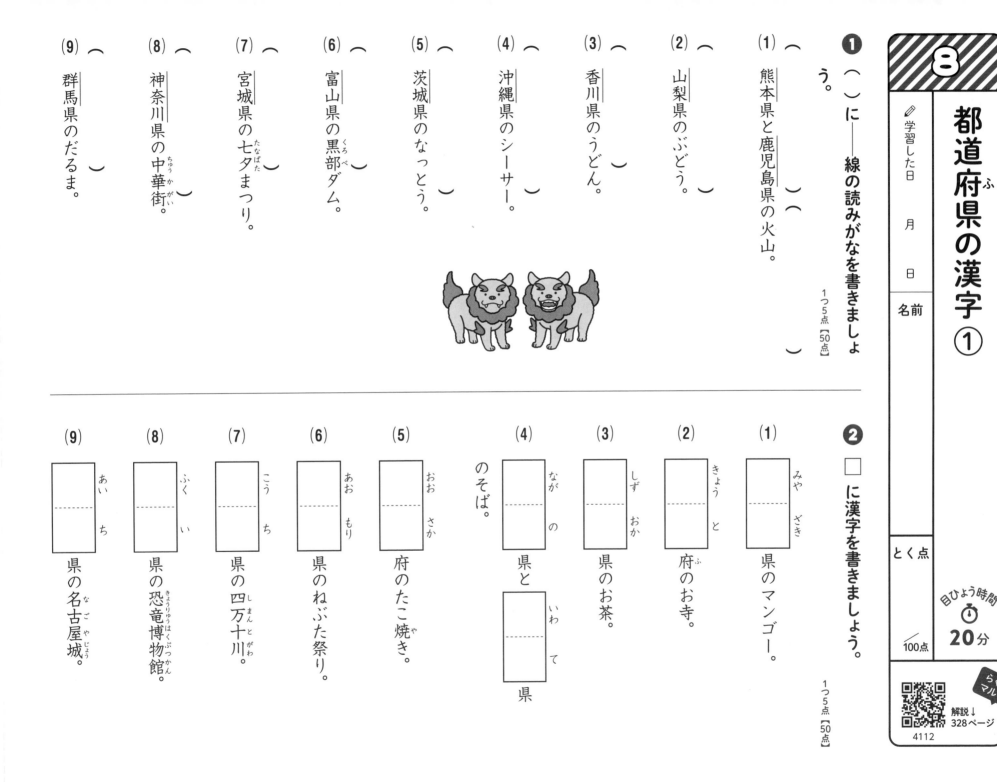

＼もう1回チャレンジ!!／

8

都道府《ふ》県の漢字①

学習した日　月　日

名前

とく点　／100点

目ひょう時間　20分

らくらくマルつけ

解説↓328ページ

4112

❶ （　）に――線の読みがなを書きましょう。

1つ5点【50点】

(1) 熊本（　　）県と鹿児島（　　）県の火山。

(2) 山梨（　　）県のぶどう。

(3) 香川（　　）県のうどん。

(4) 沖縄（　　）県のシーサー。

(5) 茨城（　　）県のなっとう。

(6) 富山（　　）県の黒部《くろべ》ダム。

(7) 宮城（　　）県の七夕《たなばた》まつり。

(8) 神奈川（　　）県の中華街《ちゅうかがい》。

(9) 群馬（　　）県のだるま。

❷ □に漢字を書きましょう。

1つ5点【50点】

(1) □《みや》□《ざき》県のマンゴー。

(2) □《きょう》□《と》府《ふ》のお寺。

(3) □《しず》□《おか》県のお茶。

(4) □《なが》□《の》県と□《いわ》□《て》県のそば。

(5) □《おお》□《さか》府のたこ焼《や》き。

(6) □《あお》□《もり》県のねぶた祭り。

(7) □《こう》□《ち》県の四万十川《しまんとがわ》。

(8) □《ふく》□《い》県の恐竜博物館《きょうりゅうはくぶつかん》。

(9) □《あい》□《ち》県の名古屋城《なごやじょう》。

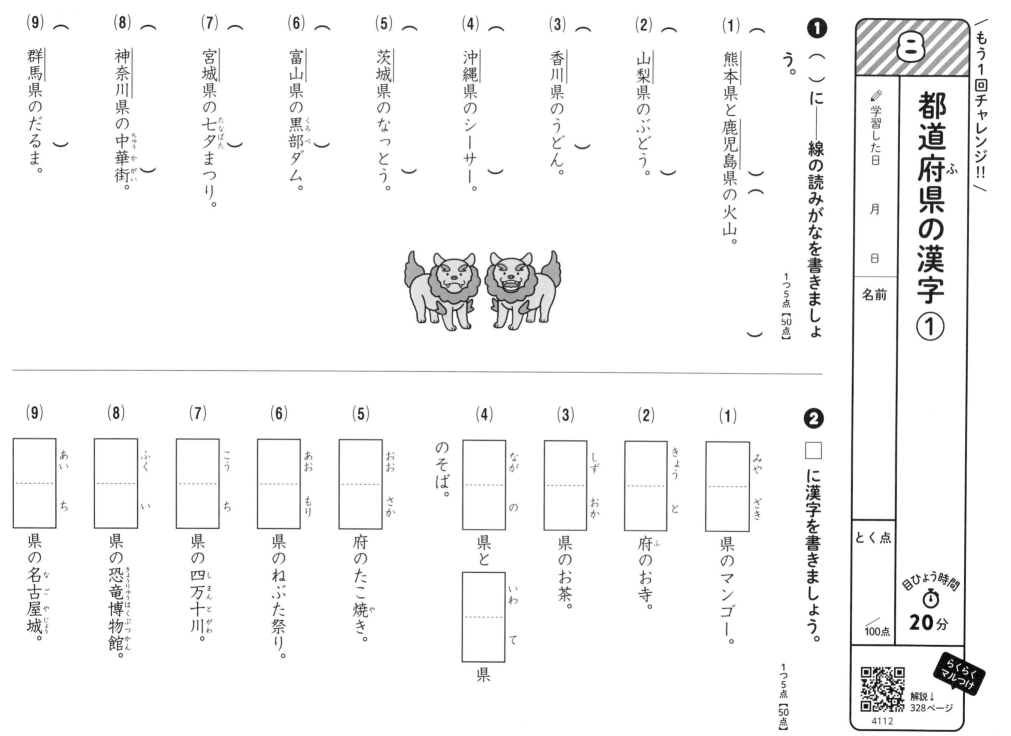

9 手紙の書き方

学習した日　月　日

名前

とく点　／100点

目ひょう時間 20分

らくらくマルつけ

解説↓ 328ページ

4113

国語

❶ 次の手紙は、小学四年生の前川《まえかわ》さんが、総合的《そうごうてき》な学習の時間にお話をしてくださった石田《いしだ》さんに対して書いたお礼の手紙です。これを読んで、問題に答えましょう。

> 　①　、いかがおすごしでしょうか。
>
> 　この間は、ふくしについて、いろいろ教えてくださり、本当に　②　。
>
> 　ぼくが心に残《のこ》っているのは、アイマスク体験《たいけん》です。体験する前は、ふだんからなれている教室やろう下だから、いつも通りに歩けると思っていました。でも、実さいにアイマスクをつけてみると、一歩ふみ出すことにとても勇気《ゆうき》がいりました。先導《せんどう》してくれる友達《ともだち》が、ぼくに声をかけてくれたり、うでにつかまらせてくれたりすると、とても歩きやすくなりました。ぼくも、こまっている人を見かけたら、進んで手助けしようと思いました。
>
> 　まだ暑い日が続《つづ》きますが、お体にお気をつけておすごしください。
>
> 九月二十五日
>
> 　③
>
> 　④

(1)　①　にあてはまるあいさつのことばを次から選《えら》び、記号で書きましょう。(20点)

ア　青葉の美しい季節《きせつ》となりましたが

イ　朝夕がすずしくなってきましたが

ウ　寒さがいよいよきびしくなってきましたが

(　　)

(2)　②　にあてはまることばを考えて書きましょう。(40点)

(3)　③　・　④　にあてはまることばを次からそれぞれ選び、記号で書きましょう。1つ20点(40点)

ア　石田正《ただし》様

イ　お礼まで

ウ　前川光太《こうた》

③(　　)　④(　　)

9 手紙の書き方

学習した日　月　日

名前

とく点

/100点

目ひょう時間 20分

らくらくマルつけ

解説↓ 328ページ

4113

❶ 次の手紙は、小学四年生の前川《まえかわ》さんが、総合的《そうごうてき》な学習の時間にお話をしてくださった石田《いしだ》さんに対して書いたお礼の手紙です。これを読んで、問題に答えましょう。

> [①]、いかがおすごしでしょうか。
> この間は、ふくしについて、いろいろ教えてくださり、本当に[②]。
> ぼくが心に残《のこ》っているのは、アイマスク体験《たいけん》です。体験する前は、ふだんからなれている教室やろう下だから、いつも通りに歩けると思っていました。でも、実さいにアイマスクをつけてみると、一歩ふみ出すことにとても勇気《ゆうき》がいりました。先導《せんどう》してくれる友達《ともだち》が、ぼくに声をかけてくれたり、うでにつかまらせてくれたりすると、とても歩きやすくなりました。ぼくも、こまっている人を見かけたら、進んで手助けしようと思いました。
> まだ暑い日が続《つづ》きますが、お体にお気をつけておすごしください。
> 九月二十五日
> [③]
> [④]

(1) [①]にあてはまるあいさつのことばを次から選《えら》び、記号で書きましょう。(20点)

ア 青葉の美しい季節《きせつ》となりましたが
イ 朝夕がすずしくなってきましたが
ウ 寒さがいよいよきびしくなってきましたが

(　　)

(2) [②]にあてはまることばを考えて書きましょう。(40点)

(　　)

(3) [③]・[④]にあてはまることばを次からそれぞれ選び、記号で書きましょう。1つ20点(40点)

ア 石田正《ただし》様
イ お礼まで
ウ 前川光《こう》太《た》

③(　　)　④(　　)

10 つなぐ働《はたら》きの言葉①

学習した日　月　日

名前

とく点　／100点

目ひょう時間 20分

らくらくマルつけ

解説↓ 328ページ

4114

国語

❶ 次の文章の（　）にあてはまるつなぎ言葉を、あとからそれぞれ選《えら》び、書きましょう。（言葉は一度しか使えません。） 1つ10点【40点】

(1) 上田《うえだ》さんは学級委員長だ。（　　）、サッカークラブのリーダーでもある。

(2) ぼくと弟の顔はよくにている。（　　）、せいかくはまったくにていない。

(3) 今日の体育は見学することにした。（　　）、かぜ気味だからだ。

(4) 姉はきれい好《ず》きだ。（　　）、部屋にはいつもちり一つ落ちていない。

なぜなら	しかも
しかし	だから

❷ 次のつなぎ言葉と働《はたら》きが同じものをあとからそれぞれ選び、記号で書きましょう。 1つ10点【20点】

(1) でも　（　　）

(2) さらに　（　　）

ア つまり　イ または

ウ ところが　エ そのうえ

❸ 次の——線のつなぎ言葉の使い方が正しいものには○、まちがっているものには×を書きましょう。 1つ10点【30点】

(1) わたしは五月が好きだ。それでも、たん生日があるからだ。（　　）

(2) まどを開けましょうか、それとも、しめたままにしておきましょうか。（　　）

(3) 夏休みは、バーベキュー、したがって、花火もしたい。（　　）

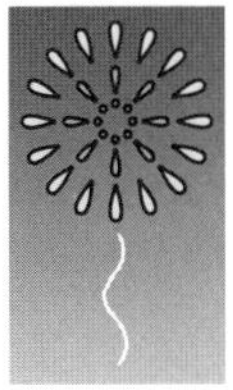

❹ 次の文の——線と同じ働きのつなぎ言葉をあとから一つ使い、二つの文に直しましょう。【10点】

雨がふってきたので、まどをしめた。

〔　　　　　　　　　　〕

だから　だが　たとえば

10 つなぐ働《はたら》きの言葉①

学習した日　月　日

名前

とく点　/100点

目ひょう時間　20分

らくらくマルつけ

解説↓ 328ページ

4114

❶ **次の文章の（　）にあてはまるつなぎ言葉を、あとからそれぞれ選《えら》び、書きましょう。（言葉は一度しか使えません。）** 1つ10点【40点】

(1) 上田《うえだ》さんは学級委員長だ。（　　）、サッカークラブのリーダーでもある。

(2) ぼくと弟の顔はよくにている。（　　）、せいかくはまったくにていない。

(3) 今日の体育は見学することにした。（　　）、かぜ気味だからだ。

(4) 姉はきれい好《ず》きだ。（　　）、部屋にはいつもちり一つ落ちていない。

なぜなら	しかも
しかし	だから

❷ **次のつなぎ言葉と働《はたら》きが同じものをあとからそれぞれ選び、記号で書きましょう。** 1つ10点【20点】

(1) でも（　　）

(2) さらに（　　）

ア　つまり　　イ　または

ウ　ところが　エ　そのうえ

❸ **次の――線のつなぎ言葉の使い方が正しいものには○、まちがっているものには×を書きましょう。** 1つ10点【30点】

(1) わたしは五月が好きだ。それでも、たん生日があるからだ。（　　）

(2) まどを開けましょうか、それとも、しめたままにしておきましょうか。（　　）

(3) 夏休みは、バーベキュー、したがって、花火もしたい。（　　）

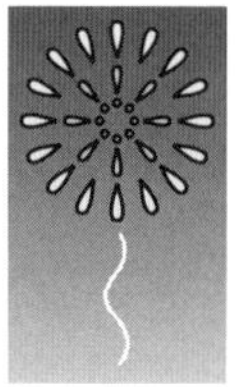

❹ **次の文の――線と同じ働きのつなぎ言葉をあとから一つ使い、二つの文に直しましょう。** 【10点】

雨がふってきたので、まどをしめた。

［　　　　　　　　　　］

だから　だが　たとえば

11 漢字③

学習した日　月　日

名前

とく点　／100点

目ひょう時間 20分

らくらくマルつけ

解説↓ 329ページ

4115

1 （　）に――線の読みがなを書きましょう。

1つ5点【50点】

(1) 本を分類する。（　）

(2) 愛着をもつ。（　）

(3) 課題を見つける。（　）

(4) 直径を調べる。（　）

(5) 必死に自転車をこぐ。（　）

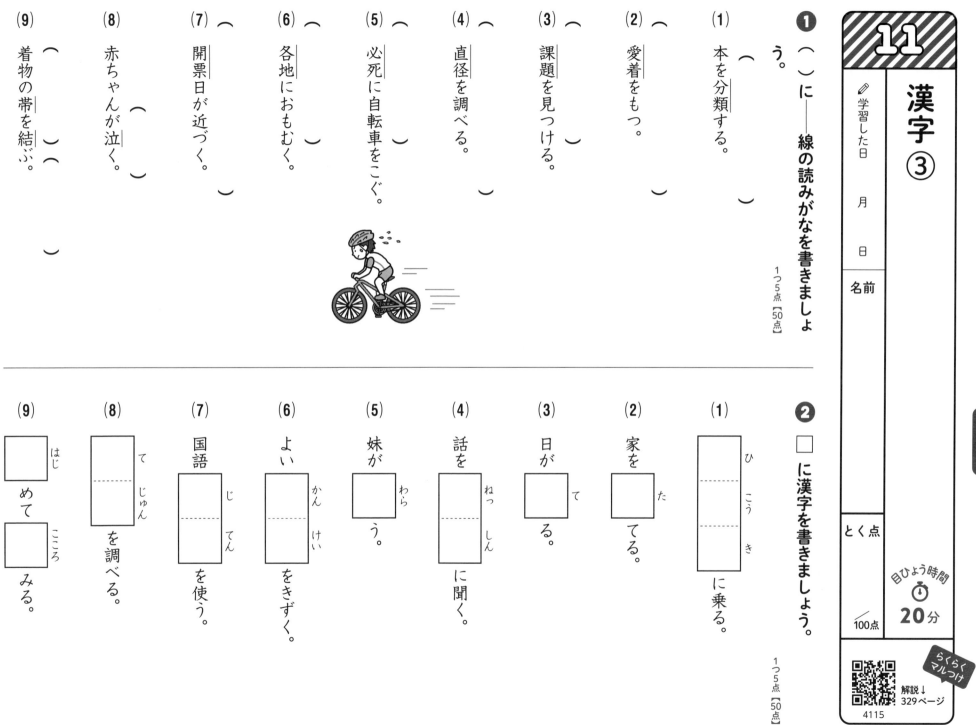

(6) 各地におもむく。（　）

(7) 開票日が近づく。（　）

(8) 赤ちゃんが泣く。（　）

(9) 着物の帯を結ぶ。（　）（　）

2 □に漢字を書きましょう。

1つ5点【50点】

(1) □□□《ひこうき》に乗る。

(2) 家を□《た》てる。

(3) 日が□《て》る。

(4) 話を□□《ねっしん》に聞く。

(5) 妹が□《わら》う。

(6) よい□□《かんけい》をきずく。

(7) 国語□□《じてん》を使う。

(8) □□《てじゅん》を調べる。

(9) □《はじ》めて□《こころ》みる。

国語

11 漢字③

✎学習した日　月　日

名前

とく点　／100点

目ひょう時間 20分

らくらくマルつけ

解説↓329ページ

4115

❶ （　）に――線の読みがなを書きましょう。 1つ5点【50点】

(1) 本を分類する。（　　）

(2) 愛着をもつ。（　　）

(3) 課題を見つける。（　　）

(4) 直径を調べる。（　　）

(5) 必死に自転車をこぐ。（　　）

(6) 各地におもむく。（　　）

(7) 開票日が近づく。（　　）

(8) 赤ちゃんが泣く。（　　）

(9) 着物の帯を結ぶ。（　　）（　　）

❷ □に漢字を書きましょう。 1つ5点【50点】

(1) □□□《ひこうき》に乗る。

(2) 家を□《た》てる。

(3) 日が□《て》る。

(4) 話を□□《ねっしん》に聞く。

(5) 妹が□《わら》う。

(6) よい□□《かんけい》をきずく。

(7) 国語□□《じてん》を使う。

(8) □□《てじゅん》を調べる。

(9) □《はじ》めて□《こころ》みる。

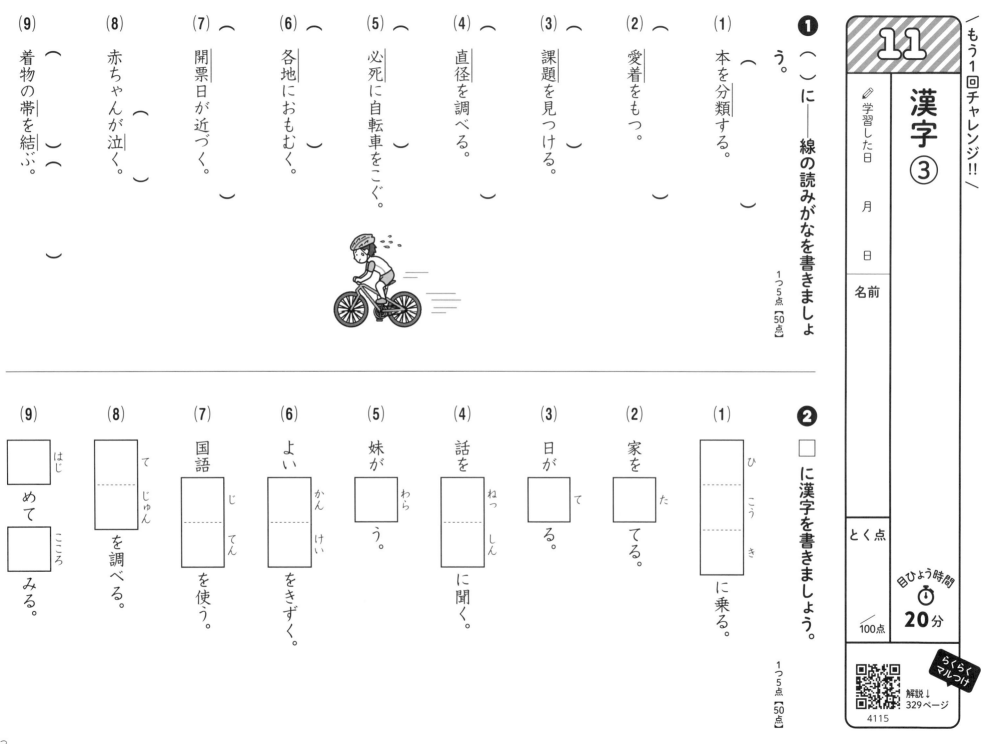

12 漢字④

学習した日　月　日

名前

とく点　／100点

目ひょう時間 20分

らくらくマルつけ

解説↓ 329ページ

4116

❶ (　)に——線の読みがなを書きましょう。

1つ5点【50点】

(1) マラソンを完走する。(　　)

(2) 隊列がみだれる。(　　)

(3) 衣食住をととのえる。(　　)

(4) 輪になっておどる。(　　)

(5) 卒業の日をむかえる。(　　)

(6) 貨物列車が走る。(　　)

(7) 注意を欠く。(　　)

(8) 特に気をつける。(　　)

(9) 松の木の周《まわ》りを散歩する。(　　)(　　)

❷ □に漢字を書きましょう。

1つ5点【50点】

(1) □《せい》□《と》が集まる。

(2) お宮に□《まい》る。

(3) □《けん》□《こう》な体をたもつ。

(4) 紙で□《つつ》む。

(5) □《のぞ》みをかなえる。

(6) □《ぎょ》□《せん》に乗る。

(7) □《まん》□《ぞく》する。

(8) □《ふく》会長になる。

(9) □《ほう》□《ほう》を□《えら》ぶ。

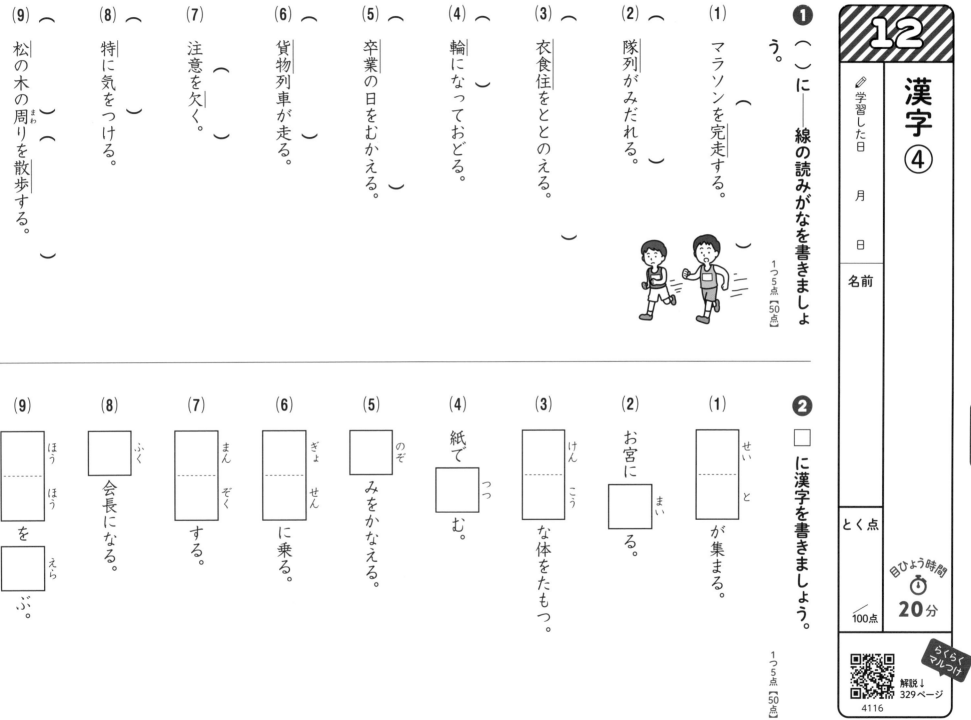

もう1回チャレンジ!!

12 漢字④

学習した日　月　日

名前

とく点　/100点

目ひょう時間 20分

らくらくマルつけ

解説↓ 329ページ

4116

❶ （　）に——線の読みがなを書きましょう。

1つ5点【50点】

(1) マラソンを完走する。（　）

(2) 隊列がみだれる。（　）

(3) 衣食住をととのえる。（　）

(4) 輪になっておどる。（　）

(5) 卒業の日をむかえる。（　）

(6) 貨物列車が走る。（　）

(7) 注意を欠く。（　）

(8) 特に気をつける。（　）

(9) 松の木の周《まわ》りを散歩する。（　）（　）

❷ □に漢字を書きましょう。

1つ5点【50点】

(1) □《せい》□《と》が集まる。

(2) お宮に□《まい》る。

(3) □《けん》□《こう》な体をたもつ。

(4) 紙で□《つつ》む。

(5) □《のぞ》みをかなえる。

(6) □《ぎょ》□《せん》に乗る。

(7) □《まん》□《ぞく》する。

(8) □《ふく》会長になる。

(9) □《ほう》□《ほう》を□《えら》ぶ。

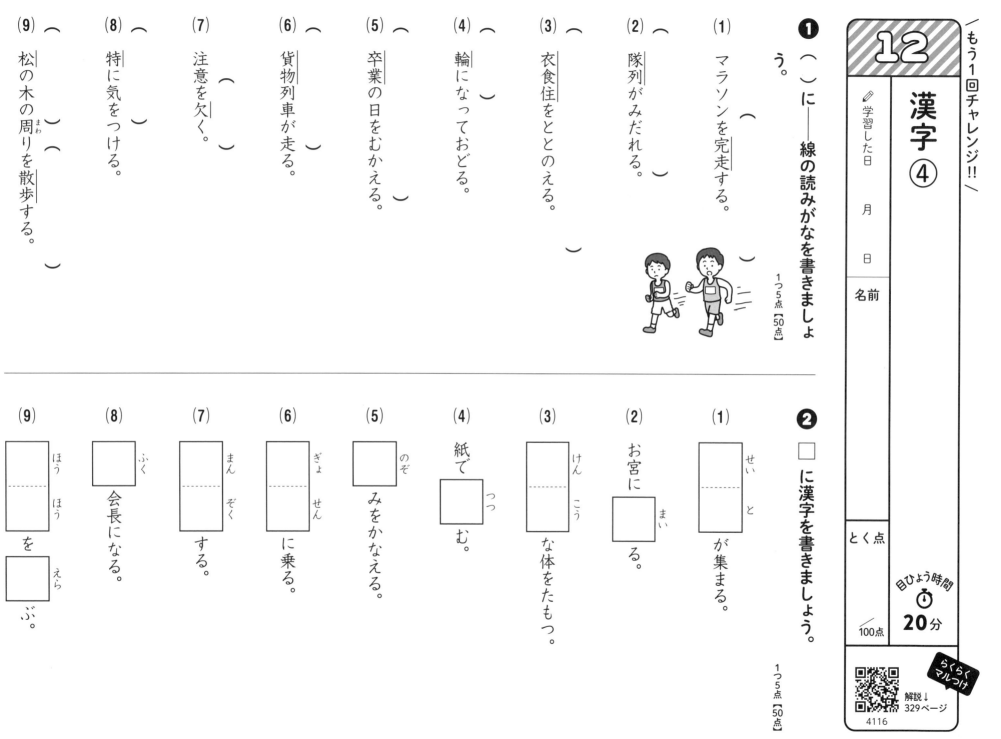

13

物語②　人物の行動・様子

学習した日　　月　　日

名前

とく点　　／100点

目ひょう時間　20分

らくらくマルつけ　解説↓329ページ　4117

国語

❶ 次の文章を読んで、問題に答えましょう。

「ぼく」と弟は、農作業をする両親のためにおかゆをつくろうとした。

母さんがはいってくると、家のなかはいっぺんにあたたかくなりました。

「えらいこと、してしもうたんよ」

弟はかまどのほうをゆびさしました。半にえのおかゆが、ふたの下から顔をのぞかせています。

柱のかげで小さくなっていたぼくも、おそるおそるでていきました。こっぴどくしかられるのは、かくごの上でした。

「食べられへんおかゆ、たいてしもうた」

そのとき、ふいにぼくらはだきよせられました。

「ふたりともありがとう。ようたいてくれたなあ。失敗《しっぱい》？　ああ、うれしい失敗や」

母さんは目を赤くして、ぼくらのまえにしゃがみこむと、もう一度息がつまるほど、だきしめました。雨にぬれた母さんから、しめった土のにおいがたちこめていました。

そこへ牛の世話をすませた父さんがやってきました。父さんはようすがわかるとアハハハとわらいました。

「半にえのおかゆも、たまにはええやんか」

（川村《かわむら》たかし「るすばん」より）

(1) 「えらいこと」とは何ですか。文章から書きぬきましょう。（25点）

［　　　　　　］をたいてしまったこと。

(2) 「柱のかげで小さくなっていた」とありますが、このときの「ぼく」の気持ちを次から選《えら》び、記号で書きましょう。（25点）　（　　）

ア　母の帰たくをよろこぶ気持ち。

イ　おかゆを早く食べたい気持ち。

ウ　しかられるのをおそれる気持ち。

(3) 「母さんは……だきしめました」とありますが、このときの母さんの気持ちを文章から書きぬきましょう。（25点）

「ぼく」と弟におかゆをたいてもらって［　　　　］気持ち。

(4) 父さんはどのような性格《せいかく》ですか。次から選び、記号で書きましょう。（25点）　（　　）

ア　きびしい性格。

イ　おおらかな性格。

ウ　せっかちな性格。

もう1回チャレンジ!!

13 物語② 人物の行動・様子

学習した日　月　日

名前

とく点　/100点

目ひょう時間　20分

らくらくマルつけ

解説↓329ページ

4117

❶ 次の文章を読んで、問題に答えましょう。

［「ぼく」と弟は、農作業をする両親のためにおかゆをつくろうとした。］

母さんがはいってくると、家のなかはいっぺんにあたたかくなりました。

「えらいこと、してしもうたんよ」

弟はかまどのほうをゆびさしました。半にえのおかゆが、ふたの下から顔をのぞかせています。

柱のかげで小さくなっていたぼくも、おそるおそるでていきました。こっぴどくしかられるのは、かくごの上でした。

「食べられへんおかゆ、たいてしもうた」

そのとき、ふいにぼくらはだきよせられました。

「ふたりともありがとう。ようたいてくれたなあ。失敗《しっぱい》？　ああ、うれしい失敗や」

母さんは目を赤くして、ぼくらのまえにしゃがみこむと、もう一度息がつまるほど、だきしめました。雨にぬれた母さんから、しめった土のにおいがたちこめていました。

そこへ牛の世話をすませた父さんがやってきました。父さんはようすがわかるとアハハハとわらいました。

「半にえのおかゆも、たまにはええやんか」

（川村《かわむら》たかし「るすばん」より）

(1) 「えらいこと」とは何ですか。文章から書きぬきましょう。(25点)

［　　　　　］をたいてしまったこと。

(2) 「柱のかげで小さくなっていた」とありますが、このときの「ぼく」の気持ちを次から選《えら》び、記号で書きましょう。(25点)　（　　）

ア　母の帰たくをよろこぶ気持ち。

イ　おかゆを早く食べたい気持ち。

ウ　しかられるのをおそれる気持ち。

(3) 「母さんは……だきしめました」とありますが、このときの母さんの気持ちを文章から書きぬきましょう。(25点)

「ぼく」と弟におかゆをたいてもらって［　　　　］気持ち。

(4) 父さんはどのような性格《せいかく》ですか。次から選び、記号で書きましょう。(25点)　（　　）

ア　きびしい性格。

イ　おおらかな性格。

ウ　せっかちな性格。

14

説《せつ》明《めい》文② 具体例《れい》と筆者の考え

学習した日　月　日

名前

とく点　/100点

目ひょう時間 20分

らくらくマルつけ

解説↓330ページ

4118

国語

❶ 次の文章を読んで、問題に答えましょう。

1 人が話をできるようになるのは、そうかん単《たん》ではなかったと思われます。体のしくみとして二つのことがそろわねばならないからです。

2 一つは、いろいろな声《こわ》音《ね》が出るようにのどの形が変《か》わらねばならないことです。サルはかん単な音声をだせますが、ヒトのようにふくざつな言葉にはなりません。それは、ヒトとサルののどのこうぞうがちがうためです。サルが言葉を話すためには、のどの形が変わらないとダメなのです。

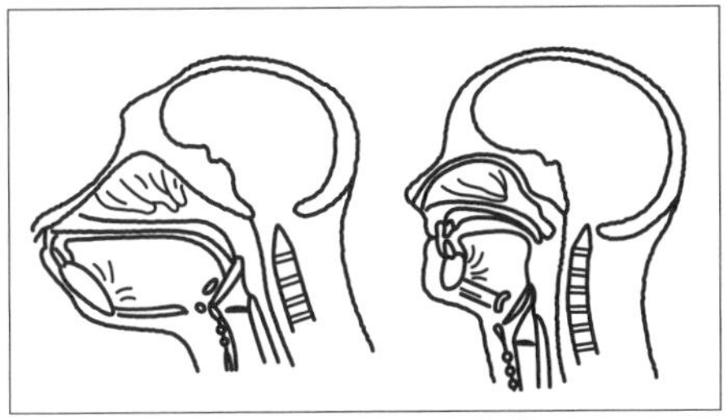
チンパンジーとヒトの，のどのちがい

3 もう一つは、言葉を覚《おぼ》え、使いこなすためにのうが大きくならねばなりません。サルののうのような小さいのうでは、かん単な合図《あいず》は送れても、ふくざつな意志《いし》を思いうかべ伝《つた》えることはできないのです。

4 ヒトがいつ話せるようになったのかはわかっていません。最初《さいしょ》はかん単な合図だけであったのでしょうが、のどの形が変わり、のうが大きくなり、生活や個人《こじん》間の関係《かんけい》がふくざつになっていくにつれて言葉もゆたかになりました。そしてのうをつかって言葉の組み合わせやきそく（文法《ぶんぽう》）も決めていきました。言葉を通《つう》じて人は大きく発てんすることができたのです。

（池内了《いけうちさとる》「命はどのようにして生まれたの？」より）

(1) 「二つのこと」について説明《せつめい》しているのはどの段落《だんらく》ですか。1〜4から段落番号を二つ書きましょう。（1つ20点（40点））

□段落と□段落

(2) 「それ」が指しているものを次から選《えら》び、記号で書きましょう。（20点）

ア サルの言葉がゆたかになったこと。

イ サルがふくざつな言葉を話せないこと。

ウ サルののうがヒトより小さいこと。

（　　）

(3) 筆者はどのような考えをのべるために、ヒトとサルの「のどの形」や「のう」の大きさをくらべたのですか。文章から書きぬきましょう。（20点）

人が□ようになるには、二つの体のしくみが必要《ひつよう》だということ。

(4) 4段落の内ようをまとめた次の文にあてはまる言葉を、文章から書きぬきましょう。（20点）

人は□を通じて発てんした。

／もう1回チャレンジ!!／

14 説《せつ》明《めい》文②

具体例《れい》と筆者の考え

学習した日　月　日

名前

とく点　／100点

目ひょう時間　20分

らくらくマルつけ

解説↓ 330ページ

4118

❶ 次の文章を読んで、問題に答えましょう。

1 人が話をできるようになるのは、そうかん単《たん》ではなかったと思われます。体のしくみとして二つのことがそろわねばならないからです。

2 一つは、いろいろな声《こわ》音《ね》が出るようにのどの形が変《か》わらねばならないことです。サルはかん単な音声をだせますが、ヒトのようにふくざつな言葉にはなりません。それは、ヒトとサルののどのこうぞうがちがうためです。サルが言葉を話すためには、のどの形が変わらないとダメなのです。

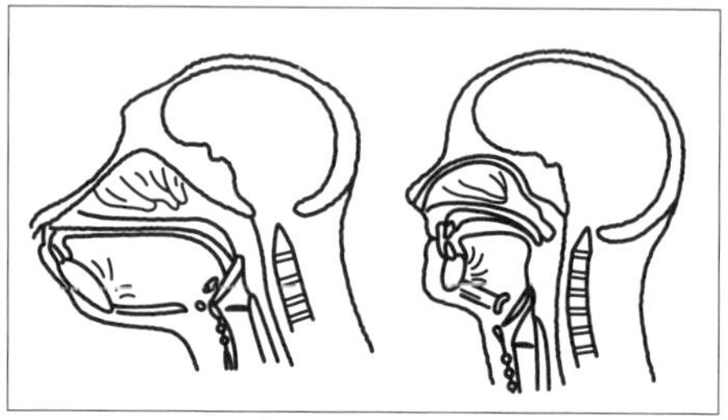

チンパンジーとヒトの，のどのちがい

3 もう一つは、言葉を覚《おぼ》え、使いこなすためにのうが大きくならねばなりません。サルののうのような小さいのうでは、かん単な合図《あいず》は送れても、ふくざつな意志《いし》を思いうかべ伝《つた》えることはできないのです。

4 ヒトがいつ話せるようになったのかはわかっていません。最初《さいしょ》はかん単な合図だけであったのでしょうが、のどの形が変わり、のうが大きくなり、生活や個《こ》人《じん》間の関係《かんけい》がふくざつになっていくにつれて言葉もゆたかになりました。そしてのうをつかって言葉の組み合わせやきそく（文《ぶん》法《ぽう》）も決めていきました。言葉を通《つう》じて人は大きく発てんすることができたのです。

（池内《いけうち》了《さとる》「命はどのようにして生まれたの？」より）

(1) 「二つのこと」について説明《せつめい》しているのはどの段落《だんらく》ですか。1〜4から段落番号を二つ書きましょう。　1つ20点（40点）

□段落と□段落

(2) 「それ」が指しているものを次から選《えら》び、記号で書きましょう。　（20点）

ア　サルの言葉がゆたかになったこと。

イ　サルがふくざつな言葉を話せないこと。

ウ　サルののうがヒトより小さいこと。

（　）

(3) 筆者はどのような考えをのべるために、ヒトとサルの「のどの形」や「のう」の大きさをくらべたのですか。文章から書きぬきましょう。　（20点）

人が□ようになるには、二つの体のしくみが必要《ひつよう》だということ。

(4) 4段落の内ようをまとめた次の文にあてはまる言葉を、文章から書きぬきましょう。　（20点）

人は□を通じて発てんした。

15 詩①

学習した日　月　日

名前

とく点　／100点

目ひょう時間 20分

らくらくマルつけ

解説↓ 330ページ

4119

国語

❶ **次の詩を読んで、問題に答えましょう。**

よかったなあ

まど・みちお

よかったなあ　草や木が
ぼくらの　まわりに　いてくれて
目のさめる　みどりの葉っぱ
美しいものの代表　花
かぐわしい実

よかったなあ　草や木が
何おく　何ちょう
もっと数かぎりなく　いてくれて
どの　ひとつひとつも
みんな　めいめいに違《ちが》っていてくれて

よかったなあ　草や木が
どんなところにも　いてくれて
鳥や　けものや　虫や　人
何が訪《たず》ねるのをでも
そこに動かないで　待っていてくれて

ああ　よかったなあ　草や木がいつも
雨に洗《あら》われ
風にみがかれ
太陽にかがやいて　きらきらと

(1) 第一連《れん》の内ようを説明《せつめい》した次の文にあてはまることばを、詩から書きぬきましょう。　1つ20点（60点）

あざやかなみどり色の［　　　］や［　　　］花、ゆたかな香《かお》りの［　］が身のまわりにあることへのよろこびを表げんしている。

(2) この詩の表げんにあてはまらないものを次から選《えら》び、記号で書きましょう。（20点）

（　　）

ア 「ような」ということばを使い、あるものを別《べつ》のものにたとえている。

イ 同じことばをくり返し作者の感動を強めている。

ウ 行の最後《さいご》をものの名前で止めて、よいんを残《のこ》す表げんをしている。

(3) この詩の中で、作者の感動がもっともよく表れている連を、漢数字で書きましょう。（20点）

第［　］連

詩①

学習した日　月　日
名前
とく点　／100点
目ひょう時間 20分

らくらくマルつけ
解説↓330ページ
4119

❶ 次の詩を読んで、問題に答えましょう。

よかったなあ

まど・みちお

よかったなあ　草や木が
ぼくらの　まわりに　いてくれて
目のさめる　みどりの葉っぱ
美しいものの代表　花
かぐわしい実

よかったなあ　草や木が
何おく　何ちょう
もっと数かぎりなく　いてくれて
どの　ひとつひとつも
みんな　めいめいに違《ちが》っていてくれて

よかったなあ　草や木が
どんなところにも　いてくれて
鳥や　けものや　虫や　人
何が訪《たず》ねるのをでも
そこに動かないで　待っていてくれて

ああ　よかったなあ　草や木がいつも
雨に洗《あら》われ
風にみがかれ
太陽にかがやいて　きらきらと

(1) 第一連《れん》の内ようを説明《せつめい》した次の文にあてはまることばを、詩から書きぬきましょう。　1つ20点（60点）

あざやかなみどり色の［　　　］や［　　　］花、ゆたかな香《かお》りの［　］が身のまわりにあることへのよろこびを表げんしている。

(2) この詩の表げんにあてはまらないものを次から選《えら》び、記号で書きましょう。（20点）　（　　）

ア 「ような」ということばを使い、あるものを別《べつ》のものにたとえている。

イ 同じことばをくり返し作者の感動を強めている。

ウ 行の最後《さいご》をものの名前で止めて、よいんを残《のこ》す表げんをしている。

(3) この詩の中で、作者の感動がもっともよく表れている連を、漢数字で書きましょう。（20点）

第［　］連

16 短歌・俳《はい》句《く》①

✎学習した日　月　日

名前

とく点　/100点

目ひょう時間 20分

らくらくマルつけ

解説↓330ページ

4120

国語

❶ 次の短歌・俳《はい》句《く》を読んで、問題に答えましょう。

あ
噴水《ふんすい》が輝《かがや》きながら立ちあがる
見よ天を指す光の束《たば》を
佐佐木《ささき》　幸綱《ゆきつな》

噴水が太陽の光を受けて輝きながら立ちあがっている。見てごらん、天を指すような光の束を。

い
向日葵《ひまわり》は金の油を身にあびて
ゆらりと高し日のちいささよ
前田《まえだ》　夕暮《ゆうぐれ》

向日葵は、金色の油を体いっぱいに浴《あ》びたように、花をゆらりと高くさかせている。太陽が小さく見えることだ。

う
白鳥《しらとり》はかなしからずや空の青
海のあおにもそまずただよう
若山《わかやま》　牧水《ぼくすい》

白鳥はかなしくないのだろうか。空の青にも、海の青にも、そまらずにただよっている。

え
春風や闘志《とうし》いだきて丘《おか》に立つ
高浜《たかはま》　虚子《きょし》

お
うまそうな雪がふうわりふうわりと
小林《こばやし》　一茶《いっさ》

(1) あ「噴水」の水の様子を何にたとえていますか。短歌から書きぬきましょう。(20点)

□

(2) い「日のちいささよ」とありますが、作者がこのように表げんするのはなぜですか。次から選《えら》び、記号で書きましょう。(20点)（　）

ア 青空の広さとくらべて小さく見えるから。

イ 大きな向日葵とくらべて小さく見えるから。

ウ 夏は日がくれる時間がおそいから。

(3) うの短歌でくらべられている色を、短歌から書きぬきましょう。1つ10点(20点)

鳥の□さと、空や海の□さ。

(4) えとおの俳句の季節《きせつ》を表すことばを書きぬき、その季節を漢字で書きましょう。1つ10点(40点)

	〈季節を表すことば〉	〈季節〉
え	□	□
お	□	□

もう1回チャレンジ!!

16 短歌・俳《はい》句《く》①

学習した日　月　日

名前

とく点　/100点

目ひょう時間 20分

らくらくマルつけ

解説↓ 330ページ

4120

1 次の短歌・俳《はい》句《く》を読んで、問題に答えましょう。

あ
噴水《ふんすい》が輝《かがや》きながら立ちあがる
見よ天を指す光の束《たば》を
佐佐木《ささき》　幸綱《ゆきつな》

噴水が太陽の光を受けて輝きながら立ちあがっている。見てごらん、天を指すような光の束を。

い
向日葵《ひまわり》は金の油を身にあびて
ゆらりと高し日のちいささよ
前田《まえだ》　夕暮《ゆうぐれ》

向日葵は、金色の油を体いっぱいに浴《あ》びたように、花をゆらりと高くさかせている。太陽が小さく見えることだ。

う
白鳥《しらとり》はかなしからずや空の青
海のあおにもそまずただよう
若山《わかやま》　牧水《ぼくすい》

白鳥はかなしくないのだろうか。空の青にも、海の青にも、そまらずにただよっている。

え
春風や闘志《とうし》いだきて丘《おか》に立つ
高浜《たかはま》　虚子《きょし》

お
うまそうな雪がふうわりふうわりと
小林《こばやし》　一茶《いっさ》

(1) あ「噴水」の水の様子を何にたとえていますか。短歌から書きぬきましょう。(20点)

(2) い「日のちいささよ」とありますが、作者がこのように表げんするのはなぜですか。次から選《えら》び、記号で書きましょう。(20点)（　）

ア 青空の広さとくらべて小さく見えるから。

イ 大きな向日葵とくらべて小さく見えるから。

ウ 夏は日がくれる時間がおそいから。

(3) うの短歌でくらべられている色を、短歌から書きぬきましょう。1つ10点(20点)

鳥の□さと、空や海の□さ。

(4) えとおの俳句の季節《きせつ》を表すことばを書きぬき、その季節を漢字で書きましょう。1つ10点(40点)

〈季節を表すことば〉　〈季節〉

え

お

17

新聞のつくり

学習した日　月　日

名前

とく点

／100点

目ひょう時間 20分

らくらくマルつけ

解説↓
331ページ

4121

国語

❶ 次の学級新聞を読んで、問題に答えましょう。

①
4年1組

わくわく新聞

② 6月1日

③ 2はん

④ **いよいよプール開き！**

6月20日に、待ちに待ったプール開きをすることになりました。

そのため、6月10日には全校児童《じどう》によるプールそうじが行われます。

去年まではプール周《まわ》りやはい水こうのそうじのたん当でしたが、4年生になった今年《ことし》は、水をぬいたプールのかべをたわしでみがいたり、底《そこ》をデッキブラシでみがいたりすることになります。気持ちのいいプールで泳げるように、みんなで協力《きょうりょく》してきれいにしましょう。

地いきの人たちも手伝《てつだ》いに来てくださる予定です。

好《す》きな学校行事ランキング

1位《い》　遠足
2位　運動会
3位　音楽会

遠足が一番人気でした。外でおかしやおべん当を食べられるから、という意見が多かったです。

〈そうじ係より〉

最近《さいきん》、教室のゴミ箱の周りにゴミが落ちていることが多いです。ゴミはゴミ箱に向かって投げずに、きちんと入れるようにしてください。

新しい仲間《なかま》がふえました！

教室で新しくハムスターをかうことになりました。オスです。名前をぼしゅうしています。つけたい名前のある人は、いきもの係に伝《つた》えてください。6月最後の学級会で決定します。

(1) ①〜④の名前を次からそれぞれ選《えら》び、記号で書きましょう。　1つ10点（40点）

①（　）　②（　）
③（　）　④（　）

ア　発行者　　イ　新聞名
ウ　発行日　　エ　見出し

(2) 右の新聞のくふうの説明《せつめい》として、正しいものには○、まちがっているものには×を書きましょう。　1つ15点（30点）

①　グラフがある。（　）
②　絵がある。（　）

(3) 取材《しゅざい》をするときに注意することとしてあてはまるものを次から選び、記号で書きましょう。　（30点）

（　）

ア　写真はきょかがなくてもとる。
イ　事前にしつ問を考えておく。
ウ　メモをとらずによく覚《おぼ》える。

／もう1回チャレンジ!!／

17 新聞のつくり

学習した日　月　日

名前

とく点　／100点

目ひょう時間　20分

らくらくマルつけ

解説↓ 331ページ

4121

❶ 次の学級新聞を読んで、問題に答えましょう。

① 4年1組
わくわく新聞

② 6月1日

③ 2はん

④ **いよいよプール開き！**

6月20日に、待ちに待ったプール開きをすることになりました。

そのため、6月10日には全校児童《じどう》によるプールそうじが行われます。

去年まではプール周《まわ》りやはい水こうのそうじのたん当でしたが、4年生になった今年《ことし》は、水をぬいたプールのかべをたわしでみがいたり、底《そこ》をデッキブラシでみがいたりすることになります。気持ちのいいプールで泳げるように、みんなで協力《きょうりょく》してきれいにしましょう。

地いきの人たちも手伝《てつだ》いに来てくださる予定です。

好《す》きな学校行事ランキング

1位《い》　遠足
2位　運動会
3位　音楽会

遠足が一番人気でした。外でおかしやおべん当を食べられるから、という意見が多かったです。

〈そうじ係より〉
最近《さいきん》、教室のゴミ箱の周りにゴミが落ちていることが多いです。ゴミはゴミ箱に向かって投げずに、きちんと入れるようにしてください。

新しい仲間《なかま》がふえました！

教室で新しくハムスターをかうことになりました。オスです。名前をぼしゅうしています。つけたい名前のある人は、いきもの係に伝《つた》えてください。6月最後の学級会で決定します。

(1) ①〜④の名前を次からそれぞれ選《えら》び、記号で書きましょう。　1つ10点〈40点〉

①（　　）　②（　　）
③（　　）　④（　　）

ア　発行者　　イ　新聞名
ウ　発行日　　エ　見出し

(2) 右の新聞のくふうの説明《せつめい》として、正しいものには○、まちがっているものには×を書きましょう。　1つ15点〈30点〉

① グラフがある。（　　）
② 絵がある。（　　）

(3) 取材《しゅざい》をするときに注意することとしてあてはまるものを次から選び、記号で書きましょう。〈30点〉

（　　）

ア　写真はきょかがなくてもとる。
イ　事前にしつ問を考えておく。
ウ　メモをとらずによく覚《おぼ》える。

18 いろいろな意味をもつ言葉

学習した日　月　日

名前

とく点　／100点

目ひょう時間 20分

らくらくマルつけ

解説↓331ページ

4122

国語

❶ 次の各組の□に共通《きょうつう》してあてはまる言葉をあとからそれぞれ選《えら》び、記号で書きましょう。 1つ10点【60点】

(1) ・顔を□。・声を□。・料金《りょうきん》を□。（　　）

(2) ・口を□。・道を□。・音楽を□。（　　）

(3) ・場所を□。・満点《まんてん》を□。・栄養《えいよう》を□。（　　）

(4) ・もちを□。・駅に□。・あかりが□。（　　）

(5) ・電話を□。・心配を□。・めがねを□。（　　）

(6) ・相談に□。・車に□。・リズムに□。（　　）

ア あげる　イ つく　ウ きく
エ かける　オ のる　カ とる

❷ 次の――線の意味をあとからそれぞれ選び、記号で書きましょう。 1つ5点【20点】

(1) けむりがたつ。（　　）

(2) 予定がたつ。（　　）

(3) 外国へたつ。（　　）

(4) うわさがたつ。（　　）

ア 前もって決まる。
イ 上に立ちのぼる。
ウ 世間に広がる。
エ その場所からはなれる。

❸ 次の――線の意味が同じものを二つ選び、記号で書きましょう。 1つ10点【20点】

(1)
ア あまいケーキを食べる。
イ 父は弟にあまい。
ウ あまいことばに気をつける。
エ 花のみつはあまい。
（　　）（　　）

(2)
ア 野菜《やさい》のねだんが高い。
イ 高い山に登る。
ウ 兄は父よりせが高い。
エ この本はひょうばんが高い。
（　　）（　　）

もう1回チャレンジ!!

18 いろいろな意味をもつ言葉

学習した日　月　日

名前

とく点　／100点

目ひょう時間 20分

らくらくマルつけ

解説↓ 331ページ

4122

1 次の各組の□に共通《きょうつう》してあてはまる言葉をあとからそれぞれ選《えら》び、記号で書きましょう。　1つ10点【60点】

(1)
・顔を□。
・声を□。
・料金《りょうきん》を□。
（　　）

(2)
・口を□。
・道を□。
・音楽を□。
（　　）

(3)
・場所を□。
・満点《まんてん》を□。
・栄養《えいよう》を□。
（　　）

(4)
・もちを□。
・駅に□。
・あかりが□。
（　　）

(5)
・電話を□。
・心配を□。
・めがねを□。
（　　）

(6)
・相談に□。
・車に□。
・リズムに□。
（　　）

ア　あげる　　イ　つく　　ウ　きく
エ　かける　　オ　のる　　カ　とる

2 次の——線の意味をあとからそれぞれ選び、記号で書きましょう。　1つ5点【20点】

(1) けむりがたつ。（　　）
(2) 予定がたつ。（　　）
(3) 外国へたつ。（　　）
(4) うわさがたつ。（　　）

ア　前もって決まる。
イ　上に立ちのぼる。
ウ　世間に広がる。
エ　その場所からはなれる。

3 次の——線の意味が同じものを二つ選び、記号で書きましょう。　1つ10点【20点】

(1)
ア　あまいケーキを食べる。
イ　父は弟にあまい。
ウ　あまいことばに気をつける。
エ　花のみつはあまい。
（　　）（　　）

(2)
ア　野菜《やさい》のねだんが高い。
イ　高い山に登る。
ウ　兄は父よりせが高い。
エ　この本はひょうばんが高い。
（　　）（　　）

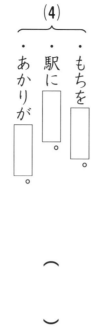

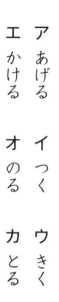

19 慣《かん》用《よう》句《く》

学習した日　月　日

名前

とく点　/100点

目ひょう時間 20分

らくらくマルつけ

解説↓331ページ

4123

❶ 次の慣用句《かんようく》の（　）にあてはまる体の一部の漢字を書きましょう。 1つ5点【50点】

(1) （　）が売れる
意味…有名になる。

(2) （　）が下がる
意味…感心し、そんけいする。

(3) （　）をそばだてる
意味…集中して聞く。

(4) （　）が回る
意味…とてもいそがしい様子。

(5) （　）を切る
意味…最初《さいしょ》に発言する。

(6) 後ろ（　）をさされる
意味…かげで悪く言われる。

(7) （　）が立たない
意味…相手が強くてかなわない。

(8) （　）を明かす
意味…相手を出しぬいておどろかす。

(9) （　）も（　）も出ない
意味…力が足りずどうにもできない。

❷ 次の（　）にあてはまる慣用句をあとからそれぞれ選《えら》び、記号で書きましょう。 1つ5点【30点】

(1) 昨日《きのう》のけんかを（　）。

(2) あの人は（　）ので、案内《あんない》文を考えてもらおう。

(3) せきにんの重さを実感し、（　）思いになった。

(4) あの子とはふしぎと（　）。

(5) お祭りのことを考えるだけで（　）。

(6) 弟はいつも（　）言い方をするのできつく感じる。

ア　えりを正す　イ　歯にきぬ着せぬ　ウ　水に流す　エ　馬が合う　オ　心がおどる　カ　筆が立つ

❸ 次の慣用句の意味をあとからそれぞれ選び、記号で書きましょう。 1つ10点【20点】

(1) わらにもすがる　（　）

(2) やなぎに風　（　）

ア　さからわずに受け流す。
イ　幸運がめぐってくる。
ウ　せっぱつまって、たよりにならないものを当てにする。
エ　悪い予感がする。

もう1回チャレンジ!!

19 慣用句《かんようく》

学習した日　月　日

名前

とく点　/100点

目ひょう時間　20分

らくらくマルつけ

解説↓331ページ

4123

❶ 次の慣用句《かんようく》の（　）にあてはまる体の一部の漢字を書きましょう。 1つ5点【50点】

(1)（　　）が売れる
意味…有名になる。

(2)（　　）が下がる
意味…感心し、そんけいする。

(3)（　　）をそばだてる
意味…集中して聞く。

(4)（　　）が回る
意味…とてもいそがしい様子。

(5)（　　）を切る
意味…最初《さいしょ》に発言する。

(6) 後ろ（　　）をさされる
意味…かげで悪く言われる。

(7)（　　）が立たない
意味…相手が強くてかなわない。

(8)（　　）を明かす
意味…相手を出しぬいておどろかす。

(9)（　　）も（　　）も出ない
意味…力が足りずどうにもできない。

❷ 次の（　）にあてはまる慣用句をあとからそれぞれ選《えら》び、記号で書きましょう。 1つ5点【30点】

(1) 昨日《きのう》のけんかを（　　）。

(2) あの人は（　　）ので、案内《あんない》文を考えてもらおう。

(3) せきにんの重さを実感し、（　　）思いになった。

(4) あの子とはふしぎと（　　）。

(5) お祭りのことを考えるだけで（　　）。

(6) 弟はいつも（　　）言い方をするのできつく感じる。

ア　えりを正す
イ　歯にきぬ着せぬ
ウ　水に流す
エ　馬が合う
オ　心がおどる
カ　筆が立つ

❸ 次の慣用句の意味をあとからそれぞれ選び、記号で書きましょう。 1つ10点【20点】

(1) わらにもすがる　（　　）

(2) やなぎに風　（　　）

ア　さからわずに受け流す。
イ　幸運がめぐってくる。
ウ　せっぱつまって、たよりにならないものを当てにする。
エ　悪い予感がする。

漢字⑤

学習した日　月　日

名前

とく点　／100点

目ひょう時間 20分

解説↓ 332ページ

4124

らくらくマルつけ

❶ （　）に――線の読みがなを書きましょう。

1つ5点【50点】

(1) 総理《そうり》大臣が話す。（　）

(2) 灯台のあかりを目指す。（　）

(3) 民族衣《い》しょうを着る。（　）

(4) 色が変化する。（　）

(5) ヒマワリの種をまく。（　）

(6) 努力を重ねる。（　）

(7) 連なって歩く。（　）

(8) にぎり飯を食べる。（　）

(9) 塩分が不足する。（　）（　）

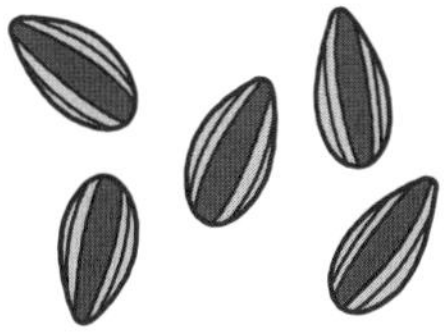

❷ □に漢字を書きましょう。

1つ5点【50点】

(1) 本の□《つづ》きを読む。

(2) 人体に□□《むがい》な物しつ。

(3) 開かい式の□□《しかい》をする。

(4) □□《ぼくじょう》に行く。

(5) 予想□□《いじょう》に暑い。

(6) 強く□《ねん》じる。

(7) □《かがみ》を見る。

(8) □□《なんきょく》をたんけんする。

(9) □□《じっけん》の□□《けっか》。

国語

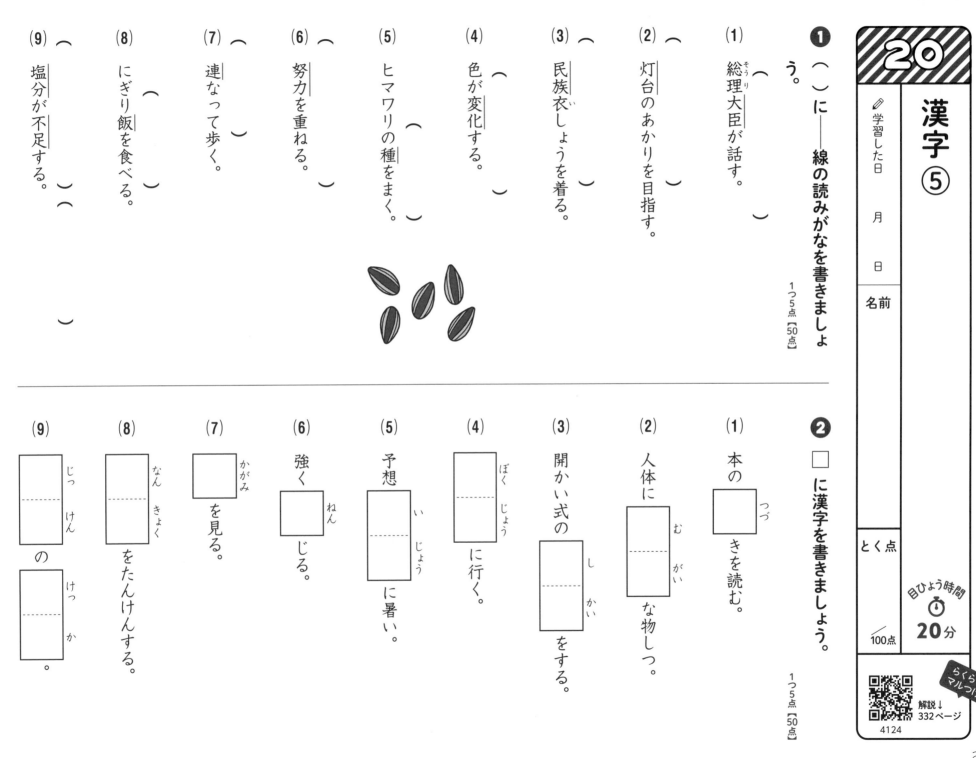

＼もう1回チャレンジ!!／

20

漢字⑤

学習した日　月　日

名前

とく点

/100点

目ひょう時間 20分

らくらくマルつけ

解説↓332ページ

4124

❶（　）に——線の読みがなを書きましょう。 1つ5点【50点】

(1) 総理《そうり》大臣が話す。（　　　）

(2) 灯台のあかりを目指す。（　　　）

(3) 民族衣《い》しょうを着る。（　　　）

(4) 色が変化する。（　　　）

(5) ヒマワリの種をまく。（　　　）

(6) 努力を重ねる。（　　　）

(7) 連なって歩く。（　　　）

(8) にぎり飯を食べる。（　　　）

(9) 塩分が不足する。（　　　）（　　　）

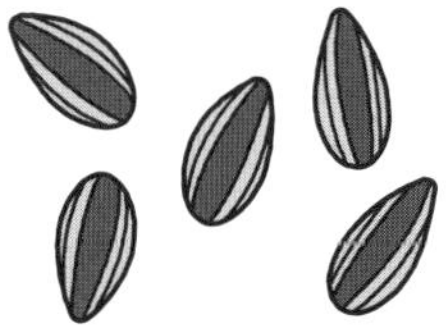

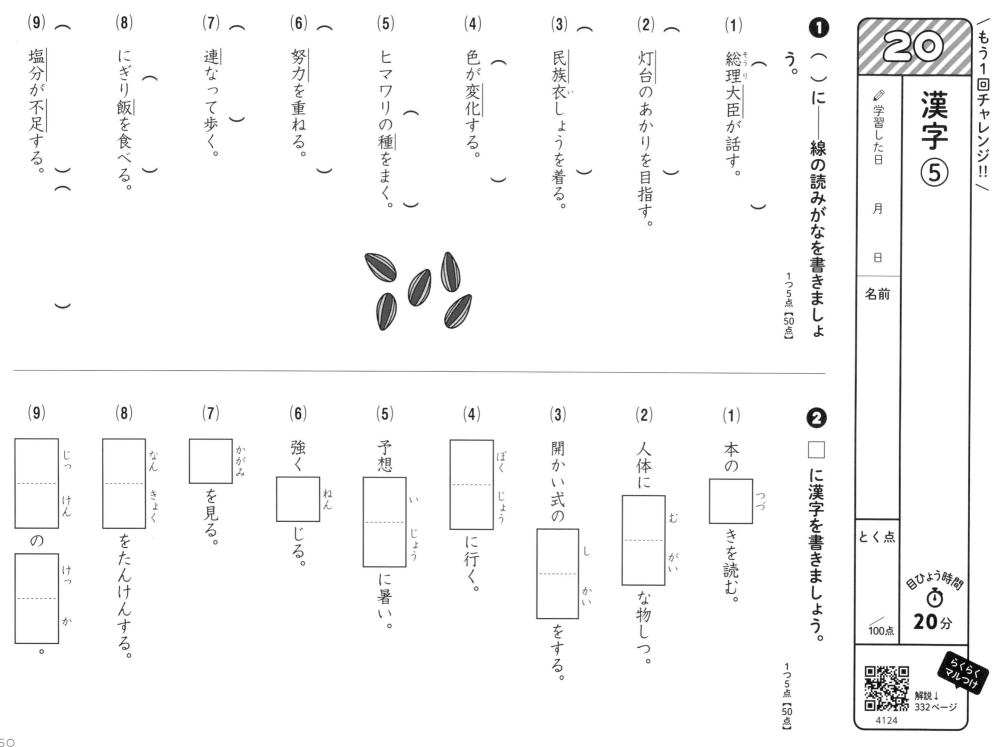

❷ □に漢字を書きましょう。 1つ5点【50点】

(1) 本の□《つづ》きを読む。

(2) 人体に□□《むがい》な物しつ。

(3) 開かい式の□□《しかい》をする。

(4) □□《ぼくじょう》に行く。

(5) 予想□□《いじょう》に暑い。

(6) 強く□《ねん》じる。

(7) □《かがみ》を見る。

(8) □□《なんきょく》をたんけんする。

(9) □□《じっけん》の□□《けっか》。

21

漢字⑥

学習した日　月　日

名前

とく点　/100点

目ひょう時間 20分

らくらくマルつけ

解説↓
332ページ

4125

国語

❶ （　）に――線の読みがなを書きましょう。　1つ5点【50点】

(1) 倉庫に入る。（　　）

(2) 種《たね》が発芽する。（　　）

(3) 家の付近を歩く。（　　）

(4) 工芸品を買う。（　　）

(5) 百の位を計算する。（　　）

(6) 体内の器官を調べる。（　　）

(7) 浅い川で遊ぶ。（　　）

(8) 手を挙げる。（　　）

(9) 天候を記録する。（　　）（　　）

❷ □に漢字を書きましょう。　1つ5点【50点】

(1) □□《にちょう》円の予算。

(2) ふたを□《かた》くしめる。

(3) 鳥が□《す》をつくる。

(4) □□《しぜん》の中でくらす。

(5) 祖父《そふ》に□《たよ》りを出す。

(6) □□《たいりく》を発見する。

(7) □□□《はくぶつかん》に行く。

(8) 年□《お》いた犬。

(9) □□《きょうりょく》を□《もと》める。

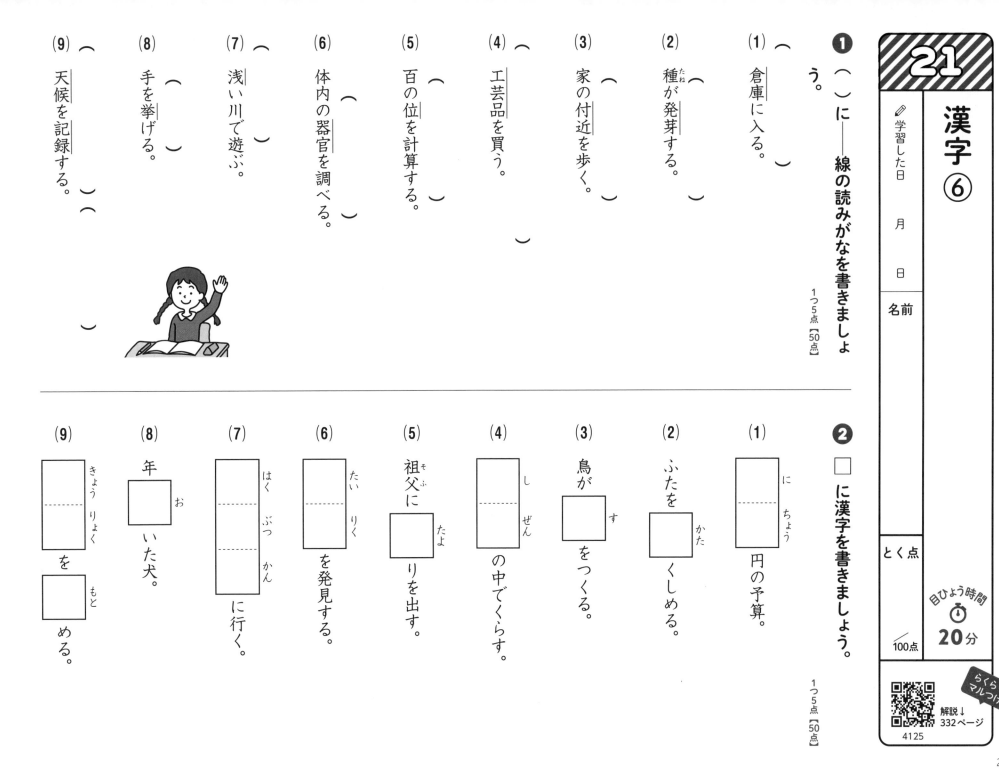

もう1回チャレンジ!!

21 漢字⑥

学習した日　月　日

名前

とく点　／100点

目ひょう時間 20分

らくらくマルつけ

解説↓ 332ページ

4125

1 （　）に——線の読みがなを書きましょう。　1つ5点【50点】

(1) 倉庫に入る。（　　）

(2) 種《たね》が発芽する。（　　）

(3) 家の付近を歩く。（　　）

(4) 工芸品を買う。（　　）

(5) 百の位を計算する。（　　）

(6) 体内の器官を調べる。（　　）

(7) 浅い川で遊ぶ。（　　）

(8) 手を挙げる。（　　）

(9) 天候を記録する。（　　）（　　）

2 □に漢字を書きましょう。　1つ5点【50点】

(1) □《に》□《ちょう》円の予算。

(2) ふたを□《かた》くしめる。

(3) 鳥が□《す》をつくる。

(4) □《し》□《ぜん》の中でくらす。

(5) 祖父《そふ》に□《たよ》りを出す。

(6) □《たい》□《りく》を発見する。

(7) □《はく》□《ぶつ》□《かん》に行く。

(8) 年□《お》いた犬。

(9) □《きょう》□《りょく》を□《もと》める。

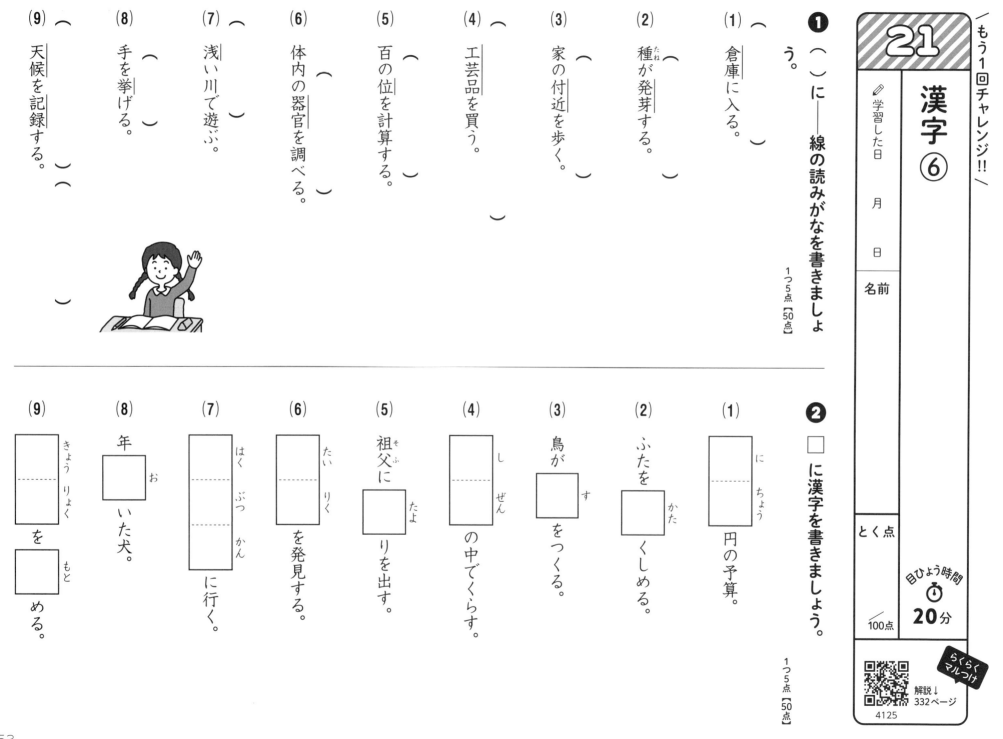

22

物語③

人物の気持ち・性格《せいかく》

学習した日　月　日

名前

とく点

/100点

目ひょう時間 20分

らくらくマルつけ

解説↓ 332ページ

4126

国語

❶ 次の文章を読んで、問題に答えましょう。

「洋子《ようこ》が、運動会のかけっこでいちばん後ろを走っていると、前を走る加代《かよ》ちゃん、真理《まり》ちゃんが転んでしまった。」

このまま走り続《つづ》ければ、洋子は間ちがいなく、四等になれるでしょう。ところが、洋子は走るのをやめて、

「だいじょうぶ？」

と声をかけ、転んでいる加代ちゃんの手を引っぱって起こしてあげました。次に、真理ちゃんも起こしてあげると、

「よーい、どん」

洋子のかけ声を合図《あいず》に、三人はまた走りだしました。そのとき、ほかの三人は、もうゴールインしていました。

三人が、ゴール目指して走ってきます。順《じゅん》番《ばん》はさっきと同じで、先頭は加代ちゃん、二番目が真理ちゃん、洋子が□でした。

最後《さいご》に洋子がゴールインしたとき、

「いいぞ！」

という声がして、見物席《せき》からもおうえん席からもはく手がわき起こりました。洋子はなんだかはずかしくなり、真《ま》っ赤《か》になりました。

そこへ健《けん》兄ちゃんがかけよってきて、

「洋子、よかったぞ、ビリっこ、ばんざい！」

と言ったので、洋子の顔はますます赤くなりました。でも、どんなにうれしかったことか。

このときのことを、洋子はいつまでもわすれないでしょう。

（砂《すな》田《だ》弘《ひろし》「ビリっこ、ばんざい！」より）

(1) 「洋子は走るのを……あげました」からわかる洋子の性格《せいかく》を次から選《えら》び、記号で書きましょう。(20点)（　　）

ア 勝ちにこだわる性格。

イ はずかしがりな性格。

ウ 友達《ともだち》思いの性格。

(2) □にあてはまることばを次から選び、記号で書きましょう。(20点)（　　）

ア ビリ

イ 四等

ウ 一等

(3) 「洋子の顔はますます赤くなりました」とありますが、このときの洋子の気持ちを文章から書きぬきましょう。1つ20点(40点)

□もあったが、とても□。

(4) 文章の内ように合うものを次から選び、記号で書きましょう。(20点)（　　）

ア 健兄ちゃんははく手をした。

イ 洋子は走りだす合図をした。

ウ 転んだ加代ちゃんは泣《な》いた。

もう1回チャレンジ!!

22 物語③ 人物の気持ち・性格《せいかく》

学習した日　　月　　日

名前

とく点　　/100点

目ひょう時間　20分

解説↓ 332ページ

らくらくマルつけ

4126

❶ 次の文章を読んで、問題に答えましょう。

「洋子《ようこ》が、運動会のかけっこでいちばん後ろを走っていると、前を走る加代《かよ》ちゃん、真理《まり》ちゃんが転んでしまった。」

このまま走り続《つづ》ければ、洋子は間ちがいなく、四等になれるでしょう。ところが、洋子は走るのをやめて、

「だいじょうぶ?」

と声をかけ、転んでいる加代ちゃんの手を引っぱって起こしてあげました。次に、真理ちゃんも起こしてあげると、

「よーい、どん」

洋子のかけ声を合図《あいず》に、三人はまた走りだしました。そのとき、ほかの三人は、もうゴールインしていました。

三人が、ゴール目指して走ってきます。順《じゅん》番《ばん》はさっきと同じで、先頭は加代ちゃん、二番目が真理ちゃん、洋子が□でした。最後《さいご》に洋子がゴールインしたとき、

「いいぞ!」

という声がして、見物席《せき》からもおうえん席からもはく手がわき起こりました。洋子はなんだかはずかしくなり、真《ま》っ赤《か》になりました。

そこへ健《けん》兄ちゃんがかけよってきて、

「洋子、よかったぞ、ビリっこ、ばんざい!」

と言ったので、洋子の顔はますます赤くなりました。でも、どんなにうれしかったことか。

このときのことを、洋子はいつまでもわすれないでしょう。

（砂田弘《すなだひろし》「ビリっこ、ばんざい!」より）

(1) 「洋子は走るのを……あげました」からわかる洋子の性格《せいかく》を次から選《えら》び、記号で書きましょう。（20点）（　　）

ア 勝ちにこだわる性格。

イ はずかしがりな性格。

ウ 友達《ともだち》思いの性格。

(2) □にあてはまることばを次から選び、記号で書きましょう。（20点）（　　）

ア ビリ

イ 四等

ウ 一等

(3) 「洋子の顔はますます赤くなりました」とありますが、このときの洋子の気持ちを文章から書きぬきましょう。（1つ20点）（40点）

□□□□□□もあった

が、とても

□□□□□□。

(4) 文章の内ように合うものを次から選び、記号で書きましょう。（20点）（　　）

ア 健兄ちゃんははく手をした。

イ 洋子は走りだす合図をした。

ウ 転んだ加代ちゃんは泣《な》いた。

23

説明《せつめい》文③ 段落《だんらく》の関係《かんけい》・要約《ようやく》

学習した日　月　日

名前

とく点　／100点

目ひょう時間 20分

らくらくマルつけ

解説↓333ページ

4127

国語

1 次の文章を読んで、問題に答えましょう。

1 きょうりゅうというと、そのすがたからトカゲやワニが生き残《のこ》りと思われますし、かつてはそう考える学者もいました。しかし今は研究が進み、きょうりゅうとも鳥とも見えるような生物の化石も見つかって、きょうりゅうの子孫《しそん》は鳥だということが明らかになっています。

2 さて、この鳥ですが、歩くために手に入れた前足、ヒトでいう手を、思いきり変化《へんか》させてしまいました。

3 それは、歩くことより、飛《と》ぶことのほうが鳥にとって都合がよかったからです。さて、よかったわけはなんでしょう。

4 鳥は、前足が変化したつばさで空を飛ぶことで、陸《りく》の上を歩くよりてきも少なく、おそわれることもへったはずです。えさも高い木の上のこん虫や実を食べたり、小動物を空からねらったりもできたでしょう。このように飛べることは、鳥には大きな利点《りてん》となりました。

5 生き物にとって、いちばん大切なことは、子孫をふやし生き続《つづ》けることです。ほかの仲《なか》間《ま》より生き残ることに体の形が都合よく変化したものだけが、子孫をふやすことができ、その体の変化も受けつがれていくのです。これが進化の仕組みです。

（山本省三《やまもとしょうぞう》「ヒトの親指はエライ！」より）

(1) 「そう考える」とは、どう考えることですか。文章から書きぬきましょう。（20点）

きょうりゅうの生き残りは［　　　　　　］であると考えること。

(2) 3段落《だんらく》と4段落の関係《かんけい》を次から選《えら》び、記号で書きましょう。（20点）

（　　）

ア 3段落のぎ問の答えを4段落で説《せつ》明《めい》している。

イ 3段落の内ようを受けて4段落で新たなぎ問をのべている。

ウ 3段落と反対の内ようを4段落でのべている。

(3) 5段落の内ようを次のように要約《ようやく》しました。あてはまることばを文章から書きぬきましょう。1つ20点（60点）

進化とは、［　　　　］ことに都合よく［　　　］を変化させたものだけが、［　　］をふやし、そのせいしつが受けつがれていくことである。

＼もう1回チャレンジ!!／

23 説《せつ》明《めい》文③ 段《だん》落《らく》の関《かん》係《けい》・要《よう》約《やく》

学習した日　月　日

名前

とく点　／100点

目ひょう時間 20分

らくらくマルつけ

解説↓333ページ

4127

1 次の文章を読んで、問題に答えましょう。

[1] きょうりゅうというと、そのすがたからトカゲやワニが生き残《のこ》りと思われますし、かつてはそう考える学者もいました。しかし今は研究が進み、きょうりゅうとも鳥とも見えるような生物の化石も見つかって、きょうりゅうの子孫《しそん》は鳥だということが明らかになっています。

[2] さて、この鳥ですが、歩くために手に入れた前足、ヒトでいう手を、思いきり変化《へんか》させてしまいました。

[3] それは、歩くことより、飛《と》ぶことのほうが鳥にとって都合がよかったからです。さて、よかったわけはなんでしょう。

[4] 鳥は、前足が変化したつばさで空を飛ぶことで、陸《りく》の上を歩くよりてきも少なく、おそわれることもへったはずです。えさも高い木の上のこん虫や実を食べたり、小動物を空からねらったりもできたでしょう。このように飛べることは、鳥には大きな利点《りてん》となりました。

[5] 生き物にとって、いちばん大切なことは、子孫をふやし生き続《つづ》けることです。ほかの仲《なか》間《ま》より生き残ることに体の形が都合よく変化したものだけが、子孫をふやすことができ、その体の変化も受けつがれていくのです。これが進化の仕組みです。

（山本省三《やまもとしょうぞう》「ヒトの親指はエライ！」より）

(1) 「そう考える」とは、どう考えることですか。文章から書きぬきましょう。（20点）

きょうりゅうの生き残りは

［　　　　　］

であると考えること。

(2) [3]段《だん》落《らく》と[4]段落の関《かん》係《けい》を次から選《えら》び、記号で書きましょう。（20点）

ア [3]段落のぎ問の答えを[4]段落で説《せつ》明《めい》している。

イ [3]段落の内ようを受けて[4]段落で新たなぎ問をのべている。

ウ [3]段落と反対の内ようを[4]段落でのべている。

（　　）

(3) [5]段落の内ようを次のように要《よう》約《やく》しました。あてはまることばを文章から書きぬきましょう。1つ20点（60点）

進化とは、［　　　　］こと に都合よく［　　　　］を変化させたものだけが、［　　］をふやし、そのせいしつが受けつがれていくことである。

24 熟語《じゅくご》の組み合わせ

学習した日　月　日

名前

とく点　／100点

目ひょう時間 20分

らくらくマルつけ

解説↓ 333ページ

4128

1 次の熟語《じゅくご》は、どのような漢字の組み合わせですか。あとからそれぞれ選《えら》び、記号で書きましょう。　1つ5点【20点】

(1) 海水　（　　）

(2) 乗馬　（　　）

(3) 図画　（　　）

(4) 左右　（　　）

ア　にた意味の漢字の組み合わせ。

イ　反対の意味の漢字の組み合わせ。

ウ　上の漢字が下の漢字を修飾《しゅうしょく》する組み合わせ。

エ　上の漢字が動作《どうさ》を表し、下の漢字が目的《もくてき》や対象《たいしょう》になる組み合わせ。

2 次の組み合わせになるように、あとから漢字をそれぞれ選び、熟語をつくりましょう。　1つ5点【10点】

(1) 反対の意味の漢字の組み合わせ。

(2) にた意味の漢字の組み合わせ。

出　昼　校　人
下　発　村　夜

3 次の熟語と同じ組み合わせ方のものを、あとからそれぞれ選び、記号で書きましょう。　1つ10点【40点】

(1) 思考　（　　）

(2) 売買　（　　）

(3) 登山《とざん》　（　　）

(4) 車道　（　　）

ア　寒冷《かんれい》

イ　帰国

ウ　上下

エ　黒板

4 次の中から、熟語の組み合わせ方がほかとちがうものを一つ選び、記号で書きましょう。　1つ10点【30点】

(1) ア　白旗《しろはた》　イ　学習　ウ　外国　（　　）

(2) ア　強弱　イ　明暗　ウ　国語　（　　）

(3) ア　和洋　イ　作文　ウ　決心　（　　）

もう1回チャレンジ!!

24

熟語《じゅくご》の組み合わせ

学習した日　月　日

名前

とく点　/100点

目ひょう時間　20分

らくらくマルつけ

解説↓333ページ

4128

❶ 次の熟語《じゅくご》は、どのような漢字の組み合わせですか。あとからそれぞれ選《えら》び、記号で書きましょう。 1つ5点【20点】

(1) 海水　（　　）

(2) 乗馬　（　　）

(3) 図画　（　　）

(4) 左右　（　　）

ア　にた意味の漢字の組み合わせ。

イ　反対の意味の漢字の組み合わせ。

ウ　上の漢字が下の漢字を修飾《しゅうしょく》する組み合わせ。

エ　上の漢字が動作《どうさ》を表し、下の漢字が目的《もくてき》や対象《たいしょう》になる組み合わせ。

❷ 次の組み合わせになるように、あとから漢字をそれぞれ選び、熟語をつくりましょう。 1つ5点【10点】

(1) 反対の意味の漢字の組み合わせ。

(2) にた意味の漢字の組み合わせ。

出　昼　校　人

下　発　村　夜

❸ 次の熟語と同じ組み合わせ方のものを、あとからそれぞれ選び、記号で書きましょう。 1つ10点【40点】

(1) 思考　（　　）

(2) 売買　（　　）

(3) 登山《とざん》　（　　）

(4) 車道　（　　）

ア　寒冷《かんれい》

イ　帰国

ウ　上下

エ　黒板

❹ 次の中から、熟語の組み合わせ方がほかとちがうものを一つ選び、記号で書きましょう。 1つ10点【30点】

(1) ア　白旗《しろはた》　イ　学習　ウ　外国　（　　）

(2) ア　強弱　イ　明暗　ウ　国語　（　　）

(3) ア　和洋　イ　作文　ウ　決心　（　　）

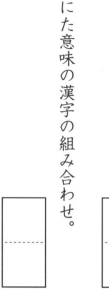

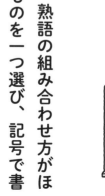

25

文のつながり

学習した日　月　日

名前

とく点　　/100点

目ひょう時間　20分

らくらくマルつけ

解説↓333ページ

4129

国語

1 二つの文から、主語と述語《じゅつご》が正しく対おうしている文を選《えら》び、記号で書きましょう。 1つ10点【40点】

(1) ア　弟の好物《こうぶつ》は魚が好《す》きです。
イ　弟は魚が好きです。
（　　）

(2) ア　わたしのゆめは花屋になりたい。
イ　わたしのゆめは花屋になることだ。
（　　）

(3) ア　母の特《とく》ぎは、ピアノをひくことです。
イ　母の特ぎは、ピアノをひきます。
（　　）

(4) ア　妹のじまんは走るのが速いです。
イ　妹のじまんは走るのが速いことです。
（　　）

2 次の文の終わりを変《か》えて、正しい文に書き直しましょう。 【10点】

ぼくのしゅみは音楽をききます。
↓ぼくのしゅみは
（　　　　　　　　　　　　）

3 次の文が指定された意味になるように、正しい読点《とうてん》（、）の位置《いち》を選び、記号を○でかこみましょう。 1つ10点【40点】

(1) 兄は　自転車に　乗って（ア）にげる　弟を（イ）追いかけた。
（自転車に乗ったのは兄）

(2) 姉は（ア）出かけて（イ）いない。
（姉は出かけている）

(3) ぼくは（ア）昨日《きのう》（イ）買ったアイスを　食べた。
（アイスを食べたのは昨日）

(4) いい　香《かお》りの　する（ア）ケーキ屋さんの（イ）花がすてきだ。
（いい香りがするのはケーキ屋さん）

4 次の文は二通りの意味に読み取れます。それをしめしたあとの文にあてはまることばを、漢字を使って書きましょう。 【10点】

「母がくるまで待っている。」←

① 「母が来るまで待っている。」

② 「母が（　　　　）待っている。」

＼もう1回チャレンジ!!／

25

文のつながり

学習した日　月　日

名前

とく点　／100点

目ひょう時間　20分

らくらくマルつけ

解説↓ 333ページ

4129

❶ 二つの文から、主語と述語《じゅつご》が正しく対おうしている文を選《えら》び、記号で書きましょう。 1つ10点【40点】

(1) ア 弟の好物《こうぶつ》は魚が好《す》きです。

イ 弟は魚が好きです。

（　　）

(2) ア わたしのゆめは花屋になりたい。

イ わたしのゆめは花屋になることだ。

（　　）

(3) ア 母の特《とく》ぎは、ピアノをひくことです。

イ 母の特ぎは、ピアノをひきます。

（　　）

(4) ア 妹のじまんは走るのが速いです。

イ 妹のじまんは走るのが速いことです。

（　　）

❷ 次の文の終わりを変《か》えて、正しい文に書き直しましょう。 【10点】

ぼくのしゅみは音楽をききます。

↓ぼくのしゅみは

（　　　　　　）

❸ 次の文が指定された意味になるように、正しい読点《とうてん》（、）の位置《いち》を選び、記号を○でかこみましょう。 1つ10点【40点】

(1) 兄は　自転車に　乗って（ア）にげる　弟を（イ）追いかけた。

（自転車に乗ったのは兄）

(2) 姉は（ア）出かけて（イ）いない。

（姉は出かけている）

(3) ぼくは（ア）昨日《きのう》（イ）買ったアイスを　食べた。

（アイスを食べたのは昨日）

(4) いい　香《かお》りの　する（ア）ケーキ屋さんの（イ）花がすてきだ。

（いい香りがするのはケーキ屋さん）

❹ 次の文は二通りの意味に読み取れます。それをしめしたあとの文にあてはまることばを、漢字を使って書きましょう。 【10点】

「母がくるまで待っている。」

←

① 「母が来るまで待っている。」

② 「母が［　　　］待っている。」

26 詩②

学習した日　月　日

名前

とく点　/100点

目ひょう時間　20分

らくらくマルつけ

解説↓334ページ

4130

1 次の詩を読んで、問題に答えましょう。

冬のふじだな

柏木恵美子《かしわぎえみこ》

①
がっしりと
組みあわさった
ふじの枝《えだ》
たなの上で
たがいに　かたく
むすばれながら
きびしい冬の風にたえている

②
ラグビーの
選手《せんしゅ》たちのように
スクラム組んで
"オーー"
と　声をかけ合い
まぶしい春をまっている

③
ときどき
白い小雪を
枝の上にやすませながら

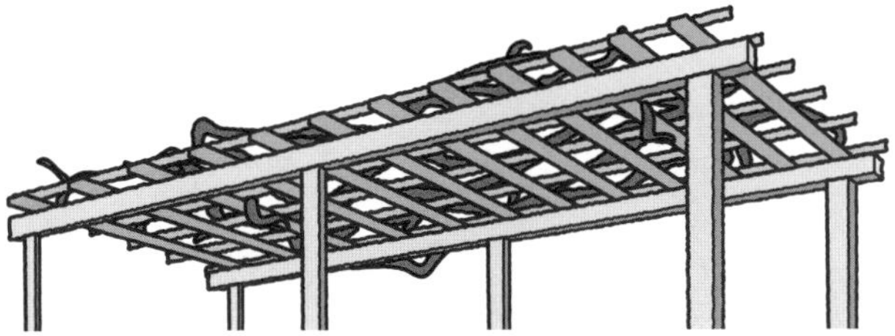

(1) 「～にている」「～のような」などのことばを用《もち》いて、あるものをほかのものにたとえる方法《ほうほう》を使っている連《れん》はどれですか。①～③の番号を書きましょう。（20点）

（　　）連

(2) ①連から、どのような様子がわかりますか。詩から書きぬきましょう。1つ20点（40点）

かたく枝が［　　　　　］ふじだなが、きびしい寒さに［　　　　　］様子。

(3) 「きびしい冬」と対おうする、季節《きせつ》を表すことばは何ですか。詩から書きぬきましょう。（20点）

［　　　　　］

(4) 作者は「冬のふじだな」から何を感じていますか。次から選《えら》び、記号で書きましょう。（20点）（　　）

ア　はかなさとけなげさ。
イ　たくましさとやさしさ。
ウ　めずらしさとおもしろさ。

国語

26 詩②

学習した日　月　日

名前

とく点　/100点

目ひょう時間 20分

らくらくマルつけ

解説↓ 334ページ

4130

❶ 次の詩を読んで、問題に答えましょう。

冬のふじだな

柏《かしわ》木《ぎ》恵《え》美《み》子《こ》

①
がっしりと
組みあわさった
ふじの枝《えだ》
たなの上で
たがいに　かたく
むすばれながら
きびしい冬の風にたえている

②
ラグビーの
選手《せんしゅ》たちのように
スクラム組んで
〝オーー〟
と　声をかけ合い
まぶしい春をまっている

③
ときどき
白い小雪を
枝の上にやすませながら

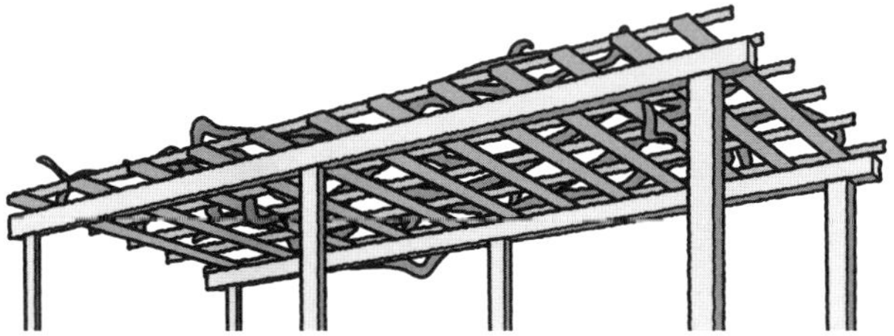

(1) 「〜にている」「〜のような」などのことばを用《もち》いて、あるものをほかのものにたとえる方法《ほうほう》を使っている連《れん》はどれですか。①〜③の番号を書きましょう。(20点)

（　　）連

(2) ①連から、どのような様子がわかりますか。詩から書きぬきましょう。1つ20点(40点)

かたく枝が［　　　　　　　　］

ふじだなが、きびしい寒さに［　　　　　　　　］様子。

(3) 「きびしい冬」と対おうする、季節《きせつ》を表すことばは何ですか。詩から書きぬきましょう。(20点)

［　　　　　　　　］

(4) 作者は「冬のふじだな」から何を感じていますか。次から選《えら》び、記号で書きましょう。(20点)（　　）

ア　はかなさとけなげさ。
イ　たくましさとやさしさ。
ウ　めずらしさとおもしろさ。

27

まちがえやすい漢字

学習した日　月　日

名前

とく点　／100点

目ひょう時間 20分

らくらくマルつけ

解説↓ 334ページ

4131

国語

1 次の——線にあてはまる漢字をあとから選《えら》び、記号で書きましょう。

1つ5点【30点】

(1) 児童《じどう》が校庭にシュウ合する。
ア 終　イ 集　ウ 習　（　）

(2) 食品関係《かんけい》のカイ社につとめる。
ア 回　イ 開　ウ 会　（　）

(3) 学校を休んだリ由を話す。
ア 里　イ 理　ウ 利　（　）

(4) 太ヨウがかがやく。
ア 陽　イ 洋　ウ 用　（　）

(5) げきのシュ役をえんじる。
ア 主　イ 首　ウ 手　（　）

(6) 転んで後《こう》トウ部を打つ。
ア 島　イ 当　ウ 頭　（　）

2 次の——線にあてはまる漢字を書きましょう。

1つ5点【20点】

(1) 朝早くに目をサます。　□

(2) 氷まくらで熱《ねつ》をサます。　□

(3) ビルをタてる。　□

(4) 夏休みの計画《けいかく》をタてる。　□

3 次の〈 〉の読み方をする漢字をそれぞれ書きましょう。

1つ5点【30点】

(1) 〈テン〉
① 今日はいい□気だ。
② くだものを□頭で売る。

(2) 〈シン〉
① □海にすむ魚を調べる。
② 兄はだれに対しても□切だ。

(3) 〈ビョウ〉
① タイムを一□ちぢめる。
② □気が治《なお》る。

4 次の——線にあてはまる漢字を書きましょう。

1つ10点【20点】

(1) 今こそ絶好《ぜっこう》のキカイだ。　□

(2) その本はイガイな結末《けつまつ》だった。　□

もう1回チャレンジ!!

27

まちがえやすい漢字

学習した日　月　日

名前

とく点　/100点

目ひょう時間 20分

らくらくマルつけ

解説↓ 334ページ

4131

❶ 次の——線にあてはまる漢字をあとから選《えら》び、記号で書きましょう。 1つ5点【30点】

(1) 児童《じどう》が校庭にシュウ合する。（　）

ア 終　イ 集　ウ 習

(2) 食品関係《かんけい》のカイ社につとめる。（　）

ア 回　イ 開　ウ 会

(3) 学校を休んだリ由を話す。（　）

ア 里　イ 理　ウ 利

(4) 太ヨウがかがやく。（　）

ア 陽　イ 洋　ウ 用

(5) げきのシュ役をえんじる。（　）

ア 主　イ 首　ウ 手

(6) 転んで後《こう》トウ部を打つ。（　）

ア 島　イ 当　ウ 頭

❷ 次の——線にあてはまる漢字を書きましょう。 1つ5点【20点】

(1) 朝早くに目をサます。□

(2) 氷まくらで熱《ねつ》をサます。□

(3) ビルをタてる。□

(4) 夏休みの計画《けいかく》をタてる。□

❸ 次の〈　〉の読み方をする漢字をそれぞれ書きましょう。 1つ5点【30点】

(1) 〈テン〉

① 今日はいい□気だ。

② くだものを□頭で売る。

(2) 〈シン〉

① □海にすむ魚を調べる。

② 兄はだれに対しても□切だ。

(3) 〈ビョウ〉

① タイムを一□ちぢめる。

② □気が治《なお》る。

❹ 次の——線にあてはまる漢字を書きましょう。 1つ10点【20点】

(1) 今こそ絶好《ぜっこう》のキカイだ。□

(2) その本はイガイな結末《けつまつ》だった。□

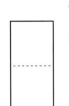

28

都道府《ふ》県の漢字②

学習した日　月　日

名前

とく点　／100点

目ひょう時間　20分

らくらくマルつけ

解説↓334ページ

4132

❶（　）に——線の読みがなを書きましょう。　1つ5点【50点】

(1)（　　）佐賀県の焼《や》きもの。

(2)（　　）奈良県の大仏《だいぶつ》。

(3)（　　）愛媛県と（　　）大分県の温せん。

(4)（　　）岐阜県の合掌造《がっしょうづく》り。

(5)（　　）滋賀県の琵琶湖《びわこ》。

(6)（　　）福岡県のめんたいこ。

(7)（　　）栃木県のいちご。

(8)（　　）三重県の伊勢神宮《いせじんぐう》。

(9)（　　）埼玉県の里いも。

❷ □に漢字を書きましょう。　1つ5点【50点】

(1) □《やま》□《がた》県のさくらんぼ。

(2) □《とく》□《しま》県の阿波踊《あわおど》り。

(3) □《ほっ》□《かい》□《どう》と□《にい》□《がた》県の雪まつり。

(4) □《とっ》□《とり》県の砂丘《さきゅう》。

(5) □《ひょう》□《ご》県の姫路城《ひめじじょう》。

(6) □《なが》□《さき》県の平和祈念像《きねんぞう》。

(7) □《わ》□《か》□《やま》県のみかん。

(8) □《しま》□《ね》県のしじみ。

(9) □《ち》□《ば》県の落花生。

国語

もう1回チャレンジ!!

28 都道府《ふ》県の漢字②

学習した日　月　日

名前

とく点　/100点

目ひょう時間 20分

解説↓ 334ページ

4132

らくらくマルつけ

❶ （　）に——線の読みがなを書きましょう。 1つ5点【50点】

(1) 佐賀県の焼《や》きもの。（　）

(2) 奈良県の大仏《だいぶつ》。（　）

(3) 愛媛県と大分県の温せん。（　）（　）

(4) 岐阜県の合掌造《がっしょうづく》り。（　）

(5) 滋賀県の琵琶湖《びわこ》。（　）

(6) 福岡県のめんたいこ。（　）

(7) 栃木県のいちご。（　）

(8) 三重県の伊勢神宮《いせじんぐう》。（　）

(9) 埼玉県の里いも。（　）

❷ □に漢字を書きましょう。 1つ5点【50点】

(1) □□《やまがた》県のさくらんぼ。

(2) □□《とくしま》県の阿波踊《あわおど》り。

(3) □□□《ほっかいどう》と□□《にいがた》県の雪まつり。

(4) □□《とっとり》県の砂丘《さきゅう》。

(5) □□《ひょうご》県の姫路城《ひめじじょう》。

(6) □□《ながさき》県の平和祈念像《きねんぞう》。

(7) □□□《わかやま》県のみかん。

(8) □□《しまね》県のしじみ。

(9) □□《ちば》県の落花生。

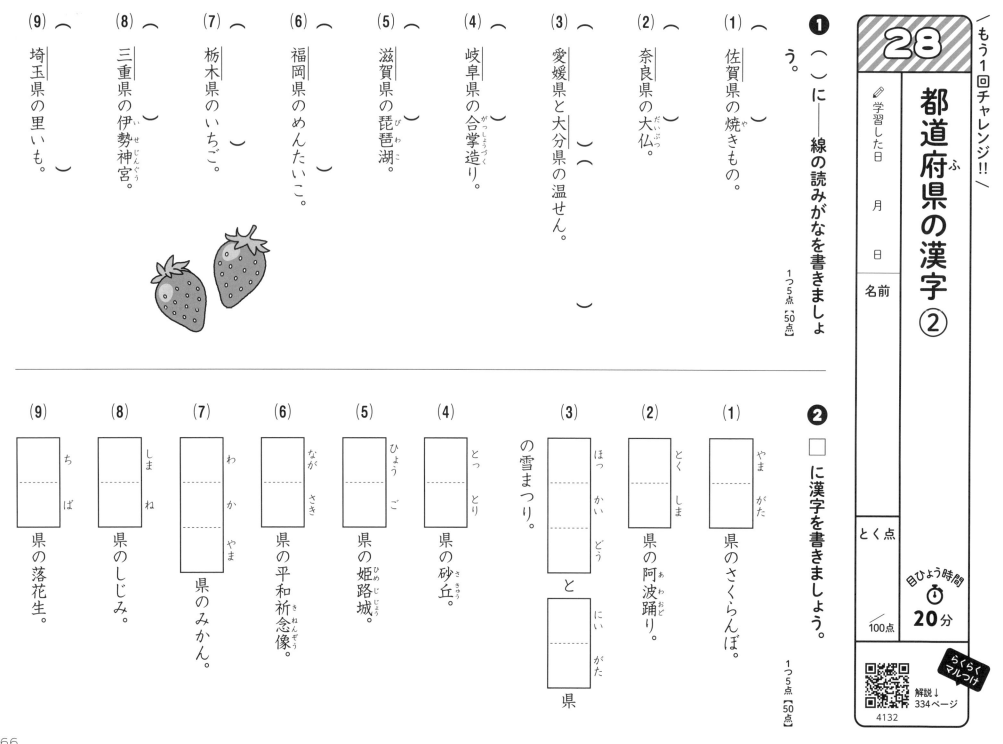

29

漢字⑦

学習した日　月　日

名前

とく点　　/100点

目ひょう時間 20分

らくらくマルつけ

解説↓ 335ページ

4133

国語

1 （　）に——線の読みがなを書きましょう。 1つ5点【50点】

(1) 辺りを見回す。（　　）

(2) 土の中に管を通す。（　　）

(3) 労働者の意見を聞く。（　　）

(4) 会議で発言する。（　　）

(5) 清らかな心をもつ。（　　）

(6) 共に力を合わせる。（　　）

(7) 風景をえがく。（　　）

(8) 糸を束ねる。（　　）

(9) 仲間に加わる。（　　）（　　）

2 □に漢字を書きましょう。 1つ5点【50点】

(1) □□《きかい》体そうをする。

(2) 国が□《さか》える。

(3) □□□《かいすいよく》をする。

(4) うでを□□《こうさ》させる。

(5) 魚を□《や》く。

(6) □□《めんせき》をくらべる。

(7) □《つめ》たい風がふく。

(8) 日本の□□《さんぎょう》を調べる。

(9) □□《しょうり》を□《ねが》う。

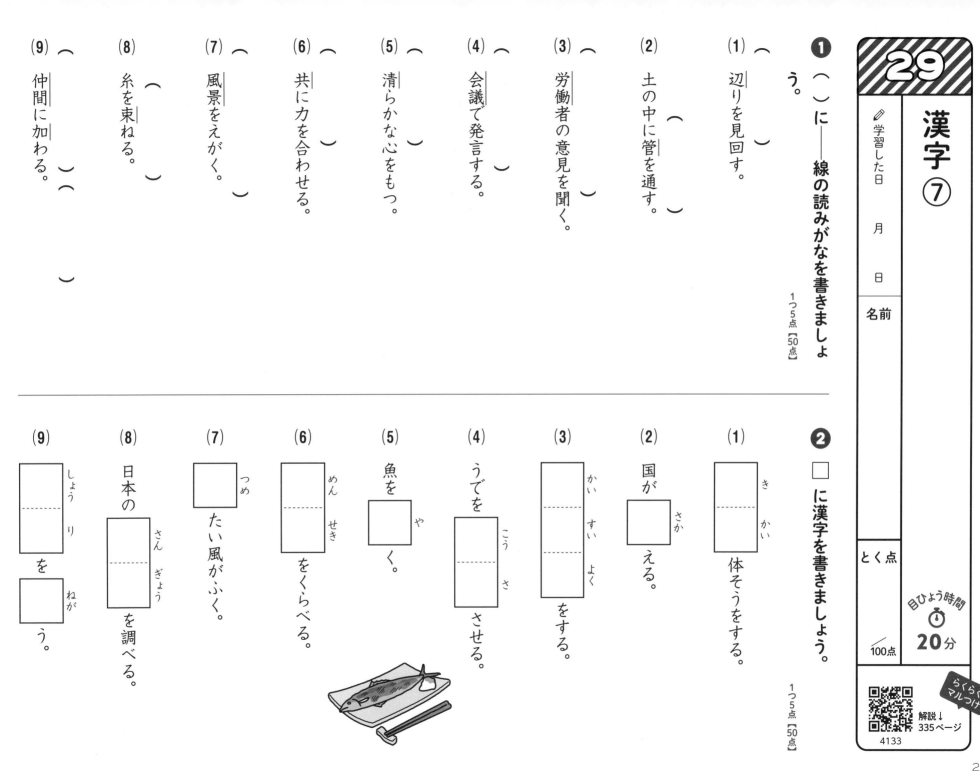

もう1回チャレンジ!!

29

漢字⑦

学習した日　　月　　日

名前

とく点

/100点

目ひょう時間 20分

らくらくマルつけ

解説↓
335ページ

4133

❶（　）に——線の読みがなを書きましょう。　1つ5点【50点】

(1) 辺りを見回す。（　　）

(2) 土の中に管を通す。（　　）

(3) 労働者の意見を聞く。（　　）

(4) 会議で発言する。（　　）

(5) 清らかな心をもつ。（　　）

(6) 共に力を合わせる。（　　）

(7) 風景をえがく。（　　）

(8) 糸を束ねる。（　　）

(9) 仲間に加わる。（　　）（　　）

❷ □に漢字を書きましょう。　1つ5点【50点】

(1) □□《きかい》体そうをする。

(2) 国が□《さか》える。

(3) □□□《かいすいよく》をする。

(4) うでを□□《こうさ》させる。

(5) 魚を□《や》く。

(6) □□《めんせき》をくらべる。

(7) □《つめ》たい風がふく。

(8) 日本の□□《さんぎょう》を調べる。

(9) □□《しょうり》を□《ねが》う。

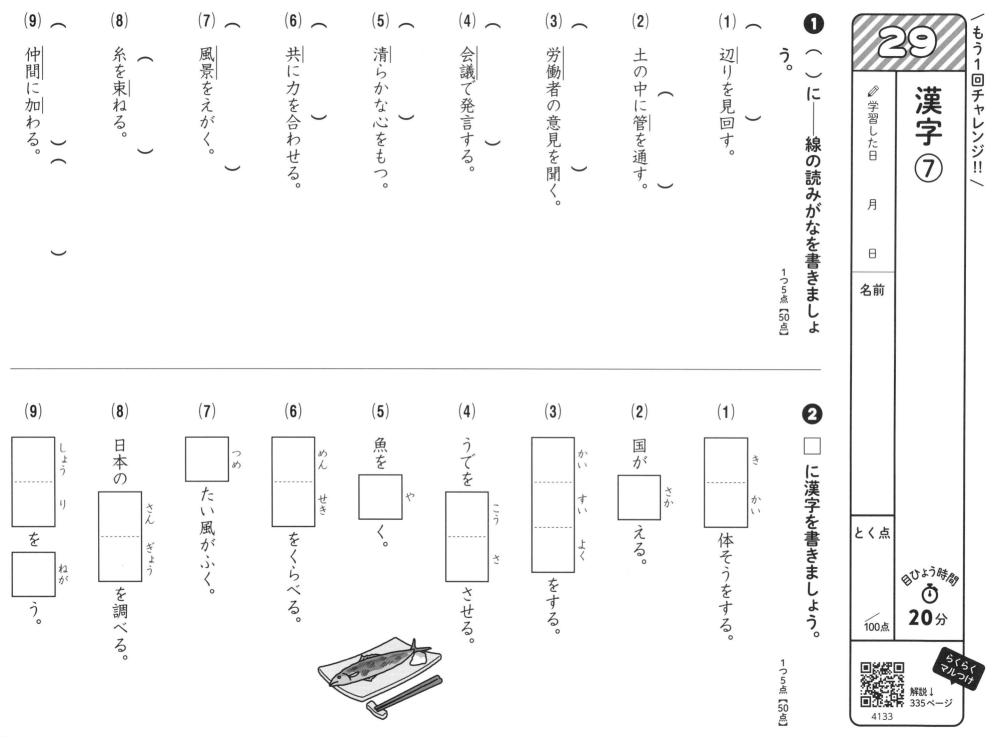

30 漢字⑧

学習した日　月　日

名前

とく点　／100点

目ひょう時間 20分

らくらくマルつけ

解説↓ 335ページ

4134

❶ （　）に——線の読みがなを書きましょう。

1つ5点【50点】

(1) 車が右折する。（　　）

(2) 長さの単位を調べる。（　　）

(3) 本を借りる。（　　）

(4) 合唱する。（　　）

(5) 年賀はがきを買う。（　　）

(6) 希望をもつ。（　　）

(7) 残金をたしかめる。（　　）

(8) 低い山に登る。（　　）

(9) 栄養のある野菜を育てる。（　　）（　　）

❷ □に漢字を書きましょう。

1つ5点【50点】

(1) □□《しゅうまつ》に宿題をする。

(2) □□《たいりょう》の水を飲む。

(3) □□《しょうはい》を決める。

(4) 国を□《おさ》める。

(5) 見事に□□《せいこう》する。

(6) □□□《えいかいわ》を習う。

(7) お□《さつ》ではらう。

(8) ポスターを□□《いんさつ》する。

(9) □□《せつめい》を□《はぶ》く。

国語

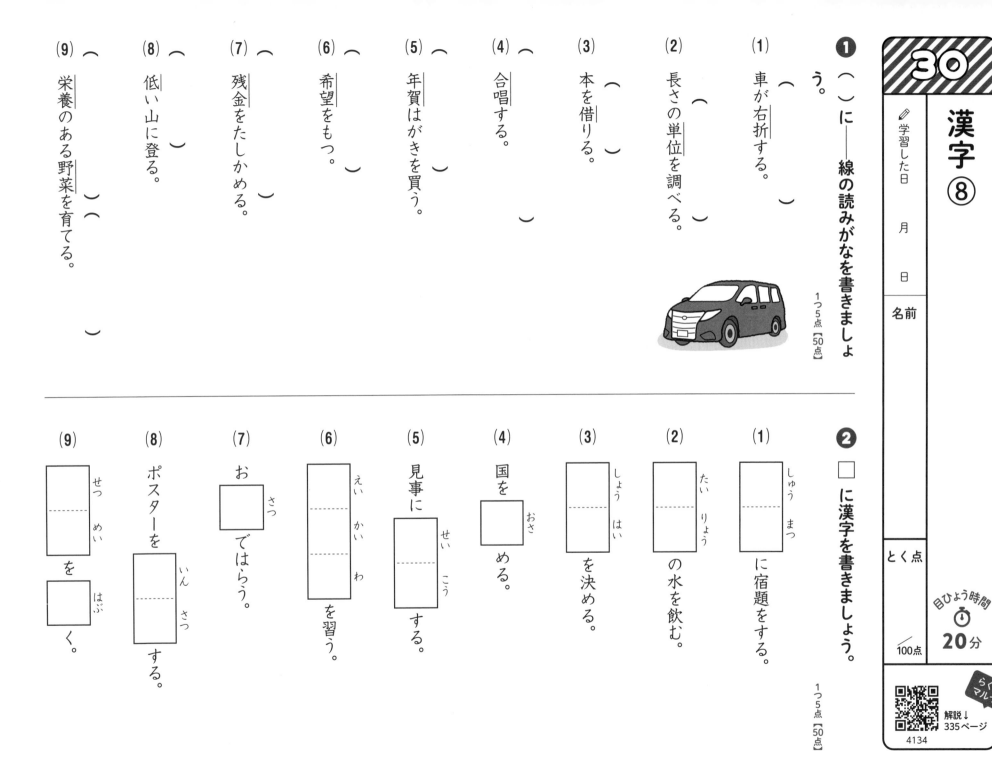

もう1回チャレンジ!!

30

漢字⑧

学習した日　　月　　日

名前

とく点

/100点

目ひょう時間 20分

らくらくマルつけ

解説↓335ページ

4134

❶ (　)に——線の読みがなを書きましょう。

1つ5点【50点】

(1) 車が右折する。(　　)

(2) 長さの単位を調べる。(　　)

(3) 本を借りる。(　　)

(4) 合唱する。(　　)

(5) 年賀はがきを買う。(　　)

(6) 希望をもつ。(　　)

(7) 残金をたしかめる。(　　)

(8) 低い山に登る。(　　)

(9) 栄養のある野菜を育てる。(　　)(　　)

❷ □に漢字を書きましょう。

1つ5点【50点】

(1) □□《しゅうまつ》に宿題をする。

(2) □□《たいりょう》の水を飲む。

(3) □□《しょうはい》を決める。

(4) 国を□《おさ》める。

(5) 見事に□□《せいこう》する。

(6) □□□《えいかいわ》を習う。

(7) お□《さつ》ではらう。

(8) ポスターを□□《いんさつ》する。

(9) □□《せつめい》を□《はぶ》く。

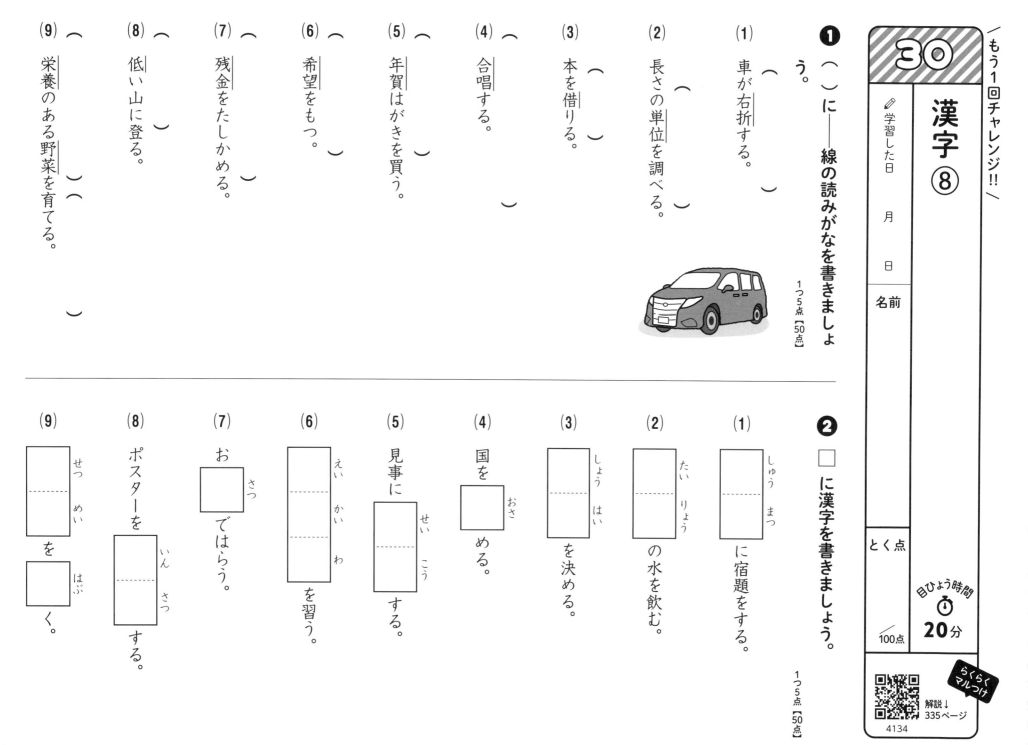

31 物語④ 人物の気持ち・情景《じょうけい》

学習した日　月　日

名前

とく点　／100点

目ひょう時間 20分

らくらくマルつけ

解説↓335ページ

4135

国語

❶ **次の文章を読んで、問題に答えましょう。**

［「ぼく」は、りんごどろぼうと出くわした。］

「お兄ちゃん！」とさけぼうとしたのですが、声が出ません。

へたへたとこしがぬけて、歩けません。（中略《ちゅうりゃく》）

ぼくはホイッスルを力いっぱいふきました。ホイッスルは、ホエーホエーと、ひどく間のぬけた音で鳴りました。

「だれだっ！　何やってんだ！」

お兄ちゃんがかけつけてきて、大声でさけびました。

*クマもようやくギャンギャンとほえ始めました。

*かっている犬の名前。

トウキビ畑がザザザッザザザザッと、あらしのようにゆれていました。すがたは見えませんが、りんごどろぼうたちが、必死《ひっし》でにげているのでした。

ぼくはありったけの十字手りけんを投げて、トウキビ畑の中まで追いかけようとしましたが、お兄ちゃんに止められてしまいました。

夜空いっぱいに、天の川がうねっていました。

トウキビ畑は静《しず》まりかえっていましたが、おどろいてまい上がったいく百ぴきものトンボたちが、キラキラと羽を銀色にかがやかせながら、せわしなく飛《と》びかっていました。

（後藤竜二《ごとうりゅうじ》「りんご畑の九月」より）

(1) 「歩けません」とありますが、このときの「ぼく」の気持ちを次から選《えら》び、記号で書きましょう。（25点）（　　）

ア　おそれる気持ち。

イ　落ち着いた気持ち。

ウ　楽しい気持ち。

(2) 「かけつけてきて」とありますが、何を聞いてかけつけたのですか。文章から書きぬきましょう。（25点）

［　　　　　］の音。

(3) 「ゆれていました」とありますが、なぜですか。文章から書きぬきましょう。（25点）

トウキビ畑の中を、りんごどろぼうたちが［　　　　　］ところだったから。

(4) 「トウキビ畑は……飛びかっていました」とありますが、このときの「ぼく」の気持ちを次から選び、記号で書きましょう。（25点）（　　）

ア　どろぼうをうまくつかまえられたことをよろこぶ気持ち。

イ　最後《さいご》までどろぼうを追いつめたお兄ちゃんに感心する気持ち。

ウ　どろぼうを追いはらったことへのこうふんが冷《さ》めない気持ち。

／もう1回チャレンジ!!／

31 物語④ 人物の気持ち・情景《じょうけい》

学習した日　　月　　日

名前

とく点　　／100点

目ひょう時間 20分

らくらくマルつけ

解説↓ 335ページ

4135

❶ 次の文章を読んで、問題に答えましょう。

［「ぼく」は、りんごどろぼうと出くわした。］

「お兄ちゃん！」とさけぼうとしたのですが、声が出ません。

へたへたとこしがぬけて、歩けません。（中略《ちゅうりゃく》）

ぼくはホイッスルを力いっぱいふきました。ホイッスルは、ホエーホエーと、ひどく間のぬけた音で鳴りました。

「だれだっ！　何やってんだ！」

お兄ちゃんがかけつけてきて、大声でさけびました。

＊クマもようやくギャンギャンとほえ始めました。

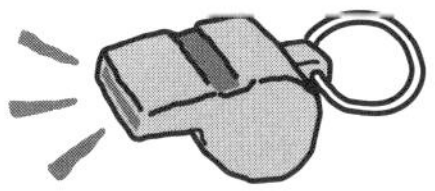

＊かっている犬の名前。

トウキビ畑がザザザッザザザッと、あらしのようにゆれていました。すがたは見えませんが、りんごどろぼうたちが、必死《ひっし》でにげているのでした。

ぼくはありったけの十字手りけんを投げて、トウキビ畑の中まで追いかけようとしましたが、お兄ちゃんに止められてしまいました。

夜空いっぱいに、天の川がうねっていました。

トウキビ畑は静《しず》まりかえっていましたが、おどろいてまい上がったいく百ぴきものトンボたちが、キラキラと羽を銀色にかがやかせながら、せわしなく飛《と》びかっていました。

（後藤竜二《ごとうりゅうじ》「りんご畑の九月」より）

(1) 「歩けません」とありますが、このときの「ぼく」の気持ちを次から選《えら》び、記号で書きましょう。（25点）（　　）

ア　おそれる気持ち。

イ　落ち着いた気持ち。

ウ　楽しい気持ち。

(2) 「かけつけてきて」とありますが、何を聞いてかけつけたのですか。文章から書きぬきましょう。（25点）

［　　　　　］の音。

(3) 「ゆれていました」とありますが、なぜですか。文章から書きぬきましょう。（25点）

トウキビ畑の中を、りんごどろぼうたちが［　　　　　］ところだったから。

(4) 「トウキビ畑は……飛びかっていました」とありますが、このときの「ぼく」の気持ちを次から選び、記号で書きましょう。（25点）（　　）

ア　どろぼうをうまくつかまえられたことをよろこぶ気持ち。

イ　最後《さいご》までどろぼうを追いつめたお兄ちゃんに感心する気持ち。

ウ　どろぼうを追いはらったことへのこうふんが冷《さ》めない気持ち。

32 説明文《せつめい》④ 段落《だんらく》の働《はたら》きと筆者の意見

学習した日　月　日

名前

とく点　／100点

目ひょう時間 20分

らくらくマルつけ

解説↓ 336ページ

4136

国語

❶ 次の文章を読んで、問題に答えましょう。

1 東京都《とうきょうと》二十三区内で、アブラコウモリのまったく飛《と》んでいない空はないと思います。銀座《ぎんざ》だって、渋谷《しぶや》だって、新宿《しんじゅく》だって、飛んでいます。（中略《ちゅうりゃく》）

2 このアブラコウモリ、どうして都会でこんなにも見られるようになったのでしょう。その大きな理由の一つに、都会の温だん化が挙《あ》げられます。

3 都会全体が大きな大きな熱《ねつ》の島のようになるため、「ヒート（熱の）アイランド（島）現象《げんしょう》」などともよばれるこのじょうたいは、主に、次の二つが原いんといわれています。

4 町全体が、熱をたくわえやすいアスファルトやコンクリートなどにおおわれたため、昼間照《て》り付《つ》けた太陽の熱が、夜になって発散《はっさん》されにくくなったことと、自動車やエアコンの室外機《き》などが、二十四時間、大量《たいりょう》の熱を出し続《つづ》けていることです。

5 もともとあたたかい地方を好《この》むコウモリたちのなかでも、特《とく》に温だんな場所にすむアブラコウモリにとって、東京都心部のようなところは、ひじょうにすみやすい世界となってきたわけです。さらに、都会の温だん化によって、冬でも、活動しているこん虫の種類《しゅるい》や数も年々ふえ、かれらの食べるエサも手に入りやすくなっているのです。

（佐々木洋《ささきひろし》「ぼくらは　みんな　生きている」より）

(1) 「都会の温だん化」の原いんは何ですか。文章から書きぬきましょう。　1つ20点（40点）

① ［　　　　］が発散されないこと。

② 自動車などが［　　　　］をつねに出し続けていること。

(2) 4 段落《だんらく》の働《はたら》きを次から選《えら》び、記号で書きましょう。（20点）（　）

ア　ぎ問をしめしている。

イ　具体的《てき》に説明《せつめい》している。

ウ　話題をしめしている。

(3) 筆者が、アブラコウモリが都会でよく見られるようになったことが「都会の温だん化」に関係《かんけい》があると考えるのはなぜですか。文章から書きぬきましょう。　1つ20点（40点）

① アブラコウモリは、特に［　　　　］を好んですむから。

② アブラコウモリのエサとなるこん虫が、都会の温だん化により、冬でも活動できるようになり、その［　　　　］もふえているから。

＼もう1回チャレンジ!!／

32 説明文《せつめいぶん》④ 段落《だんらく》の働《はたら》きと筆者の意見

学習した日　月　日

名前

とく点　／100点

目ひょう時間 20分

らくらくマルつけ

解説↓ 336ページ

4136

❶ 次の文章を読んで、問題に答えましょう。

［1］東京都《とうきょうと》二十三区内で、アブラコウモリのまったく飛《と》んでいない空はないと思います。銀座《ぎんざ》だって、渋谷《しぶや》だって、新宿《しんじゅく》だって、飛んでいます。（中略《ちゅうりゃく》）

［2］このアブラコウモリ、どうして都会でこんなにも見られるようになったのでしょう。その大きな理由の一つに、都会の温だん化が挙《あ》げられます。

［3］都会全体が大きな大きな熱《ねっ》の島のようになるため、「ヒート（熱の）アイランド（島）現象《げんしょう》」などともよばれるこのじょうたいは、主に、次の二つが原いんといわれています。

［4］町全体が、熱をたくわえやすいアスファルトやコンクリートなどにおおわれたため、昼間照《て》り付《つ》けた太陽の熱が、夜になって発散《はっさん》されにくくなったことと、自動車やエアコンの室外機《き》などが、二十四時間、大量《たいりょう》の熱を出し続《つづ》けていることです。

［5］もともとあたたかい地方を好《この》むコウモリたちのなかでも、特《とく》に温だんな場所にすむアブラコウモリにとって、東京都心部のようなところは、ひじょうにすみやすい世界となってきたわけです。さらに、都会の温だん化によって、冬でも、活動しているこん虫の種類《しゅるい》や数も年々ふえ、かれらの食べるエサも手に入りやすくなっているのです。

（佐々木《ささき》洋《ひろし》「ぼくらは　みんな　生きている」より）

(1) 「都会の温だん化」の原いんは何ですか。文章から書きぬきましょう。　1つ20点（40点）

①（　　　　）が発散されないこと。

②自動車などが（　　　　）をつねに出し続けていること。

(2) ［4］段落《だんらく》の働《はたら》きを次から選《えら》び、記号で書きましょう。（20点）（　　）

ア　ぎ問をしめしている。

イ　具体的《てき》に説明《せつめい》している。

ウ　話題をしめしている。

(3) 筆者が、アブラコウモリが都会でよく見られるようになったことが「都会の温だん化」に関係《かんけい》があると考えるのはなぜですか。文章から書きぬきましょう。　1つ20点（40点）

①アブラコウモリは、特に（　　　　）を好んですむから。

②アブラコウモリのエサとなるこん虫が、都会の温だん化により、冬でも活動できるようになり、その（　　　　）もふえているから。

33 つなぐ働《はたら》きの言葉②

学習した日　月　日

名前

とく点　／100点

目ひょう時間 20分

らくらくマルつけ

解説↓ 336ページ

4137

国語

❶ **次のつなぐ言葉の働《はたら》きをあとからそれぞれ選《えら》び、記号で書きましょう。** 1つ5点【20点】

(1) そのうえ　（　　）

(2) ところで　（　　）

(3) たとえば　（　　）

(4) けれども　（　　）

ア　前の内ようから話題を変《か》える。

イ　前の内ように新たな内ようをつけ加《くわ》える。

ウ　前の内ようについて説明《せつめい》する。

エ　前の内ようと反対になる内ようをのべる。

❷ **（　）にあてはまる言葉をあとからそれぞれ選び、記号で書きましょう。** 1つ10点【30点】

(1) 雨がふっている。だから、（　　）。

(2) 雨がふっている。また、（　　）。

(3) 雨がふっている。しかし、（　　）。

ア　運動会はえん期になった

イ　かみなりも鳴っている

ウ　プールは中止にならなかった

❸ **次の文の中から、つなぐ働きの言葉を書きぬきましょう。** 1つ10点【40点】

(1) 姉は、むずかしい漢字をよく知っている。なぜなら、読書家だからだ。　（　　）

(2) 母のたん生日に花をおくった。すると母は、にっこり笑《わら》ってくれた。　（　　）

(3) 今日は外で遊ぼうか。それとも、家の中で絵をかいてすごそうか。　（　　）

(4) 出発の日時、集合時間、および、持ち物のかくにんをしてください。　（　　）

❹ **次の二つの文を一つの文で書くとき、（　）にあてはまるひらがな一字を書きましょう。** 【10点】

昨日《きのう》は夜おそくまで起きていた。
しかし、六時に目覚《めざ》めた。

↓

昨日は夜おそくまで起きていた（　　）、六時に目覚めた。

もう1回チャレンジ!!

33

つなぐ働《はたら》きの言葉②

学習した日　月　日

名前

とく点　／100点

目ひょう時間　20分

らくらくマルつけ

解説↓336ページ

4137

1 次のつなぐ言葉の働《はたら》きをあとからそれぞれ選《えら》び、記号で書きましょう。 1つ5点【20点】

(1) そのうえ　（　　）

(2) ところで　（　　）

(3) たとえば　（　　）

(4) けれども　（　　）

ア　前の内ようから話題を変《か》える。

イ　前の内ように新たな内ようをつけ加《くわ》える。

ウ　前の内ようについて説明《せつめい》する。

エ　前の内ようと反対になる内ようをのべる。

2 （　）にあてはまる言葉をあとからそれぞれ選び、記号で書きましょう。 1つ10点【30点】

(1) 雨がふっている。だから、（　　）。

(2) 雨がふっている。また、（　　）。

(3) 雨がふっている。しかし、（　　）。

ア　運動会はえん期になった

イ　かみなりも鳴っている

ウ　プールは中止にならなかった

3 次の文の中から、つなぐ働きの言葉を書きぬきましょう。 1つ10点【40点】

(1) 姉は、むずかしい漢字をよく知っている。なぜなら、読書家だからだ。

（　　）

(2) 母のたん生日に花をおくった。すると母は、にっこり笑《わら》ってくれた。

（　　）

(3) 今日は外で遊ぼうか。それとも、家の中で絵をかいてすごそうか。

（　　）

(4) 出発の日時、集合時間、および、持ち物のかくにんをしてください。

（　　）

4 次の二つの文を一つの文で書くとき、（　）にあてはまるひらがな一字を書きましょう。 【10点】

昨日《きのう》は夜おそくまで起きていた。
しかし、六時に目覚《めざ》めた。

↓

昨日は夜おそくまで起きていた（　　）、六時に目覚めた。

34 短歌・俳《はい》句《く》②

学習した日　月　日

名前

とく点　/100点

目ひょう時間 20分

らくらくマルつけ
解説↓336ページ

4138

❶ 次の短歌・俳《はい》句《く》を読んで、問題に答えましょう。

あ
街《まち》をゆき子供《こども》の傍《そば》を通る時
①の香《か》せり冬がまた来る
木下《きのした》　利玄《りげん》

街を歩いて、子どものそばを通るとき、①の香《かお》りがした。冬がまたやって来る。

い
春すぎて夏来たるらし白たえの
衣《ころも》ほしたり天《あま》の＊香具山《かぐやま》
持統天皇《じとうてんのう》

＊奈良県にある山。

春がすぎて、夏がやってきたようだ。白い衣がほしてある、天の香具山に。

う
この里に手まりつきつつこどもらと
あそぶ春日《はるひ》はくれずともよし
良寛《りょうかん》

この里で手まりをつきながら子どもたちと遊ぶ春の日は、このまま日が②。

え
海に出て木枯《こが》らし帰るところなし
山口《やまぐち》　誓子《せいし》

お
手と足と分からなくなる熱帯夜《ねったいや》
五島《ごとう》　高資《たかとし》

(1) あ〜うの短歌のうち、夏の様子をよんだものを選《えら》び、記号で書きましょう。（20点）
（　　）

(2) え・おの俳句のうち、冬の様子をよんだものを選び、記号で書きましょう。（20点）
（　　）

(3) あ〜おの短歌・俳句のうち、最後《さいご》をものの名前や地名で止めているものを二つ選び、記号で書きましょう。1つ10点（20点）
（　　）（　　）

(4) ①にあてはまることばを次から選び、記号で書きましょう。（20点）
ア 梅《うめ》
イ 西瓜《すいか》
ウ 蜜柑《みかん》
（　　）

(5) ②にあてはまることばを次から選び、記号で書きましょう。（20点）
ア くれなくてもよい
イ すぐくれてほしい
ウ くれるかもしれない
（　　）

国語

34 短歌・俳《はい》句《く》②

学習した日　月　日

名前

とく点　/100点

目ひょう時間 20分

らくらくマルつけ

解説↓ 336ページ

4138

1 次の短歌・俳《はい》句《く》を読んで、問題に答えましょう。

あ
街《まち》をゆき子供《こども》の傍《そば》を通る時
［①］の香《か》せり冬がまた来る
木下《きのした》　利玄《りげん》

街を歩いて、子どものそばを通るとき、［①］の香《かお》りがした。冬がまたやって来る。

い
春すぎて夏来たるらし白たえの
衣《ころも》ほしたり天《あま》の*香具山《かぐやま》
持統天皇《じとうてんのう》

*奈良県にある山。

春がすぎて、夏がやってきたようだ。白い衣がほしてある、天の香具山に。

う
この里に手まりつきつつこどもらと
あそぶ春日《はるひ》はくれずともよし
良寛《りょうかん》

この里で手まりをつきながら子どもたちと遊ぶ春の日は、このまま日が［②］。

え
海に出て木枯《こが》らし帰るところなし
山口《やまぐち》　誓子《せいし》

お
手と足と分からなくなる熱帯夜《ねったいや》
五島《ごとう》　高資《たかとし》

(1) あ～うの短歌のうち、夏の様子をよんだものを選《えら》び、記号で書きましょう。(20点)
（　　）

(2) え・おの俳句のうち、冬の様子をよんだものを選び、記号で書きましょう。(20点)
（　　）

(3) あ～おの短歌・俳句のうち、最後《さいご》をものの名前や地名で止めているものを二つ選び、記号で書きましょう。1つ10点(20点)
（　　）（　　）

(4) ［①］にあてはまることばを次から選び、記号で書きましょう。(20点)
（　　）

ア　梅《うめ》
イ　西瓜《すいか》
ウ　蜜柑《みかん》

(5) ［②］にあてはまることばを次から選び、記号で書きましょう。(20点)
（　　）

ア　くれなくてもよい
イ　すぐくれてほしい
ウ　くれるかもしれない

35 ことわざ・故《こ》事《じ》成《せい》語《ご》

学習した日　月　日

名前

とく点　／100点

目ひょう時間　20分

らくらくマルつけ

解説↓337ページ

4139

1 **次の意味に合う故事成語《こじせいご》をあとからそれぞれ選《えら》び、記号で書きましょう。** 1つ10点【30点】

(1) なくてもよいむだなもの。（　　）

(2) 文章をよりよくすること。（　　）

(3) つじつまが合わないこと。（　　）

ア　矛盾《むじゅん》

イ　推敲《すいこう》

ウ　蛇足《だそく》

2 **次のことわざの（　）にあてはまる生きものの名前を書きましょう。** 1つ5点【20点】

(1) 泣《な》きつらに（　　）

意味…弱っているうえに、さらに悪いことが重なること。

(2) （　　）の手も借《か》りたい

意味…とてもいそがしいこと。

(3) （　　）の耳に念仏《ねんぶつ》

意味…いくら言っても効果《こうか》がないこと。

(4) （　　）も鳴かずばうたれまい

意味…不要《ふよう》な発言はしないほうがよいということ。

---

3 **次のことわざの――線の部分はまちがっています。（　）に正しいことばを書きましょう。** 1つ10点【30点】

(1) 転ばぬ先の石橋　（　　）

意味…前もって用心することが大事だということ。

(2) 言わぬが吉《きち》　（　　）

意味…口に出して言わないほうがよいということ。

(3) からす百までおどりわすれず　（　　）

意味…わかいときに身につけたことは、年をとってもわすれないということ。

4 **次のことわざと反対の意味をもつことわざをあとからそれぞれ選び、記号で書きましょう。** 1つ5点【20点】

(1) 立つ鳥あとをにごさず　（　　）

(2) 思い立ったが吉日　（　　）

(3) まかぬ種《たね》は生えぬ　（　　）

(4) かえるの子はかえる　（　　）

ア　たなからぼたもち

イ　待てば海路の日和《ひより》あり

ウ　あとは野となれ山となれ

エ　とびがたかをうむ

国語

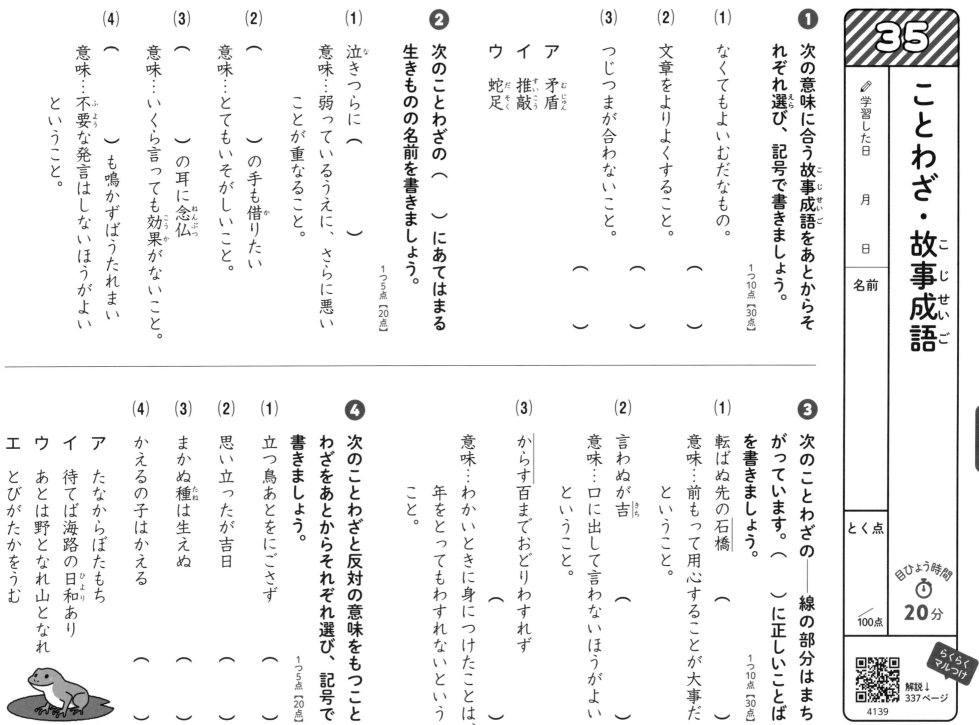

もう1回チャレンジ!!

35 ことわざ・故事《こじ》成語《せいご》

学習した日　月　日

名前

とく点　/100点

目ひょう時間 20分

らくらくマルつけ

解説↓ 337ページ

4139

❶ 次の意味に合う故事《こじ》成語《せいご》をあとからそれぞれ選《えら》び、記号で書きましょう。 1つ10点【30点】

(1) なくてもよいむだなもの。（　　）

(2) 文章をよりよくすること。（　　）

(3) つじつまが合わないこと。（　　）

ア 矛盾《むじゅん》

イ 推敲《すいこう》

ウ 蛇足《だそく》

❷ 次のことわざの（　）にあてはまる生きものの名前を書きましょう。 1つ5点【20点】

(1) 泣《な》きつらに（　　）

意味…弱っているうえに、さらに悪いことが重なること。

(2) （　　）の手も借《か》りたい

意味…とてもいそがしいこと。

(3) （　　）の耳に念仏《ねんぶつ》

意味…いくら言っても効果《こうか》がないこと。

(4) （　　）も鳴かずばうたれまい

意味…不要《ふよう》な発言はしないほうがよいということ。

❸ 次のことわざの——線の部分はまちがっています。（　）に正しいことばを書きましょう。 1つ10点【30点】

(1) 転ばぬ先の石橋（　　）

意味…前もって用心することが大事だということ。

(2) 言わぬが吉《きち》（　　）

意味…口に出して言わないほうがよいということ。

(3) からす百までおどりわすれず（　　）

意味…わかいときに身につけたことは、年をとってもわすれないということ。

❹ 次のことわざと反対の意味をもつことわざをあとからそれぞれ選び、記号で書きましょう。 1つ5点【20点】

(1) 立つ鳥あとをにごさず（　　）

(2) 思い立ったが吉日（　　）

(3) まかぬ種《たね》は生えぬ（　　）

(4) かえるの子はかえる（　　）

ア たなからぼたもち

イ 待てば海路の日和《ひより》あり

ウ あとは野となれ山となれ

エ とびがたかをうむ

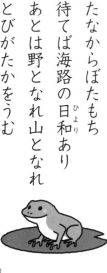

36

主語・述語《じゅつご》・修飾語《しゅうしょくご》

学習した日　月　日

名前

とく点

/100点

目ひょう時間 20分

らくらくマルつけ

解説↓ 337ページ

4140

❶ 次の文の――線の働《はたら》きをあとからそれぞれ選《えら》び、記号で書きましょう。 1つ10点【20点】

はげしい (1)風で 大きな かん板が (2)飛《と》ばされた。

(1)（　　　）

(2)（　　　）

ア 主語

イ 述語《じゅつご》

ウ 修飾語《しゅうしょくご》

❷ 次の文の組み立てをしめした図の(1)～(3)に、ことばをあてはめましょう。主語と述語は═線でつながっています。それ以外《いがい》は修飾語で、→の先のことばをくわしく説明《せつめい》しています。 1つ10点【30点】

この 魚は とても 美しい。

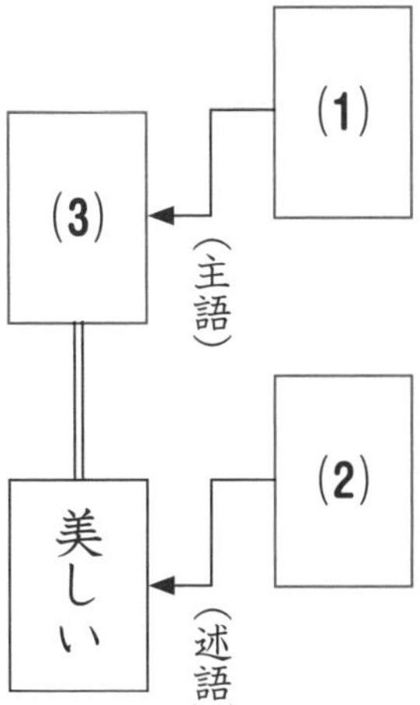

(1)（　　　）

(2)（　　　）

(3)（　　　）

❸ 次の文の═線が修飾することばを選び、記号で書きましょう。 1つ10点【20点】

(1) 黒い アねこが イ屋根の ウ上を エ元気に オ走る。（　　　）

(2) 今日も アわたしは イ妹と ウいっしょに エ学校に オ行きます。（　　　）

❹ 次の文から主語と述語を書きぬきましょう。あてはまるものがない場合は、×を書きましょう。 1つ5点【30点】

(1) 六年生は 学校の 代表に ふさわしい。

主語（　　　）

述語（　　　）

(2) 白い 花を 一輪《りん》 買う。

主語（　　　）

述語（　　　）

(3) 川の 底《そこ》に 三びきの かにが いた。

主語（　　　）

述語（　　　）

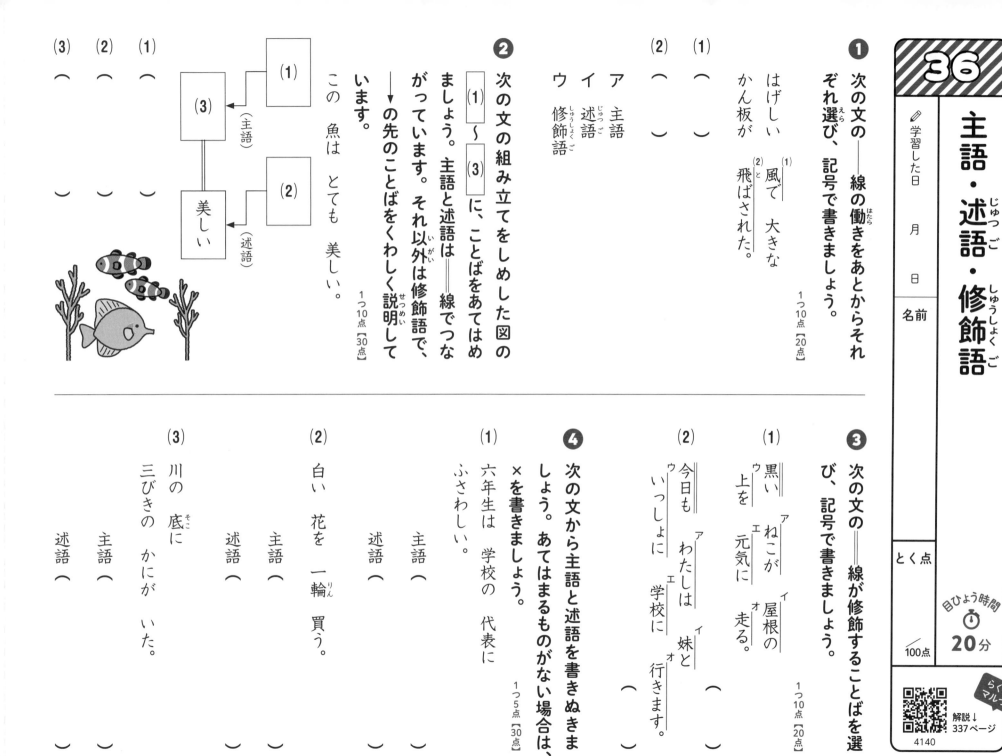

もう1回チャレンジ!!

36

主語・述語《じゅつご》・修飾語《しゅうしょくご》

学習した日　月　日

名前

とく点　／100点

目ひょう時間 20分

らくらくマルつけ

解説↓ 337ページ

4140

❶ 次の文の――線の働《はたら》きをあとからそれぞれ選《えら》び、記号で書きましょう。 1つ10点【20点】

はげしい (1)風で 大きな かん板が (2)飛《と》ばされた。

(1)（　　）

(2)（　　）

ア 主語
イ 述語《じゅつご》
ウ 修飾語《しゅうしょくご》

❷ 次の文の組み立てをしめした図の(1)～(3)に、ことばをあてはめましょう。主語と述語は＝線でつながっています。それ以外《いがい》は修飾語で、→の先のことばをくわしく説明《せつめい》しています。 1つ10点【30点】

この 魚は とても 美しい。

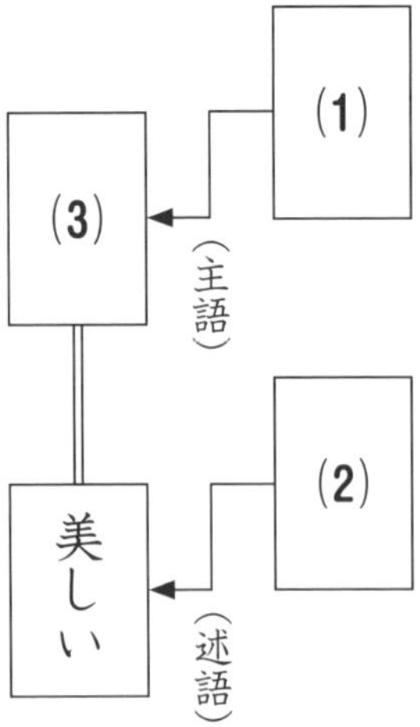

(1)（　　）

(2)（　　）

(3)（　　）

❸ 次の文の＝線が修飾することばを選び、記号で書きましょう。 1つ10点【20点】

(1) 黒い アねこが イ屋根の ウ上を エ元気に オ走る。（　　）

(2) 今日も アわたしは イ妹と ウいっしょに エ学校に オ行きます。（　　）

❹ 次の文から主語と述語を書きぬきましょう。あてはまるものがない場合は、×を書きましょう。 1つ5点【30点】

(1) 六年生は 学校の 代表に ふさわしい。

主語（　　）
述語（　　）

(2) 白い 花を 一輪《りん》 買う。

主語（　　）
述語（　　）

(3) 川の 底《そこ》に 三びきの かにが いた。

主語（　　）
述語（　　）

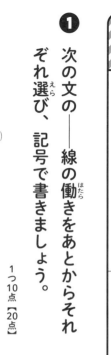

37 まとめのテスト①

学習した日　月　日

名前

とく点　/100点

目ひょう時間 20分

らくらくマルつけ

解説↓ 337ページ

4141

❶ （　）に――線の読みがなを書き、□に漢字を書きましょう。　1つ5点【50点】

(1) 児童館で遊ぶ。（　　）

(2) 卒業アルバムを開く。（　　）

(3) 高い位につく。（　　）

(4) 各地の気候を調べる。（　　）（　　）

(5) □《かがみ》の前に立つ。

(6) □□《しぜん》を守る。

(7) 幸せを□《ねが》う。

(8) □《もっと》も暑い□□《きせつ》。

❷ 次の中から、熟《じゅく》語《ご》の組み合わせ方がほかとちがうものを一つ選《えら》び、記号で書きましょう。　1つ10点【30点】

(1) ア 南北　イ 前後　ウ 曲線　（　　）

(2) ア 着席《ちゃくせき》　イ 初雪《はつゆき》　ウ 開会　（　　）

(3) ア 岩石《がんせき》　イ 挙手《きょしゅ》　ウ 乗車　（　　）

❸ （　）にあてはまることばをあとからそれぞれ選び、記号で書きましょう。　1つ10点【20点】

(1) わたしは料《りょう》理《り》が好《す》きだ。しかし、（　　）。

(2) わたしは料理が好きだ。なぜなら、（　　）。

ア あとかたづけは好きではない
イ 昨日《きのう》はオムライスをつくった
ウ 食べた人の笑《え》顔《がお》が見られるからだ

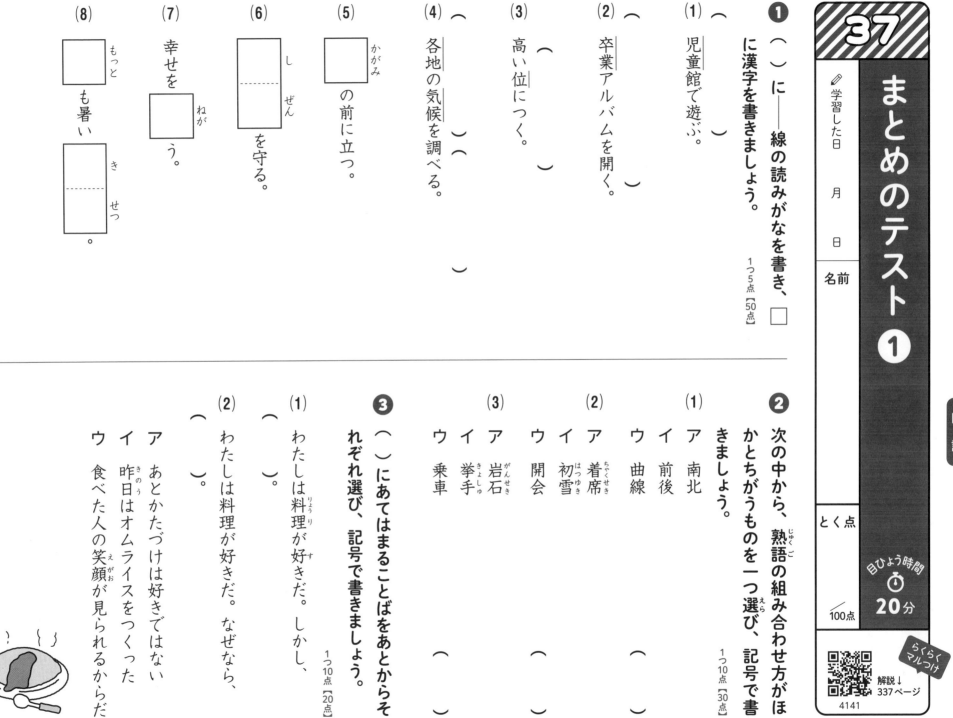

もう1回チャレンジ!!

37 まとめのテスト 1

学習した日　月　日

名前

とく点

/100点

目ひょう時間 20分

らくらくマルつけ

解説↓ 337ページ

4141

❶ （　）に――線の読みがなを書き、□に漢字を書きましょう。 1つ5点【50点】

(1) 児童館で遊ぶ。 （　　）

(2) 卒業アルバムを開く。 （　　）

(3) 高い位につく。 （　　）

(4) 各地の気候を調べる。 （　　）（　　）

(5) □《かがみ》の前に立つ。

(6) □《し》□《ぜん》を守る。

(7) 幸せを□《ねが》う。

(8) □《もっと》も暑い□《き》□《せつ》。

❷ 次の中から、熟語《じゅくご》の組み合わせ方がほかとちがうものを一つ選《えら》び、記号で書きましょう。 1つ10点【30点】

(1) ア 南北　イ 前後　ウ 曲線 （　　）

(2) ア 着席《ちゃくせき》　イ 初雪《はつゆき》　ウ 開会 （　　）

(3) ア 岩石《がんせき》　イ 挙手《きょしゅ》　ウ 乗車 （　　）

❸ （　）にあてはまることばをあとからそれぞれ選び、記号で書きましょう。 1つ10点【20点】

(1) わたしは料理《りょうり》が好《す》きだ。しかし、（　　）。

(2) わたしは料理が好きだ。なぜなら、（　　）。

ア あとかたづけは好きではない

イ 昨日《きのう》はオムライスをつくった

ウ 食べた人の笑顔《えがお》が見られるからだ

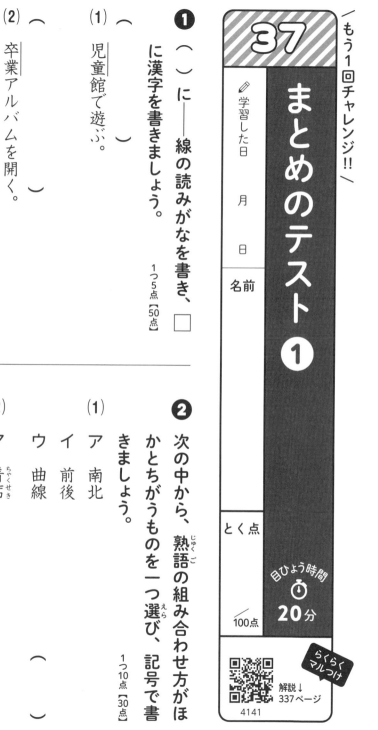

38 まとめのテスト 2

学習した日　月　日

名前

とく点　/100点

目ひょう時間 20分

らくらくマルつけ

解説↓338ページ

4142

1 （　）に──線の読みがなを書き、□に漢字を書きましょう。

1つ5点【50点】

(1) 例をしめす。
（　　　）

(2) 必死に走る。
（　　　）

(3) 仲間にめぐまれる。
（　　　）

(4) 会議で記録をとる。
（　　　）（　　　）

(5) □□《けんこう》に気を配る。

(6) □□《かわぞこ》にすむ生物。

(7) パンを□《や》く。

(8) ありの□《す》を□□《かんさつ》する。

---

2 次の──線にあてはまる漢字をあとから選《えら》び、記号で書きましょう。

1つ10点【30点】

(1) 新しい洋フクを買う。

ア 服　イ 福　ウ 副　（　　　）

(2) 大きな声でヘン事をする。

ア 変　イ 辺　ウ 返　（　　　）

(3) 本のヒョウ紙をめくる。

ア 標　イ 表　ウ 票　（　　　）

3 次の文から主語と述語《じゅつご》を書きぬきましょう。あてはまるものがない場合は、×を書きましょう。

1つ5点【20点】

(1) 家に　帰ると　妹は　おかしを　食べた。

主語（　　　）

述語（　　　）

(2) 小さな　鳥を　公園で　見つける。

主語（　　　）

述語（　　　）

もう1回チャレンジ!!

38 まとめのテスト ②

学習した日　月　日

名前

とく点　　/100点

目ひょう時間 20分

らくらくマルつけ

解説↓ 338ページ

4142

❶ （　）に——線の読みがなを書き、□に漢字を書きましょう。 1つ5点【50点】

(1) 例をしめす。（　）

(2) 必死に走る。（　）

(3) 仲間にめぐまれる。（　）

(4) 会議で記録をとる。（　）（　）

(5) □《けん》□《こう》に気を配る。

(6) □《かわ》□《ぞこ》にすむ生物。

(7) パンを□《や》く。

(8) ありの□《す》を□《かん》□《さつ》する。

❷ 次の——線にあてはまる漢字をあとから選《えら》び、記号で書きましょう。 1つ10点【30点】

(1) 新しい洋フクを買う。
ア 服　イ 福　ウ 副　（　）

(2) 大きな声でヘン事をする。
ア 変　イ 辺　ウ 返　（　）

(3) 本のヒョウ紙をめくる。
ア 標　イ 表　ウ 票　（　）

❸ 次の文から主語と述語《じゅつご》を書きぬきましょう。あてはまるものがない場合は、×を書きましょう。 1つ5点【20点】

(1) 家に　帰ると　妹は　おかしを　食べた。
主語（　）
述語（　）

(2) 小さな　鳥を　公園で　見つける。
主語（　）
述語（　）

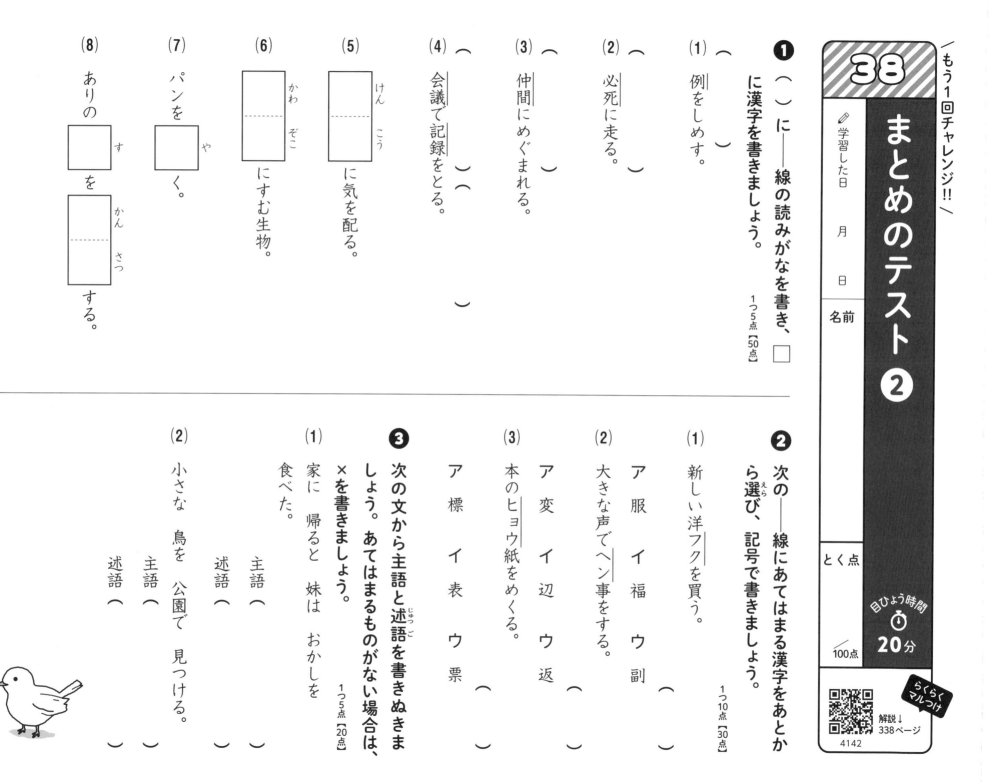

学習した日　月　日

名前

とく点　／100点

目ひょう時間 20分

らくらくマルつけ　解説↓338ページ　4143

国語

❶ 次の文章を読んで、問題に答えましょう。

［体調不良《ふりょう》の牛のリオの様子を見に行った陸《りく》は、まったく動かないリオを見てなみだを流した。そのときリオが頭を上げた。］

「リオ、リオ！」

＊まりんは、うれしそうに名前をよんでいる。

＊牧場をいとなむふうふのむすめ。

一方で、陸は、まだ目の前のできごとがよくのみこめずにいた。

「リオ……。ぼく、てっきり、リオが死んじゃったと思って……。」

気がぬけたようにいう陸のそばで、まりんは、リオの体をなでながら話しかけた。

「リオ、体の調子がよくなったんだね。」

陸のむねに、やっとよろこびがこみあげてきた。おどろきとうれしさが、まだごちゃまぜになっている。

「もう、リオったら、まじで、びっくりしたんだからな！」

陸がそう声をかけると、リオは体をびくりとさせ、まりんと陸の顔をふしぎそうに見上げた。そのひとみは、つやつやと光っている。

「よかった！　ほんとうに、元気になってきたんだ！」

陸はこぶしをにぎりながら、思わずそうさけんでいた。

大声におどろいて目をさましたのか、＊牛舎《ぎゅうしゃ》の牛たちが、ざわざわと動きだした。

＊牛小屋。

ふと、陸の目に、キラキラとした光がとびこんできた。まわりの草にむすんだ朝つゆが、日の光をあびてかがやいているのだ。

（堀米薫《ほりごめかおる》「青空モーオー！」より）

(1) 「リオ……。ぼく、てっきり、リオが死んじゃったと思って……。」と言ったときの陸の気持ちを次から選《えら》び、記号で書きましょう。（20点）（　　）

ア　感げき

イ　とまどい

ウ　悲しみ

(2) 「もう……びっくりしたんだからな！」と言ったときの陸の気持ちを、文章から書きぬきましょう。1つ20点（40点）

［　　　　　　　］［　　］が、［　　　　　］になった気持ち。

(3) 「こぶしをにぎりながら……さけんでいた」ときの陸の気持ちを、文章から書きぬきましょう。1つ20点（40点）

リオが［　　］になってきたことを実感し、心の底《そこ》から［　　　　］と思う気持ち。

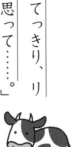

39 まとめのテスト ③

学習した日　月　日

名前

とく点　／100点

目ひょう時間 20分

らくらくマルつけ

解説↓ 338ページ

4143

❶ 次の文章を読んで、問題に答えましょう。

［体調不良《ふりょう》の牛のリオの様子を見に行った陸《りく》は、まったく動かないリオを見てなみだを流した。そのときリオが頭を上げた。］

「リオ、リオ！」

まりん*は、うれしそうに名前をよんでいる。

一方で、陸は、まだ目の前のできごとがよくのみこめずにいた。

*牧場をいとなむふうふのむすめ。

「リオ……。ぼく、てっきり、リオが死んじゃったと思って……。」

気がぬけたようにいう陸のそばで、まりんは、リオの体をなでながら話しかけた。

「リオ、体の調子がよくなったんだね。」

陸のむねに、やっとよろこびがこみあげてきた。おどろきとうれしさが、まだごちゃまぜになっている。

「もう、リオったら、まじで、びっくりしたんだからな！」

陸がそう声をかけると、リオは体をびくりとさせ、まりんと陸の顔をふしぎそうに見上げた。そのひとみは、つやつやと光っている。

「よかった！　ほんとうに、元気になってきたんだ！」

陸はこぶしをにぎりながら、思わずそうさけんでいた。

大声におどろいて目をさましたのか、牛舎*《ぎゅうしゃ》の牛たちが、ざわざわと動きだした。

*牛小屋。

ふと、陸の目に、キラキラとした光がとびこんできた。まわりの草にむすんだ朝つゆが、日の光をあびてかがやいているのだ。

（堀米薫《ほりごめかおる》「青空モーーオーー！」より）

(1) 「リオ……。ぼく、てっきり、リオが死んじゃったと思って……」と言ったときの陸の気持ちを次から選《えら》び、記号で書きましょう。（20点）（　　）

ア　感げき
イ　とまどい
ウ　悲しみ

(2) 「もう……びっくりしたんだからな！」と言ったときの陸の気持ちを、文章から書きぬきましょう。1つ20点（40点）

［　　　　　］が、［　　　　　］になった気持ち。

(3) 「こぶしをにぎりながら……さけんでいた」ときの陸の気持ちを、文章から書きぬきましょう。1つ20点（40点）

リオが［　　］になってきたことを実感し、心の底《そこ》から［　　　　］と思う気持ち。

40 まとめのテスト④

✎学習した日　月　日

名前

とく点　／100点

目ひょう時間 20分

らくらくマルつけ　解説↓338ページ　4144

国語

❶ 次の文章を読んで、問題に答えましょう。

あ

わたしが子どものころ、ふしぎに思っていたことがありました。たくさんの鹿《しか》がいるのに、なぜ奈良《なら》公園は、鹿のフンだらけにならないのでしょうか？

地面には鹿のフンが落ちていますが、それほど多くはありません。

子どものころのわたしは、きっとだれかが、そうじをしてくれているのにちがいない、と思っていました。

い

しかし、大人になってあらためて調べてみると、おどろくべきことがわかりました。

たしかにそうじをしてくれるそんざいはいましたが、人ではなく、なんとコガネムシだったのです。

（中略《ちゅうりゃく》）

う

奈良公園には、鹿のフンを食べるコガネムシが六十種《しゅ》ほどいるそうです。

コガネムシが鹿のフンを食べ、今度はコガネムシのフンがしばの栄養《えいよう》となります。そして、そのしばを鹿たちがせっせと食べて、またフンをします。公園内でぜつみょうな自ぜんのサイクル*ができているのです。

*くり返すこと。

（中村文人《なかむらもんど》「奈良　鹿ものがたり」より）

(1) あのまとまりの働《はたら》きとしてあてはまるものを次から二つ選《えら》び、記号で書きましょう。　1つ10点（20点）

（　　）（　　）

ア　いのまとまりに対する理由をのべている。

イ　筆者のぎ問とその予想をのべている。

ウ　文章全体の話題をしめしている。

(2) 「おどろくべきこと」とは何ですか。文章から書きぬきましょう。（20点）

鹿のフンのそうじをしていたのは［　　　　　］だということ。

(3) 「ぜつみょうな自ぜんのサイクル」について説明《せつめい》した次の文にあてはまることばを、文章から書きぬきましょう。　1つ20点（60点）

コガネムシが［　　　　　］を食べ、そのコガネムシのフンが［　　　　　］となり、それを食べた［　　］がフンをする、というサイクル。

もう1回チャレンジ!!

40 まとめのテスト ④

学習した日　　月　　日

名前

とく点　　/100点

目ひょう時間 20分

らくらくマルつけ

解説↓ 338ページ

4144

❶ 次の文章を読んで、問題に答えましょう。

ⓐ

　わたしが子どものころ、ふしぎに思っていたことがありました。
　たくさんの鹿《しか》がいるのに、なぜ奈良《なら》公園は、鹿のフンだらけにならないのでしょうか？
　地面には鹿のフンが落ちていますが、それほど多くはありません。
　子どものころのわたしは、きっとだれかが、そうじをしてくれているのにちがいない、と思っていました。

ⓘ

　しかし、大人になってあらためて調べてみると、おどろくべきことがわかりました。
　たしかにそうじをしてくれるそんざいはいましたが、人ではなく、なんとコガネムシだったのです。

（中略《ちゅうりゃく》）

ⓤ

　奈良公園には、鹿のフンを食べるコガネムシが六十種《しゅ》ほどいるそうです。
　コガネムシが鹿のフンを食べ、今度はコガネムシのフンがしばしばの栄養《えいよう》となります。そして、そのしばを鹿たちがせっせと食べて、またフンをします。公園内でぜつみょうな自ぜんのサイクル*ができているのです。

*くり返すこと。

（中村文人《なかむらもんど》「奈良　鹿ものがたり」より）

(1) ⓐのまとまりの働《はたら》きとしてあてはまるものを次から二つ選《えら》び、記号で書きましょう。　1つ10点（20点）

（　　）（　　）

ア ⓘのまとまりに対する理由をのべている。

イ 筆者のぎ問とその予想をのべている。

ウ 文章全体の話題をしめしている。

(2) 「おどろくべきこと」とは何ですか。文章から書きぬきましょう。（20点）

鹿のフンのそうじをしていたのは［　　　　］だということ。

(3) 「ぜつみょうな自ぜんのサイクル」について説明《せつめい》した次の文にあてはまることばを、文章から書きぬきましょう。　1つ20点（60点）

コガネムシが［　　　］を食べ、そのコガネムシのフンが［　　　　］となり、それを食べた［　］がフンをする、というサイクル。

全科ギガドリル　小学４年

答え

わからなかった問題は，🔈ポイントの解説をよく読んで，確認してください。

算数

1　1億をこえる数　3ページ

❶ (1)三億《おく》七千九百五十二万四千百三十六
(2)六十二億七千五万

❷ (1)236547829
(2)9052000080

❸ (1)503000000
(2)4700000000000

❹ あ8600億(860000000000)
い9800億(980000000000)
う1兆《ちょう》300億(1030000000000)

❺ (1)9876543210
(2)1023456789

🔈 **ポイント**

❶大きな数は，右から4けたごとに区切ると読みやすくなります。

(1)

千	百	十	一	千	百	十	一	千	百	十	一
			億				万				
			3	7	9	5	2	4	1	3	6

❷0になる位《くらい》に注意しましょう。

(2)

千	百	十	一	千	百	十	一	千	百	十	一
			億				万				
		9	0	5	2	0	0	0	0	8	0

❹目もり10こで1000億なので，いちばん小さい1目もりは100億を表しています。

❺(1)大きい位から順《じゅん》にカードをならべます。

(2)小さい位から順にカードをならべます。0は一番大きい位にならべることはできません。

2　大きな数の計算　5ページ

❶ (1)3億《おく》(300000000)
(2)7億5000万(750000000)

❷ (1)74億(7400000000)
(2)23兆《ちょう》(23000000000000)
(3)2160000(216万)
(4)1440万(14400000)
(5)136億(13600000000)
(6)600兆(600000000000000)

❸ (1)34882　(2)229836
(3)78752　(4)119952
(5)511500　(6)728321

🔈 **ポイント**

❶(1)10倍すると，位《くらい》が1つ上がります。

(2)$\frac{1}{10}$にすると，位が1つ下がります。

❷(1)(2)大きな数のたし算やひき算は，次のように，位をそろえて計算することができます。

(1)45＋29＝74だから，45億＋29億＝74億

(2)80－57＝23だから，80兆－57兆＝23兆

(3)100×100＝10000だから，2400×900は，24×9の10000倍です。

(4)36×40＝1440だから，36万×40＝1440万

(5)1万×1万＝1億です。

(6)1億×1万＝1兆です。

(3)～(6)で心配な場合は，0の数がいくつになるか数えてみましょう。

❸くり上がりに気をつけましょう。

(6)は，かける数の十の位が0なので，計算を省《はぶ》くことができます。どんな数に0をかけても，0です。

```
   803
  ×907
  5621
 7227
728321
```

3　折れ線グラフ①　7ページ

❶ (1)22度
(2)3月，12月(順番《じゅんばん》はちがっていても○)
(3)10月から11月までの間

❷

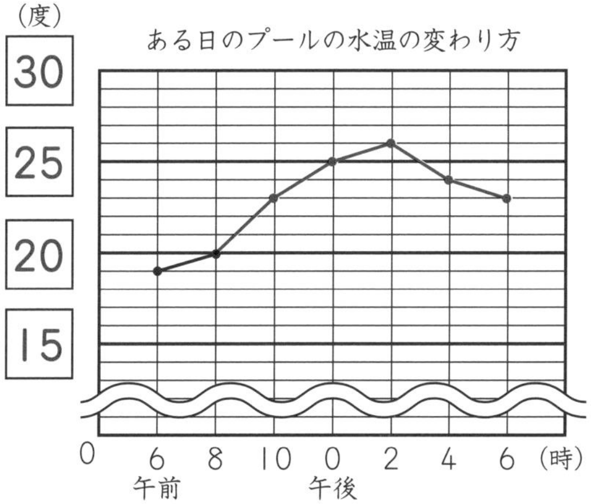

🔈 **ポイント**

❶(3)8月から12月までは気温が下がっています。また，線のかたむきが急なところであるほど，変わり方が大きいことを表しています。8月から12月までで，それぞれ何度下がったか確認しましょう。

❷(1)〰〰は，目もりのとちゅうを省《はぶ》いてある印《しるし》です。表から，午前6時の水温は19度，午前8時の水温は20度です。このことから，折《お》れ線グラフの20の目もりの位置《いち》と，1目もりが1度を表すことがわかります。

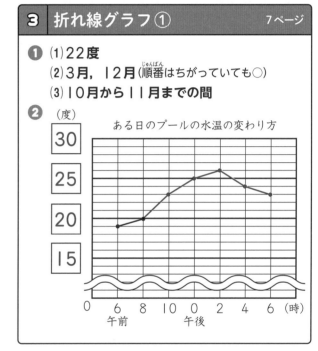

(2)それぞれの時こくの水温を表す・をうってから，直線で結《むす》びましょう。

4 折れ線グラフ② 9ページ

❶ (1)5月から9月までの間
(2)560ぱい
❷ (1)22度
(2)9月で290mm

ポイント

❶(1)アイスコーヒーの線がホットコーヒーの線より上にあるのは5月から9月までの間です。
(2)アイスコーヒーとホットコーヒーの注文された数の差《さ》がいちばん大きいのは2月です。
目もり5こ分で100ぱいなので，1目もりは20ぱいを表しています。2月に注文された数は，ホットコーヒーが640ぱい，アイスコーヒーが80ぱいなので，その差は，640－80＝560(ぱい)です。
❷(1)気温のグラフは折《お》れ線グラフで，目もりはたてのじくの左側です。気温の1目もりは1度を表しています。
(2)こう水量《すいりょう》のグラフはぼうグラフで，目もりはたてのじくの右側です。こう水量の1目もりは10mmを表しています。こう水量がいちばん多いのは9月で，290mmです。

5 1けたの数でわるわり算① 11ページ

❶ (1)20　(2)50
(3)300　(4)200
❷ (上から順《じゅん》に)2，1，7，27
❸ (1)21　(2)18　(3)32
(4)39　(5)14　(6)14
(7)19　(8)15　(9)18

ポイント

❶(1)10をもとにして，「10のまとまり8こを4つに分ける」と考えることができます。
❷筆算の考え方です。
5÷2＝2あまり1　は十の位《くらい》，
14÷2＝7　は一の位の計算になります。

```
  27
2)54
  4
  14
  14
   0
```

❸十の位から順に計算しましょう。

```
(1)  21     (2)  18     (3)  32
    3)63        4)72        3)96
      6           4           9
       3          32           6
       3          32           6
       0           0           0

(4)  39     (5)  14     (6)  14
    2)78        6)84        7)98
      6           6           7
      18          24          28
      18          24          28
       0           0           0

(7)  19     (8)  15     (9)  18
    4)76        5)75        5)90
      4           5           5
      36          25          40
      36          25          40
       0           0           0
```

6 1けたの数でわるわり算② 13ページ

❶ (1)14あまり1　(2)17あまり1
(3)29あまり2　(4)15あまり2
(5)12あまり2　(6)13あまり5
(7)22あまり2　(8)10あまり4
(9)21あまり1
❷ 式…46÷3＝15あまり1
答え…1人15こで，1こあまる
❸ 13，3，68
❹ (1)○　(2)23あまり3

ポイント

❶あまりがわる数より小さくなっていることをたしかめましょう。

```
(1)  14     (3)  29     (8)  10
    4)57        3)89        7)74
      4           6           7
      17          29           4
      16          27           0
       1           2           4
```

❷あまりがないときと同じように，あめのこ数÷人数　のわり算をします。

```
  15
3)46
  3
  16
  15
   1
```

❸わる数×商《しょう》＋あまり＝わられる数　にあてはめることで，答えが合っているかたしかめることができます。
❹(1)3×26＋1＝79　だから，正しいです。
あまりがわる数より小さいこともたしかめましょう。
(2)4×24＋1＝97　だから，正しくありません。
筆算をすると，右のようになります。
4×23＋3＝95　だから，正しいです。

```
  23
4)95
  8
  15
  12
   3
```

7　1けたの数でわるわり算③　15ページ

❶ (1)187
(2)113
(3)418
(4)123あまり3
(5)161あまり4
(6)219あまり2
❷ (1)209あまり1
(2)160あまり5
(3)109あまり3
❸ 式…640÷5＝128　答え…128円

ポイント

❶わられる数が3けたになっても，わり算の筆算のしかたはわられる数が2けたのときと変《か》わりません。
❷商《しょう》に0がたつとき，とちゅうの計算を省《はぶ》くことができます。

(1)
```
   209            209
3)628          3)628
  6       →      6
   2               28
   0               27
   28               1
   27
    1
```

(2)
```
   160            160
6)965          6)965
  6       →      6
  36             36
  36             36
   5              5
   0
   5
```

❸代金÷こ数＝1このねだん　です。

```
   128
5)640
  5
  14
  10
   40
   40
    0
```

8　1けたの数でわるわり算④　17ページ

❶ (1)74　(2)68
(3)44あまり4　(4)86あまり3
(5)80あまり1　(6)70あまり2
❷ (1)32　(2)16　(3)14
(4)24
❸ 式…108÷7＝15あまり3
(15＋1＝16)
答え…16日
❹ 式…356÷6＝59あまり2
答え…59箱できて，2本あまる

ポイント

❶はじめの位《くらい》に商《しょう》がたたないときは，次の位までふくめた数で計算をしましょう。
(1)29÷4＝7あまり1　は十の位，16÷4＝4　は一の位の計算になります。

```
   74
4)296
  28
   16
   16
    0
```

❷かんたんなわり算は，頭の中で筆算できるようにしましょう。数を分けてくふうしてもよいです。
❸全部のページ数÷1日に読むページ数＝日数　です。
7ページずつ15日読むと，3ページ残《のこ》ります。残りのページを読むのにもう1日かかるので，読み終わるのに，15＋1＝16(日)かかります。

```
   15
7)108
  7
  38
  35
   3
```

❹あまりがないときと同じように，全部の本数÷1箱の本数　のわり算をします。
あまりの2本では，6本入りの箱はできません。

```
   59
6)356
  30
   56
   54
    2
```

9　角とその大きさ①　19ページ

❶ (1)45°　(2)68°
❷ (1)120°　(2)154°
❸ (1)210°　(2)243°　(3)305°

ポイント

❶分度器《ぶんどき》を使って，角の大きさをはかります。
分度器は，同じ目もりに2つの数字が書かれています。(1)と(2)では角の向きが反対なので，どちらの目もりをよむのかをまちがえないようにしましょう。
また，90°より小さい角であることがわかります。
何度くらいか見当をつけてからはかるようにしましょう。
辺《へん》の長さが短いときは，辺をのばしてはかりましょう。
❷90°より大きく，180°より小さい角です。
❸180°より大きい角です。
(1)180°より何度大きいかを考えます。
次の図のあの角の大きさをはかると30°だから，
180°＋30°＝210°です。

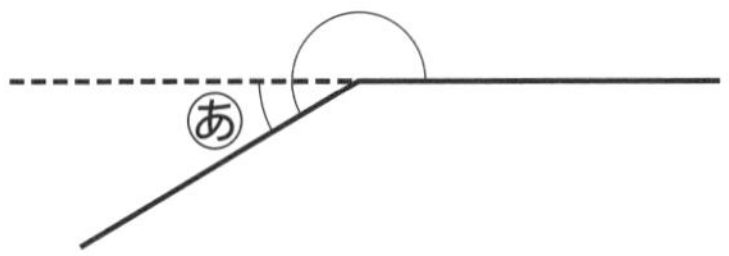

(2)180°より63°大きいので，180°＋63°＝243°
(3)180°より125°大きいので，180°＋125°＝305°
(別《べつ》の考え方)
360°より何度小さいかを考えます。
次の図のいの角の大きさをはかると55°なので，
360°－55°＝305°で求《もと》めることもできます。

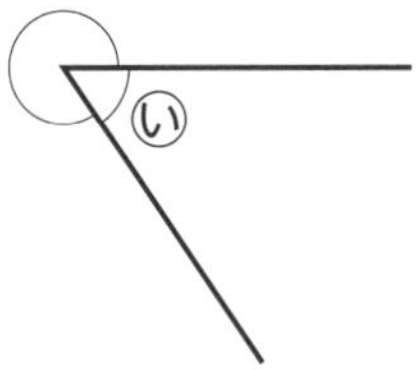

答え

10 角とその大きさ② 21ページ

❶ あ45°　い90°　う45°
え60°　お90°　か30°

❷ (1)式…30°＋45°＝75°　答え…75°
(2)式…90°－30°＝60°　答え…60°

❸ (1)式…80°＋50°＝130°　答え…130°
(2)式…90°－25°＝65°　答え…65°
(3)式…180°－164°＝16°　答え…16°
(4)式…360°－72°＝288°　答え…288°

ポイント

❶いの角とおの角は直角です。
また，あの角とうの角の大きさは等しいです。
三角じょうぎの角の大きさは覚《おぼ》えておきましょう。

❷❶のあ～かの角の大きさを使って，求《もと》めましょう。

(1)
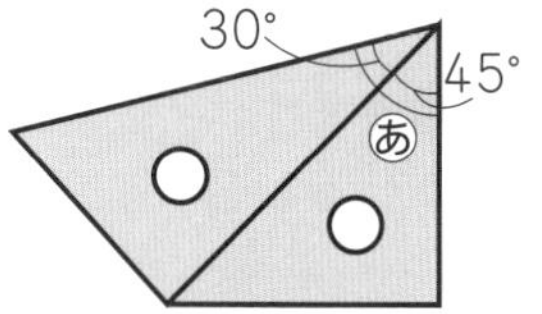

(2)
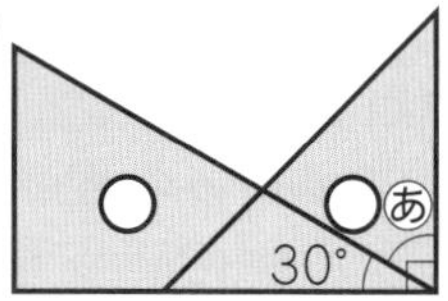

❸それぞれの角度を，どのように計算したら求められるか考えましょう。
(1)50°と80°を合わせた角度です。
(2)直角を表す印《しるし》があるので，90°から25°をひいて，求めます。
(3)180°から164°をひいて，求めます。
(4)1周《しゅう》は360°です。
360°から72°をひいて，求めます。

11 角とその大きさ③ 23ページ

❶ (1)
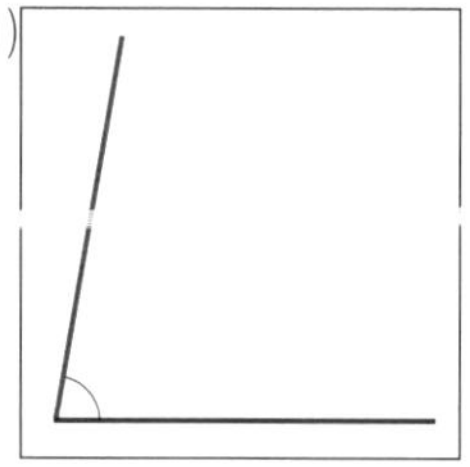
(2)
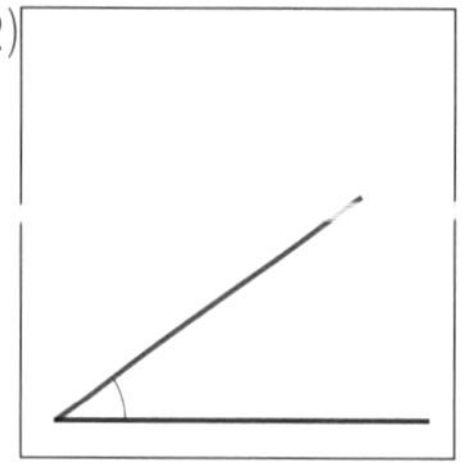
(3)
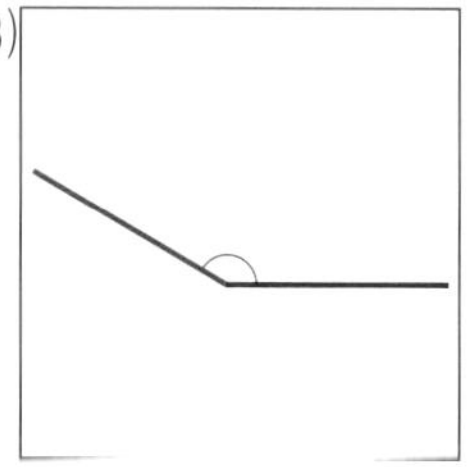
(4)
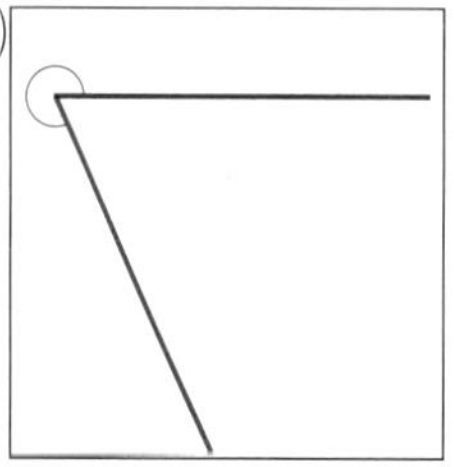

❷ (1)
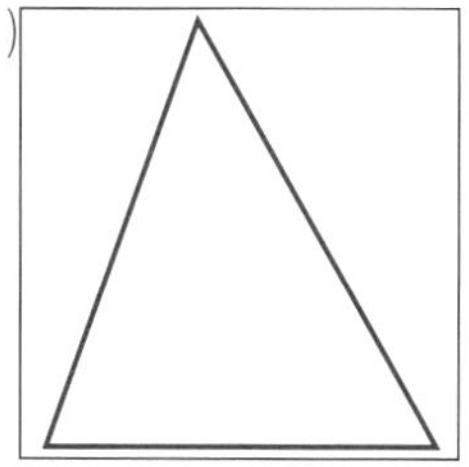
(2)
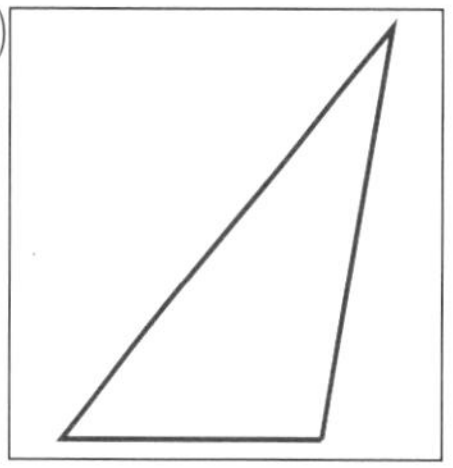

ポイント

❶(4)295°は，180°より115°大きい角，または，360°より65°小さい角と考えることができます。

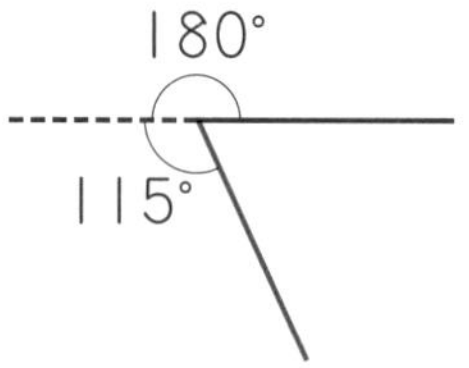

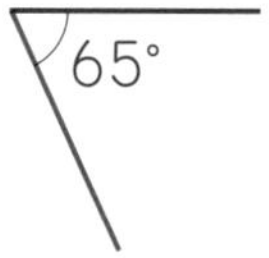

❷(1)4cmの直線をかいてから，70°の角と60°の角をかきましょう。
(2)3cmの直線をかいてから，50°の角と100°の角をかきましょう。

12 垂直と平行 25ページ

❶ (上から順《じゅん》に)**垂直《すいちょく》，平行**

❷ え，か(順番はちがっていても○)

❸
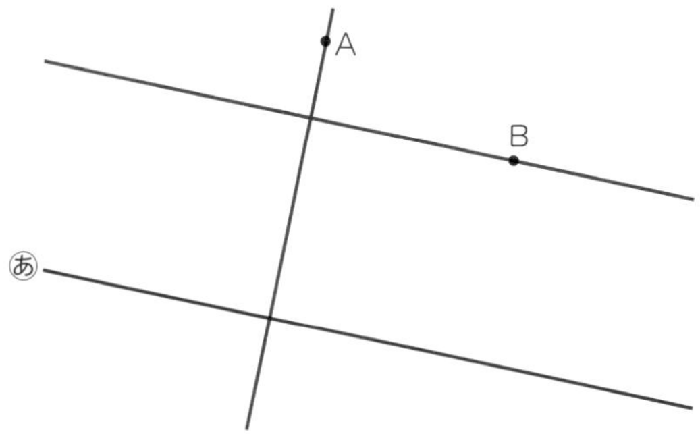

❹ (1)か
(2)う，お(順番はちがっていても○)

ポイント

❶2本の直線が交わってできる角が直角のとき，この2本の直線は垂直であるといいます。
また，1本の直線に垂直な2本の直線は平行であるといいます。

❷三角じょうぎを使って，交わってできる角が直角である直線を選《えら》びましょう。

❸三角じょうぎを使ってかきましょう。
平行な直線をかくときは，2まいの三角じょうぎを使います。

❹方がん紙を使うと，三角じょうぎを使わなくても，垂直な直線や平行な直線をみつけることができます。
(1)えの直線と交わってできる角が直角である直線を選びましょう。
(2)いの直線とうの直線，いの直線とおの直線は垂直です。1本の直線に垂直な2本の直線は平行だから，うの直線とおの直線は平行です。

答え

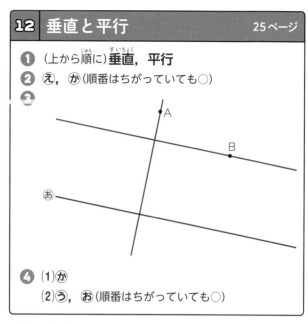

13 四角形① 27ページ

❶ (1)台形　(2)平行《へいこう》四《し》辺形《へんけい》
❷ (1)(あ)，(か)（順番《じゅんばん》はちがっていても○）
(2)(う)，(え)（順番はちがっていても○）
❸ (1)9cm　(2)120°
❹

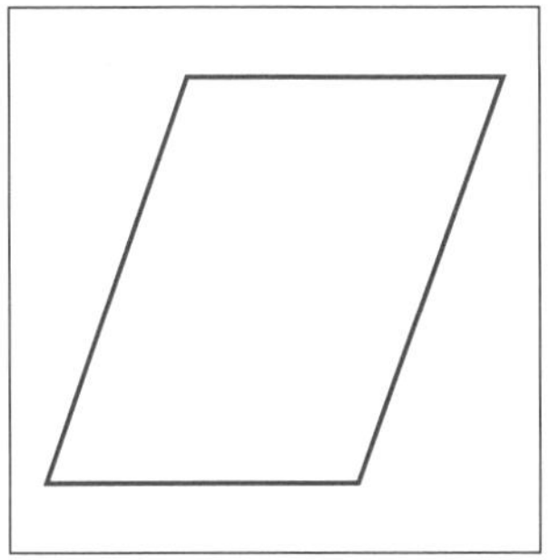

ポイント

❷(あ)と(か)は，向かい合う1組の辺が平行な四角形だから，台形です。
(う)と(え)は，向かい合う2組の辺が平行な四角形だから，平行四辺形です。
❸(1)平行四辺形の向かい合う辺の長さは等しいです。
(2)平行四辺形の向かい合う角の大きさは等しいです。
❹① 3cmの辺BCをかきます。
②分度器《ぶんどき》を使って，角Bが70°になるように，4cmの辺ABをかきます。
（三角じょうぎを使ったかき方）
③三角じょうぎを使って，頂点《ちょうてん》Aから，辺BCに平行な直線をかきます。
④三角じょうぎを使って，頂点Cから，辺ABに平行な直線をかきます。
⑤ ③，④の直線が交わった点が頂点Dです。
（コンパスを使ったかき方）
③頂点Aから3cmのところに印《しるし》をつけます。
④頂点Cから4cmのところに印をつけます。
⑤ ③，④の交わった点が頂点Dです。

14 四角形② 29ページ

❶ 辺《へん》の長さ
❷ (1)5cm　(2)80°
❸ (1)平行《へいこう》四《し》辺形《へんけい》　(2)ひし形
❹ (1)エ，オ（順番《じゅんばん》はちがっていても○）
(2)イ，ウ，エ，オ（順番はちがっていても○）
(3)ウ，オ（順番はちがっていても○）
❺ 二等辺三角形

ポイント

❷ひし形の辺の長さはすべて等しいです。
また，向かい合う角の大きさは等しいです。
❸❹四角形の対角線の特《とく》ちょうを覚《おぼ》えましょう。
台形…2本の対角線にいつでもあてはまる特ちょうはありません。

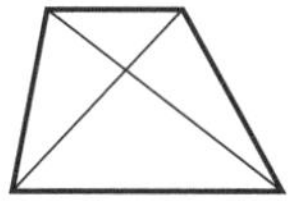

平行四辺形…2本の対角線は，それぞれのまん中の点で交わります。

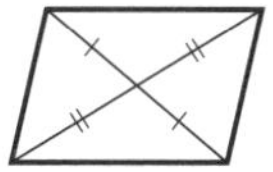

ひし形…2本の対角線は，それぞれのまん中の点で，垂直《すいちょく》に交わります。

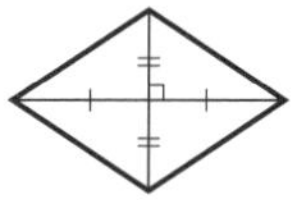

長方形…2本の対角線は，それぞれのまん中の点で交わり，長さが等しいです。

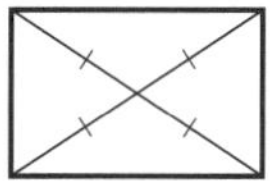

正方形…2本の対角線は，それぞれのまん中の点で垂直に交わり，長さが等しいです。

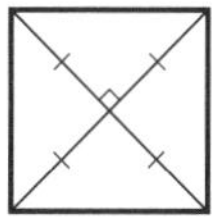

❺長方形の対角線は長さが等しく，それぞれのまん中の点で交わるので，できる三角形は二等辺三角形です。

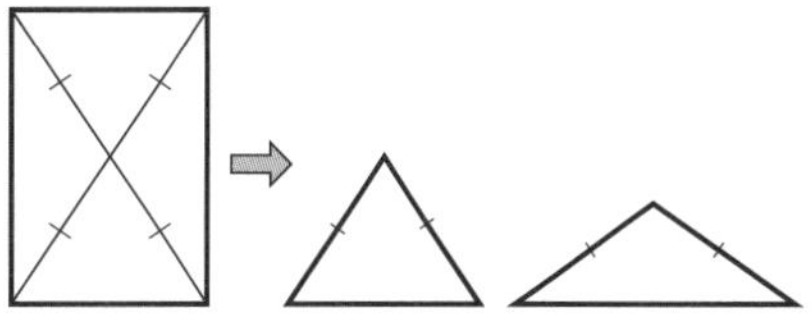

15 小数 31ページ

❶ (1)0.8L　(2)0.13L
❷ (1)1.37　(2)2594
(3)7.3　(4)0.512
❸ (1)<　(2)>　(3)<
❹ (あ)5.86　(い)5.875
(う)5.887　(え)5.902

ポイント

❶(1) 1Lを10等分したかさは0.1Lです。
(2)0.1Lを10等分したかさは0.01Lです。
❷(1) 1を1こで1，0.1を3こで0.3，0.01を7こで0.07で，すべて合わせて1.37です。

一の位《くらい》	$\frac{1}{10}$の位	$\frac{1}{100}$の位
1.	3	7

1.37の1は一の位，3は$\frac{1}{10}$の位，7は$\frac{1}{100}$の位です。
(3)小数も整数と同じように，10倍すると，位は1つ上がります。また，100倍すると，位は2つ上がります。

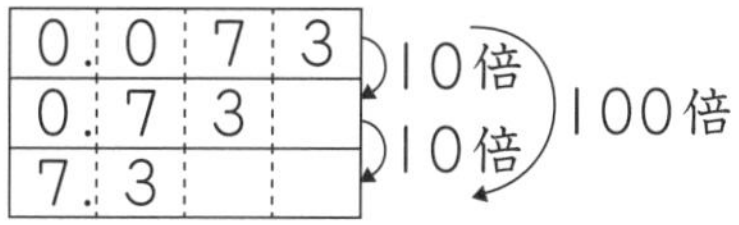

(4)小数も整数と同じように，$\frac{1}{10}$にすると，位は1つ下がります。
❸大きい位から順《じゅん》にくらべましょう。
❹いちばん小さい1めもりは0.001を表しています。

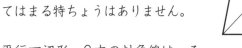

16 小数のたし算 33ページ

❶ (1)5.98　(2)9.14　(3)8.62
(4)10　(5)1.51　(6)6.2

❷ (1)7.26　(2)7.93　(3)8.21
(4)10.08　(5)6.537　(6)18.03

❸ 式…1.65+0.97=2.62　答え…2.62L

❹ 式…3.97+6.4=10.37　答え…10.37m

❺ 式…2.28+2.73=5.01　答え…5.01km

ポイント

❶整数のたし算の筆算と同じように計算します。和《わ》の小数点は，上の小数点にそろえてうちましょう。

❷位《くらい》をそろえて書きます。
(1)4は4.00と考えましょう。

❸ペットボトルの量《りょう》＋水とうの量
＝全部の量　です。

```
  1.6 5
+ 0.9 7
-------
  2.6 2
```

❹切ってできた2本のリボンの長さの和を求《もと》めます。
筆算をするときは，位に注意しましょう。

```
  3.9 7
+ 6.4
-------
 1 0.3 7
```

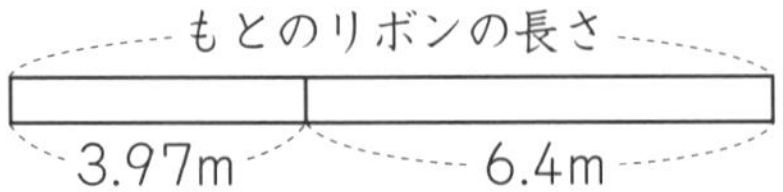

❺西駅から南駅までの道のり
＋南駅から東駅までの道のり
＝西駅から東駅までの道のり　です。

```
  2.2 8
+ 2.7 3
-------
  5.0 1
```

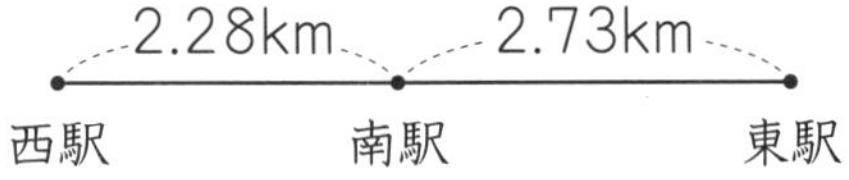

17 小数のひき算 35ページ

❶ (1)2.28　(2)4.63　(3)1.9
(4)6.38　(5)8.75　(6)0.62

❷ (1)2.48　(2)7.67　(3)0.32
(4)4.87　(5)2.614　(6)6.149

❸ 式…7.83−5.94=1.89　答え…1.89m

❹ 式…4.32−3.6=0.72　答え…0.72kg

❺ 式…5−1.45=3.55　答え…3.55L

ポイント

❶整数のひき算の筆算と同じように計算します。差《さ》の小数点は，上の小数点にそろえてうちましょう。

❷位《くらい》をそろえて書きます。
(1)3.9は3.90と考えましょう。

❸青いテープの長さから赤いテープの長さをひきます。

```
  7.8 3
− 5.9 4
-------
  1.8 9
```

❹リュックサックの重さ＋荷物の重さ
＝全体の重さ　です。
リュックサックの重さを□kgとすると，
□+3.6=4.32
　□=4.32−3.6
　□=0.72

```
  4.3 2
− 3.6
-------
  0.7 2
```

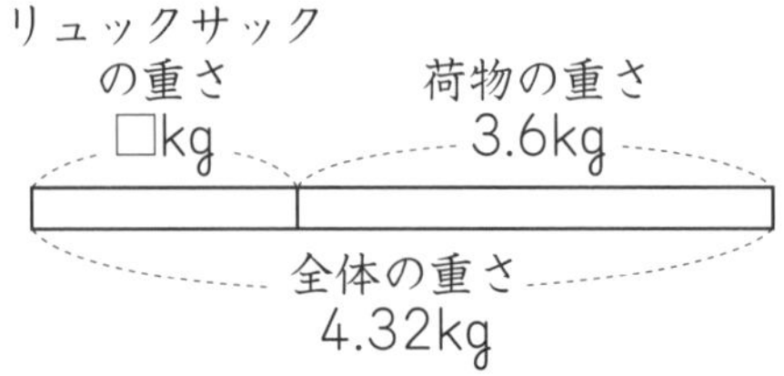

❺はじめの量−使った量＝残《のこ》りの量
です。

```
  5
− 1.4 5
-------
  3.5 5
```

18 2けたの数でわるわり算① 37ページ

❶ (1)2　(2)3　(3)2
(4)7　(5)5　(6)9

❷ (1)3あまり10　(2)2あまり20
(3)4あまり30　(4)7あまり10
(5)8あまり80

❸ (1)3　(2)2　(3)2
(4)3　(5)4　(6)3
(7)2　(8)4　(9)2

ポイント

❶(2)90÷30の商《しょう》は，10をもとにして，9÷3の計算で求められます。

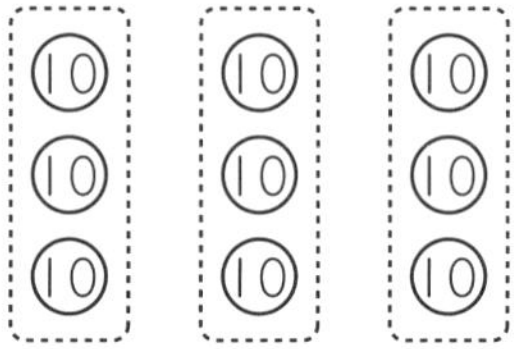

❷(1)10をもとにすると，7÷2=3あまり1だから，10が1こあまります。70÷20=3あまり1としないように注意しましょう。

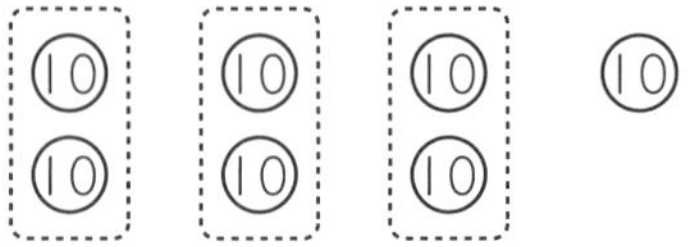

❸(1)63を60，21を20とみて，60÷20から商の見当をつけましょう。
(6)78を70，26を20とみて，70÷20であまりができますが，あまりがないときと同じように商をたててみましょう。

```
     3
26)78
   78
    0
```

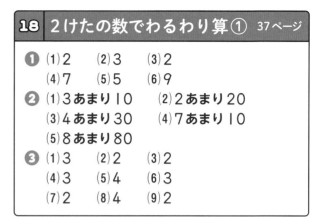

19 2けたの数でわるわり算② 39ページ

❶ (1)3あまり7　(2)5あまり5
(3)2あまり12
❷ (1)2　(2)8
(3)7　(4)4あまり45
(5)6あまり22
❸ (1)32　(2)13　(3)26
(4)38　(5)16　(6)20

ポイント

❶あまりはわる数より小さくなります。最後《さいご》に必ず確認する習慣を身につけましょう。

❷(4)29÷63だから，十の位《くらい》に商《しょう》はたちません。
297÷63で，一の位に商4をたてます。
63×4＝252　297－252＝45

```
      4
63)297
   252
    45
```

❸(1)6÷21だから，百の位に商はたちません。
67÷21で，十の位に商3をたてます。
21×3＝63　67－63＝4
2をおろします。
42÷21で，一の位に商2をたてます。
21×2＝42　42－42＝0

```
     32
21)672
   63
    42
    42
     0
```

(6)商に0がたつときは，とちゅうの計算を省《はぶ》くことができます。

```
     20              20
47)940   ➡   47)940
   94             94
     0              0
     0
     0
```

20 2けたの数でわるわり算③ 41ページ

❶ (1)13あまり16　(2)46あまり6
(3)19あまり41　(4)33あまり10
(5)23あまり26　(6)18あまり18
❷ (1)20あまり3　(2)50あまり15
(3)20あまり2　(4)20あまり36
(5)60あまり10　(6)40あまり23
❸ 式…500÷36＝13あまり32
答え…13こ買えて，32円あまる

ポイント

❶(1)31÷23で，十の位《くらい》に商《しょう》1をたてます。
23×1＝23
31－23＝8
5をおろします。
85÷23で，一の位に商3をたてます。
23×3＝69
85－69＝16

```
     13
23)315
   23
    85
    69
    16
```

❷商に0がたつときは，とちゅうの計算を省《はぶ》くことができます。

(1)
```
     20              20
32)643   ➡   32)643
   64             64
     3              3
     0
     3
```

❸あまりがないときと同じように，持っている金がく÷1このねだんのわり算をします。

```
     13
36)500
   36
   140
   108
    32
```

21 3けたの数でわるわり算 43ページ

❶ (1)4　(2)3あまり44
(3)5あまり10　(4)14
(5)27　(6)31あまり230
❷ (1)(上から順《じゅん》に) 100，6
(2)(上から順に) 10，4，1200
❸ (1)45　(2)16あまり200

ポイント

❶(1)51÷128だから，十の位《くらい》に商《しょう》はたちません。
512÷128で，一の位に商4をたてます。

```
       4
128)512
    512
      0
```

(4)233÷167で，十の位に商1をたてます。
167×1＝167
233－167＝66
8をおろします。
668÷167で，一の位に商4をたてます。
167×4＝668
668－668＝0

```
        14
167)2338
    167
     668
     668
       0
```

❷わり算では，わられる数とわる数を同じ数でわっても，わられる数とわる数に同じ数をかけても，商は変《か》わりません。

❸わられる数とわる数から，終わりにある0を同じ数ずつ消してから計算しましょう。
あまりがあるときは，消した0の数だけ，あまりに0をつけます。

(1)
```
          45
800)36000
    32
     40
     40
      0
```

(2)
```
         16
300)5000
    3
    20
    18
    200
```

22 割合① 45ページ

❶ 式…12÷4＝3　答え…3倍
❷ 式…160÷20＝8　答え…8倍
❸ 式…6×4＝24　答え…24こ
❹ 式…46×2＝92　答え…92円

ポイント

❶4まいを1とみたとき，12まいは3にあたります。4まいの3倍が12まいです。何倍にあたるかを表した数を，割合《わりあい》といいます。
❷20kgを1とみたとき，160kgは8にあたります。20kgの8倍が160kgです。

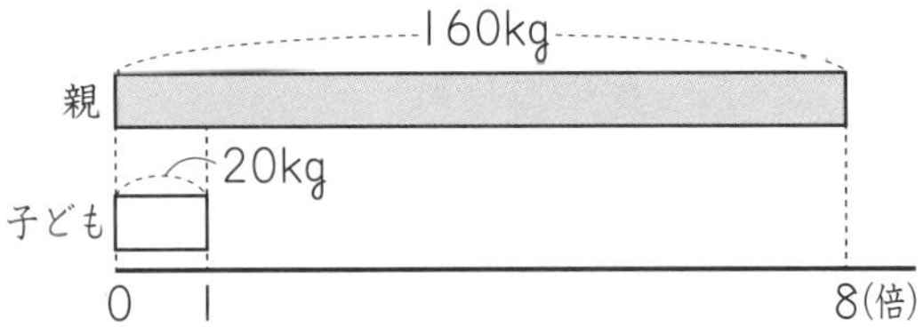

❸6この4倍は24こです。6こを1とみたとき，24こは4にあたります。
❹46円の2倍は92円です。46円を1とみたとき，92円は2にあたります。

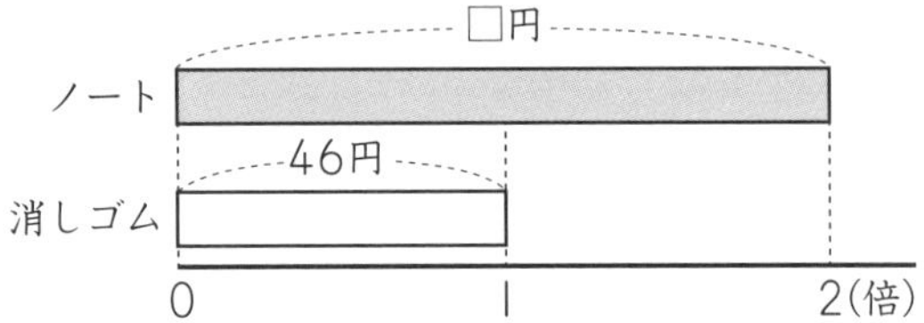

23 割合② 47ページ

❶ (1)□×7＝35　(2)5ひき
❷ (1)□×3＝960　(2)320mL
❸ (1)ばねA…3　ばねB…4　(2)ばねB
❹ 式…48÷3＝16
16÷2＝8
答え…8m

ポイント

❶(1)黒い金魚の数の7倍が35ひきです。
(2)□×7＝35　の□にあてはまる数を求《もと》めます。
□＝35÷7　□＝5
❷(1)ジュースの量《りょう》の3倍が960mLです。
(2)□×3＝960　の□にあてはまる数を求めます。
□＝960÷3　□＝320
❸(1)ばねAは，45÷15＝3(倍)
ばねBは，40÷10＝4(倍)
(2)ばねAは3倍に，ばねBは4倍にのびたので，ばねBの方がよくのびるといえます。
❹学校の校しゃの高さは，48÷3＝16(m)
なおさんの家の高さは，16÷2＝8(m)

(別《べつ》の求め方)
ビルの高さは，なおさんの家の高さの，2×3＝6(倍)です。
なおさんの家の高さは，48÷6＝8(m)

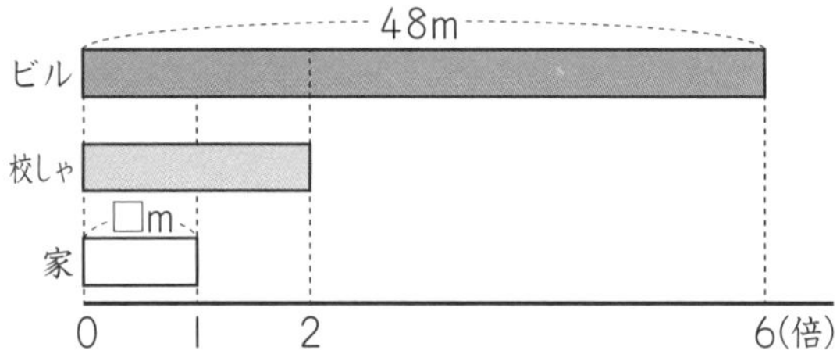

24 がい数の表し方 49ページ

❶ (1)1800　(2)5100
(3)93800　(4)89500
❷ (1)3000　(2)76000
(3)485000　(4)620000
❸ (1)3200　(2)83000
(3)150000　(4)800000
❹ (1)450，550　(2)3249

ポイント

四捨五入《ししゃごにゅう》するときは，0，1，2，3，4のときは切り捨《す》てて，5，6，7，8，9のときは切り上げます。
❶百の位《くらい》までのがい数にするので，十の位を四捨五入します。
❷千の位までのがい数にするので，百の位を四捨五入します。
(4)百の位は7なので，切り上げます。9＋1＝10なので，千の位は0になり，一万の位に1くり上がります。619720　→　620000
❸上から2けたのがい数にするので，上から3けた目の位を四捨五入します。
❹(1)○以上《いじょう》…○と等しいか，○より大きい
△以下《いか》…△と等しいか，△より小さい
□未満《みまん》…□より小さい　を表します。
十の位を四捨五入して500になる数のはんいには，550はふくまれません。

(2)百の位までのがい数にすると，3200になる数のはんいは，3150以上3250未満です。3250より小さい整数で，いちばん大きい数は，3249です。

25 がい数の計算　51ページ

❶ (1)式…13000＋86000＝99000
答え…約《やく》99000円
(2)式…86000－13000＝73000
答え…約73000円
❷ (1)890000
(2)460000
❸ 式…400×60＝24000
答え…約24000円
❹ 式…72000÷90＝800
答え…約800円

ポイント

❶約何万何千円かを求《もと》めるので，それぞれのねだんを四《し》捨《しゃ》五《ご》入《にゅう》して，千の位《くらい》までのがい数にしてから計算します。
電子レンジのねだん　12980円　→　13000円
冷《れい》ぞう庫《こ》のねだん　86180円　→　86000円
❷(1)570000＋320000＝890000
(2)950000－490000＝460000
❸四捨五入して上から1けたのがい数にします。
ケーキのねだん　385円　→　400円
売れたこ数　62こ　→　60こ
ケーキのねだん×売れたこ数
＝売り上げた金がく　です。
❹バス代の合計金がくを，四捨五入して上から2けたのがい数にします。
71960円　→　72000円
人数を，四捨五入して上から1けたのがい数にします。
87人　→　90人
バス代の合計金がく÷人数＝1人分のバス代　です。

26 計算のきまり①　53ページ

❶ (1)140，120
(2)1000，140，120，740
❷ (1)24，3
(2)60，24，3，132
❸ 式…90－20×3＝30　答え…30cm
❹ 式…310＋460÷2＝540　答え…540円
❺ 式…500－(63＋84)＝353　答え…353円

ポイント

❶(2)出したお金－代金＝おつり　です。
ひとまとまりの数とみる部分を(　)を使って表します。(　)を使った式では，(　)の中を先に計算します。
❷(2)えん筆の代金＋画用紙の代金＝全体の代金です。
かけ算やわり算は，たし算やひき算より先に計算します。
60＋(24×3)＝132と表してもよいですが，(　)がなくても計算の順じょが変《か》わらない場合は，(　)を省《はぶ》くのがふつうです。
❸もとの長さ－切り取る長さの合計
＝残《のこ》りのリボンの長さ　です。
切り取る長さの合計を表す式は，20×3です。
かけ算はひき算より先に計算するので，かけ算に(　)をつけなくてよいです。
❹コンパスの代金＋えん筆の代金＝全体の代金です。
えん筆を半ダース買ったときの代金を表す式は，460÷2です。
わり算はたし算より先に計算するので，わり算に(　)をつけなくてよいです。
❺出したお金－代金＝おつり　です。
切手の代金を表す式は，63＋84です。

27 計算のきまり②　55ページ

❶ (1)(上から順《じゅん》に)2，2，3570
(2)(上から順に)1，1，792
❷ (1)(上から順に)100，186
(2)(上から順に)100，4900
❸ (1)40，5，30，5
(2)40，30，5
(3)50

ポイント

❶(　)を使った式には，次のような計算のきまりがあります。
(□＋○)×△＝□×△＋○×△
(□－○)×△＝□×△－○×△
❷たし算やかけ算には，次のような計算のきまりがあります。
たし算　□＋○＝○＋□
(□＋○)＋△＝□＋(○＋△)
かけ算　□×○＝○×□
(□×○)×△＝□×(○×△)
❸(1)ゆいさんの代金－あやさんの代金　です。
(2)1まいのねだんのちがい×まい数　です。
(3) (1)の計算をすると，
40×5－30×5＝200－150
＝50
(2)の計算をすると，
(40－30)×5＝10×5
＝50
どちらの式も答えは同じになります。
(40－30)×5＝40×5－30×5

28 面積① 　57ページ

❶ (上から順《じゅん》に)21，25，4

❷ (1)**たて，横**(順番はちがっていても○)

(2)**1辺《へん》，1辺**

❸ (1)式…6×6＝36　答え…36cm^2

(2)式…4×5＝20　答え…20cm^2

❹ (1)□×7＝63

(2)9cm

ポイント

❶㋐は，1辺が1cmの正方形が，たてに3こ，横に7こならんでいるので，全部で，
3×7＝21(こ)です。
㋑は，1辺が1cmの正方形が，たてに5こ，横に5こならんでいるので，全部で，
5×5＝25(こ)です。
㋑のほうが，25－21＝4(こ)分広いです。

❷1辺が1cmの正方形の面積《めんせき》が1cm^{2}です。❶で，
㋐は，たてが3cm，横が7cmの長方形だから，
面積は，3×7＝21(cm^2)です。
㋑は，1辺が5cmの正方形だから，面積は，
5×5＝25(cm^2)です。
かけ算は，かけられる数とかける数を入れかえても，答えは同じになるので，長方形の面積は，
横×たて　で求《もと》めてもよいです。

❸(1)正方形の面積＝1辺×1辺　なので，
6×6＝36(cm^2)
(2)長方形の面積＝たて×横　なので，
4×5＝20(cm^2)

❹たて×横＝長方形の面積　なので，
□×7＝63
　□＝63÷7
　□＝9
式は，7×□＝63としても，正かいです。

29 面積② 　59ページ

❶ (1)(上から順《じゅん》に)6，4，4，58　答え…58

(2)(上から順に)10，3，58　答え…58

❷ (1)式…8×6＋5×16＝128　答え…128cm^2

(2)式…13×20－8×8＝196　答え…196cm^2

(3)式…12×10＋18×7＝246　答え…246cm^2

ポイント

❷長方形や正方形に分けて，面積《めんせき》をたしたりひいたりして求《もと》めましょう。

(1)右の図のように，2つの長方形に分けると，
　8×6＋5×16
＝48＋80
＝128(cm^2)

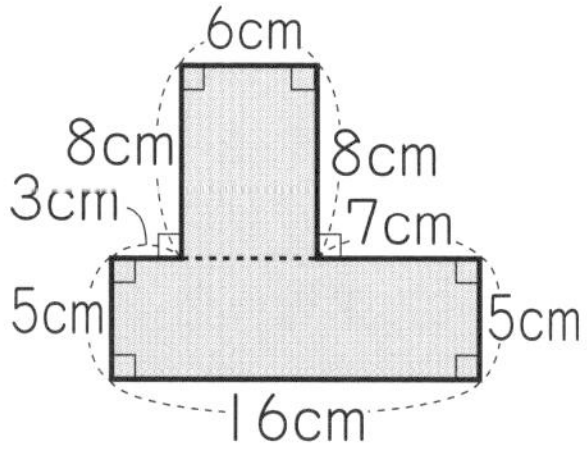

(2)次の図のように，たてが13cm，横が6＋8＋6＝20(cm)の長方形の面積から，1辺が8cmの正方形の面積をひいて求めると，
13×20－8×8＝260－64＝196(cm^2)

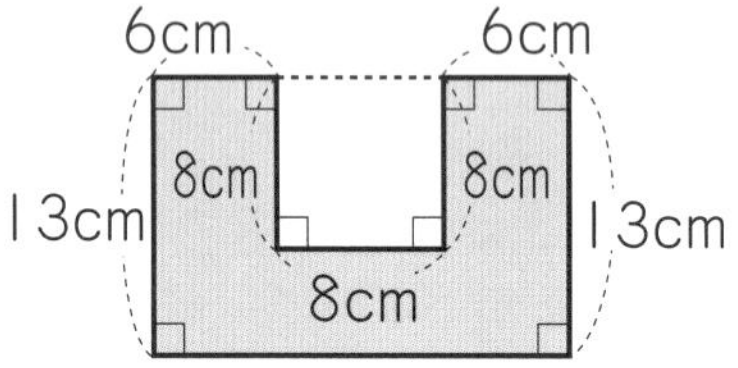

(3)右の図のように，2つの長方形に分けると，
　12×10＋18×7
＝120＋126
＝246(cm^2)

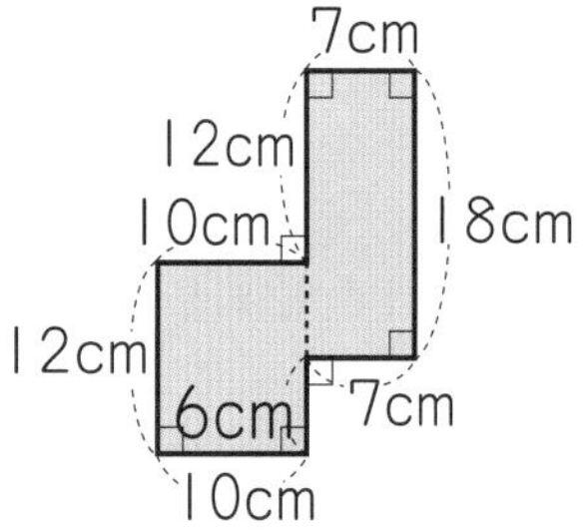

30 面積③ 　61ページ

❶ (1)式…3×2＝6　答え…6m^2

(2)60000cm^2

❷ (1)10000　(2)9000000

(3)200　(4)70

❸ (1)式…400×400＝160000
　答え…160000m^2

(2)1600a　(3)16ha

❹ (1)式…5×8＝40　答え…40km^2

(2)40000000m^2

ポイント

❶(1)3×2＝6(m^2)
(2)単位《たんい》をcmになおしてから面積《めんせき》を求《もと》めると，
300×200＝60000(cm^2)
(別《べつ》の求め方)
1m＝100cm，100×100＝10000(cm^2)だから，
1m^2＝10000cm^{2}です。
よって，6m^2＝60000cm^2

❷・1辺が10mの正方形の面積は1aです。
　10×10＝100(m^2)だから，1a＝100m^2
・1辺が100mの正方形の面積は1haです。
　100×100＝10000(m^2)だから，1ha＝10000m^2
・1辺が1km(1000m)の正方形の面積は1km^{2}です。
　1000×1000＝1000000(m^2)だから，
　1km^2＝1000000m^2

❸(1)400×400＝160000(m^2)
(2)1a＝100m^{2}だから，160000m^2＝1600a
(3)1ha＝10000m^{2}だから，160000m^2＝16ha
(別の求め方)
1ha＝100aだから，1600a＝16ha

❹(1)5×8＝40(km^2)
(2)1km^2＝1000000m^{2}だから，
40km^2＝40000000m^2

31 小数のかけ算　63ページ

❶ (1) 1.2　(2) 5.6　(3) 2
(4) 9　(5) 0.14　(6) 0.36
(7) 0.4　(8) 0.3

❷ (1) 12.6　(2) 68.4　(3) 0.45
(4) 8.04　(5) 145.6　(6) 398

❸ (1) 46.8　(2) 502.2　(3) 228
(4) 255　(5) 40.18　(6) 1484.1
(7) 468.5　(8) 569.42　(9) 3099.6

ポイント

❶(1) 0.3×4の積《せき》は，3×4の積を10でわれば求《もと》められます。

0.3×4＝1.2
10倍↓　↓10倍　$\frac{1}{10}$
3×4＝12

(5) 0.02×7の積は，2×7の積を100でわれば求められます。

0.02×7＝0.14
100倍↓　↓100倍　$\frac{1}{100}$
2×7＝14

❷❸まず，小数点を考えないで，整数のかけ算と同じように計算します。次に，かけられる数にそろえて，積の小数点をうちます。

❷(3)積の一の位《くらい》に0を書くのをわすれないようにしましょう。

```
  0.1 5
×    3
  0.4 5
```

❸(1)
```
   2.6
 × 1 8
 2 0 8
 2 6
 4 6.8
```
(3)
```
    3.8
  × 6 0
 2 2 8.0
```
(5)
```
    0.4 9
  ×   8 2
      9 8
  3 9 2
  4 0.1 8
```
(6)
```
     1 5.3
   ×   9 7
   1 0 7 1
 1 3 7 7
 1 4 8 4.1
```
(7)
```
      9.3 7
   ×    5 0
 4 6 8.5 0
```
(8)
```
     8.0 2
   ×   7 1
     8 0 2
 5 6 1 4
 5 6 9.4 2
```

32 小数のわり算①　65ページ

❶ (1) 0.4　(2) 0.6　(3) 0.03
(4) 0.08

❷ (1) 1.4　(2) 1.3　(3) 2.8
(4) 9.6　(5) 0.57　(6) 0.19

❸ (1) 3.1　(2) 2.7　(3) 0.6
(4) 0.29　(5) 0.45　(6) 1.2
(7) 0.17　(8) 0.06　(9) 0.03

ポイント

❶(1) 1.2÷3の商《しょう》は，12÷3の商を10でわれば求められます。

1.2÷3＝0.4
10倍↓　↓10倍　$\frac{1}{10}$
12÷3＝4

(3) 0.15÷5の商は，15÷5の商を100でわれば求められます。

0.15÷5＝0.03
100倍↓　↓100倍　$\frac{1}{100}$
15÷5＝3

❷❸まず，小数点を考えないで，整数のわり算と同じように計算します。次に，わられる数にそろえて，商の小数点をうちます。商がたたない位《くらい》に0を書くのをわすれないようにしましょう。

❷(1)
```
   1.4
 4)5.6
   4
   1 6
   1 6
     0
```
(4)
```
    9.6
 2)1 9.2
   1 8
     1 2
     1 2
       0
```
(5)
```
    0.5 7
 9)5.1 3
   4 5
     6 3
     6 3
       0
```

❸(1)
```
      3.1
 16)4 9.6
    4 8
      1 6
      1 6
        0
```
(4)
```
      0.2 9
 25)7.2 5
    5 0
    2 2 5
    2 2 5
        0
```
(8)
```
     0.0 6
 14)0.8 4
      8 4
        0
```

33 小数のわり算②　67ページ

❶ (1) 8あまり5.7　(2) 5あまり0.9
(3) 4あまり6.9　(4) 26あまり1.6
(5) 12あまり6.5　(6) 23あまり1.3
(7) 3あまり9.2　(8) 2あまり14.8
(9) 4あまり4.5

❷ 14あまり1.1
答えのたしかめ…4×14＋1.1＝57.1

❸ 式…26.5÷3＝8あまり2.5
答え…8本とれて，2.5mあまる

❹ 式…83.4÷18＝4あまり11.4
答え…4人に分けられて，11.4dLあまる

ポイント

❶あまりの小数点は，わられる数の小数点にそろえてうちます。

(1)
```
    8
 6)5 3.7
   4 8
     5.7
```
(4)
```
    2 6
 3)7 9.6
   6
   1 9
   1 8
     1.6
```
(7)
```
      3
 24)8 1.2
    7 2
      9.2
```

❷答えが合っているかは，
わる数×商《しょう》＋あまり＝わられる数　にあてはめてたしかめます。
答えのたしかめは「けん算」ともいいます。

❸「リボンの本数」は整数なので，商は一の位《くらい》まで求めて，あまりも出しましょう。

```
    8
 3)2 6.5
   2 4
     2.5
```

❹「人数」は整数なので，商は一の位まで求めて，あまりも出しましょう。

```
     4
 18)8 3.4
    7 2
    1 1.4
```

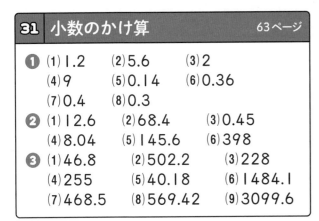

34 小数のわり算③ 69ページ

❶ (1)4.5　(2)0.64　(3)0.625
(4)1.75　(5)0.025

❷ (1)0.57　(2)4.9

❸ 式…1.3÷5＝0.26　答え…0.26L

❹ 式…265÷3＝88.33…　答え…約《やく》88.3g

ポイント

❶(1)は27を27.0，(2)は16を16.00と考えて，わり切れるまで計算を続《つづ》けましょう。

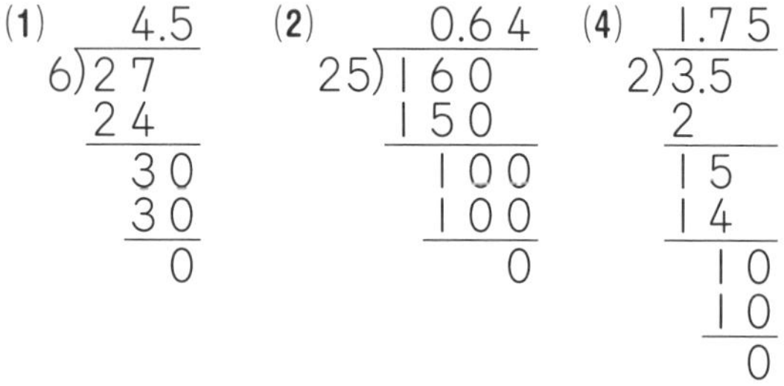

❷上から2けたのがい数にするので，上から3けた目の位《くらい》を四捨五入《ししゃごにゅう》します。(1)のように，一の位が0のとき，$\frac{1}{10}$の位の5を1けた目として考えます。

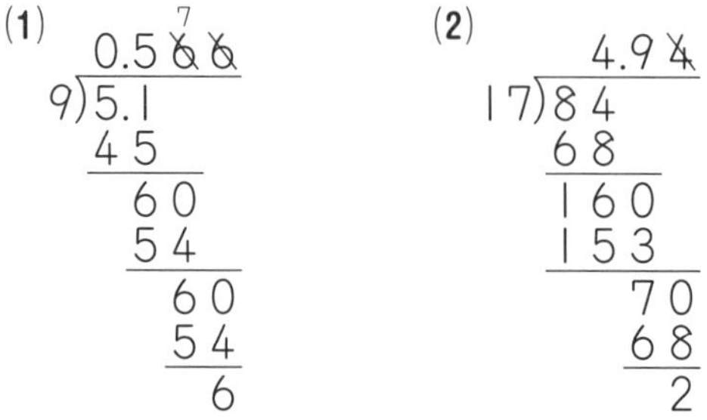

❸わり切れるまで計算しましょう。

❹$\frac{1}{10}$の位までのがい数で答えるので，1つ下の$\frac{1}{100}$の位を四捨五入します。

35 小数のわり算④ 71ページ

❶ (1)式…50÷40＝1.25　答え…1.25倍
(2)式…40÷50＝0.8　答え…0.8倍

❷ (1)式…18÷12＝1.5　答え…1.5倍
(2)式…9÷12＝0.75　答え…0.75倍
(3)式…9÷18＝0.5　答え…0.5倍

ポイント

❶(1)40まいを1とみて，50まいが40まいの何倍にあたるかという割合《わりあい》を求《もと》めます。
50÷40＝1.25　だから，1.25倍です。

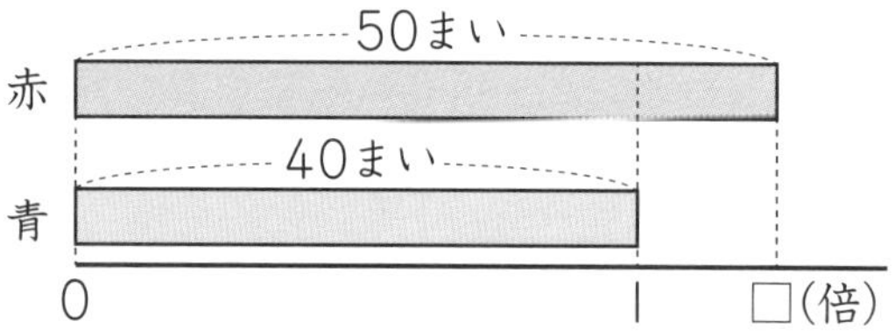

(2)50まいを1とみたとき，40まいは0.8にあたります。

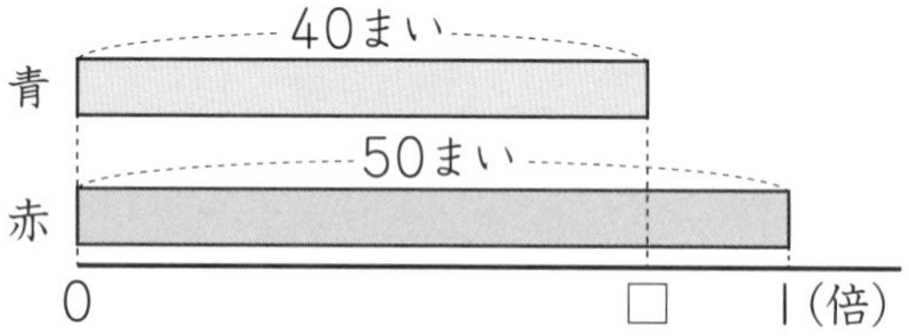

❷(1)12Lを1とみたとき，18Lは1.5にあたります。
(2)12Lを1とみたとき，9Lは0.75にあたります。
(3)18Lを1とみたとき，9Lは0.5にあたります。

36 分数① 73ページ

❶ ア，ウ(順番《じゅんばん》はちがっていても○)

❷ (1)$1\frac{1}{3}$　(2)6　(3)$5\frac{5}{7}$

❸ (1)$\frac{8}{5}$　(2)$\frac{20}{9}$　(3)$\frac{37}{8}$

❹ (1)＜　(2)＞　(3)＝　(4)＜

❺ (1)＝　(2)＞

ポイント

❶$\frac{4}{5}$や$\frac{1}{2}$のように，分子が分母より小さい分数を真分数《しんぶんすう》といいます。
❷分子と分母が等しいか，分子が分母より大きい分数を仮分数《かぶんすう》といいます。
また，整数と真分数の和《わ》で表される分数を帯分数《たいぶんすう》といいます。

(1)4÷3＝1あまり1だから，$\frac{4}{3}=1\frac{1}{3}$

❸(1)5×1＋3＝8だから，$1\frac{3}{5}=\frac{8}{5}$

❹帯分数(整数)か仮分数のどちらかにそろえて，大きさをくらべましょう。
(1)$\frac{17}{6}$を帯分数にすると，$2\frac{5}{6}$だから，$\frac{17}{6}<3\frac{1}{6}$
$3\frac{1}{6}$を仮分数にすると，$\frac{19}{6}$だから，$\frac{17}{6}<3\frac{1}{6}$

❺(1)数直線を見ると，$\frac{1}{2}$と$\frac{2}{4}$は同じ大きさということがわかります。
1を2等分した1こ分と，1を4等分した2こ分は，同じ大きさです。
(2)数直線を見ると，分子が同じとき，分母が大きい分数のほうが小さいことがわかります。

37 分数② 75ページ

❶ (1) $\frac{6}{5}\left(1\frac{1}{5}\right)$　(2) $\frac{8}{3}\left(2\frac{2}{3}\right)$　(3) $\frac{15}{7}\left(2\frac{1}{7}\right)$

(4) $\frac{11}{4}\left(2\frac{3}{4}\right)$　(5) 2

❷ (1) $1\frac{5}{8}\left(\frac{13}{8}\right)$　(2) $2\frac{4}{5}\left(\frac{14}{5}\right)$　(3) $3\frac{5}{6}\left(\frac{23}{6}\right)$

(4) $5\frac{2}{9}\left(\frac{47}{9}\right)$　(5) $3\frac{3}{4}\left(\frac{15}{4}\right)$　(6) $4\frac{2}{3}\left(\frac{14}{3}\right)$

❸ (1) $\frac{5}{4}\left(1\frac{1}{4}\right)$　(2) $\frac{1}{6}$　(3) $\frac{5}{3}\left(1\frac{2}{3}\right)$

(4) $\frac{3}{7}$　(5) 1

❹ (1) $1\frac{5}{9}\left(\frac{14}{9}\right)$　(2) $1\frac{1}{6}\left(\frac{7}{6}\right)$　(3) $3\frac{2}{5}\left(\frac{17}{5}\right)$

(4) $3\frac{4}{7}\left(\frac{25}{7}\right)$　(5) 1　(6) $\frac{3}{8}$

ポイント

❶❸分母が同じ分数のたし算・ひき算では，分母はそのままにして，分子だけを計算します。
答えが仮分数《かぶんすう》になるときは，帯分数《たいぶんすう》になおすこともできます。
答えの仮分数を整数になおせるときは，必《かなら》ず整数になおしましょう。
❷❹帯分数のたし算・ひき算は，次のような計算のしかたがあります。
☆帯分数を，整数部分と分数部分に分けて計算する。
◎帯分数を，仮分数になおして計算する。

❷(3)(☆) $1\frac{2}{6}+2\frac{3}{6}=1+2+\frac{2}{6}+\frac{3}{6}=3+\frac{5}{6}=3\frac{5}{6}$

(◎) $1\frac{2}{6}+2\frac{3}{6}=\frac{8}{6}+\frac{15}{6}=\frac{23}{6}$

38 分数③ 77ページ

❶ (1) $2\frac{1}{4}\left(\frac{9}{4}\right)$　(2) $3\frac{1}{6}\left(\frac{19}{6}\right)$　(3) $3\frac{2}{5}\left(\frac{17}{5}\right)$

(4) 4　(5) $2\frac{3}{8}\left(\frac{19}{8}\right)$　(6) $4\frac{2}{7}\left(\frac{30}{7}\right)$

(7) 6　(8) $5\frac{5}{9}\left(\frac{50}{9}\right)$

❷ 式… $1\frac{6}{7}+3\frac{2}{7}=5\frac{1}{7}\left(=\frac{36}{7}\right)$

答え… $5\frac{1}{7}$L $\left(\frac{36}{7}\text{L}\right)$

❸ (1) $\frac{2}{3}$　(2) $1\frac{3}{5}\left(\frac{8}{5}\right)$　(3) $\frac{4}{7}$

(4) $2\frac{5}{9}\left(\frac{23}{9}\right)$　(5) $1\frac{3}{4}\left(\frac{7}{4}\right)$　(6) $\frac{3}{8}$

(7) $1\frac{5}{6}\left(\frac{11}{6}\right)$　(8) $2\frac{1}{2}\left(\frac{5}{2}\right)$

❹ 式… $2-1\frac{7}{9}=\frac{2}{9}$　答え… $\frac{2}{9}$ m^2

ポイント

❷ポットに入っている量《りょう》＋やかんに入っている量＝全部の量　です。
❸分数部分どうしでひけないときは，整数部分から1くり下げます。

(2) $2\frac{2}{5}-\frac{4}{5}=1\frac{7}{5}-\frac{4}{5}=1\frac{3}{5}$

帯分数《たいぶんすう》を仮分数《かぶんすう》になおして計算すると，

$2\frac{2}{5}-\frac{4}{5}=\frac{12}{5}-\frac{4}{5}=\frac{8}{5}$

❹全体の面積《めんせき》－花を植えた面積＝残《のこ》りの面積　です。

39 変わり方① 79ページ

❶ (1)

たての長さ(cm)	1	2	3	4	5	6	7
横の長さ(cm)	7	6	5	4	3	2	1

(2) □＋○＝8
(3) 2.5cm

❷ (1)

	1番目	2番目	3番目	4番目	5番目	6番目	
☆の数(こ)	1	2	3	4	5	6	…
◎の数(こ)	2	3	4	5	6	7	…

(2) □＋1＝○
(3) 16こ

ポイント

❶(1)長方形は同じ長さの辺《へん》が2本ずつあります。たての長さと横の長さの和《わ》は，まわりの長さの半分の8cmです。
(2)たて＋横＝8　のたてに□，横に○をあてはめます。
8－□＝○や8－○＝□なども正かいです。
(3)○＝8－5.5＝2.5
❷(1) 1番目のときの☆の数は1で◎の数は2，2番目のときの☆の数は2で◎の数は3，3番目のときの☆の数は3で◎の数は4，…と，☆の数が1つふえると，◎の数も1つふえています。
(2)表から，☆の数＋1＝◎の数　になっていることがわかります。
○－1＝□や○－□＝1なども正かいです。
(3)○＝15＋1＝16

40 変わり方② 81ページ

❶ (1)

ならべ方（番目）	1	2	3	4	5	…
まわりの長さ（cm）	3	6	9	12	15	…

(2)□×3＝○

(3)27cm

❷ (1)

正方形の数（こ）	1	2	3	4	5	…
ぼうの数（本）	4	7	10	13	16	…

(2)**3本ずつふえる。**

(3)**28本**

ポイント

❶(1) 1番目のときは1辺《へん》が1cm，2番目のときは1辺が2cm，3番目のときは1辺が3cm，…の正三角形になっています。

(2)表から，ならべ方×3＝まわりの長さ，また，1辺の長さ×3＝まわりの長さ　になっていることがわかります。

○÷3＝□や○÷□＝3なども正かいです。

(3)□×3＝○の□に9をあてはめると，9×3＝27

❷(1)正方形が1このとき，ぼうを4本使い，そのあと，正方形の数が1こふえると，ぼうの数は3本ふえます。

(2)正方形が1こずつふえると，ぼうは3本ずつふえます。

(3) (1)の表をもとに，正方形の数をふやしていくと，ぼうの数を求《もと》めることができます。また，正方形の数(□)とぼうの数(○)の関係《かんけい》は，1＋3×□＝○という式で表されます。□に9をあてはめて，28本と求めることもできます。

41 調べ方と整理のしかた 83ページ

❶ (1)

先週	今週	人数(人)
○	○	3
○	×	5
×	○	4
×	×	8

(2)　　（人）

		今週		合計
		○	×	
先週	○	3	5	8
	×	4	8	12
合計		7	13	20

❷　　（人）

町＼組	1組	2組	3組	合計
東町	12	9	10	31
西町	7	10	8	25
南町	6	8	7	21
北町	10	7	9	26
合計	35	34	34	103

❸　　（人）

		サッカー		合計
		好き	きらい	
野球	好き	15	4	19
	きらい	6	3	9
合計		21	7	28

野球もサッカーも好きな人の数…15人

ポイント

❸次の表で，人数の合計から，(え)には28が入ります。(い)は，7−3＝4　(う)は，28−9＝19

(あ)は，(う)−(い)だから，19−4＝15

（人）

		サッカー		合計
		好き	きらい	
野球	好き	(あ)	(い)	(う)
	きらい		3	9
合計			7	(え)

42 直方体と立方体① 85ページ

❶ (1)(上から順《じゅん》に)**直方体，正方形**

(2)

	面の数	辺《へん》の数	頂点《ちょうてん》の数
直方体	6	12	8
立方体	6	12	8

❷ **イ**

❸ (1)**点M，点I**（順番はちがっていても○）

(2)**辺HG（辺GH）**

ポイント

❷アとウは，組み立てると色のついた面が重なってしまうので，立方体になりません。

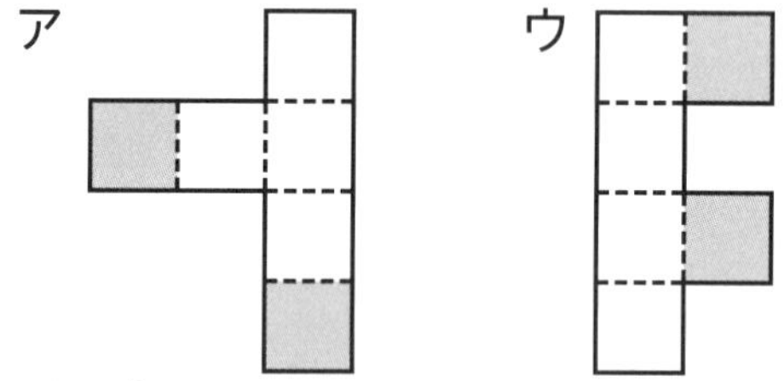

❸展開図《てんかいず》を組み立てた図は左下のようになります。展開図で重なる点を線でつなぐと，右下の図のようになります。

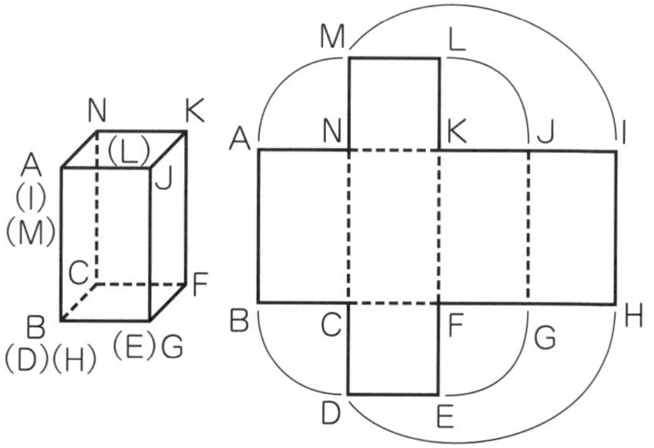

43 直方体と立方体②　87ページ

❶ (1)㋕
(2)㋑，㋒，㋓，㋔(順番《じゅんばん》はちがっていても○)

❷ (1)辺《へん》BC, 辺EH, 辺FG(順番はちがっていても○)
(2)辺AB，辺DC，辺AE，辺DH
(順番はちがっていても○)

❸ (1)辺EF，辺HG，辺EH，辺FG
(順番はちがっていても○)
(2)㋒，㋔(順番はちがっていても○)

❹ (1)㋓　(2)㋑，㋕(順番はちがっていても○)

ポイント

❶(1)直方体や立方体の向かい合った面と面は平行です。
(2)となり合った面と面は垂直《すいちょく》です。
❷(1)直方体には，平行な辺が4本ずつ3組あります。
(2)長方形や正方形のとなり合う辺は垂直です。
❸(1)右の図で，㋐の面と○をつけた辺は平行です。

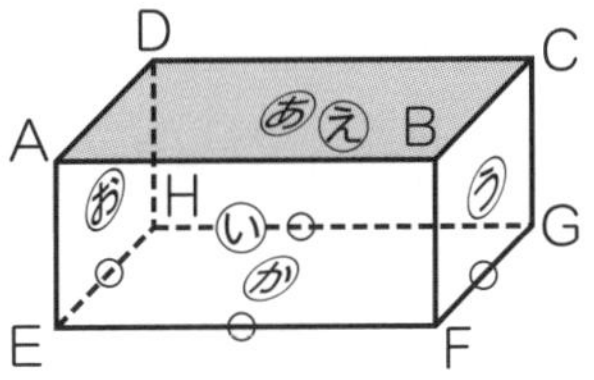

(2)右の図で，辺ABとかげをつけた面は垂直です。

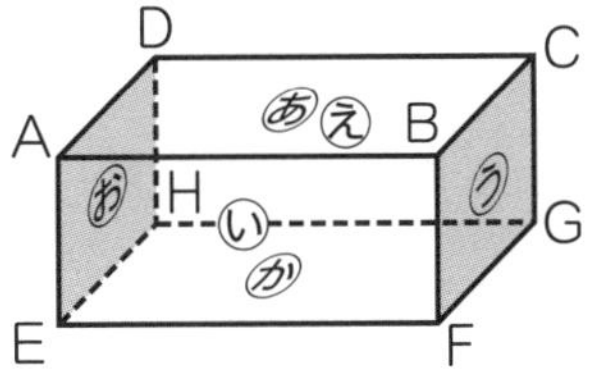

❹展開図《てんかいず》を組み立てると，右の図のようになります。

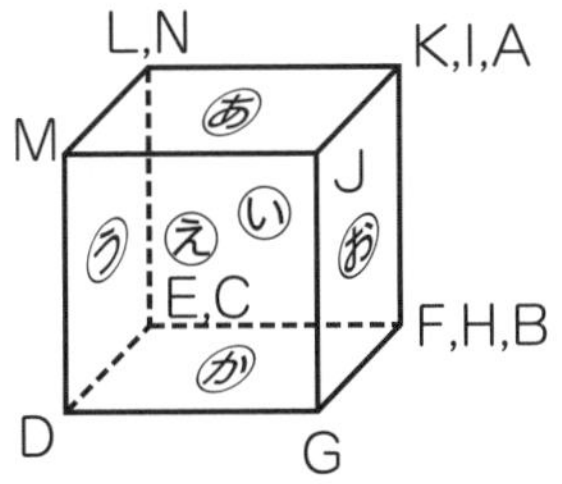

44 直方体と立方体③　89ページ

❶

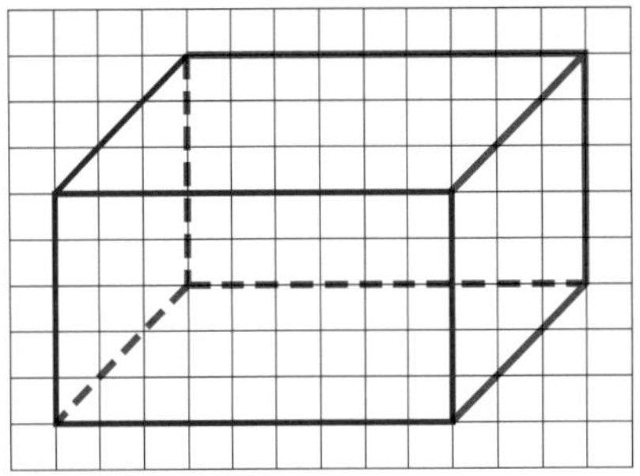

❷ (横4m，たて2m)
❸ 頂点《ちょうてん》C…(横7cm，たて5cm，高さ4cm)
頂点H…(横0cm，たて5cm，高さ0cm)

ポイント

❶平行になっている辺《へん》は，平行になるようにかきましょう。
また，見えない辺は点線でかきましょう。
❷点Bと同じように，(横□m，たて○m)のように表しましょう。
平面上の点の位《い》置《ち》は，もとにする点を決めると，2つの長さの組で表すことができます。
❸頂点Bと同じように，
(横□cm，たて○cm，高さ△cm)のように表しましょう。
空間にある点の位置は，もとにする点を決めると，3つの長さの組で表すことができます。

45 まとめのテスト❶　91ページ

❶ (1)307200000
(2)90000000000

❷ 560人

❸ (1)
```
   19
4)76
  4
  36
  36
   0
```
(2)
```
  284
3)854
  6
  25
  24
   14
   12
    2
```
(3)
```
   67
9)603
  54
   63
   63
    0
```

❹ (1)158°
(2)223°

ポイント

❶(1)0になる位《くらい》に注意しましょう。

千	百	十	一	千	百	十	一	千	百	十	一
			億《おく》				万				
			3	0	7	2	0	0	0	0	0

(2)100でわると，位が2つ下がります。
9兆《ちょう》を100でわった数は900億《おく》です。
❷利用者数《りようしゃすう》がいちばん多いのは7日です。1目もりは10人を表しているので，7日の利用者数は560人です。
❹(1)直角を表す印《しるし》があるので，90°と68°を合わせた角度です。
(2)1周《しゅう》は360°です。
360°から137°をひいて，求《もと》めます。

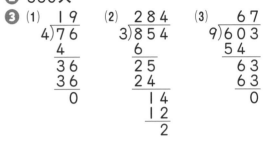

46 まとめのテスト② 93ページ

❶ ㋐66°　㋑114°

❷ (1)
$$\begin{array}{r} 6.27 \\ +\ 1.85 \\ \hline 8.12 \end{array}$$
(2)
$$\begin{array}{r} 5.9 \\ +\ 4.36 \\ \hline 10.26 \end{array}$$
(3)
$$\begin{array}{r} 9.64 \\ -\ 2.73 \\ \hline 6.91 \end{array}$$
(4)
$$\begin{array}{r} 4.5 \\ -\ 0.68 \\ \hline 3.82 \end{array}$$

❸ (1)
$$\begin{array}{r} 3 \\ 27\overline{)81} \\ 81 \\ \hline 0 \end{array}$$
(2)
$$\begin{array}{r} 4 \\ 93\overline{)406} \\ 372 \\ \hline 34 \end{array}$$
(3)
$$\begin{array}{r} 62 \\ 15\overline{)930} \\ 90 \\ \hline 30 \\ 30 \\ \hline 0 \end{array}$$

❹ (1)4倍　(2)12dL

ポイント

❶平行な直線は，ほかの直線と等しい角度で交わります。

❹(1)60÷15＝4(倍)
15dLを1とみたとき，60dLは4にあたります。

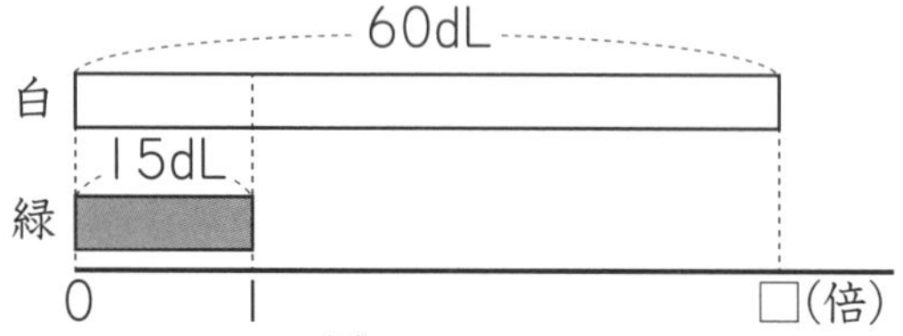

(2)青のペンキの量《りょう》を□dLとすると，
□×5＝60
　□＝60÷5＝12

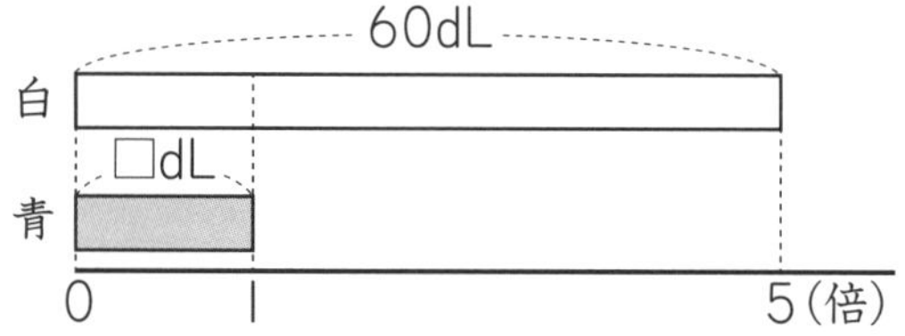

47 まとめのテスト③ 95ページ

❶ 6500以上《いじょう》7500未満《みまん》

❷ (1)式…150＋60×3＝330
　答え…330g
(2)式…248－(35＋17)＝196
　答え…196ページ

❸ 式…5×5＝25
　6×14＝84
　7×21＝147
　25＋84＋147＝256
答え…256cm^2

❹ (1)0.375
(2)1.62
(3)2.85

ポイント

❶千の位《くらい》までのがい数にするときは，百の位を四《し》捨五入《しゃごにゅう》します。

❷(1)かけ算はたし算より先に計算するので，かけ算に(　)をつけなくてよいです。
(2)読んだページ数の和《わ》を先に求《もと》めるときは，たし算に(　)をつけましょう。

❸正方形や長方形に分けて，面積《めんせき》を求めましょう。
右の図のように分けると，
5×5＝25(cm^2)
6×14＝84(cm^2)
7×21＝147(cm^2)
25＋84＋147
＝256(cm^2)

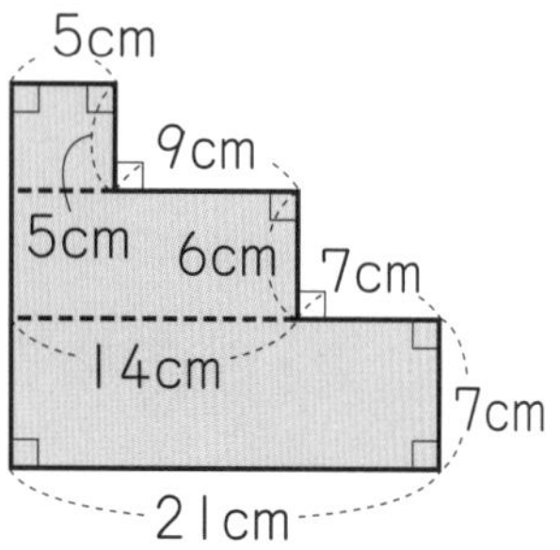

❹(1)3を3.00…と考えて，わり切れるまで計算します。

48 まとめのテスト④ 97ページ

❶ (1)$\frac{11}{9}\left(1\frac{2}{9}\right)$　(2)$1\frac{5}{7}\left(\frac{12}{7}\right)$　(3)$4\frac{2}{5}\left(\frac{22}{5}\right)$
(4)4　(5)$3\frac{1}{8}\left(\frac{25}{8}\right)$　(6)6

❷ (1)$\frac{7}{6}\left(1\frac{1}{6}\right)$　(2)$2\frac{3}{8}\left(\frac{19}{8}\right)$　(3)$\frac{3}{5}$
(4)$\frac{7}{9}$　(5)$1\frac{1}{4}\left(\frac{5}{4}\right)$　(6)$3\frac{6}{7}\left(\frac{27}{7}\right)$

❸ (1)

正三角形の数（こ）	1	2	3	4	5	…
ぼうの数（本）	3	5	7	9	11	…

(2)2本ずつふえる。

❹ ㋒，㋕(順番《じゅんばん》はちがっていても○)

ポイント

❶(3)$2\frac{3}{5}+1\frac{4}{5}=3\frac{7}{5}=4\frac{2}{5}$

❷(3)分数部分どうしでひけないときは，整数部分から1くり下げます。
$3\frac{2}{5}-2\frac{4}{5}=2\frac{7}{5}-2\frac{4}{5}=\frac{3}{5}$
帯分数《たいぶんすう》を仮分数《かぶんすう》になおして計算すると，
$3\frac{2}{5}-2\frac{4}{5}=\frac{17}{5}-\frac{14}{5}=\frac{3}{5}$

❸(2)正三角形が1こずつふえると，ぼうは2本ずつふえます。

❹右の図で，辺《へん》ADとかげのついた面は平行です。

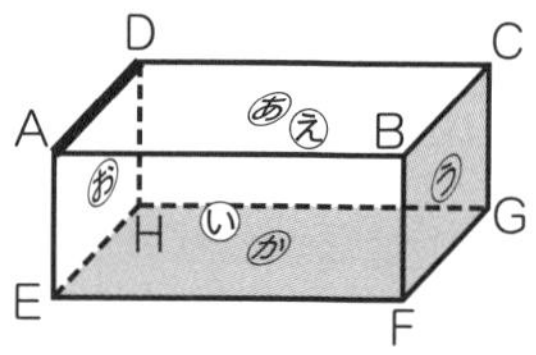

答え

英語

1 アルファベット　99ページ

❶ (1)○　(2)×　(3)×　(4)○
❷ (1)ウ→ア→イ　(2)ア→ウ→イ
(3)イ→ア→ウ　(4)イ→ウ→ア
❸ (1)E　(2)M　(3)j　(4)q
❹

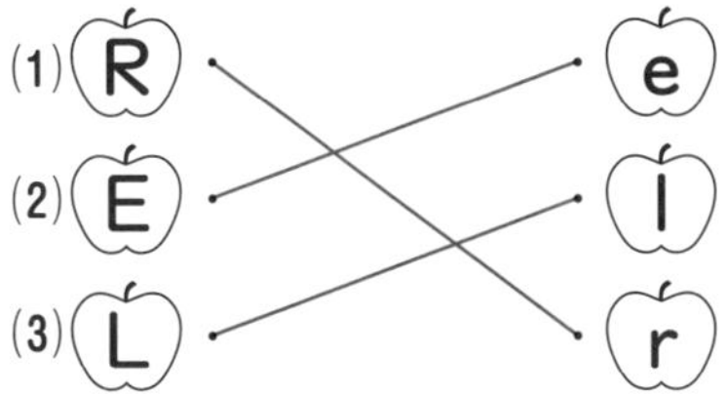

♫読まれた英語《えいご》

❶(1)G　(2)I　(3)a　(4)z
❷(1)S, C, T　(2)A, W, X
(3)f, i, k　(4)d, v, b
❸(1)E　(2)M　(3)j　(4)q
❹(1)R [r]　(2)E [e]　(3)L [l]

ポイント

❶(2)YとIは音がにているので注意しましょう。
❷CとT，bとdとvは音がにているので注意しましょう。
❸(2)MとNは音がにているので注意しましょう。
(4)pとqは文字の区別《くべつ》もしっかりつけましょう。

2 天気をたずねよう　101ページ

❶ (1)×　(2)○
❷ (1)ウ　(2)イ
❸ (1)イ　(2)ア
❹ かい答省《しょう》りゃく

♫読まれた英語と意味

❶(1)sunny「晴れた」
(2)play tag「おにごっこをする」
❷(1)snowy「雪がふっている」
(2)jump rope「なわとび（をする）」
❸(1)ア　How is the weather?「天気はどうですか」— It's sunny.「晴れです」　イ　How is the weather?「天気はどうですか」— It's rainy.「雨ふりです」　ウ　How is the weather?「天気はどうですか」— It's cloudy.「くもりです」
(2)ア　Let's play dodgeball.「ドッジボールをしましょう」　イ　Let's play cards.「トランプをしましょう」　ウ　Let's play tennis.「テニスをしましょう」
❹How is the weather? — It's sunny. Let's play baseball.

ポイント

❶(1)「くもった」はcloudyです。
❷(1)ア「晴れた」はsunny，イ「雨がふっている」はrainyです。
❸(1)天気をたずねるときはHow is the weather?「天気はどうですか」と言います。答えるときはIt'sのあとに天気を表すことばを続《つづ》けます。
(2)遊びやスポーツにさそうときLet'sで文を始め，したい遊びやスポーツを表すことばを続けます。Let's ～.は「～しましょう」という意味です。playのあとにスポーツの名前を続けると「～（スポーツ）をする」という意味になります。
天気を表す単語《たんご》はsunny「晴れた」，rainy「雨がふっている」，cloudy「くもった」，snowy「雪がふっている」などがあります。
遊びを表す単語はplay tag「おにごっこをする」，jump rope「なわとび（をする）」などがあります。

3 曜日をたずねよう　103ページ

❶ (1)ウ　(2)エ
❷ (1)月　(2)木　(3)火
❸

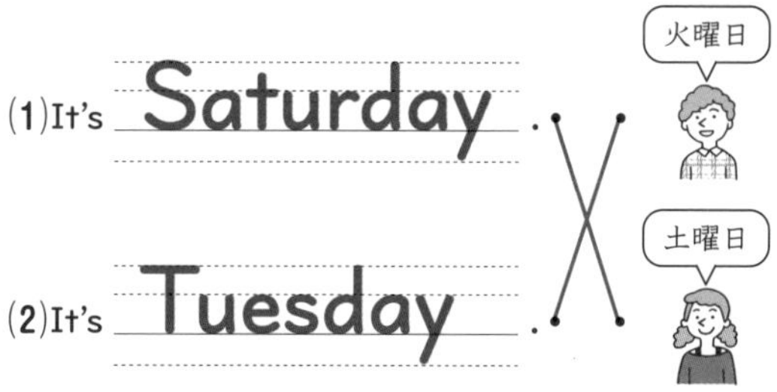

❹ (1)ウ　(2)ウ

♫読まれた英語と意味

❶(1)Wednesday「水曜日」 (2)Friday「金曜日」
❷(1)Monday「月曜日」 (2)Thursday「木曜日」
(3)Tuesday「火曜日」
❸(1) It's Saturday.「土曜日です」
(2)It's Tuesday.「火曜日です」
❹(1)ア　What day is it?「何曜日ですか」— It's Monday.「月曜日です」　イ　What day is it?「何曜日ですか」— It's Friday.「金曜日です」　ウ　What day is it?「何曜日ですか」— It's Wednesday.「水曜日です」　(2)ア　What day is it?「何曜日ですか」— It's Saturday.「土曜日です」　イ　What day is it?「何曜日ですか」— It's Thursday.「木曜日です」　ウ　What day is it?「何曜日ですか」— It's Sunday.「日曜日です」

ポイント

❷(2)(3)Tuesday「火曜日」とThursday「木曜日」の聞き取りに注意しましょう。
❹曜日をたずねるときはWhat day is it?「何曜日ですか」と言います。答えるときはIt'sのあとに曜日を表すことばを続けます。

答え

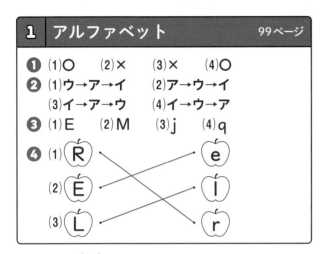

4 時こくをたずねよう 105ページ

❶ (1)○ (2)×
❷ (1)イ (2)ウ
❸ (1)ウ (2)ア
❹ イ

♬読まれた英語《えいご》と意味

❶(1)nine「9」 (2)forty「40」
❷(1)It's eleven ten.「11時10分です」
(2)It's seven fifty.「7時50分です」
❸(1)ア How is the weather?「天気はどうですか」 イ What day is it?「何曜日ですか」
ウ What time is it?「何時ですか」
(2)ア It's five twenty.「5時20分です」
イ It's four twenty.「4時20分です」
ウ It's five twelve.「5時12分です」
❹What time is it?「何時ですか」
— It's two thirty.「2時30分です」

ポイント

❷時こくは「時」+「分」の順《じゅん》に言います。
(2)「15」fifteenと「50」fiftyの発音のちがいに注意しましょう。
❸(1)「何時ですか」はWhat time is it?で表します。 (2)時こくを答えるときはIt'sのあとに「時」+「分」の順に言います。
数を表す単語《たんご》は順番に，one「1」，two「2」，three「3」，four「4」，five「5」，six「6」，seven「7」，eight「8」，nine「9」，ten「10」，eleven「11」，twelve「12」，thirteen「13」，fourteen「14」，fifteen「15」，sixteen「16」，seventeen「17」，eighteen「18」，nineteen「19」，twenty「20」，thirty「30」，forty「40」，fifty「50」，sixty「60」となります。

5 持っているものをたずねよう 107ページ

❶ (1)ア (2)イ
❷ (1)ウ (2)ア
なぞり書きはかい答省《しょう》りゃく
❸ (1)ホチキス (2)ノート (3)ペン
❹ (1)①エ ②ア (2)①イ ②ウ

♬読まれた英語と意味

❶(1)ア pencil「えんぴつ」 イ marker「マーカー」 ウ pen「ペン」 (2)ア glue「のり」 イ eraser「消しゴム」 ウ crayon「クレヨン」
❷(1)marker「マーカー」 (2)scissors「はさみ」
❸(1)メイ：What do you want, Tom?「あなたは何がほしいですか，トム」 トム：I want a stapler.「ぼくはホチキスがほしいです」
(2)トム：Do you have glue, Mei?「メイ，きみはのりを持っていますか」 メイ：Yes, I do.「はい，持っています」 トム：Do you have a notebook?「あなたはノートを持っていますか」 メイ：No, I don't.「いいえ，持っていません」
(3)メイ：Tom, do you have a marker?「トム，あなたはマーカーを持っていますか」 トム：No, I don't.「いいえ，持っていません」 メイ：What do you have?「あなたは何を持っていますか」 トム：I have a pen.「ぼくはペンを持っています」
❹(1)リク：Meg, do you have a pen case?「メグ，あなたは筆箱を持っていますか」 メグ：Yes, I do.「はい，持っています」 リク：Do you have scissors?「あなたははさみを持っていますか」 メグ：No, I don't.「いいえ，持っていません」
(2)メグ：Do you have glue, Riku?「リク，あなたはのりを持っていますか」 リク：No, I don't.「いいえ，持っていません」 メグ：What do you have?「あなたは何を持っていますか」 リク：I have a pencil.「ぼくはえんぴつを持っています」

ポイント

❸(1)What do you want?はほしいものをたずねる文です。答えるときはI wantのあとにほしいものを続《つづ》けます。
❹Do you have ～?「～を持っていますか」にはYes, I do.「はい，持っています」かNo, I don't.「いいえ，持っていません」で答えます。
What do you have?「あなたは何を持っていますか」にはI haveのあとに持っているものを続けて答えます。

6 学校をしょうかいしよう 109ページ

❶ (1)エ (2)ウ
❷ (1)ア (2)イ
❸ かい答省りゃく
❹ (1)イ (2)ア

♬読まれた英語と意味

❶(1)school principal's office「校長室」
(2)school nurse's office「ほ健《けん》室」
❷(1)This is the restroom.「これはトイレです」
(2)Turn right.「右に曲がってください」
❸(1)This is the gym.「これは体育館です」
(2)Turn right.「右に曲がってください」
❹(1)Go straight. This is the library.「まっすぐに行ってください。これは図書室です」
(2) Turn left. This is the teachers' office.「左に曲がってください。これはしょく員室です」

ポイント

❶ア「理科室」はscience room，イ「音楽室」はmusic roomです。
❷(1)イ「しょく員室」はteachers' officeです。
(2)ア「左に曲がる」はturn leftです。

❸(1)gymは「体育館」という意味です。
(2)rightは「右」，leftは「左」の意味です。
❹ア「しょく員室」はteachers' office，イ「図書室」はlibrary，ウ「図工室」はart roomです。教室などを表す単語《たんご》はclassroom「教室」，restroom「トイレ」，gym「体育館」，library「図書室」，school nurse's office「ほ健《けん》室」，school principal's office「校長室」，teachers' office「しょく員室」などがあります。

7 一日にすることを伝えよう 111ページ

❶ (1)ウ　(2)イ
なぞり書きはかい答省《しょう》りゃく
❷ (1)○　(2)○　(3)×
❸ (1)ウ　(2)ウ
❹ (1)ウ　(2)エ　(3)ア

読まれた英語《えいご》と意味
❶(1)hand「手」 (2)dinner「夕食」
❷(1)wake up「起きる」 (2)go home「家に帰る」
(3)check my school bag「わたしの学校のかばんをかくにんする」
❸(1)ア　I eat breakfast.「ぼくは朝食を食べます」　イ　I take out the garbage.「ぼくはごみを出します」　ウ　I go to school.「ぼくは学校に行きます」 (2)ア　I finish my dinner.「わたしは夕食を終えます」　イ　I do my homework.「わたしは宿題をします」　ウ　I have lunch.「わたしは昼食を食べます」
❹Hello, I'm Lucy. I wake up at six thirty. I have breakfast at seven. I brush my teeth at seven thirty. And I go to school at seven fifty.「こんにちは，わたしはルーシーです。わたしは6時30分に起きます。7時に朝食を食べます。7時30分に歯をみがきます。そして7時50分に学校に行きます」

ポイント
❶ア「宿題」はhomework，エ「昼食」はlunchです。
❷(3)「歯をみがく」はbrush my teethです。
一日にすることを表す英語は，wake up「起きる」，have breakfast「朝食を食べる」，have lunch「昼食を食べる」，have dinner「夕食を食べる」，wash my hands「手をあらう」，go to school「学校に行く」，go home「家に帰る」，brush my teeth「歯をみがく」，do my homework「宿題をする」，check my school bag「わたしの学校のかばんをかくにんする」，take out the garbage「ごみを出す」などがあります。

8 まとめのテスト 113ページ

❶
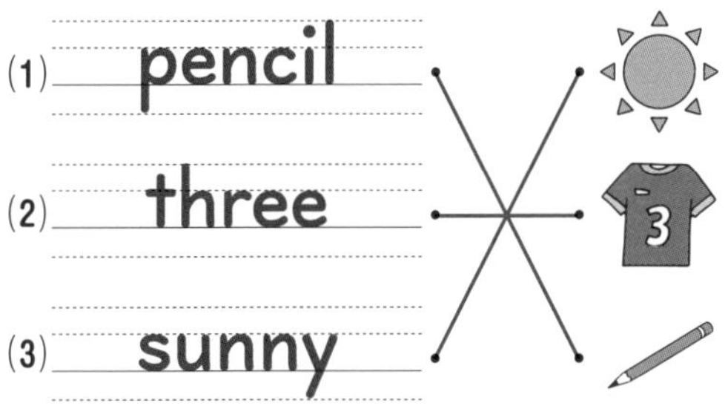

❷ (1) (上から順に) 木，雨
(2) (上から順に) 右，図工室
❸ (1)ウ　(2)イ
❹ (1)イ　(2)7，50
(3)ア　(4)6，45

読まれた英語と意味
❶(1)pencil「えんぴつ」
(2)three「3」 (3)sunny「晴れた」
❷(1)It's Thursday. It's rainy.「木曜日です。雨がふっています」 (2)Go straight and turn right. This is the art room.「まっすぐ行って右に曲がってください。これは図工室です」
❸(1)How is the weather?「天気はどうですか」
(2)What do you have?「あなたは何を持っていますか」
❹Hi, I'm Bob. I wake up at six thirty. I wash my face at six forty. I have breakfast at seven twenty. I take out the garbage and go to school at seven fifty. I come home at four. I wash my hands and have dinner at six forty-five.「こんにちは，ぼくはボブです。ぼくは6時30分に起きます。6時40分に顔をあらいます。7時20分に朝食を食べます。ごみを出して，7時50分に学校に行きます。ぼくは4時に家に帰ります。手をあらって，6時45分に夕食を食べます」

ポイント
❷(1)「火曜日」はTuesday，「雪がふっている」はsnowyです。　(2)「左」はleft，「理科室」はscience roomです。
❸(1)「くもりです」はIt's cloudy.と言います。
(2)「わたしは，はさみを持っています」はI have scissors.と言います。
❹ア「家に帰る」はcome home，イ「顔をあらう」はwash my face，ウ「起きる」はwake up，エ「ごみを出す」はtake out the garbageです。
時こくはatのあとにくるので，読まれる数に注意して聞きましょう。

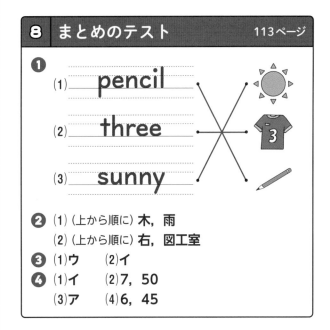

理科

1 天気と気温　115ページ

❶ (1)**気温**
(2)①**ア**　②**イ**
(3)**ウ**
(4)**イ**

❷ (1)**B**
(2)例**小さくなっている。**
(3)①**○**　②**×**　③**×**

ポイント

❶(1)空気の温度を気温，水の温度は水温といいます。
(2)気温は，まわりがよく開けた風通しのよい場所ではかります。また，おおいなどをしたり，かげをつくったりして，温度計に直せつ日光が当たらないようにします。
(3)気温は，地面から1.2m～1.5mの高さではかります。
(4)温度計の目もりは，**イ**のように真横から読みます。
❷(1)**A**のグラフは朝や夕方に気温が低《ひく》く，午後2時ごろに気温が高くなっており，1日の気温の変化《へんか》が大きいので，晴れの日の気温を表すグラフです。**B**のグラフは1日中気温がほとんど変化していないので，雨の日の気温を表すグラフです。
(2)晴れの日は1日の気温の変化が大きいですが，くもりや雨の日は1日の気温の変化が小さいです。
(3)晴れの日は，日の出のころに気温が最《もっと》も低くなり，午後2時ごろに最も高くなることが多いです。1日中，太陽が雲でさえぎられているのはくもりや雨の日です。

2 春の生きもの　117ページ

❶ (1)**イ**
(2)**イ**
(3)①**ア**　②**イ**　③**ア**

❷ (1)**イ**
(2)子葉の数…例**変《か》わらない。**
子葉以外《いがい》の葉の数…例**ふえる。**
(3)例**高くなる。**
(4)**ア**

ポイント

❶(1)春のころ，南の国から日本へやってきたツバメは，巣《す》づくりを始めて，つくった巣でたまごをうみ，ひなを育てます。
(2)ヒキガエルは3月ごろに冬みんから覚《さ》めて浅《あさ》い池の水などにたまごをうみ，春になるとたまごがかえっておたまじゃくしが見られます。おとなのヒキガエルは森林や草原などの日かげにすみます。
(3)春になると気温が上がり，冬よりも見られる動物の種類《しゅるい》や数がふえます。また，春のころ，オオカマキリはたまごからかえり，ナナホシテントウは成虫《せいちゅう》が葉にたまごをうみつけています。
❷(1)植物のたねは，種類によって形がちがいます。ツルレイシのたねは，**イ**のような形をしています。
(2)植物が成長しても子葉の数は変わりませんが，子葉以外の葉の数はふえていきます。
(3)成長していくと，なえのくきがよくのびて高さが高くなったり，葉の数がふえたりします。
(4)子葉以外の葉の数が5～6まいくらいになってきひげがのびたら（ヘチマとヒョウタンの場合は葉が3～4まいになったら），なえを土ごと花だんや大きいプランターなどに植えかえます。

3 電池のはたらき①　119ページ

❶ (1)**電流**
(2)**イ**
(3)①**イ**　②**イ**

❷ (1)**けん流計（かんいけん流計）**
(2)①**ア**　②**イ**
(3)**ア**
(4)**電流の向き，電流の大きさ**（順番《じゅんばん》はちがっていても○）

ポイント

❶(1)回路に流れる電気の流れを電流といいます。
(2)電流は，かん電池の＋極《プラスきょく》から出てどう線を通り，かん電池の－《マイナス》極へ向かって流れます。
(3)かん電池の＋極と－極を反対にすると，電流の向きも反対になります。モーターは，電流の向きを変えると回る向きも変わるので，矢印《やじるし》とは反対向きに回ります。
❷(1)(4)図の道具をけん流計（かんいけん流計）といいます。けん流計を使うと，はりのふれ方から，電流の向きや大きさを調べることができます。
(2)初《はじ》めは，切りかえスイッチを「電磁石《でんじしゃく》（5A）」側《がわ》に入れ，はりがしめす目もりが小さかった場合には，スイッチを「豆電球（0.5A）」側に入れます。
(3)けん流計にかん電池だけをどう線でつなぐと，けん流計がこわれてしまうことがあり，きけんです。

4 電池のはたらき② 121ページ

❶ (1)**へい列つなぎ**
(2)A…**ウ**　B…**イ**　C…**イ**　D…**エ**
(3)例**同じくらいになる。**
❷ (1)**直列つなぎ**
(2)**B，D**（順番《じゅんばん》はちがっていても○）
(3)**C**
(4)①**直列**　②**ア**

ポイント

❶(1)図1のように，かん電池2この＋極《プラスきょく》どうし，－《マイナス》極どうしをつなぐつなぎ方をへい列つなぎといいます。
(2)**A**には豆電球の記号（**ウ**），**B**，**C**にはかん電池の記号（**イ**）があてはまります。かん電池の記号は，ぼうの長いほうが＋極を表します。**D**にはスイッチの記号（**エ**）があてはまります。
(3)かん電池1こをつないだ回路とくらべて，かん電池2こをへい列につないだ回路では，流れる電流の大きさがほとんど変《か》わらないため，豆電球の明るさも同じくらいになります。
❷(1)**B**のように，2このかん電池のちがう極どうしをつなぐつなぎ方をかん電池の直列つなぎといいます。
(2)(4)かん電池1こをつないだ**A**の回路とくらべて，かん電池2こを直列につないだ**B**，**D**の回路では流れる電流が大きいため，モーターが速く回ります。
(3)かん電池2こをへい列につないだ**C**の回路では，かん電池1こをつないだ**A**の回路とくらべて，流れる電流の大きさがほとんど変わらないため，モーターが回る速さも同じくらいになります。

5 とじこめた空気や水 123ページ

❶ (1)例**小さくなる。**
(2)①**ア**　②**ア**
(3)例**もとの位置《いち》にもどる。**
(4)**B**
❷ (1)**ア**
(2)**ア**
(3)①**×**　②**○**　③**×**　④**×**

ポイント

❶(1)とじこめた空気に力を加《くわ》えると，空気の体積《たいせき》は小さくなります。
(2)おしぼうを矢印《やじるし》の向きに動かすほど，空気に加わる力が大きくなり，空気がおし返す力が大きくなります。そのため，おしぼうをおす手ごたえは，大きくなります。
(3)おしちぢめられた空気に力を加えることをやめると，空気はもとの体積にもどろうとするので，おしぼうはもとの位置にもどります。
(4)前玉はおしちぢめられた空気によって飛《と》び出すので，おしぼうの先が**C**から**B**の位置あたりまで進んだときに前玉が飛び出します。
❷(1)とじこめられた水に力を加えても，水の体積は変化《へんか》しないので，ピストンは動きません。
(2)ピストンを強くおしても，水の体積は変《か》わりません。
(3)水に力を加えてもおしちぢめることができず，体積は変わりません。おしちぢめることができて体積が小さくなるのは空気です。

6 夏の生きもの 125ページ

❶ (1)**ア，ウ**（順番《じゅんばん》はちがっていても○）
(2)例**高くなっている。**
(3)①**○**　②**○**　③**×**
❷ (1)**イ，エ**（順番はちがっていても○）
(2)**ア**
(3)**エ**

ポイント

❶(1)春のころのサクラは，花をさかせていましたが，花が散《ち》ると葉が出てきて，夏になるころには，こい緑色の大きな葉がたくさんしげっています。
(2)春とくらべて夏には気温が高くなっており，植物がよく成長《せいちょう》します。
(3)ツルレイシは夏になるころに花がたくさんさき，まきひげがのびて，高さが高くなっています。ヘチマやヒョウタンも，高さが高くなり，葉の数がふえています。
❷(1)春にオオカマキリがたまごからかえり，夏になるころには，よう虫や成虫がさかんにえさを食べています。オオカマキリは，たまご→よう虫→成虫の順に育ち，さなぎにはなりません。
(2)7月ごろには，おたまじゃくしから成長したヒキガエルが見られます。**イ**のたまごや**ウ**のおたまじゃくしは，春ごろに見られます。
(3)夏になると，カブトムシの成虫が木のみきで，木のしるをなめているのが見られます。8月ごろ，カブトムシは落ち葉の下などにたまごをうみ，9月ごろ，たまごからかえります。よう虫が土の中でじっとしているのは秋から冬にかけてで，5月ごろさなぎになります。

7 夏の星　127ページ

❶ (1)A…**ベガ**　B…**デネブ**
C…**アルタイル**
(2)**夏の大三角**
(3)①**星《せい》ざ**　②**はくちょうざ**
(4)**ウ**
(5)**イ**

❷ (1)**星ざ早見**
(2)**西**
(3)**13**

ポイント

❶(1)(2)ベガ，デネブ，アルタイルを結《むす》んでできる三角形を夏の大三角とよびます。

(3)星をいくつかのまとまりに分けて名前をつけたものを星ざといいます。**A**のベガをふくむ星ざはことざ，**B**のデネブをふくむ星ざははくちょうざ，**C**のアルタイルをふくむ星ざはわしざです。

(4)さそりざは，夏の夜空に見られる星ざです。夏の大三角が東の空に見えるとき，さそりざは南の空に見えます。

(5)星は，明るいものから順《じゅん》に1等星，2等星，3等星…と分けられています。

❷(1)図1の道具を星ざ早見といいます。星ざ早見を使うと，どの方位《ほうい》にどの星や星ざが見られるかを調べることができます。

(2)星ざ早見を使うときには，調べたい方位を下にして調べます。

(3)調べたい時こくの目もりと月日の目もりを合わせてから使います。図2では，19時の目もりが8月13日の目もりをさしています。

8 雨水のゆくえ①　129ページ

❶ (1)**ア，エ**（順番《じゅんばん》はちがっていても○）
(2)例**低《ひく》くなっている。**
(3)①**高い**　②**低い**

❷ (1)**土**
(2)**B**
(3)**イ**
(4)**校庭**

ポイント

❶(1)雨水は高い場所から低い場所へ流れます。図では，**A**→**B**→**C**の順に雨水が流れているので，いちばん高い場所は**A**，いちばん低い場所は**C**です。

(2)まわりより低い場所に雨水がたまって水たまりができます。

(3)水は，かたむきのない水平な場所では流れません。

❷(1)すな場のすなよりも校庭の土のほうが，つぶが小さいです。

(2)(3)つぶの小さな校庭の土よりも，つぶの大きなすな場のすなを入れたコップのほうが，水が早くしみこむので，**B**のほうがあなを開けていない下のコップに早く水がたまります。

(4)校庭の土よりもすな場のすなのほうが水がしみこみやすいので，すな場には水たまりはできにくいです。

9 雨水のゆくえ②　131ページ

❶ (1)A…**ア**　B…**ウ**
(2)**B**
(3)①**じょう発**　②**イ**

❷ (1)**外側《そとがわ》**
(2)**ウ**
(3)①**水じょう気**　②**イ**　③**水**

ポイント

❶(1)ラップフィルムでふたをしていない**A**は，水の量《りょう》が大きくへりますが，ラップフィルムでふたをしている**B**では，水の量がほとんど変《か》わりません。

(2)(3)コップの中の水は，じょう発して目に見えない水じょう気となって空気中へ出ていきます。ラップフィルムでふたをしていない**A**では，コップの外へ水じょう気が出ていくので，水の量が大きくへります。ラップフィルムでふたをした**B**では，水じょう気はコップやラップフィルムの内側についてふたたび水となり，コップの外へ出ていかないので，水の量がほとんど変わりません。

❷(1)(2)ふくろの外側の空気中にふくまれていた水じょう気は，ほ冷《れい》ざいによって冷《ひ》やされて水になるため，ふくろの外側の表面に水てきがたくさんつきます。

(3)空気中の水じょう気は冷やされると水に変わります。このように，空気中の水じょう気が冷《つめ》たいものにふれて表面で水になることを結《けつ》ろといいます。

10 月の位置の変化 133ページ

❶ (1)方位《ほうい》じしん
(2)北
❷ (1)半月
(2)ウ
(3)B
❸ (1)満月《まんげつ》
(2)A
(3)イ
(4)①ア　②イ

ポイント

❶(1)方位じしんは，水平になるように手のひらに置《お》いて使い，方位を調べることができます。
(2)方位じしんは，色のついているはりの先を文字ばんの「北」という文字に合わせます。
❷(1)図のように，半円の形をした月を半月といいます。
(2)右半分が光って見える半月が南の空で見られるとき，太陽は西にあります。太陽が西にあるのは夕方なので，右半分が光って見える半月は，午後6時ごろ南の空で見られます。
(3)図の左側《ひだりがわ》（Aの方向）が東，右側（Bの方向）が西です。月は太陽と同じように，東からのぼり，南の空を通って西にしずみます。時間がたつと，南の空で見られた半月は西のほうへ動いて見えます。
❸(1)図のように，円形の月を満月といいます。
(2)満月は午後6時ごろ東の空に見られ，時間がたつにつれて南東の空へ動いて見えます。よって，午後7時の月の位置《いち》はC，午後8時の月の位置はB，午後9時の月の位置はAです。
(3)月が見える位置は，時間がたつと東から西へ変《か》わります。
(4)日によって月の形は変わって見えますが，1日の中では時こくによって月の形は変わりません。

11 星の位置の変化 135ページ

❶ (1)北
(2)①イ　②印《しるし》（目印）
(3)①北極星《ほっきょくせい》　②反対（ぎゃく）
(4)イ
❷ (1)B
(2)ア
(3)①×　②○

ポイント

❶(1)カシオペヤざは，北の空で見ることができます。
(2)同じ場所で観察《かんさつ》することができるようにするため，暗くなる前に観察場所に印をつけておくとよいです。
(3)カシオペヤざのように，北の空で見ることができる星《せい》ざや星は，北極星を中心に時計のはりと反対向きに回っているように見えます。
(4)北の空で見ることができる星の集まりはほくと七星で，ことざ，さそりざ，はくちょうざは，東からのぼり，南の空を通って西にしずむように動いて見えます。
❷(1)図の左側《ひだりがわ》（Aの方位《ほうい》）が東，右側（Bの方位）が南です。星は太陽や月と同じように，東からのぼり，南の空を通って西にしずみます。東の空で見られた夏の大三角は，時間がたつにつれて南のほうへ動いて見えます。よって，午後9時にはBの方向に動いて見えます。
(2)北の空で見られる星以外《いがい》は，東からのぼり，南の空を通って西にしずむように動いて見えます。
(3)時間がたって見える位置《いち》が東から南，西へ変《か》わっても，夏の大三角をつくる星や星ざをつくる星のならび方は変わりません。夏の大三角をつくる星の見える位置は，東→南→西と変わるので，太陽や月と同じです。

12 わたしたちの体と運動 137ページ

❶ (1)①イ　②ア
(2)①イ　②ア
(3)ア
❷ (1)B
(2)関節《かんせつ》
(3)①○　②×
❸ ①イ　②イ

ポイント

❶(1)うでをさわったとき，きん肉はだんりょくがあり，ほねはかたく感じます。
(2)うでを曲げるときは，内側《うちがわ》のAのきん肉はちぢみ，外側のBのきん肉はゆるみます。うでをのばすときは，外側のBのきん肉がちぢみ，内側のAのきん肉がゆるみます。
(3)きん肉は，力を入れるとかたくなります。
❷(1)体の中のはいや心ぞうを守っているのは，Bのむねのほね（ろっこつ）です。Aの頭のほね（頭《とう》こつ。頭《ず》がいこつともよばれる）は，のうを守っています。
(2)ほねとほねとのつなぎ目を関節といいます。
(3)きん肉はほねをつなぐようについていて，きん肉がちぢんだりゆるんだりしてほねを動かすことで，体が動きます。人は関節以外《いがい》で体を曲げることができません。
❸ウサギやハトのような人以外の動物にも，ほねやきん肉があります。ほねの形は，ウサギは後ろあしが長いなど，動物の種類《しゅるい》によってちがいます。また，ウサギは後ろあしのきん肉が発達《はったつ》し，ハトはつばさを動かすむねのきん肉が発達しているなど，発達しているきん肉も動物の種類によってちがいます。

13 秋の生きもの 139ページ

❶ (1)**イ**
(2)**イ**
(3)例**下がる。**
(4)①**イ**　②**イ**
❷ (1)①**×**　②**○**　③**×**　④**○**
(2)**エ**

ポイント

❶(1)秋になるとオオカマキリは，木のえだなどにたまごをうみます。
(2)カブトムシは，夏の初《はじ》めにさなぎから成虫《せいちゅう》になり，夏の終わりに成虫が土の中にたまごをうみます。秋になるころには，たまごからかえってよう虫になっています。
(3)夏のころとくらべて，秋には気温が下がります。
(4)秋になると，動物は活動がにぶくなります。また，夏のころとくらべて，見られる数が少なくなります。
❷(1)サクラ（ソメイヨシノ）は春に花をさかせ，花が散《ち》るころには緑色の葉が出てきます。夏になるころには葉の数がふえて，葉の色はこい緑色になります。秋になると，黄色や赤色の葉がふえ，葉の数がふえず，葉はかれてきます。
(2)ツルレイシやヘチマ，ヒョウタンは，春から夏にかけて葉の数が多くなり，花がたくさんさきますが，秋になると，葉がかれ始めて実ができます。葉がなくなって，くきもかれるのは冬です。

14 ものの温度と体積① 141ページ

❶ (1)**イ**
(2)**ウ**
(3)①**空気**　②**ア**　③**イ**
❷ (1)**イ**
(2)①**×**　②**○**　③**×**　④**×**

ポイント

❶(1)(3)試験管《しけんかん》の口にせっけん水のまくをはって試験管を湯であたためると，試験管の中の空気があたためられ，空気の体積《たいせき》が大きくなります。試験管の中の空気の体積が大きくなると，せっけん水のまくがふくらみます。
(2)(3)試験管の口にせっけん水のまくをはって試験管を氷水で冷《ひ》やすと，試験管の中の空気が冷やされて，空気の体積が小さくなります。試験管の中の空気の体積が小さくなると，せっけん水のまくがへこみます。
❷(1)水を入れた試験管にゴムせんをつけたガラス管をさしこみ，試験管を氷水に入れて冷やすと，試験管の中の水が冷やされて，水の体積が小さくなります。試験管の中の水の体積が小さくなると，水面の位置《いち》が下がります。水を入れた試験管にゴムせんをつけたガラス管をさしこみ，初《はじ》めの水面の位置に印《しるし》をつけることで，水面が動いたときの変化《へんか》がわかりやすくなります。
(2)水を入れた試験管を湯に入れてあたためると，試験管の中の水があたためられて，水の体積が大きくなります。試験管の中の水の体積が大きくなると，水面の位置は上がります。水を湯であたためてもふっとうはしないので，試験管の底《そこ》からあわがはげしく出ることはありません（水にとけていた空気が小さいあわとなって出てくることはあります）。

15 ものの温度と体積② 143ページ

❶ (1)**ガスこんろ**
(2)**ア，エ**（順番《じゅんばん》はちがっていても○）
(3)①**イ**　②**ア**
❷ (1)①**ア**　②**イ**
(2)例**できる。**
(3)**ウ**

ポイント

❶(1)ガスこんろを使うと，ものを熱《ねつ》することができます。
(2)ガスこんろは，平らな安定した場所に置《お》き，火をつける前にはガスボンベを切れこみにそって「カチッ」と音がするまで入れます。近くにもえやすいものを置いてはいけません。また，ガスボンベをたたいたり落としたりすると，ガスがもれるきけんがあります。
(3)ガスこんろの火をつけるときには，つまみを「点火」のほうまでカチッと音がするまで回し，火がついたら，つまみを回して火の大きさを調節《ちょうせつ》します。
❷(1)金ぞくの玉を熱すると，玉の体積《たいせき》が大きくなるため，金ぞくの輪《わ》を通りぬけることができなくなります。
(2)(1)の金ぞくの玉を冷《ひ》やすと，玉の体積が小さくなるので，もとのように金ぞくの輪を通りぬけることができるようになります。
(3)金ぞく，空気，水のすべてについて，あたためたときには体積が大きくなり，冷やしたときには体積が小さくなります。あたためたときと冷やしたときの体積の変化《へんか》の大きさは，空気が最《もっと》も大きく，金ぞくが最も小さいです。

16 冬の星　145ページ

❶ (1)**オリオン**
(2)**1**
(3)A…**ベテルギウス**　B…**リゲル**
(4)**エ**
❷ (1)**冬の大三角**
(2)**シリウス**
(3)①×　②×　③○

ポイント

❶(1)図の星《せい》ざをオリオンざといいます。オリオンざは，冬の夜空に見ることができる星ざです。
(2)**A**，**B**は1等星で，オリオンざをつくるほかの星とくらべて特《とく》に明るい星です。星は明るいものから順《じゅん》に，1等星，2等星，3等星…と分けることができます。
(3)(4)**A**はベテルギウスで，赤色に見えます。**B**はリゲルで，青白い色に見えます。これらの色のちがいは，星の温度のちがいによるもので，青白い星の温度は高く，赤い星の温度は低《ひく》いです。
❷(1)(2)**A**はオリオンざをつくる1等星のベテルギウス，**B**はこいぬざをつくる1等星のプロキオン，**C**はおおいぬざをつくる1等星のシリウスで，冬の夜空で特に明るい星です。この3つの星を結《むす》んでできる三角形を冬の大三角といいます。
(3)時間がたつと星が見える位置《いち》は変《か》わっていきますが，星ざをつくる星のならび方は変わらず，冬の大三角をつくる星のならび方も変わりません。このとき，星ざが見える位置が変わるので，冬の大三角が見える位置も変わります。図は南東の空なので，時間がたつと冬の大三角は南の空を通って西へしずんで見えます。

17 冬の生きもの　147ページ

❶ (1)**ウ**
(2)**イ**
(3)**たまご**
(4)**ウ**
(5)例**少なくなる。**
❷ (1)**芽《め》**
(2)**ア**
(3)①×　②×　③○

ポイント

❶(1)冬のころ，ナナホシテントウの成虫《せいちゅう》は落ち葉の下でじっとしてすごしています。
(2)秋の終わりごろ，ツバメはあたたかい南の国へわたり，冬の間はそこですごします。
(3)オオカマキリは秋に草むらでたまごをうみます。冬の間，オオカマキリは，たまごのすがたですごします。
(4)カブトムシは，夏の終わりごろ土（ふ葉土《ようど》）の中にたまごをうみます。やがてたまごからかえると，よう虫のすがたで土の中で冬をこします。
(5)冬になると気温が下がり，見られる動物の種類《しゅるい》や数は少なくなります。
❷(1)秋から冬にかけて，サクラの葉はかれて落ちてしまい，えだには芽ができます。
(2)春になると，芽から新しい葉が出てきます。ソメイヨシノは芽から花だけが先に出ます。
(3)ツルレイシやヘチマ，ヒョウタンは，秋に葉がかれて実ができます。冬には葉もくきも根もかれて実の中にたねが入っています。草たけが高くなったり，葉の色がこくなり数がふえたりするのは，春から夏にかけてです。

18 生きものの1年間　149ページ

❶ (1)**ウ**
(2)**ア**
(3)①**イ**　②**ア**
(4)例**活発ではない。**
❷ (1)**夏…A**　**冬…B**
(2)**ア**
(3)①**ア**　②**たね**

ポイント

❶(1)(2)オオカマキリは，秋になると木のえだなどにたまごをうみます。そのため，冬にはオオカマキリのたまごが見られ，春になるとたまごからかえったよう虫が出てきます。
(3)秋のころ，ツバメは南の国で冬をこすため，飛《と》び立っていきます（一部，九州や沖縄《おきなわ》で冬をこすツバメもいます）。
(4)冬になると，秋よりも気温がさらに下がり，動物の活動はにぶくなります。ヒキガエルは，土の中で冬をこします。
❷(1)サクラは春に花をさかせ（**C**），花が散《ち》ったあとには明るい緑色の葉が出てきて数をふやし，夏になるころには葉の緑色がこくなり，さらに数がふえます（**A**）。秋になると葉がかれ始め（**D**），冬になると葉がすべて落ちてえだには芽《め》ができます（**B**）。
(2)サクラの葉は，春から夏にかけて数がふえます。秋になると，葉がかれ始め，冬になるころには葉がかれて落ちてしまいます。
(3)秋ごろには，ツルレイシやヘチマ，ヒョウタンも葉がかれて，実の中にはたねができています。

19 もののあたたまり方① 151ページ

❶ (1)C→B→A→D
(2)F
(3)①ア　②ア
❷ (1)B
(2)D
(3)H，I，K (順番《じゅんばん》はちがっていても○)
(4)E，L (順番はちがっていても○)

ポイント

❶(1)水平にした金ぞくのぼうの真ん中を熱《ねっ》した場合，熱した部分にいちばん近いCのろうが最初《さいしょ》にとけます。続《つづ》いて，次に熱した部分に近いBのろうがとけ，その次にAのろうがとけ，熱した部分からいちばんはなれたDのろうが最後にとけます。
(2)ななめにした金ぞくのぼうの真ん中を熱したときも，水平にしたときと同様に，熱した部分にいちばん近いFのろうが最初にとけます。続いて，Gのろう，Eのろうがとけ，最後にはHのろうがとけます。
(3)金ぞくのぼうが水平でもななめでも，熱した部分に近いところから遠いところへ順にあたたまります。
❷(1)熱した部分からいちばん遠いBのろうが最後にとけます。
(2)熱した部分からAとほぼ同じきょりのDのろうがほぼ同時にとけます。
(3)熱した部分からFとほぼ同じきょりなのは，H，I，Kです。F，H，I，Kのろうがほぼ同時にとけます。
(4)I，Kの位置《いち》から同じきょりのEまたはLを熱すると，I，Kのろうがほぼ同時にとけます。

20 もののあたたまり方② 153ページ

❶ (1)ウ
(2)ア
(3)①ア　②イ　③ウ
❷ (1)空気
(2)イ
(3)①ア　②イ
(4)水

ポイント

❶(1)絵の具を入れた部分の近くを熱《ねっ》するので，絵の具はあたためられた水といっしょに動きます。
(2)(3)水を熱すると，熱して温度が高くなった水が上のほうへ動き，上にあった温度の低《ひく》い水が下のほうへ動きます。このような水の動きをくり返し，やがて全体があたたまります。
❷(1)ビーカーの中には空気と線こうのけむりが入っているので，線こうのけむりは空気と同じように動きます。
(2)(4)空気を熱すると，水と同じように，熱した部分が上のほうへ動き，上のほうにあった空気が下のほうへ動きます。このような動きをくり返して，ビーカーの中の全体があたたまります。金ぞくは，水や空気のあたたまり方とはちがって熱した部分に近いところから遠いところへ順《じゅん》にあたたまります。
(3)あたたかい空気は上のほうへ動き，冷《つめ》たい空気は下のほうへ動くので，エアコンで部屋の中をあたためるときは，あたたかい空気を下へ向かってふき出すようにしないとゆかの近くの空気は冷たいままであたたまりません。

21 すがたを変える水 155ページ

❶ (1)えき体
(2)気体
(3)固体《こたい》
❷ (1)ふっとう石
(2)エ
(3)湯気《ゆげ》
❸ (1)①B　②D　③C
(2)ア

ポイント

❶(1)(3)目に見えるすがたはえき体と固体ですが，自由に形を変《か》えることができるすがたはえき体と気体，自由に形を変えることができないすがたは固体です。
(2)空気や水じょう気のように，目に見えず，自由に形を変えることができるすがたを気体といいます。
❷(1)水だけを入れて熱すると急にふっとうして熱《ねっ》湯《とう》が飛《と》び散《ち》ることがありあぶないため，ふっとう石を入れて熱します。
(2)水を熱したとき，水の中からさかんにあわが出てわき立つことをふっとうといいます。水は約《やく》100℃でふっとうします。
(3)水を熱すると目に見えない水じょう気になり，水じょう気が空気中で冷《ひ》やされると水のつぶになります。白いけむりのように見えるものは，水じょう気ではなく，細かい水のつぶになったもので，湯気といいます。
❸(1)水を冷やすと温度が下がり，0℃になるまではすべて水ですが，0℃でこおり始めます。すべてこおるまでは温度が0℃で変わらず，その間は水と氷がまざっています。すべてこおると，水の温度は0℃よりも低《ひく》くなっていきます。
(2)水が氷になると，体積《たいせき》は大きくなります。

答え

22 まとめのテスト① 157ページ

❶ (1)**百葉箱《ひゃくようばこ》**
(2)①**ア**　②**イ**
❷ (1)**C**
(2)**A**
❸ (1)例**下がる。**
(2)**ウ**
(3)**空気**
❹ ①**水じょう気（気体）**　②**じょう発**

ポイント

❶(1)百葉箱の中は温度計でいつも同じじょうけんで気温をはかることができるようなつくりになっています。
(2)１日の気温の変化《へんか》が大きいのは晴れの日で，日の出のころに気温が最低《さいてい》となり，午後２時ごろに気温が最高となることが多いです。
❷(1)**C**では２このかん電池の－極どうしがとなり合っているので，どちらの向きにも電流が流れません。
(2)**A**では２このかん電池のちがう極どうしをつないだ直列つなぎなので，かん電池１こをつないだときより大きな電流が流れ，モーターが速く回ります。**B**，**D**は，かん電池２こをへい列つなぎにしているので，かん電池１こをつないだときとほぼ同じ大きさの電流が流れ，かん電池１こをつないだときと同じくらいの速さでモーターが回ります。
❸とじこめた空気はおしちぢめることができるので，注《ちゅう》しゃ器《き》のピストンをおすと，空気だけがちぢんでピストンが下がります。
❹水が水じょう気に変《か》わって空気中へ出ていくことを，じょう発といいます。

23 まとめのテスト② 159ページ

❶ (1)**B，D，F**（順番《じゅんばん》はちがっていても○）
(2)**関節《かんせつ》**
(3)①**きん肉**　②**ちぢん**
❷ (1)A…例**上がる。**　B…例**上がる。**
(2)**B**
(3)**イ**
❸ (1)**C**
(2)**空気**

ポイント

❶(1)(2)図の**B**，**D**，**F**のようなほねとほねとのつなぎ目を関節といい，曲げることができます。
(3)うでを曲げたりのばしたりするときは，ほねについているきん肉がゆるんだりちぢんだりします。
❷(1)水も空気も，あたためると体積《たいせき》が大きくなるので，**A**では水面の位置《いち》が上がり，**B**ではゼリーの位置が上がります。
(2)(3)水，空気，金ぞくをあたためたときには，すべて体積が大きくなりますが，体積の変化の大きさは，水と空気では空気のほうがひじょうに大きく，水と金ぞくでは水のほうが大きいです。
❸(1)水を熱《ねっ》すると，熱した部分の水が上のほうへ動き，上にあった冷《つめ》たい水が下のほうへ動きます。このような動きがくり返されて水全体があたたまります。**A**，**B**のように試験管《しけんかん》の上のほうを熱すると，熱した部分から上のほうがあたたまり下のほうはなかなかあたたまりません。**C**のように試験管の下のほうを熱すると，水全体が早くあたたまります。
(2)水と同じように，空気も熱した部分が上のほうに動いて全体があたたまります。金ぞくは水のあたたまり方とちがって，熱した部分に近い所から遠いところへ順にあたたまります。

24 まとめのテスト③ 161ページ

❶ (1)A…**こと**　B…**はくちょう**
C…**わし**
(2)**夏の大三角**
(3)**イ**
❷ (1)**A，D**（順番《じゅんばん》はちがっていても○）
(2)**C**
(3)**B**
❸ (1)**0**
(2)**ア**

ポイント

❶(1)**A**はことざのベガ，**B**ははくちょうざのデネブ，**C**はわしざのアルタイルです。
(2)ことざのベガ，はくちょうざのデネブ，わしざのアルタイルを結《むす》んでできる三角形を夏の大三角といいます。
(3)時間がたつと，月と同様に，**A**～**C**の星をふくむ星《せい》ざはすべて東から南の空を通り，西へしずんで見えます。
❷(1)**A**は春にツバメが巣《す》づくりをしているようすです。**B**は冬にカエルが土の中でじっとしてすごしているようすです。**C**は秋にオオカマキリがたまごをうんでいるようすです。**D**は春にサクラの花がさいているようすです。
(2)ツルレイシやヘチマ，ヒョウタンの葉がかれ始めるのは秋です。
(3)ナナホシテントウの成虫《せいちゅう》が落ち葉の下でじっとしているのは冬です。
❸(1)水は0℃でこおり始め，すべてがこおるまでは温度が0℃のまま変《か》わりません。
(2)水が氷になると，体積《たいせき》が大きくなります。

社会

1 都道府県のようす①　163ページ

❶ (1)**47**
(2)**大阪《おおさか》，京都《きょうと》**（順番《じゅんばん》はちがっていても○）
(3)A…**関東《かんとう》**　B…**中部《ちゅうぶ》**
C…**近畿《きんき》**　D…**中国《ちゅうごく》・四国《しこく》**
❷ (1)B…**東北《とうほく》**　G…**九州《きゅうしゅう》**
(2)**D**
(3)①**C**　②**A**　③**D**　④**E**

ポイント

❶(1)(2)日本は47都道府県《とどうふけん》に分けられます。1つの都（東京都《とうきょうと》），1つの道（北海道《ほっかいどう》），2つの府（大阪府と京都府），43の県からなります。
(3)日本を，7つの地方に区分すると，北から，北海道地方，東北地方，関東地方，中部地方，近畿地方，中国・四国地方，九州地方に分けられます。
❷(1)地図中の**A**は北海道地方，**B**は東北地方，**C**は関東地方，**D**は中部地方，**E**は近畿地方，**F**は中国・四国地方，**G**は九州地方です。
(2)**D**の中部地方には，9つの県がふくまれています。
(3)①1つの「都」とは東京都のことです。東京都は関東地方に位置《いち》しています。
②地方名と都道府県名が同じなのは北海道です。北海道だけで1つの地方になっています。
③関東地方と近畿地方にはさまれているのは，中部地方です。
④2つの「府」とは大阪府と京都府のことです。どちらも近畿地方にあり，となり合っています。

2 都道府県のようす②　165ページ

❶ (1)**ウ**
(2)**山**
(3)①**奈良県《なら》**　②**福島県《ふくしま》**　③**北海道《ほっかいどう》**
❷ (1)**イ**
(2)①**熊本《くまもと》**　②**三重《みえ》**
③**秋田《あきた》**　④**青森《あおもり》**

ポイント

❶(1)東京都《とうきょうと》は関東《かんとう》地方にふくまれます。
(2)**A**は山形《やまがた》県，**B**は山口《やまぐち》県です。
(3)①海に面していない県は，ほかに，
関東地方…栃木《とちぎ》県，群馬《ぐんま》県，埼玉《さいたま》県
中部《ちゅうぶ》地方…山梨《やまなし》県，長野《ながの》県，岐阜《ぎふ》県
近畿《きんき》地方…滋賀《しが》県
があります。
❷(1)長野県は，群馬県，埼玉県，山梨県，静岡《しずおか》県，愛知《あいち》県，岐阜県，富山《とやま》県，新潟《にいがた》県の8県とせっしています。
(2)県名に使われている漢字に特色《とくしょく》のある県には，たとえば次のようなものがあります。

ふくむ漢字	都道府県《とどうふけん》
「山」	山形県，山梨県，富山県，和歌山《わかやま》県，岡山《おかやま》県，山口県
「川」	神奈川《かながわ》県，石川《いしかわ》県，香川《かがわ》県
「島」	福島県，島根《しまね》県，広島《ひろしま》県，徳島《とくしま》県，鹿児島《かごしま》県
動物の名前	群馬県，鳥取《とっとり》県，熊本県，鹿児島県
数字	千葉《ちば》県，三重県

3 わたしたちの県①　167ページ

❶ (1)**東北《とうほく》**
(2)**岩手《いわて》**
(3)**仙台《せんだい》**
(4)①**平野**　②**山**
❷ (1)①**東北**
②**山形《やまがた》**
(2)**ア，エ**（順番《じゅんばん》はちがっていても○）

ポイント

❶(1)東北地方には，宮城《みやぎ》県のほか，青森《あおもり》県，岩手県，秋田《あきた》県，山形《やまがた》県，福島《ふくしま》県の計6県があります。
(2)宮城県の北に位置《いち》しているのは岩手県です。
(3)日本全体を見ると，県名と県庁所在地名《けんちょうしょざいちめい》が同じ県のほうが多く，ちがっている道県は18道県です。地図帳でたしかめてみましょう。宮城県の県庁所在地である仙台市は，県内で人口《じんこう》が最《もっと》も多く，交通が発達《はったつ》しています。
❷(1)東北自動車道を利用《りよう》すると岩手県や福島県へ，山形自動車道を利用すると山形県へ行くことができます。
(2)**イ**…宮城県には，北から「くりこまこうげん」駅，「ふるかわ」駅，「せんだい」駅，「しろいしざおう」駅という4つの東北新かん線の駅があります。
ウ…地図の左上にある，きょりをしめす目もりに注目します。これをもとにして，空港と「せんだい」駅のきょりをはかると，15kmくらいあることがわかります。

答え

4 わたしたちの県② 169ページ

❶ (1)**九州《きゅうしゅう》**
(2)**佐賀《さが》**
(3)**イ**
(4)**南西《なんせい》（南）**

❷ (1)**小麦**
(2)**2**
(3)**ウ，エ**（順番《じゅんばん》はちがっていても○）

ポイント

❶(1)九州地方には，福岡《ふくおか》県のほか，佐賀県，大分《おおいた》県，長崎《ながさき》県，熊本《くまもと》県，宮崎《みやざき》県，鹿児島《かごしま》県，沖縄《おきなわ》県の合計8県があります。
(2)筑後《ちくご》川のまわりには筑紫《つくし》平野が広がっています。筑紫平野では農業がさかんです。
(3)県庁所在地《けんちょうしょざいち》である福岡市には，工場や住宅《じゅうたく》，商店が集まり，交通も発達《はったつ》しています。
(4)八方位《はちほうい》は，東西南北《とうざいなんぼく》だけの四方位《しほうい》よりも，くわしく方位を表すことができます。北と東の間を北東《ほくとう》・南と東の間を南東《なんとう》・南と西の間を南西・北と西の間を北《ほく》西《せい》で表します。

❷(1)このぼうグラフでは，ぼうの長さが量《りょう》の多さを表しているので，2番目に長い小麦が，生産《せいさん》量が2番目に多いことが読み取れます。
(2)たてじくの目もりを読み取ります。
(3)ア…県の西側《にしがわ》にあるのは福岡空港です。北九州《きたきゅうしゅう》空港は県の北東にあります。
イ…福岡県と大分県の間に，新かん線は通っていません。
ウ…福岡県には，山陽《さんよう》新かん線と九州新かん線という2つの新かん線が乗り入れています。

5 わたしたちの県③ 171ページ

❶ (1)**中国《ちゅうごく》・四国《しこく》**
(2)**広島《ひろしま》**
(3)**イ，ウ**（順番《じゅんばん》はちがっていても○）
(4)**特産物《とくさんぶつ》**

❷ (1)**ぶどう，もも**（順番はちがっていても○）
(2)**イ，エ**（順番はちがっていても○）

ポイント

❶(1)中国・四国地方には，岡山《おかやま》県のほか，鳥取《とっとり》県，島根《しまね》県，広島県，山口《やまぐち》県，香川《かがわ》県，愛媛《えひめ》県，徳島《とくしま》県，高知《こうち》県の合計9県があります。
(2)岡山県の東にあるのは兵庫《ひょうご》県，北にあるのは鳥取県です。
(3)ア…市街地《しがいち》は，県庁所在地《けんちょうしょざいち》である岡山市を中心に，おもに県の南部に見られます。
エ…畑は，おもに県の西部に集まっています。
❷(1)岡山県は，ぶどうやももの産地として知られています。
(2)ア…岡山県は，本州《ほんしゅう》四国連《れん》らく道路の1つである，瀬戸大橋《せとおおはし》によって香川県と結《むす》ばれています。
イ…県の南側《みなみがわ》を山陽《さんよう》自動車道，北側を中国自動車道が東西に走り，その間を岡山自動車道などがつないでいます。
ウ…県の中央部に岡山空港があります。
エ…瀬戸内海《せとないかい》をはさんで，岡山県をふくむ5県を中国地方，香川県をふくむ4県を四国地方とよぶこともあります。

6 わたしたちのくらしと水① 173ページ

❶ (1)**2000**
(2)**10000**
(3)**3**
(4)**①ふえて　②へって**

❷ (1)**①森　②川**
(2)**水道管《すいどうかん》**
(3)**しげん**

ポイント

❶(1)水を学校や家庭などにとどけることを給水《きゅうすい》といい，給水量《りょう》はその量を表しています。グラフ中，ぼうの長さがいちばん長い2000年が，給水量が最《もっと》も多い年です。
(2)グラフのたてじくの目もりを読み取ります。1m^3（立方メートル）は，たて・横・高さがそれぞれ1mのようきに入る量です。
(3)1960年の給水量はおよそ3000万m^3，2021年の給水量はおよそ9000万m^3なので，約《やく》3倍になっています。
❷(1)水道の水は，もとは空からふってきた雨です。森やダムから川に流れ出た雨水を，じょう水場にとりこみ，きれいな水をつくったあと，わたしたちのもとにとどけられます。ダムは，1年を通して水を利用《りよう》できるように，川をせき止めてたくわえておくしせつです。
(2)学校や家庭の水道のじゃ口から出る水は，じょう水場から水道管を通って送られてきます。水道管は，ほとんどが地面の下を通っています。
(3)わたしたちがふだん飲んだり，使ったりしている水は，かぎられたしげんです。水のほか，石油や石炭もしげんにあたります。

7 わたしたちのくらしと水② 175ページ

❶ (1)**じょう水場**
(2)①**C**　②**D**　③**A**　④**B**
❷ (1)①**下水《げすい》（下水道）**　②**川**
(2)**ア，エ**（順番《じゅんばん》はちがっていても○）
(3)**人口《じんこう》**

ポイント

❶(1)じょう水場は，ごみを取りのぞいたり，薬を使って消毒《しょうどく》したりして，水をきれいにするしせつです。
(2)「ちんさ」とは「すななどをしずめる」という意味です。図にある「急速かくはん池《ち》」では，薬品を入れてかきまぜます。「じょう水池」にためられた水は，「送水ポンプ」を使って学校や家庭，工場などに運ばれます。
❷(1)わたしたちが使った水のことを下水といいます。使ったあとの水は，地下にうめてある下水管《かん》を通って，下水しょり場に集められます。下水しょり場できれいにされた水は，飲み水には使わず，川などに流します。トイレで流す水や，公園などのふん水《すい》の水として再利用《さいりよう》される場合もあります。
(2)**イ**…台所の流しに食用油を流すと，川や海をよごす原いんになります。
ウ…台所の流しに生ごみを流すと，下水管がつまる原いんになります。
(3)今のように下水管が整えられていなかった1970年ごろには，使ってよごれた水はそのまま川などに流していました。人口がふえ，水の使用量《しようりょう》がふえるのに合わせて，市や県は下水管や下水しょり場を計画的《けいかくてき》につくってきました。

8 わたしたちのくらしと水③ 177ページ

❶ (1)A…**雨**　B…**土**　C…**地下水**
(2)**緑のダム**
(3)**ア，ウ**（順番《じゅんばん》はちがっていても○）
❷ (1)**へっている**
(2)**節水《せっすい》**
(3)**イ，ウ**（順番はちがっていても○）

ポイント

❶(1)森林《しんりん》に雨としてふってきた水は，地表から地中深くにゆっくりとしみこみます。そして，地下水としてたくわえられ，川などに流れ出ます。
(2)ダムは，水をためたり，川の水の量《りょう》を調節《ちょうせつ》したりするためのしせつです。森林のもつ，水をたくわえるはたらきがダムとにていることから，森林は「緑のダム」ともよばれています。
(3)森林は雨水をたくわえることから，大雨が原いんで起こるこう水をふせぐはたらきがあります。また，木の根が土をおさえこむため，土砂《どしゃ》くずれをふせぐはたらきもあります。
❷(1)１家庭あたりで１日に使われる水の量は2005年にくらべて，2020年は100Lほどへっています。
(2)使う水の量をへらしたり，一度使った水をふたたび使ったりする節水の取り組みが，かぎりある水を大切に使うことにつながります。
(3)**イ**…せんたくはまとめて行い，回数をへらすようにします。こまめに行うと，使う水の量がふえます。
ウ…油でよごれた食器《しょっき》は，いらない紙やぬのでふいてからあらうようにします。水を出し続《つづ》けながら，よごれが落ちるまであらうと，使う水の量がふえます。スポンジなどであらうときは水を止め，すすぐときだけ水を出すようにします。

9 ごみのしょりと利用① 179ページ

❶ (1)①**ア**　②**エ**　③**ウ**
(2)**分別《ぶんべつ》**
(3)**ア，イ**（順番《じゅんばん》はちがっていても○）
❷ (1)**ア，ウ**（順番はちがっていても○）
(2)①**もえる（もやせる）**　②**しげん**

ポイント

❶(1)①もえるごみをもやせるごみ，もえないごみをもやせないごみとよぶ地いきもあります。しげんごみには，ペットボトルのほか，びん・かん，新聞，紙パック，だんボール，ぬの類《るい》などがあります。
②もえないごみには，ガラスのコップのほか，陶《とう》磁器《じき》の茶わん，金属《きんぞく》のやかん，かさなどがあります。
③もえるごみには，野菜《やさい》くず，魚のほねなどの生ごみのほか，ぬいぐるみ，ゴムせい品，かわせい品などがあります。ごみの分け方は，地いきによってちがいがあります。
(2)ごみの種類《しゅるい》によって運ばれる所がちがうため，きちんと分別してごみを出す必要《ひつよう》があります。ごみを分別することで，しげんとなるものは再利用《さいりよう》でき，ごみの量《りょう》をへらすことができます。
(3)**ウ**…毎回，ごみを収集《しゅうしゅう》する車は同じ道順《みちじゅん》を通っています。
エ…それぞれの家の前ではなく，車が通れる道路ぞいの決まった場所にごみを出してもらうことで，早く，残《のこ》さずに収集することができます。
❷(1)**イ**…左のグラフを読み取ります。2020年のごみの量は約《やく》300kg，1955年のごみの量は約40kgです。
エ…右のグラフを読み取ります。「生ごみ」は約5万t，「木や草など」は約1万tなので，約5倍の量です。
(2)①もえるごみは，せいそう工場でもやされます。
②しげんごみは，リサイクルプラザ（回収《かいしゅう》しせつ）に運ばれ，リサイクルされます。

10 ごみのしょりと利用② 181ページ

❶ (1)①B　②D　③C　④A
(2)ごみピット
(3)せいそう
❷ (1)①エ　②イ
(2)①44　②35年

ポイント

❶(1)①熱《ねつ》でごみを焼《や》くことで，ごみははいやガスになります。
②ごみをもやしたときに出るけむりのうち，体に害《がい》のあるものはこのそう置《ち》で取りのぞかれます。きれいになったけむりは，えんとつから外に出されます。
④ごみを細かくくだくのは，ごみをもえやすくして，使う燃料《ねんりょう》を少なくするためです。
(2)運ばれてきたごみは，一度ごみピットにためられ，そこからクレーンでしょうきゃくろに運ばれます。
❷(1)②ボイラーでつくったじょう気の力を利用《りよう》して電気をつくります。この電気でせいそう工場のそう置などを動かしたりしています。
(2)①「うめ立てられる最大量《さいだいりょう》」約《やく》284万m^3から，「うめ立てが終わっている量」約240万m^3をひくと約44万m^3になります。
②残《のこ》っている約44万m^3を，「うめ立て場に運ばれる1年間のごみの量」の約1万2500m^3でわると35.2になり，あと約35年で使うことができなくなってしまうことがわかります。

11 ごみのしょりと利用③ 183ページ

❶ (1)リサイクル
(2)①イ　②エ　③ア　④ウ
❷ (1)①A…ア　B…イ　②エ
(2)3 R《スリーアール》

ポイント

❶(1)リサイクルは，使い終わったものを原料《げんりょう》にもどしてふたたび利用《りよう》することをいいます。ごみをへらすことになるだけでなく，大切なしげんを節約《せつやく》することができます。
(2)①ペットボトルは小さくくだかれ，ペレットというつぶの形をしたプラスチックになります。それを原料として，服や再生《さいせい》ペットボトルがつくられます。
②かんは，つぶしてからアルミかんやほかのいろいろな鉄せい品に生まれ変《か》わります。
③紙パックは，ティッシュペーパーなどにもなります。
④びんは，ガラスせい品やふたたびびんにもなります。
❷(1)①左側《がわ》のグラフから，人口はふえていること，右側のグラフからは，ごみの量《りょう》はへっていることが読み取れます。
②しげんごみはごみとしてもやしてしまうのではなく，リサイクルするようになってきたことから，ごみの量がへってきました。
(2)ごみのしょりにはたくさんのお金がかかります。そして，そのお金はほとんどが家の人がおさめているぜい金です。そのため，市や町では，再生利用すること（リサイクル）とともに，ごみになるものをへらすこと（リデュース），くり返し使えるものを何度も使うこと（リユース）を合わせた3Rの考えを大事にして，ごみをへらそうとしています。

12 自然災害から人々を守る① 185ページ

❶ (1)ア，イ（順番《じゅんばん》はちがっていても○）
(2)①ウ　②ア　③エ　④イ
❷ (1)①イ　②エ　③ア　④ウ
(2)イ→エ→ウ→ア

ポイント

❶(1)ウ…元通りになるのに最《もっと》も時間がかかったのは，高速道路です。
(2)②津波《つなみ》は，海面がもり上がり，大きな波が海ぞいにおしよせる現象《げんしょう》です。海底《かいてい》で地震《じしん》が起こったときなどに発生します。最近《さいきん》起こった最も大きな津波は，2011年3月11日の東日本大震災《ひがしにほんだいしんさい》で発生した40.1mです。
❷(1)地震などの災害《さいがい》が起こったときには，水道や電気が止まってしまうおそれがあります。使えるようになるまで何日もかかることもあるので，しっかりじゅんびしておくことが大切です。
①・②イはかい中電とう，エはかん電池で動くけいたいラジオです。電気が止まったときにそなえて，じゅんびしておきましょう。かん電池も，ふだんから多めにじゅんびしておくとよいでしょう。
③アはヘルメットです。
④ウはひなん用のリュックサックです。水や長い期間もつ食べ物などをつめておきましょう。
なお，自然《しぜん》災害のとき，食料《しょくりょう》と水は各《かく》家庭で7日分必要《ひつよう》とされています。
(2)ひなん訓練《くんれん》では，まず地震が起こったことを知らせる放送などが入りますが，実さいには放送の前に地震のゆれを感じたり警報《けいほう》が聞こえたりすることもあります。そのときには，すぐに身の安全を守ることが大切です。

13 自然災害から人々を守る② 187ページ

❶ (1)**市**
(2)**ウ**
(3)①**イ** ②**ウ** ③**ア**

❷ (1)**ハザード（防災《ぼうさい》）**
(2)**ひなん**
(3)**ア，エ**（順番《じゅんばん》はちがっていても○）

ポイント

❶(1)大きな地震《じしん》など自然災害《しぜんさいがい》が発生したとき，住民《じゅうみん》を守る中心となるのは市です。市は災害対さく本部をもうけ，県や消ぼう，けいさつなど関係機関《かんけいきかん》の人々と協力《きょうりょく》して，住民の救助《きゅうじょ》を行います。

(3)①は市から「県」，「きゅう出する人」，「緊急《きんきゅう》時に協力してもらう会社」などへ矢印《やじるし》が向いているので，**イ**とわかります。③は「気象《きしょう》台」から県へ矢印が向いているので，**ア**とわかります。

❷(1)「ハザード」とは，英語で「きけん・災害」といった意味です。どのような災害が発生するおそれが高いのかは，地いきによってちがいます。そのため，地震・津波《つなみ》・こう水・ふん火など，さまざまなハザードマップが地いきごとにつくられています。自分の地いきのハザードマップを見て，どの場所がきけんか，どの道を通ってどこにひなんするのかなどをかくにんしておきましょう。

(2)ひなん場所には，多くの場合，学校や公園が指定されています。公園の場合，多くの住民が集まっても，しばらくの間，生活できるようにさまざまなせつびが整《ととの》えられています。

(3)**イ・ウ**は消ぼうの人や県や市などが行う取り組みです。

14 昔から伝わる文化① 189ページ

❶ (1)①**○** ②**×** ③**×**
(2)**ウ**

❷ (1)①**秋** ②**東北《とうほく》** ③**宇和島《うわじま》**
(2)**願《ねが》い**

ポイント

❶(1)①文中に「町の中心部から鉄道を走らせ，温泉から遠い地いきの人々も来ることができるようになりました。」とあるので，○です。

②文中に「1年を通して休みなしにしています。」とあるので，×です。

③文中に，「道後温泉《どうごおんせん》本館は，130年前に改《かい》ちくされました。」とあるので×です。

(2)文化ざいは，れきし上・芸術《げいじゅつ》上で高いかちがあるとして国によって指定されたものをいいます。

❷(1)①文中に，「毎年行われている秋祭りです。」とあります。

②文中に「もとは東北地方のおどりでしたが」とあります。

③文中に「仙台《せんだい》からやってきたおとの様によって宇和島に伝《つた》えられ」とあります。

(2)たくさんよいことが起こりますように，という願いがこめられています。

ことば	意味
文化ざい	地いきで人々が大切に伝えてきたもの。
国宝《こくほう》	文化ざいのうち，国の宝《たから》として，国が指定し，大切にほごする建物《たてもの》など。
世界文化遺産《いさん》	世界で残《のこ》すかちがあるとみとめられた文化ざい。
きょう土芸のう	受けついできた人たちの思いや願いがこめられた歌やおどりなど。

15 昔から伝わる文化② 191ページ

❶ (1)**1865**
(2)**C→A→B**
(3)①**原子爆弾《げんしばくだん》** ②**修理《しゅうり》**

❷ (1)**年中行事**
(2)①**節分《せつぶん》** ②**七夕《たなばた》**
(3)①**徳島《とくしま》** ②**伝統行事《でんとうぎょうじ》**

ポイント

❶(1)大浦天主堂《おおうらてんしゅどう》は，日本にあるキリスト教の教会の中で，最《もっと》も古い教会です。

(2)キリスト教が禁止《きんし》されると，たくさんの教会がこわされましたが，長崎《ながさき》ではキリスト教の信者《しんじゃ》がかくれて信こうを続《つづ》けていました。

(3)①原子爆弾は，とても大きな力と高い熱《ねつ》を発する爆弾です。日本では，1945年に広島《ひろしま》と長崎に落とされ，たいへんなひ害《がい》を受けました。

②大浦天主堂は，大切に思っている多くの人々によって，修理されることになりました。

❷(2)①節分は，もともとは季節《きせつ》の変《か》わり目のことをいい，今は春になる前の2月3日ごろとされています。節分の日には豆まきをします。

(3)①阿波《あわ》おどりは今から約《やく》400年前に，そのもととなるおどりが徳島県徳島市で始まったとされています。

②阿波おどりは，みんながいっしょになって楽しくおどる特別《とくべつ》な行事として，昔から大切にされてきました。このような伝統行事は，特別な思いとともに，人から人へと伝《つた》えられています。

16 地いきの発てんにつくした人々① 193ページ

❶ (1)イ
(2)①高さ ②水
❷ (1)取り入れ口
(2)用水路
(3)ア，エ（順番《じゅんばん》はちがっていても○）

ポイント

❶(1)白糸台地《しらいと》は深い谷にかこまれているため，川から水を引くことがむずかしく，農業用だけでなく，飲み水も足りていませんでした。そこで，今から160年以上《いじょう》前，惣庄屋《そうじょうや》（庄屋《しょうや》のまとめ役）だった布田保之助《ふたやすのすけ》は，水の通る橋をつくって，白糸台地に水を引く計画を立てました。
(2)布田保之助は，雨の日に屋根から地中へのばした雨どいを流れた水が，地面の上へいきおいよくふき出しているのを見ました。この水がふき上がる原理を利用《りよう》すれば，橋より高い所（白糸台地）へ水を送ることができると考えました。
❷(1)図の左上にある笹原《ささはら》川から，水を取り入れました。
(2)人々の生活や農業・工業などに使うための水を用水といい，その用水が通るところを用水路といいます。
(3)イ…通潤橋《つうじゅんきょう》ができる前のことです。昔は，あわやひえ，いもをおもにつくっていました。用水路ができたことで，田の面積《めんせき》がふえ，たくさんの米をつくることができるようになりました。
ウ…通潤橋ができる前のことです。飲み水もじゅうぶんではなく，深い谷底《たにぞこ》の川まで水をくみに行かなければなりませんでした。

17 地いきの発てんにつくした人々② 195ページ

❶ (1)見沼新田《みぬましんでん》
(2)イ，ウ（順番《じゅんばん》はちがっていても○）
❷ (1)9000
(2)ア，エ（順番はちがっていても○）
(3)米

ポイント

❶(1)新田開発前の地いきの様子を見ると，真ん中に大きなぬまが見られます。新田開発後の地いきの様子を見ると，大きなぬまがなくなり，芝《しば》川にそって見沼代用水が流れ，その下流に，見沼新田がつくられていることが読み取れます。
(2)ア…川ではなく，ぬまだった所に見沼新田ができています。ぬまは底《そこ》が浅《あさ》かったため，雨がふらないと水不足《みずぶそく》が起き，雨が続《つづ》くと水があふれるといった問題がありました。
エ…新田開発前は1725年ごろ，新田開発後は1730年ごろなので，新田開発工事は5年以内《いない》に終わったことがわかります。実さいに，工事を始めてから1年もかからず，見沼代用水は完成《かんせい》しました。
❷(1)「見沼代用水ぞいの田の面積《めんせき》は，約《やく》5000ha《ヘクタール》から約14000haにふえた。」とあるので，14000－5000＝9000より，約9000haふえました。haは面積を表す単位《たんい》で，1haは1万m^2の広さを表します。
(2)イ…見沼新田は約1200haです。
ウ…工事に参加《さんか》した人の数は約90万人です。
(3)ぬまだった所に見沼新田ができ，田の面積がふえたことで，米がたくさんとれるようになりました。

18 地いきの発てんにつくした人々③ 197ページ

❶ (1)ア，イ（順番《じゅんばん》はちがっていても○）
(2)①がけくずれ ②こう水
（①②順番はちがっていても○）
❷ (1)ア，エ（順番はちがっていても○）
(2)①農業 ②ふえた

ポイント

❶(1)那須野原《なすのがはら》は，石が多いあれた土地で，雨がふってもすぐに土地に水がしみこんでしまい，生活に使う水も足りませんでした。そのため，まず，飲み水用の水路をつくる計画が立てられました。
ア…測量《そくりょう》は，土地の高さや位置《いち》などを調べることです。水路は高い土地から低《ひく》い土地へ水が流れるようにつくらなければならないため，工事の前に測量を行い，水路の位置などを決める作業が必要《ひつよう》になります。
イ…年表から，飲み水用の水路の建設《けんせつ》を願《ねが》い出たのは1880年9月とわかるので，正しいです。
ウ…飲み水用の水路の建設を願い出たのは1880年9月で，工事が終わったのは1882年11月なので，約《やく》2年です。
(2)完成《かんせい》した飲み水用の水路は，がけくずれやこう水でたびたびこわれることがありました。そこで，新しい用水路をつくることにし，国や県に何度も願い出て，みとめられました。
❷(1)イ…田の面積《めんせき》は1960年から1970年に最《もっと》もふえました。
ウ…1936年の家の数は，1500戸《こ》より少ないです。
(2)那須野原は，住む人の数がふえ，農業がさかんになりました。

19 わたしたちがくらす地いきの特色① 199ページ

❶ (1)イ，エ（順番《じゅんばん》はちがっていても○）
(2)ウ
❷ (1)2019
(2)中国《ちゅうごく》
(3)①国際交流《こくさいこうりゅう》　②留学生《りゅうがくせい》

ポイント

❶(1)ア…パンフレットに，「今から600年以上《いじょう》前につくられ始めました」とあります。
ウ…パンフレットから，原料《げんりょう》の雄勝石《おがついし》は今もたくさんとれることがわかります。
(2)ウ…以前《いぜん》にくらべて，すずりをつくる職人《しょくにん》の数がへっているので，伝統的《でんとうてき》なぎじゅつをなるべく多くの人に伝《つた》える努力《どりょく》をしています。
❷(1)左側《ひだりがわ》のグラフの，たてじくの目もりを読み取ります。1995年は約《やく》6000人なので，この2倍は2019年の約12000人です。
(2)仙台《せんだい》市に住んでいる外国人で，いちばん多いのは中国の人です。続《つづ》いて，韓国《かんこく》，ベトナム，ネパールなど，アジアの国から来た人が多いです。
(3)①仙台市では，ハーフマラソン大会で国際交流している都市から選手《せんしゅ》をよぶなど，さまざまな取り組みを行っています。取り組みを通して，外国の文化にたくさんふれあう活動を行っています。
②仙台市と仙台観光《かんこう》国際協会《きょうかい》が協力《きょうりょく》して，外国人住民《じゅうみん》と地元住民が地いきでともに生きるためのさまざまな交流活動を行っています。

20 わたしたちがくらす地いきの特色② 201ページ

❶ (1)9
(2)九州国立博物館《きゅうしゅうこくりつはくぶつかん》
(3)①2017　②2013
❷ (1)2000
(2)プサン
(3)①ア　②ウ

ポイント

❶(1)神社をしめす地図記号である（円）の数を数えましょう。
(2)博物館には，昔を知るための重要《じゅうよう》な物が，たくさんてんじされています。
(3)グラフのたてじくの目もりを読み取ると，最《もっと》も人数が多いのは2017年，最も人数が少ないのは2013年です。
❷(1)地図は，福岡《ふくおか》市から何kmきょりがあるかを，それぞれ円で表しています。ホンコン（香港）は「(福岡市から) 2000km」とかかれている円の近くにあるので，ホンコンまでのきょりは約《やく》2000kmです。
(2)プサン（釜山）は大韓民国《だいかんみんこく》（韓国《かんこく》）の都市です。
(3)②シャンハイとは福岡空港からの飛行機《ひこうき》でもつながっていますが，「博多《はかた》港」とあることから船を利用《りよう》します。飛行機の場合，福岡空港を利用します。福岡市は，博多港や福岡空港を通して，中国《ちゅうごく》や韓国，ベトナム，フィリピンなどとつながっています。

21 わたしたちがくらす地いきの特色③ 203ページ

❶ (1)ア，エ（順番《じゅんばん》はちがっていても○）
(2)①てんらん会　②伝統《でんとう》
❷ (1)5
(2)①インド　②アメリカ
(3)中国《ちゅうごく》

ポイント

❶(1)イ…まつりに来た人の数が最《もっと》も多いのは1999年です。
ウ…2019年にまつりに来た人は約《やく》12万人です。
(2)①外国で開かれたてんらん会で，外国人に備前焼《びぜんやき》のよさを知ってもらい，備前焼を日本だけでなく，世界に広めようとしています。
②職人《しょくにん》さんは，若《わか》い人にぎじゅつを伝《つた》えるとともに，備前焼の伝統を大切にする心を伝え，のちの世代に備前焼を守ってもらおうとしています。
❷(1)岡山《おかやま》県が友好関係《ゆうこうかんけい》を結《むす》んでいる地いきは，インドのピンプリ・チンチワッド市とプネ市，中国のチャンシー省《しょう》，韓国《かんこく》のキョンサンナムド，オーストラリアの南オーストラリア州《しゅう》の5つです。
(2)①プネ市はインドの都市で，岡山県と友好関係を結んでいます。
②アメリカのサンノゼ市とペンドルトン市とは，岡山市が友好関係を結んでいます。
(3)岡山県に住む外国人では，ベトナムから来た人が最も多くなっています。その次に多いのが，中国から来た人です。

22 まとめのテスト① 205ページ

❶ (1)京都《きょうと》

(2)A…北海道《ほっかいどう》　B…関東《かんとう》

(3)ア，イ（順番《じゅんばん》はちがっていても○）

(4)青森《あおもり》

(5)鹿児島《かごしま》

❷ (1)①東北《とうほく》　②秋田《あきた》

(2)A…奥羽《おうう》　B…仙台《せんだい》　C…三陸《さんりく》

(3)北上《きたかみ》

ポイント

❶(1)日本は47都道府県《とどうふけん》に分けられ，１つの都（東《とう》京《きょう》都），２つの府（大阪《おおさか》府と京都府），１つの道（北海道），43の県からなります。

(2)日本を，７つの地方に区分すると，北から，北海道地方，東北地方，関東地方，中部《ちゅうぶ》地方，近畿《きんき》地方，中国《ちゅうごく》・四国《しこく》地方，九州《きゅうしゅう》地方に分けられます。

(3)中部地方にある県は，新潟《にいがた》県，富山《とやま》県，石川《いしかわ》県，福井《ふくい》県，山梨《やまなし》県，長野《ながの》県，岐阜《ぎふ》県，愛知《あいち》県，静岡《しずおか》県の９県です。ウの群馬《ぐんま》県は関東地方，エの山口《やまぐち》県は中国・四国地方にふくまれます。

(4)地図中のCの県は，青森県です。

❷(1)岩手《いわて》県と秋田県の北側《きたがわ》にある青森県も，東北地方にふくまれます。

(2)断面図《だんめんず》とてらし合わせながら，地図から地形を読み取りましょう。西側の1000m以上《いじょう》の標高《ひょうこう》が続《つづ》く所は奥羽山脈《さんみゃく》，東側のなだらかな平野が続く所は仙台平野，東に広がる入り組んだ地形の海岸は三陸海岸です。

(3)北上川は，岩手県から宮城《みやぎ》県にかけて流れています。宮城県には，北上川のほか，阿武隈《あぶくま》川など多くの川が流れています。

23 まとめのテスト② 207ページ

❶ (1)ダム

(2)①C　②D　③B　④A

(3)節水《せっすい》

❷ (1)①分別《ぶんべつ》

②A…月曜日　B…水曜日

(2)ア，イ（順番《じゅんばん》はちがっていても○）

ポイント

❶(1)ダムは，１年を通して水を利用《りよう》できるように，川をせき止めて水をたくわえておくしせつです。

(2)Bはじょう水場，Cは配水池《はいすいち》，Dは下水しょ理場です。

(3)わたしたちがふだん飲んだり，使ったりしている水は，実はかぎられたしげんです。節水を心がけ，大切にしていく必要《ひつよう》があります。

❷(1)①ごみの種類《しゅるい》によって運ばれる所がちがうため，きちんと分別してごみを出す必要があります。ごみを分別することで，しげんとなるものは再利《さいり》用《よう》され，ごみの量《りょう》はへります。

②A…生ごみはもえるごみに分類《ぶんるい》されるので，月曜日に出します。

B…しげんごみは水曜日に出します。

(2)ウ…地震《じしん》が起こったときには，エレベーターは使ってはいけません。電気が止まり，とじこめられてしまうきけんがあります。

エ…地震が起こったら，多くの場合は，学校や公園がひなん場所になります。

24 まとめのテスト③ 209ページ

❶ (1)ア，ウ（順番《じゅんばん》はちがっていても○）

(2)①文化ざい　②かんがいしせつ

❷ (1)ア，エ（順番はちがっていても○）

(2)国旗《こっき》

ポイント

❶(1)イ…通潤《つうじゅん》用水をつくり始めたのは1852年，完成《かんせい》したのは1857年なので，つくり始めてから５年で完成しました。

(2)通潤橋は，今でも用水路の一部として使われ，重要《じゅうよう》文化ざいとして地いきの人々に守られています。また，れきし的《てき》なできごとや由来がみとめられ，かんがいしせつ遺産《いさん》に登録《とうろく》されたことで，観光《かんこう》におとずれる人々にも大切にされています。

❷(1)ホームステイとは，外国から来た学生が，その国の家庭ですごし，生活習かんや文化を学ぶ制《せい》度《ど》です。国際《こくさい》交流の１つとして，さまざまな市や町で取り組まれています。

イ…おたがいに，ふだんから交流することで，よりよい関係《かんけい》をきずくことができます。

ウ…外国の人々との生活習かんのちがいを知ることで，おたがいの文化についてわかり合うことができます。

(2)世界のどの国にも国旗があり，人々は自分の国の国旗をほこりにするとともに，外国の国旗もおたがいに大切にしています。

国語

1 漢字① 211ページ

❶ (1)**しんごう** (2)**しゅっせき**
(3)**もくざい** (4)**がいろ** (5)**さ**
(6)**れい** (7)**あんない**
(8)**りょうしん** (9)**めじるし，はた**

❷ (1)発達 (2)改 (3)料金
(4)右側 (5)訓練 (6)昨夜
(7)友好的 (8)観察 (9)重要，伝

ポイント

❶(5)「覚」の訓読《くんよ》みは，「さ（ます）」「さ（める）」「おぼ（える）」です。
(8)「良心」は，「正しいはんだんや行動をしようとする心」という意味です。
(9)「印」の音読みは，「イン」です。「旗」の音読みは，「キ」です。「旗」を使った熟語《じゅくご》には，「白旗《しろはた》」「国旗《こっき》」などがあります。
❷(2)「改」は，「己」の部分の筆順《ひつじゅん》に注意が必要《ひつよう》です。
(9)「要」は，「覀」の部分を「西」と書かないように注意が必要です。

2 漢字② 213ページ

❶ (1)**きょうそう** (2)**いわ** (3)**みらい**
(4)**ごうれい** (5)**いさ** (6)**わか**
(7)**しそん** (8)**じどう**
(9)**うめ，かお**

❷ (1)群 (2)川底 (3)失
(4)予約 (5)決勝戦 (6)給食
(7)夫 (8)氏名 (9)最，季節

ポイント

❶(1)「競」には，「ケイ」という音読みもあります。「争」の訓読《くんよ》みは，「あらそ（う）」です。
(2)「祝」の音読みは，「シュク」です。「祝」を使った熟語《じゅくご》には，「祝日」「祝福」などがあります。
(6)「別」の音読みは，「ベツ」です。「別」を使った熟語には，「別人」「特別《とくべつ》」などがあります。
❷(5)「戦」は，「戈」の部分の筆順《ひつじゅん》に注意が必要《ひつよう》です。
(9)「季」を使った熟語には，「四季」「雨季」などがあります。「節」の訓読みは，「ふし」です。「節」を使った熟語には，「節分」「節度」などがあります。

3 物語① 場面の様子 215ページ

❶ (1)**運動会の練習**
(2)**勝てる**
(3)**ビリっこ**
(4)**イ**

ポイント

❶(1)場面をとらえるときは，「いつ・どこで・だれが・どうしたか」に注目します。一文目の「運動会の練習をしているのよ」という加代《かよ》ちゃんの発言から，何をしている場面かが読み取れます。
(2)「わたしも、いれて」の前の部分に注目します。洋子《ようこ》は，かけっこがあまりとくいではない加代ちゃんと真理《まり》ちゃんと，運動会でいっしょに走ることになっていました。このふたりになら自分が「勝てる」かもしれないと思った洋子は，「はずんだ声」になったのです。
(3)「二回目も、三回目もおなじ」とは，一回目と同じということです。一回目の結果《けっか》に注目すると，「真理ちゃんが一等、加代ちゃんが二等、洋子が三等でした」とあります。三人で走るときの三等は「ビリっこ」です。
(4)三回とも三等になったあと，「洋子は、いまにもなきだしそうな顔」で「もう帰る」と言っています。勝てるかもしれないと思ったふたりに，三回ともかけっこで負けてしまい，洋子は落ちこむ気持ちになったことが読み取れます。

4 説明文① 具体例・意味段落 217ページ

❶ (1)**ア**
(2)**氷の量《りょう》，寒気**
(3)**大雨になりやすくなる**
(4)**ウ**

ポイント

❶(1)[1]段落《だんらく》で「地球温暖《おんだん》化のおもな原いんは、なんでしょうか」と話題をしめしています。そして，[2]段落と[3]段落で原いんについて具体的《てき》に説明《せつめい》し，「こうして、地球の気温があがってしまうのです」とまとめています。
(2)[7]段落に注目します。地球温暖化のえいきょうで「北極《ほっきょく》の氷の量」がへり，それにともなって「北極周辺《しゅうへん》の気圧配置《きあつはいち》が変《か》わり，北極の寒気《かんき》が日本にやってきやすくなった」のです。
(3)――線部の直後に「たとえば」とあるので，[8]段落の内ようの具体例《れい》が[9]段落で説明されているとわかります。そして，[9]段落の最後《さいご》にまとめる働《はたら》きのことば「つまり」があるので，そのあとの部分に注目します。
(4)**ア**は，[2]段落に「石油やガソリン、灯油《とうゆ》などをもやす」と二酸化炭素《にさんかたんそ》がでるとあり，冷《ひ》やすとでるものではないので，合いません。**イ**は，[4]段落に「最《さい》高《こう》気温は、どんどんぬりかえられています」とあるので，合いません。**ウ**は，[3]段落の内ように合います。

5 ローマ字　219ページ

❶ (1)kingyo　(2)gakkô

(3)pan'ya

❷ (1)今日は遠足だ。

(2)全員がそうじを手伝《てつだ》った。

(3)母はジャムをつくることが好《す》きだ。

❸ (1)C H I J I

(2)F U

(3)S H A

(4)S H I T S U

ポイント

❶(2)「がっこう」は，つまる音（小さい「っ」）があるので，「k」を二つかさねて書きます。のばす音である「o」の上に，「^」をつけることにも注意が必要《ひつよう》です。

(3)「ぱんや」と「ぱにゃ」を区別《くべつ》するために，「pan」と「ya」の間に「'」をつけます。

❷ひらがな表記で書いても正解《せいかい》としますが，習った漢字は使うようにしましょう。

(1)「Kyô wa」の「wa」は発音どおり「ワ」と読みますが，ひらがなでは「は」と表記します。

❸(1)「ち」や「じ」は，「ti/chi」「zi/ji」という二通りの書き方があります。

(2)「ふ」は，「hu/fu」という二通りの書き方があります。

(3)「しゃ・しゅ・しょ」は，「sya/sha」「syu/shu」「syo/sho」という二通りの書き方があります。

(4)「し」や「つ」は，「si/shi」「tu/tsu」という二通りの書き方があります。

6 漢字の組み立て（部首）　221ページ

❶ (1)思，究，芽，貨，省，雲（順番《じゅんばん》はちがっていても○）

❷ (1)イ　(2)ア　(3)ウ

❸ (1)形…灬　意味…イ

部首《ぶしゅ》名…れっか（れんが）

(2)形…辶　意味…ウ

部首名…しんにょう（しんにゅう）

(3)形…⺮　意味…ア

部首名…たけかんむり

❹ (1)ア　(2)ウ

ポイント

❶〈上部分〉の上から三番目と四番目を組み合わせると「花」となりますが，〈上部分〉と〈下部分〉を組み合わせていないので，答えになりません。

❷(1)部首が「まだれ」の漢字は，「広」「店」などもあります。

❸(1)「然・熱・照」という漢字になります。

(2)「進・速・送」という漢字になります。

(3)「笛・節・箱」という漢字になります。

❹(1)「府」の部首は，「广（まだれ）」です。イの「病」の部首は，「疒（やまいだれ）」です。

(2)「守」の部首は，「宀（うかんむり）」です。

7 漢字辞典の使い方　223ページ

❶ ア，ウ，エ，カ（順番《じゅんばん》はちがっていても○）

❷ (1)ウ　(2)エ　(3)イ　(4)オ

(5)ア

❸ (1)イ　(2)ウ　(3)ア

❹ (1)○　(2)×　(3)○

ポイント

❶漢字辞典《じてん》には，漢字の音読みや訓読《くんよ》み，筆順《ひつじゅん》，成《な》り立ち，部首《ぶしゅ》などがのっています。

❷(1)「度」は九画《かく》で書きます。「廿」の部分を四画で書くことに注意が必要《ひつよう》です。

(2)「遊」は十二画で書きます。「辶」の部分を三画で書くことに注意が必要です。

(3)「鳥」は十一画で書きます。

(4)「配」は十画で書きます。「己」の部分を三画で書くことに注意が必要です。

(5)「波」は八画で書きます。「皮」の部分を五画で書くことに注意が必要です。

❸(1)音訓さくいんは，漢字の音か訓の読みがわかっているときに使うことができます。音訓さくいんは，読み方が五十音順にならんでいます。

(2)部首さくいんは，漢字の部首がわかっているときに使うことができます。部首さくいんは，部首が画数の少ないものから順にならんでいます。

(3)総画《そうかく》さくいんは，漢字の読みも部首もわからないときに使うことができます。

❹(2)「引」は四画の漢字です。「弓」の部分を三画で書くことに注意が必要です。

8 都道府県の漢字① 225ページ

❶ (1)くまもと，かごしま　(2)やまなし
(3)かがわ　(4)おきなわ　(5)いばらき
(6)とやま　(7)みやぎ　(8)かながわ
(9)ぐんま

❷ (1)宮崎　(2)京都　(3)静岡
(4)長野，岩手　(5)大阪　(6)青森
(7)高知　(8)福井　(9)愛知

ポイント

❶(1)「本」の音読みは「ホン」，訓読《くんよ》みは「もと」です。
(3)「香」の訓読みは，「か」のほか「かお（り）」「かお（る）」があります。
(5)(7)「城」は，「茨城」では「いばらき」と読みますが，「宮城」では「みやぎ」と読みます。
(6)「富」の訓読みは，「と（む）」「とみ」で，音読みは，「フ」です。
❷(3)「静岡」は，「静」のへんとつくりを左右ぎゃくに書かないように注意が必要《ひつよう》です。
(8)「福井」は，「福」を「副」とまちがえないように注意が必要です。

9 手紙の書き方 227ページ

❶ (1)イ
(2)例ありがとうございました
(3)③ウ　④ア

ポイント

❶この手紙は「初《はじ》めのあいさつ」「本文」「むすびのあいさつ」「あとづけ」という四つのまとまりでこう成《せい》されています。
(1)手紙の「初めのあいさつ」では，季節《きせつ》に関《かん》することばや，相手の様子をたずねることばを書きます。「あとづけ」の日づけを見ると「九月二十五日」と書いてあるので，秋にふさわしいものを選《えら》びましょう。アは五月ごろ，ウは十一月ごろのあいさつです。
(2)この手紙は，前川《まえかわ》さんから石田《いしだ》さんにあてたお礼の手紙です。［②］以外《いがい》の本文にお礼の気持ちを表すことばがないので，［②］には「ありがとうございました」などがあてはまります。
(3)手紙の最後《さいご》の部分の「あとづけ」を完成《かんせい》させます。「あとづけ」は，「日づけ」「自分の名前」「相手の名前」の順《じゅん》に書きます。「日づけ」はすでに書いてあるので，［③］には「自分の名前」が入り，［④］には「相手の名前」が入るとわかります。「相手の名前」には「様」をつけます。

10 つなぐ働きの言葉① 229ページ

❶ (1)しかも　(2)しかし　(3)なぜなら
(4)だから

❷ (1)ウ　(2)エ

❸ (1)×　(2)○　(3)×

❹ 雨がふってきた。だから、まどをしめた。

ポイント

❶(2)前後で反対の内ようをのべているので，「しかし」があてはまります。
(4)前の内ように対して，その順当《じゅんとう》な結果《けっか》をあとでのべています。
❷(1)「でも」と「ところが」は，前の内ようと反対になる内ようをのべるときに使います。
❸(1)前の内ようについて，その理由をあとでのべているので，「なぜなら」などがあてはまります。
(3)「バーベキュー」のあとに「花火も」とあるので，前の内ようにつけ加《くわ》えることを表す「それに」「そして」などがあてはまります。
❹前の内ように対してあとの内ようが順当な結果になっているので，「だから」があてはまります。

答え

11 漢字③ 231ページ

❶ (1)**ぶんるい** (2)**あいちゃく**
(3)**かだい** (4)**ちょっけい**
(5)**ひっし** (6)**かくち**
(7)**かいひょう** (8)**な**
(9)**おび，むす**

❷ (1)飛行機 (2)建 (3)照
(4)熱心 (5)笑 (6)関係
(7)辞典 (8)手順
(9)初，試

ポイント

❶(1)「類」の訓読《くんよ》みは，「たぐ(い)」です。
(2)「愛」の読み「アイ」は，音読みです。
(7)「開票」は，「投票箱を開けて，結果《けっか》を調べる」という意味です。
❷(1)「飛」は，筆順《ひつじゅん》に注意が必要《ひつよう》です。訓読みは，「と(ぶ)」「と(ばす)」です。
(2)「建」の部首《ぶしゅ》は，「廴(えんにょう)」です。三画で書きます。
(4)「熱」の訓読みは，「あつ(い)」です。同じ訓読みをもつ漢字には，「暑」などがあります。

12 漢字④ 233ページ

❶ (1)**かんそう** (2)**たいれつ**
(3)**いしょくじゅう** (4)**わ**
(5)**そつぎょう** (6)**かもつ**
(7)**か** (8)**とく**
(9)**まつ，さんぽ**

❷ (1)生徒 (2)参 (3)健康
(4)包 (5)望 (6)漁船
(7)満足 (8)副 (9)方法，選

ポイント

❶(1)「完」を使った熟語《じゅくご》には，「完全」「完成《かんせい》」などもあります。
(4)「輪」の音読みは，「リン」です。「輪」を使った熟語には，「輪唱《りんしょう》」「年輪」などがあります。
(7)「欠」には，「か(ける)」という訓読《くんよ》みもあります。音読みは，「ケツ」です。
❷(1)「徒」を使った熟語には，「徒歩」「徒競走《ときょうそう》」などもあります。
(7)「満」の訓読みは，「み(ちる)」「み(たす)」です。
(8)「副」は，「福」とまちがえやすいので注意が必要《ひつよう》です。

13 物語② 人物の行動・様子 235ページ

❶ (1)**半にえのおかゆ**
(2)**ウ**
(3)**うれしい**
(4)**イ**

ポイント

❶(1)「えらいこと、してしもうたんよ」と言って弟がゆびさした先には，「半にえのおかゆ」があります。あとに「食べられへんおかゆ、たいてしもうた」とあります。そんなものをつくってしまったことを「えらいこと」と言っています。
(2)直後に，「こっぴどくしかられるのは、かくごの上でした」とあります。おかゆを上手につくれなかったことで「しかられる」と思ったので，「小さくなって」柱のかげにかくれ，そこから「おそるおそる」でていったのです。
(3)直前の母さんの発言に注目します。母さんは，自分たちのためにおかゆをたいてくれた弟と「ぼく」に「ありがとう」と言い，半にえのおかゆをたいた「失敗《しっぱい》」を，「うれしい失敗」ととらえています。「ぼく」と弟のふたりにとっては「失敗」でも，母さんにとっては「うれしい」ことであったため，「もう一度息がつまるほど、だきしめ」たのです。
(4)父さんの言動に注目します。「ぼく」と弟が半にえのおかゆをつくったことに対し，母さんが感しゃしている様子を見て，父さんは「アハハハ」とわらい，「半にえのおかゆも、たまにはええやんか」と言っています。母さんと同じく，「ぼく」と弟の行動をせめずに受け入れるしせいから，おおらかさが読み取れます。

14 説明文② 具体例と筆者の考え 237ページ

❶ (1)**2，3**（順番《じゅんばん》はちがっていても○）

(2)**イ**

(3)**話をできる**

(4)**言葉**

ポイント

❶(1)筆者は，「人が話をできるようになる」ために必要《ひつよう》な「体のしくみ」について，[2]段落《だんらく》と[3]段落で「一つは……」「もう一つは……」という書き出しに続《つづ》けて説明《せつめい》しています。

(2)こそあど言葉が指すものをさがすときは，その前の部分に注目します。直前に「サルはかん単《たん》な音声をだせますが、ヒトのようにふくざつな言葉にはなりません」とあります。この内ようを表しているのは**イ**です。

(3)[1]段落で筆者は「人が話をできるようになる」には，「体のしくみとして二つのことがそろわねばならない」と考えをのべており，[2]段落と[3]段落で「二つのこと」を具体的《てき》に説明《せつめい》しています。「二つのこと」とは，「のどの形」と「のう」の大きさのことです。

(4)「のどの形」が変《か》わり，「のう」が大きくなったことで，言葉がゆたかになり，さらに，言葉の組み合わせやきそく（文法《ぶんぽう》）も決めていったというように，人は「言葉」を通《つう》じて発てんしていったのです。

15 詩① 239ページ

❶ (1)（右から順《じゅん》に）**葉っぱ，美しい，実**

(2)**ア**　(3)**四**

ポイント

❶(1)作者が何を「よかったなあ」と思っているのかに注目します。作者は「草や木」がまわりに「いてくれて」いることに「よかったなあ」と思っています。それは，草や木には「目のさめる　みどりの葉っぱ」や「美しいものの代表」である「花」，「かぐわしい実」があるからです。「目のさめる」とは，ねむ気が去るくらいに見た目があざやかであるという意味です。また「かぐわしい」とは，香《かお》りがよいという意味です。

(2)**イ**は，すべての連《れん》の一行目に「よかったなあ　草や木が」と同じことばをくり返しているので，あてはまります。**ウ**は，第一連と第三連の表げんにあてはまります。行の最後《さいご》を「葉っぱ」「花」「実」「人」と，ものの名前を表すことばで止めています。**ア**は，この詩の表げんとしてあてはまりません。

(3)それぞれの連で，作者が何に「よかったなあ」と思っているのかを読み取ります。第一連では，草や木が「ぼくらの　まわりに」いてくれること，第二連では，草や木が「数かぎりなく」「めいめいに違《ちが》って」いてくれること，第三連では，草や木が「どんなところにも」いてくれて，「動かないで」待っていてくれることに「よかったなあ」と思っています。第四連では，草や木が「いつも／雨に洗《あら》われ／風にみがかれ／太陽にかがやいて　きらきらと」していることに，「ああ　よかったなあ」と表げんしています。この「ああ」から，作者の強い感動がわかります。また，「太陽にかがやいて」と「きらきらと」は，語順を変《か》えることで，印《いん》しょうを強めています。

16 短歌・俳句① 241ページ

❶ (1)**天を指す光の束《たば》**

(2)**イ**

(3)**白，青**

(4)㋓季節《きせつ》を表すことば…**春風**　季節…**春**

㋔季節を表すことば…**雪**　季節…**冬**

ポイント

❶(1)作者は，下から上へ噴《ふ》き上げる噴水《ふんすい》の水が太陽にきらめく様子を，「天を指す光の束」にたとえ，そこから希望《きぼう》を感じ取っています。

(2)——線部の直前の「ゆらりと高し」は，向日葵《ひまわり》の様子を指しています。作者は，高く育った向日葵の力強さを，遠くに見える太陽とくらべることで大きさを強調しています。

(3)この短歌では，海の上をただよう「白鳥《しらとり》」が，「空の青」にも「海のあお」にもそまらずにいる様子がよまれています。短歌の解説《かいせつ》も手がかりに，様子を思いうかべましょう。

(4)俳句《はいく》には，季節を表すことばを一つ入れる決まりがあります。㋓は「春風」とあるので，春の季節をよんだ句です。㋔は「雪」とあるので，冬の季節をよんだ句です。

17 新聞のつくり 243ページ

❶ (1)①イ　②ウ　③ア　④エ
(2)①×　②○
(3)イ

ポイント

❶(1)新聞は，さまざまなじょうほうを多くの人に伝《つた》えるためのものです。そのじょうほうが「いつ」のものかはっきりさせるために「発行日」を書きます。また，「だれが」まとめたじょうほうかわかるように「発行者」を明記します。短いことばで記事の内ようを表す部分を「見出し」といい，大まかな内ようを伝えたり，読者に記事を読みたいと思わせたりする働《はたら》きがあります。
(2)①は，二段《だん》目にアンケート結果《けっか》をランキングとしてまとめてありますが，グラフは使われていません。②は，三段目にハムスターの絵が使われています。
(3)アは，写真を使用する場合は，さつえいするためのきょかが必要《ひつよう》です。イは，スムーズに取材《しゅざい》を進めるために，あらかじめしつ問する内ようを考えておく必要があります。ウは，あとで見直せるようにメモをとっておく必要があります。

18 いろいろな意味をもつ言葉 245ページ

❶ (1)ア　(2)ウ　(3)カ　(4)イ
(5)エ　(6)オ
❷ (1)イ　(2)ア　(3)エ　(4)ウ
❸ (1)ア，エ（順番《じゅんばん》はちがっていても○）
(2)イ，ウ（順番はちがっていても○）

ポイント

❶(1)「顔をあげる」の「あげる」は「顔を上のほうに動かす」，「声をあげる」の「あげる」は「大きな音や声を出す」，「料金《りょうきん》をあげる」の「あげる」は「てい度を高くする」という意味です。
(5)「電話をかける」の「かける」は「電話を使用して通話する」，「心配をかける」の「かける」は「相手に先行きなどを気にかけさせる」，「めがねをかける」の「かける」は「何かでささえて落ちないようにする」という意味です。
❷「たつ」にはほかにもさまざまな意味があります。たとえば，「人の上にたつ」の「たつ」は，ある役しょくや地位《ちい》にあることを表します。また，「筆がたつ」の「たつ」は，すぐれていることを表します。
❸(1)アとエは「さとうのような味がする」という意味です。イは「きびしさに欠《か》ける」，ウは「心をまどわせる」という意味です。

19 慣用句 247ページ

❶ (1)顔　(2)頭　(3)耳　(4)目
(5)口　(6)指　(7)歯　(8)鼻
(9)手，足
❷ (1)ウ　(2)カ　(3)ア　(4)エ
(5)オ　(6)イ
❸ (1)ウ　(2)ア

ポイント

❶(5)同様の意味で，「口火を切る」とも言います。
❷(2)「筆が立つ」は，「文字をきれいに書ける」のではなく，「文章を書くのがうまい」という意味です。
(3)「えりを正す」は，「気持ちを引きしめて，まじめな態度《たいど》になる」という意味です。
(6)「歯にきぬ着せぬ」は，「思ったことを遠りょなく言う」という意味です。
❸(1)同様の意味で，「おぼれる者はわらをもつかむ」ということわざもあります。
(2)「やなぎに風と受け流す」などのように使います。

20 漢字⑤ 249ページ

❶ (1)だいじん　(2)とうだい
(3)みんぞく　(4)へんか　(5)たね
(6)どりょく　(7)つら　(8)めし
(9)えんぶん，ふそく

❷ (1)続　(2)無害　(3)司会
(4)牧場　(5)以上　(6)念
(7)鏡　(8)南極　(9)実験，結果

ポイント

❶(4)「変」の訓読《くんよ》みは，「か（わる）」「か（える）」です。
(6)「努」の訓読みは，「つと（める）」です。
(9)「塩」の訓読みは，「しお」です。「不」は，さまざまなことばの前について，あとに続《つづ》くことばの意味を打ち消します。
❷(1)「続」の音読みは，「ゾク」です。
(2)「無」は，さまざまなことばの前について，あとに続くことばの意味を打ち消します。
(9)「験」の部首《ぶしゅ》は「馬（うまへん）」です。筆順《ひつじゅん》に注意が必要《ひつよう》です。「結」の訓読みは，「むす（ぶ）」です。

21 漢字⑥ 251ページ

❶ (1)そうこ　(2)はつが
(3)ふきん　(4)こうげいひん
(5)くらい　(6)きかん
(7)あさ　(8)あ
(9)てんこう，きろく

❷ (1)二兆　(2)固　(3)巣
(4)自然　(5)便　(6)大陸
(7)博物館　(8)老　(9)協力，求

ポイント

❶(6)「キカン」と読む熟語《じゅくご》には，「期間」「機関」などもあります。
(7)「浅い」の反対の意味のことばは，「深い」です。
(8)「挙」の音読みは，「キョ」です。「挙」を使った熟語には，「選挙《せんきょ》」「挙手」などがあります。
❷(1)「兆」は，筆順《ひつじゅん》に注意が必要《ひつよう》です。
(8)「老」の音読みは，「ロウ」です。「老」を使った熟語には，「老人」「老後」などがあります。
(9)「求」の音読みは，「キュウ」です。「求」を使った熟語には，「要求《ようきゅう》」「求心力」などがあります。

22 物語③ 人物の気持ち・性格 253ページ

❶ (1)ウ
(2)ア
(3)はずかしく，うれしかった
(4)イ

ポイント

❶(1)洋子《ようこ》の行動に注目します。自分が「四等になれる」機会《きかい》であったにもかかわらず，転んだ友達《ともだち》に「『だいじょうぶ？』と声をかけ」，「起こしてあげ」ています。この行動から，洋子の友達思いな性格《せいかく》を読み取ることができます。
(2)□には，三人の中で洋子がゴールした順番《じゅんばん》を表すことばが入ります。□の直後に「最後《さいご》に洋子がゴールインした」とあることに注目します。「最後」と同じ意味のことばは「ビリ」です。
(3)——線部の前後に注目します。洋子がゴールインしたとき，「いいぞ！」という声や，はく手が見物席《せき》やおうえん席からわき起こり，洋子は「なんだかはずかしくなり、真《ま》っ赤《か》に」なりました。さらに，健《けん》兄ちゃんに「洋子、よかったぞ、ビリっこ、ばんざい！」と言われ，いっそうはずかしさがつのりました。それと同時に，「いつまでもわすれない」と思えるほど「うれしかった」のです。
(4)アは，はく手をしたのは見物席やおうえん席の人なので，合いません。イは，真理《まり》ちゃんを起こしてあげたあと，「洋子のかけ声を合図《あいず》に、三人はまた走りだしました」とあるので合っています。ウは，加代《かよ》ちゃんが「泣《な》いた」という記じゅつはなく，本文にない内ようなので，合っていません。

23 説明文③　段落の関係・要約 255ページ

❶ (1)**トカゲやワニ**
(2)**ア**
(3)**生き残《のこ》る，体の形，子孫《しそん》**

ポイント

❶(1)こそあど言葉「そう」が指す内ようは，このことばより前からさがします。げんざいは「きょうりゅうの子孫は鳥だということが明らかになって」いますが，以前《いぜん》は「トカゲやワニ」がきょうりゅうの生き残りではないかと考えられていたのです。
(2)それぞれの段落《だんらく》の内ようをたしかめてから，段落どうしの関係《かんけい》を考えましょう。③段落の最後《さいご》の一文に注目します。歩くよりも飛《と》ぶほうが「よかったわけはなんでしょう」と，ぎ問をしめしています。そして④段落で，「よかったわけ」について，「陸《りく》の上を歩くよりてきも少なく、おそわれることもへったはず」であることや「えさ」を食べやすくなったことを挙《あ》げて，くわしく説明《せつめい》しています。
(3)⑤段落で，筆者は「進化の仕組み」について説明しています。最後の一文の「これ」は，それより前の内ようを指します。進化とは，「生き残ること」に都合よく「体の形」を変化《へんか》した生き物だけが，「子孫」をふやすことができ，その「体の変化も受けつがれていく」という仕組みのことです。

24 熟語の組み合わせ 257ページ

❶ (1)**ウ**　(2)**エ**　(3)**ア**　(4)**イ**
❷ (1)昼夜　(2)出発
❸ (1)**ア**　(2)**ウ**　(3)**イ**　(4)**エ**
❹ (1)**イ**　(2)**ウ**　(3)**ア**

ポイント

❶(1)「海の水」と読みかえることができます。
(2)「馬に乗る」は「馬」が「乗る」という動作の対象《たいしょう》になり，下の漢字に「に」をおぎなって読むことができます。
❷(2)「出」も「発」も，「でかける」という意味の漢字です。なお，「起こり出る・起こし出す」という意味の「発出」の熟語もあります。
❸(3)「登山」は「山に登る」，**イ**「帰国」は「国に帰る」と，上の漢字が動作を表し，下の漢字に「に」をおぎなって読むことができます。
(4)「車道」は「車の道」，**エ**「黒板」は「黒い板」と，上の漢字が下の漢字を修飾《しゅうしょく》しています。
❹(2)**ア**・**イ**は，反対の意味の漢字の組み合わせです。**ウ**だけが，「国の語（ことば）」と，上の漢字が下の漢字を修飾しています。

25 文のつながり 259ページ

❶ (1)**イ**　(2)**イ**　(3)**ア**　(4)**イ**
❷ **音楽をきくことです。**
❸ （○でかこむところ）
(1)**ア**　(2)**イ**　(3)**イ**　(4)**イ**
❹ **車で**

ポイント

❶(1)アの文の「魚が好《す》きです」の部分を「魚です」にすると，「好物《こうぶつ》は」（主語）と「魚です」（述語《じゅつご》）が対おうする文になります。
(2)アの文の「わたしのゆめは」の部分を「わたしは」にすると，「わたしは」（主語）と「なりたい」（述語）が対おうする文になります。
(3)(4)「特《とく》ぎは」や「じまんは」という主語に対おうする述語は，「～ことです」の形になります。
❷「しゅみは」という主語に対おうするように，述語を「～ことです」の形に書きかえます。
❸読点を打つ位置《いち》によって，文の意味が変《か》わります。
(2)「姉は、出かけていない」とすると，「姉は家にいる」という意味になります。
(4)「いい香《かお》りのする、ケーキ屋さんの花がすてきだ」とすると，「いい香りがするのは花」という意味になります。
❹漢字で書き表すことによって，文の意味をはっきりさせることができます。

26 詩② 261ページ

❶ (1)②
(2)**組みあわさった，たえている**
(3)**まぶしい春**
(4)**イ**

ポイント

❶(1)②連《れん》に「ラグビーの／選手《せんしゅ》たちのように」という表げんがあり，たなの上で組み合わさるふじの枝《えだ》を，「スクラム」を組んで声をかけ合う「ラグビーの選手たち」にたとえていることがわかります。これは，ほかのものにたとえることで，印《いん》しょうを強める表げん方法《ほうほう》です。

(2)作者は，「がっしりと／組みあわさった／ふじの枝」を見て，たなの上のふじの枝が「たがいに　かたく／むすばれながら／きびしい冬の風にたえている」と感じています。

(3)「きびしい」と「まぶしい」が，「冬」と「春」が対おうしています。

(4)①，②連から，「オーー」とたがいに声をかけ合いながら「きびしい冬の風」にたえるふじだなのたくましい様子が読み取れます。また，③連から，きびしい寒さの中でも「白い小雪」を枝でやすませてあげる，ふじだなの「やさしさ」が読み取れます。

27 まちがえやすい漢字 263ページ

❶ (1)**イ**　(2)**ウ**　(3)**イ**
(4)**ア**　(5)**ア**　(6)**ウ**
❷ (1)覚　(2)冷　(3)建　(4)立
❸ (1)①天　②店
(2)①深　②親
(3)①秒　②病
❹ (1)機会　(2)意外

ポイント

❶(1)「集」を使った熟語《じゅくご》は，「集合」のほかに「集会」「集中」などもあります。

❷(3)「建てる」は，「建物《たてもの》などをつくる」という意味です。

(4)「立てる」は，「決める」「まっすぐに起こす」などの意味があります。

❸(1)②「店頭」は，「お店の前」という意味です。

(2)①「深海」は，「海の深い所」という意味です。

❹(1)「機会」は，「ちょうどいいとき」という意味です。「機械《きかい》」との使い分けに注意が必要《ひつよう》です。

(2)「意外」は，「思いのほか」という意味です。「以《い》外《がい》」との使い分けに注意が必要です。

28 都道府県の漢字② 265ページ

❶ (1)**さが**　(2)**なら**
(3)**えひめ，おおいた**　(4)**ぎふ**
(5)**しが**　(6)**ふくおか**
(7)**とちぎ**　(8)**みえ**
(9)**さいたま**
❷ (1)山形　(2)徳島
(3)北海道，新潟　(4)鳥取
(5)兵庫　(6)長崎
(7)和歌山　(8)島根
(9)千葉

ポイント

❶(3)「愛媛」は，「えひめ」と読みます。「え」は「愛」の特別《とくべつ》な読み方です。同じ「愛」のつく「愛知」は，「あいち」と読みます。

(8)「三重」は，「さんじゅう」と読まないように注意が必要《ひつよう》です。

(9)「埼玉」の「埼」と❷(6)「長崎」の「崎」は，つくりの部分は同じですがちがう漢字です。

❷(1)「山形」は，「形」を「型」と書かないように注意が必要です。

(4)「鳥取」は，「とっとり」とあとに「とり」があり，「取鳥」とまちがえやすいので，注意が必要です。

29 漢字⑦ 267ページ

❶ (1)あた　(2)くだ
(3)ろうどう　(4)かいぎ
(5)きよ　(6)とも
(7)ふうけい　(8)たば
(9)なかま，くわ
❷ (1)器械　(2)栄　(3)海水浴
(4)交差　(5)焼　(6)面積
(7)冷　(8)産業　(9)勝利，願

ポイント

❶(2)「管」の音読みは，「カン」です。「管」を使った熟語《じゅくご》には，「管理」「土管」などがあります。
(5)「清」の音読みは，「セイ」です。「清」を使った熟語には，「清算」「清流」などがあります。
(8)「束」の音読みは，「ソク」です。「束」を使った熟語には，「約束《やくそく》」「結束《けっそく》」などがあります。
❷(1)「キカイ」と読む熟語には，「機械」「機会」などもあります。
(3)「浴」の訓読《くんよ》みは，「あ（びる）」「あ（びせる）」です。送りがなに注意が必要《ひつよう》です。
(7)「冷」の部首《ぶしゅ》は，「冫（にすい）」です。「氵（さんずい）」と書かないように注意が必要です。

30 漢字⑧ 269ページ

❶ (1)うせつ　(2)たんい　(3)か
(4)がっしょう　(5)ねんが　(6)きぼう
(7)ざんきん　(8)ひく
(9)えいよう，やさい
❷ (1)週末　(2)大量　(3)勝敗
(4)治　(5)成功　(6)英会話
(7)札　(8)印刷　(9)説明，省

ポイント

❶(1)「右折」は，「右に折《お》れまがる」という意味です。
(4)「唱」の訓読《くんよ》みは，「とな（える）」です。
(9)「養」の訓読みは，「やしな（う）」です。送りがなに注意が必要《ひつよう》です。「菜」の部首《ぶしゅ》は，「艹（くさかんむり）」です。
❷(1)「末」は，「未」と書かないように注意が必要です。
(3)「敗」の部首は，「攵（のぶん）」です。
(5)「成」は，筆順《ひつじゅん》に注意が必要です。
(9)「説」の訓読みは，「と（く）」です。

31 物語④ 人物の気持ち・情景 271ページ

❶ (1)ア
(2)ホイッスル
(3)にげている
(4)ウ

ポイント

❶(1)「ぼく」が，りんごどろぼうたちを見つけた場面です。お兄ちゃんに助けを求《もと》めるためにさけぼうとしても声が出ず，「こしがぬけて」いる様子から，「ぼく」の不安《ふあん》でおそれている気持ちが読み取れます。
(2)ここより前の「ぼく」の行動に注目します。「ぼく」は，さけぼうとしても声が出なかったため，「ホイッスルを力いっぱい」ふきました。その「ホエーホエー」という音を聞き，お兄ちゃんはかけつけてきました。
(3)——線部をふくむ段落《だんらく》に注目します。「りんごどろぼうたち」は，「ぼく」やお兄ちゃんから「必死《ひっし》でにげている」ところだったため，トウキビ畑がゆれていたのです。
(4)ここまでのできごとをとらえます。「ぼく」は，お兄ちゃんと協力《きょうりょく》して，「りんごどろぼうたち」を追いはらいました。りんごどろぼうたちがいなくなり，静《しず》まりかえったトウキビ畑に「いく百ぴきものトンボたち」が「せわしなくと飛《と》びかって」いる様子から，先ほどまでのこうふんが冷《さ》めやらぬ「ぼく」の気持ちを読み取ることができます。このように，人物の気持ちとひびき合うように表げんされた自然《しぜん》の景色《けしき》や場面のことを情景《じょうけい》といいます。

32 説明文④　段落の働きと筆者の意見　273ページ

❶ (1)①**太陽の熱《ねつ》**　②**大量《たいりょう》の熱**
(2)**イ**
(3)①**温だんな場所**　②**種類《しゅるい》や数**

ポイント

❶(1)「都会の温だん化」については，[3]，[4]段落《だんらく》で説明《せつめい》されています。「都会の温だん化」には「二つ」の原いんがあり，それぞれ「町全体が、……昼間照《て》り付《つ》けた太陽の熱が、夜になって発散《はっさん》されにくくなったこと」と「自動車やエアコンの室外機《き》などが、二十四時間、大量の熱を出し続《つづ》けていること」です。
(2)[3]段落で「都会の温だん化」は「次の二つが原いんといわれています」とのべ，[4]段落で「二つ」の原いんについて具体的《てき》に説明しています。
(3)筆者は，[2]段落で，アブラコウモリが都会で多く見られるようになった理由の一つとして，「都会の温だん化」を挙《あ》げています。[3]，[4]段落で「都会の温だん化」の原いんを明らかにし，[5]段落でアブラコウモリが都会でよく見られるようになったことと「都会の温だん化」の関係《かんけい》をまとめています。[5]段落に注目すると，コウモリたちの中でも，特《とく》に「温だんな場所」にすむアブラコウモリにとって，温だん化の進む「東京《とうきょう》都心部」は，「ひじょうにすみやすい」場所であるということが読み取れます。また，「都会の温だん化」によって，冬に活動する「こん虫の種類や数」がふえ，エサが手に入りやすくなったことも読み取れます。以上《いじょう》のことから，筆者はアブラコウモリが都会でよく見られるようになった理由の一つとして「都会の温だん化」を挙げたのです。

33 つなぐ働きの言葉②　275ページ

❶ (1)**イ**
(2)**ア**
(3)**ウ**
(4)**エ**

❷ (1)**ア**
(2)**イ**
(3)**ウ**

❸ (1)**なぜなら**
(2)**すると**
(3)**それとも**
(4)**および**

❹ **が**

ポイント

❶(1)ほかに「それに」「しかも」などがあります。
(4)ほかに「しかし」「だが」などがあります。
❷(2)「雨がふっている」という内ようと，「かみなりも鳴っている」という内ようが同じようにならんでいます。
❸(1)「なぜなら」は，前でのべた内ようの理由をあとで説明《せつめい》するときに使います。
❹「しかし」を使ってつなげた二つの文を，一つの文にまとめるときは，ほかにも「けれども」などを用《もち》いることができます。

34 短歌・俳句②　277ページ

❶ (1)**い**
(2)**え**
(3)**い，お**（順番《じゅんばん》はちがっていても○）
(4)**ウ**
(5)**ア**

ポイント

❶(1)いの解説《かいせつ》に，「春がすぎて、夏がやってきたようだ」とあります。あは冬，うは春の様子をよんでいます。
(2)えの「木枯《こが》らし」とは，冬の初《はじ》めにふく強くて冷《つめ》たい風のことです。おの「熱帯夜《ねったいや》」は，夏の暑い夜のことです。
(3)いは「香具山《かぐやま》」，おは「熱帯夜」という，ものの名前を表すことばで終わっています。
(4)季節《きせつ》に注目して考えます。あは冬の様子をよんだ短歌です。冬を表すことばは**ウ**の「蜜柑《みかん》」です。**ア**の「梅《うめ》」は春を表し，**イ**の「西瓜《すいか》」は夏を表します。
(5)うの短歌には，春の日に子どもたちと遊ぶのどかな様子がよまれています。日がくれると遊びをやめて帰らなければいけないので，**ア**の「くれなくてもよい」がふさわしいです。

35 ことわざ・故事成語 279ページ

❶ (1)ウ　(2)イ　(3)ア
❷ (1)はち　(2)ねこ　(3)馬
(4)きじ
❸ (1)つえ　(2)花　(3)すずめ
❹ (1)ウ　(2)イ　(3)ア　(4)エ

ポイント

❶(3)「どんな盾《たて》でもつらぬく矛《ほこ》」と「どんな矛でもふせぐ盾」を売っている人に，その矛でその盾をついたらどうなるのかたずねたら，答えられなかった，という話が由来です。

❷(1)同様の意味で，「弱り目にたたり目」ということわざもあります。

❸(1)同様の意味で，「石橋をたたいてわたる」ということわざもあります。

❹(2)「何かをしようと思ったら，すぐに始めたほうがよい」という意味です。イは「機会《きかい》が来るまで待つほうがよい」という意味です。

(4)「親と子はにており，平ぼんな親からは平ぼんな子がうまれる」という意味です。エは「平ぼんな親がすぐれた子をうむ」という意味です。

36 主語・述語・修飾語 281ページ

❶ (1)ウ　(2)イ
❷ (1)この　(2)とても　(3)魚は
❸ (1)ア　(2)オ
❹ (1)主語…六年生は　述語《じゅつご》…ふさわしい
(2)主語…×　述語…買う
(3)主語…かにが　述語…いた

ポイント

❶この文の述語は「飛《と》ばされた」で，それに対おうする主語は「かん板が」です。「風で」は，「何によって飛ばされたのか」をくわしく説明《せつめい》する修飾語《しゅうしょくご》です。

❷述語の「美しい」に対おうする主語をまずさがし，次に修飾語をさがします。主語は「魚は」です。「この」は「どの魚か」をくわしく説明する修飾語です。「とても」は「どのくらい美しいのか」をくわしく説明する修飾語です。

❸(1)この文の主語と述語は，「ねこが」「走る」です。「黒い」は「どんなねこか」をくわしく説明する修飾語です。

(2)この文の主語と述語は，「わたしは」「行きます」です。「今日も」は「いつ行くのか」をくわしく説明する修飾語です。

❹(2)述語の「買う」に対おうする主語は書かれていません。

37 まとめのテスト❶ 283ページ

❶ (1)じどう　(2)そつぎょう
(3)くらい　(4)かくち，きこう
(5)鏡　(6)自然
(7)願　(8)最，季節
❷ (1)ウ　(2)イ　(3)ア
❸ (1)ア　(2)ウ

ポイント

❶(3)「位」の音読みは，「イ」です。

(5)「鏡」は，「竟」の部分を「意」と書かないように注意が必要《ひつよう》です。

❷(1)ア・イは，反対の意味の漢字の組み合わせです。ウだけが，「曲がった線」と上の漢字が下の漢字を修飾《しゅうしょく》しています。

❸(2)「わたしは料理《りょうり》が好《す》きだ」の理由を，「なぜなら」のあとで説明《せつめい》しています。

38 まとめのテスト❷　285ページ

❶ (1)**れい**　(2)**ひっし**
(3)**なかま**　(4)**かいぎ，きろく**
(5)健康　(6)川底
(7)焼　(8)巣，観察

❷ (1)**ア**　(2)**ウ**　(3)**イ**

❸ (1)主語…**妹は**　述語《じゅつご》…**食べた**
(2)主語…×　述語…**見つける**

ポイント

❶(2)「必」を使った熟語《じゅくご》には，「必要《ひつよう》」「必然《ひつぜん》」などもあります。
(5)「健」は，同じ音読みで形がにている「建」とまちがえやすいので，注意が必要です。
(6)「底」の音読みは，「テイ」です。「底辺《ていへん》」「海底」などの熟語があります。

❷(2)「返」を使った熟語には，「返信《へんしん》」「返答」などもあります。同じ音読みで形がにている「辺」とまちがえやすいので，注意が必要です。

❸(2)述語の「見つける」に対おうする主語は，ここには書かれていません。

39 まとめのテスト❸　287ページ

❶ (1)**イ**
(2)**おどろきとうれしさ，ごちゃまぜ**
(3)**元気，よかった**

ポイント

❶(1)——線部の直前に注目します。陸《りく》は，リオが「死んじゃった」と思っていたため，リオが動いたことを，すぐには「よくのみこめ」なかったのです。
(2)——線部より前の部分に注目します。最初《さいしょ》はとまどっていた陸ですが，リオの「体の調子がよくなった」ことを次第《しだい》に理解《りかい》し，「やっとよろこびがこみあげて」きて，「おどろきとうれしさ」が「ごちゃまぜ」な気持ちになりました。
(3)——線部よりも前の部分に注目します。おどろきとうれしさが入りまじった気持ちの陸でしたが，リオの「つやつやと光っている」ひとみを見て，リオが「ほんとうに、元気になってきた」ことを実感しました。「こぶしをにぎりながら」「よかった！」とさけぶ陸の様子からは，大きなよろこびが読み取れます。

40 まとめのテスト❹　289ページ

❶ (1)**イ，ウ** (順番《じゅんばん》はちがっていても○)
(2)**コガネムシ**
(3)**鹿《しか》のフン，しばの栄養《えいよう》，鹿**

ポイント

❶(1)この文章は，奈良《なら》公園が「鹿のフンだらけにならない」理由について説明《せつめい》しています。(あ)のまとまりでは，「たくさんの鹿がいるのに、なぜ奈良公園は、鹿のフンだらけにならないのでしょうか？」と，筆者のぎ問と文章全体の話題をしめしています。さらに，そのぎ問に対して，「きっとだれかが、そうじをしてくれているのにちがいない、と思っていました」と，筆者の予想をのべています。(い)のまとまりでは，(あ)で挙《あ》げたぎ問の答えをのべています。(う)のまとまりでは，(い)のまとまりでのべた内ようについてくわしく説明しています。
(2)(い)のまとまりに注目します。子どものころの筆者の予想どおり，鹿のフンの「そうじをしてくれるそんざい」はいましたが，筆者の予想と反して，その正体は「コガネムシ」だったのです。
(3)(う)のまとまりに注目します。「コガネムシが鹿のフンを食べ」ることで，「コガネムシのフンがしばの栄養」となり，「そのしばを鹿たちがせっせと食べ」て，またフンをする，という流れができます。このことを，筆者は「ぜつみょうな自ぜんのサイクル」ができていると考えています。